权威·前沿·原创

皮书系列为
"十二五""十三五"国家重点图书出版规划项目

中国社会科学院创新工程学术出版项目

国际城市蓝皮书
BLUE BOOK OF WORLD CITIES

总　编／张道根　于信汇

国际城市发展报告
（2018）

ANNUAL REPORT ON WORLD CITIES
(2018)

丝路节点城市——
识别撬动"一带一路"建设的支点

主　编／屠启宇
副主编／苏　宁　邓智团　李　健

社会科学文献出版社
SOCIAL SCIENCES ACADEMIC PRESS (CHINA)

图书在版编目(CIP)数据

国际城市发展报告.2018：丝路节点城市：识别撬动"一带一路"建设的支点/屠启宇主编.--北京：社会科学文献出版社，2018.2
  （国际城市蓝皮书）
  ISBN 978-7-5201-2116-3

Ⅰ.①国… Ⅱ.①屠… Ⅲ.①城市经济-经济发展-研究报告-世界-2018 Ⅳ.①F299.1

中国版本图书馆 CIP 数据核字（2017）第 324918 号

国际城市蓝皮书

国际城市发展报告（2018）

丝路节点城市——识别撬动"一带一路"建设的支点

主　　编 / 屠启宇
副 主 编 / 苏　宁　邓智团　李　健

出 版 人 / 谢寿光
项目统筹 / 郑庆寰
责任编辑 / 郑庆寰

出　　版 / 社会科学文献出版社·皮书出版分社（010）59367127
　　　　　　地址：北京市北三环中路甲29号院华龙大厦　邮编：100029
　　　　　　网址：www.ssap.com.cn

发　　行 / 市场营销中心（010）59367081　59367018
印　　装 / 北京季蜂印刷有限公司

规　　格 / 开　本：787mm×1092mm　1/16
　　　　　　印　张：22　字　数：331千字

版　　次 / 2018年2月第1版　2018年2月第1次印刷
书　　号 / ISBN 978-7-5201-2116-3
定　　价 / 89.00元

皮书序列号 / PSN B-2012-260-1/1

本书如有印装质量问题，请与读者服务中心（010-59367028）联系

▲ 版权所有 翻印必究

致　谢

本书撰写获得如下资助：

国家社会科学基金重大项目"'一带一路'沿线城市网络与中国战略支点布局研究"阶段性研究成果；

上海社会科学院创新型智库团队"全球城市发展战略研究"标志性成果；

上海市人民政府决策咨询研究基地领军人物工作室资助；

上海社会科学院蓝皮书出版资助。

欢迎关注本蓝皮书微信公众号："国际城市观察"

《国际城市发展报告（2018）》
编 委 会

顾　　问（按姓氏笔画排列）

　　　于信汇　王　旭　宁越敏　朱建江　杨剑龙
　　　连玉明　吴志强　吴缚龙　张幼文　张鸿雁
　　　张道根　周振华　洪民荣　顾朝林　诸大建
　　　黄仁伟　曾　刚　潘世伟

委　　员（按姓氏笔画排列）

　　　邓智团　任　远　刘玉博　闫彦明　汤　伟
　　　汤蕴懿　苏　宁　杜德斌　李　健　杨传开
　　　肖黎春　张剑涛　陈雅薇　林　兰　罗守贵
　　　周海旺　周蜀秦　春　燕　胡苏云　陶希东
　　　黄建中　盛　垒　屠启宇

特别致谢（按姓氏笔画排列）

　　　陈玉娇　欧阳才宇　秦　宁　袁　烽
　　　黄　彦

主要编撰者简介

（主编、副主编以下按文序排列）

屠启宇 本书主编，博士，上海社会科学院城市与人口发展研究所副所长、研究员，华东师范大学兼职教授、博士生导师，上海市规划委员会社会经济文化专业委员，上海新一轮城市总体规划核心专家，北京市"十三五"规划专家咨询委员会委员，上海市软科学研究基地"上海社会科学院创新型城市发展战略研究中心"首席专家，主要研究方向：城市战略规划、城市创新体系、社会系统工程。

苏　宁 本书副主编，博士，上海社会科学院世界经济研究所副研究员，研究室副主任，主要研究方向：城市经济、国际城市比较。

邓智团 本书副主编，博士，上海社会科学院城市与人口发展研究所研究员，主要研究方向：城市经济、城市更新。

李　健 本书副主编，博士，上海社会科学院城市与人口发展研究所副研究员，主要研究方向：城市经济与空间规划，近年聚焦于全球生产网络视角下的地方产业升级与高科技城市转型研究。

刘玉博 博士，上海社会科学院城市与人口发展研究所助理研究员，主要研究方向：城市经济、区域经济。

杨传开 博士，上海社会科学院城市与人口发展研究所助理研究员，主要研究方向：城镇化、区域规划。

林　兰 博士，上海社会科学院城市与人口发展研究所研究员，主要研究方向：技术创新、高技术产业、城市文化。

张方闻 硕士研究生，美国乔治城大学麦考特公共政策学院，主要研究方向：城市公共管理。

汤　伟 博士，上海社会科学院国际问题研究所副研究员，主要研究方向：国际体系、城市网络、环境变化。

陶希东 理学博士，上海社会科学院社会学研究所研究员，主要研究方向：社会治理、城市管理、行政区划学。

郁奇民 硕士研究生，上海社会科学院社会学研究所，主要研究方向：社会治理、社区管理。

春　燕 工学博士，上海社会科学院城市与人口发展研究所助理研究员，主要研究方向：城市与区域发展战略、决策分析。

胡苏云 博士，上海社会科学院城市与人口发展研究所研究员，主要研究方向：人口经济学、社会保障、医疗卫生改革和人口老龄化。

王晓伟 硕士研究生，上海社会科学院城市与人口发展研究所，主要研究方向：区域经济。

肖黎春 上海社会科学院城市与人口发展研究所副研究员，主要研究方向：城市经济。

闫彦明 经济学博士，金融学博士后，主要研究方向：区域金融、金融产业组织。

盛　垒 博士，上海社会科学院世界经济研究所副研究员，主要研究方向：城市创新、城市产业发展。

摘　要

　　2018年是中国改革开放40周年。40年间，中国走出了一条建设中国特色社会主义的道路。习近平总书记在中国共产党第十九次全国代表大会上作的题为《决胜全面建成小康社会　夺取新时代中国特色社会主义伟大胜利》的大会报告，提出"我国社会主要矛盾已转化为人民日益增长的美好生活需要和不平衡不充分的发展之间的矛盾"等一系列全新判断和中国到21世纪中叶两个阶段走的安排。这不仅是中国政治生活的大事件，而且是全球性大事件，必将对今后较长一个时期的世界发展形成持续影响。根据多家权威国际机构的预测，中国将在进入21世纪中叶之际成为世界第一大经济体。中国的平衡发展和社会富强进程将为各国城市提供巨大市场和合作空间。同时，中国城市的区域性平衡与可持续发展，也将为国际城市包容性发展提供更具活力的合作伙伴。

　　中国的"一带一路"倡议与建设正形成广泛的国际合作共识。"一带一路"建设还需要从协同、宏观合作，推进到中观联动和微观发展。本年度总报告选取"一带一路"93个参与国家（地区）的252个百万人口城市和首都城市，构建"丝路节点城市指数"（Silk Roads Node Cities index），对这些城市与中方的战略伙伴关系、区域影响力、成长引领性以及政策沟通性、设施联通性、贸易畅通性、资金融通性和民心相通性等"五通"进行综合评价。甄选出14个重要节点城市以及若干次要节点城市、一般节点城市和潜在节点城市。本报告建议先以"丝路节点城市"为支点，有步骤推动、分阶段部署，以点带面撬动全局发展。本报告丝路节点城市专题部分分别介绍了"丝路节点城市指数"得分最高的莫斯科市的最新发展情况；代表性丝路节点城市胡志明市，以及意大利帕勒莫市塑造区域门户功能的规划思

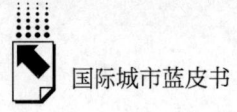

路。

本年度分报告部分在全球范围选择近30个案例，从城市战略、创新、经济、社会、文化、生态、治理和空间发展8个方面，对国际城市新近发展中典型的重大战略、重大理念、重大项目、重大报告和最佳案例予以介绍，为中国城市发展提供国际参照系。

关键词： 国际城市　丝路节点城市　最佳实践

2017国际城市十大关注

1. 中共十九大提出新时代发展目标，平衡发展与充分发展理念成为城市发展重大指引

2017年10月18~24日，中国共产党召开第十九次全国代表大会，习近平总书记作题为《决胜全面建成小康社会 夺取新时代中国特色社会主义伟大胜利》的大会报告，报告中一系列全新判断与内容引发国际社会高度关注。报告中提出中国社会主要矛盾已转化为人民日益增长的美好生活需要和不平衡不充分的发展之间的矛盾。并提出解决这一矛盾的一系列全新发展理念，即从现在到21世纪中叶"两步走"的战略部署和供给侧结构性改革、创新、乡村振兴、区域协调、市场经济、全面开放等。在这一纲领指引下，中国将全面推进解决发展不平衡问题。根据多家权威国际机构的预测，中国将在进入21世纪中叶之际成为世界第一大经济体。中国的平衡发展和社会富强进程，将在未来一个较长阶段带来对全球经济的巨量高层次需求，改变全球化供给和有效需求失衡的格局，从而为各国城市提供巨大市场和合作空间。中国城市的区域性平衡与可持续发展，也将为国际城市包容性发展提供新的发展范例和更具活力的合作伙伴。在追求美好生活的过程中，中国城市中未来快速增长的中、高收入群体，一方面为国际城市发展提供大量高层次、持续性的需求供给，另一方面也成为国际城市间交流互动的重要桥梁。中国的平衡发展理念，有助于为全球城市化转型升级提供动力和模式。

2. "逆全球化"暗流涌动，发展中国家城市成为引领全球化新力量

2017年1月21日，美国总统特朗普在就职演讲中提出"美国第一"的口号，以自己的利益为先导方向。随后，美国政府提出修建美墨隔离墙等一系列保守主义政策。一时间，"逆全球化"再次成为国际舆论关注的重要问题。"逆全球化"暗流涌动，一些西方大国正从全球化推手变成阻挠者。然而，以2017年5月14日中国"一带一路"国际合作高峰论坛举办为标志，发展中国家参与全球化进程不断加快，特别是一批新兴市场经济国家的城市正在成为全球化新生引领力量。2017年4月，英国拉夫堡大学"全球化与世界城市研究网络"（GaWC）发布了2016年版新的世界城市排名，对当今世界城市的全球化进程给予了较好的展示。入围世界城市榜单的城市数量从2000年的227个增至2016年的361个。OECD发达国家的世界城市数量虽依然占据主导地位，但世界城市的增量主要由OECD外的发展中国家城市贡献。进入榜单的发展中国家世界城市从2000年的93个增至2016年的173个，占世界城市总量的比重由2000年的41.0%增至2016年的47.9%。就不同等级城市看，以中国为首的新兴市场经济国家的高等级城市正快速崛起。16年间，发展中国家第一梯队世界城市、第二梯队世界城市分别增加了10个和33个；而发达国家则仅增加了6个和13个。随着中国"一带一路"建设的快速推进，在可预见的未来，发展中国家的城市将为重塑新型全球化和世界城市版图做出重要贡献。

3. 全球创新活动城市集聚度持续提高，城市驱动力发生深刻变化

2017年，全球知识和技术创新活动集聚态势受到权威机构关注。世界知识产权组织发布2017年全球创新指数（Global Innovation Index 2017），根据2010~2015年累计国际发明专利批准数量，识别了全球100个创新集群城市，结果显示应用型创新在全球的城市集中度提高，并成为衡量城市增长的重要方式。美日欧大三角区域城市是全球应用型创新的重点地区；发展中国家的创新集群城市数量也同步增加。中国创新城市的数量和排名均有显著提高，进入100强的创新城市达7个，最高排名的深港（都市圈）以4万余项专利占据全球第二位。自然出版集团发布的2017自然指数排行榜（Nature Index 2017 Tables），显示大约60%的论文作者来自全球的100个城市，17%的作者集中在全球10个城市。这10个城市都极具地方特质，知识密度是人口密度的17倍，知识创新在很大程度上继承了城市的知识传统。毕马威（KPMG）基于企业高管调查，发布2017全球技术创新枢纽（Global

Technology Innovation HUB）调查结果，上海、纽约、东京、北京、伦敦、华盛顿、柏林、芝加哥、特拉维夫、波士顿中有的城市圈最有希望在未来4年中继旧金山湾区之后进入全球技术创新枢纽前三强。这充分揭示了高品质科学研究和应用性创新都对优质的城市创新生态系统有着严重的依赖，城市已成为创新竞争不可撼动的主战场。但同时，全球创新网络仍在形塑过程中。能否有效开展城市间创新人才、知识与成果交流，以及能否高效推动创新知识与成果在更大范围的传播与规模化应用，将是最终影响城市创新地位的关键。

4. 美国"退群"挫伤全球气候治理，城市应对气候变化角色凸显

2017年6月1日，美国总统特朗普宣布终止执行《巴黎气候变化协定》的所有条款，这对可持续发展的国际协作形成较大冲击，包括深刻影响《联合国气候变化框架公约》的谈判进程，影响未来应对气候变化的国际合作和长远目标实现。在美国，作为对总统"退群"的反应，由纽约市原市长布隆伯格和加州州长布朗发起的民间联盟"我们还在"，汇聚了全美9个州、252个城镇、1780个企业和339所大学，坚持兑现减排承诺，并在2017年11月波恩气候变化大会期间向联合国气候变化署提交报告。在全球范围，各国城市也持续走在应对全球气候变化的前列，以"城市应对气候变化领导集团"（简称C40）为代表的城市间组织在国际气候治理中的重要作用不断彰显，C40先后由伦敦、多伦多、纽约、里约、巴黎市长等出任主席，汇聚了90多个国际大城市，代表了超过全球1/4经济体中6.5亿余人口的环境权益。2017年5月中国青岛继武汉、深圳等之后，正式成为C40成员城市，将在温室气体总量排放控制、城市适应气候变化规划、绿色金融、低碳排放园区建设等方面展开合作。这一系列举动反映了城市同样也在应对气候变化的过程中扮演了重要角色，并将在低碳排放、加速气候友好技术的应用和市场开拓等方面持续发挥主导和先锋作用。

5. 共享经济激发城市经济新动能，亟待城市治理加快响应和变革

伴随移动互联网技术的迅猛发展以及移动终端和移动支付的广泛普及，以共享出行和共享住宿等为代表的共享经济激发城市经济发展的新动能。

2016年，全球共享经济交易额超过3万亿美元；中国共享经济超过6亿人参与，以城市消费者为主，预计2018年共享经济交易额将超过4万亿元人民币，并保持每年40%以上的增长速度；兴起和盛行于中国的无桩智能共享单车从中国走向了全世界。共享经济的迅猛发展也给城市治理带来新挑战——缺乏相应技术规范、改变原有经济秩序和引发新的安全隐患，不完全竞争环境对传统行业的冲击，以及缺乏对从业者和消费者就业条件和消费权利的保障等。新挑战触发了城市治理新变革，要求更好地处理好政府和市场的关系，推动城市政府以拥抱共享经济发展的姿态，制定共享经济发展战略和共享经济规范，来支持和引导共享经济健康有序地发展，如韩国首尔将建设成为全球首座共享城市，英国提出打造伦敦"共享经济全球中心"，伦敦针对分享出行出台《网约租车法案》，荷兰阿姆斯特丹出台世界第一个分享住宿法案，美国加利福尼亚州政府针对共享私厨出台《家庭自制食品法案》，上海2017年7月颁布《上海市规范发展共享自行车指导意见（试行）》等，推动政府、社会、企业和消费者成为共享经济发展与治理的多元主体，最终努力实现共享经济的共建、共享、共治。

6. 限制移民难民渐成常态，欧美发达国家城市包容性持续褪色

欧美发达国家的一些城市一直自居为移民乐土、难民家园和城市包容样板，但这一形象正遭受挑战。2017年，移民带来的冲突和问题在欧美城市中出现。2017年年初，科隆跨年迎新中发生的抢劫与性侵案，引发大规模游行，要求驱逐难民。科隆事件使德国开始收紧难民遣返政策，进而在大选后采取接收难民的限额管控政策；美国行政当局先后实行引发广泛争议的禁穆令和取消梦想法案。城市中的移民、难民问题冲击了欧美各国的政治格局，以法国勒庞的"国民阵线"、希腊的"金色黎明"、瑞士的人民党、匈牙利的"更好的匈牙利运动"、奥地利的"自由党"为代表的欧洲具有保守主义、排外主义特性的极右翼政党全面得势，使移民问题成为影响欧美社会生活变局的重要因素。移民影响城市安全，城市安全引发政治保守，政治保守进一步引发移民不满。持续恶化的政治和社会气氛，使欧洲城市包容发展的可持续性大打折扣。在国际移民流动性加大，移民产生原因日益复杂的背景下,城市的包容性与安全性之间如何达到平衡,已成为国际城市需要深入探讨的重大问题。

7. 巨型城市保障房供应与维护状态堪忧,社会底层人群权利亟待关注

居住是城市的基本功能,为市民提供可负担的住房,提升城市的包容发展水平,是每一座城市的政府应尽的基本责任。2017年,全球多个城市发生了保障性住房事件。3月26日,俄罗斯反腐示威风波中的一个重要事由就是莫斯科老旧保障房社区居民集体抗议反对低标准补偿与强拆;6月14日凌晨,位于伦敦西区的格伦费尔大楼(属于公共住房)发生火灾,这场悲剧造成数十人死亡。这些事件的背后,多涉及民生保障与市民的基本权利,尤其是社会底层民众的基本权利。这充分反映和预示着全球城市发展更需要关注以下三点:一是,城市的社会保障性住房,到底应该采取什么样的供给形式与形态?伦敦的格伦费尔大楼大火,警示我们采取集聚建设保障住房的规划布局方式是否妥当,这可能给城市安全和社会融合发展带来巨大的挑战。二是,做好现有保障性住房的投入、维护、更新工作,确保保障性住房具有一定的品质,改善城市贫困人口的居住条件理应成为城市更新政策的基本内容。三是,在财富分配严重失衡的大背景下,需要以住房保障为突破口,切实关注社会底层人群的生活居住权利,进一步加大可负担住房的供给力度和覆盖面,这是真正促进城市安居乐业、包容发展的必然选择。

8. 城市加强防控应对恐袭威胁,平稳运行驱散安全阴霾

2017年袭击事件频发,恐怖主义阴云不散。1月,土耳其伊斯坦布尔市一夜总会遭恐袭;3月,英国伦敦发生驾车撞人袭击;4月,俄罗斯圣彼得堡两个地铁站遭袭;5月,阿富汗喀布尔使馆区发生汽车炸弹爆炸;同月英国曼彻斯特一体育场发生爆炸;10月,美国拉斯维加斯一音乐会现场发生枪击事件;11月、12月,美国纽约曼哈顿相继发生"独狼"式恐袭。恐怖分子出于扩大恐怖气氛的意图,使得城市,特别是标志性城市、城市标志性场所,一再成为受袭对象。与此同时,恐怖袭击亦呈现出由核心城市向次核心城市蔓延的趋势,全球一些知名二线城市开始成为恐怖袭击新目标,手段也更加多样化,给城市的经济社会造成了心理伤害和实质性破坏。但同时,

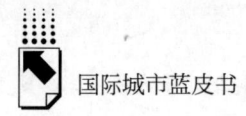

城市防控系统也在进一步完善,各城市在反恐情报的搜集和预警、反恐措施的强化、现场处置力量建设、善后工作应急准备和民众反恐意识等方面都予以了加强。更为可贵的是,人民没有向恐怖主义低头,在悼念逝者、谴责施暴、恢复秩序的同时,更主动地维护和珍惜城市的正常运行。

9. 雄安新区设立和新莫斯科区建设,预示大国首都优化发展探索进入新阶段

为应对超大城市高密度带来的效率损失、房价高昂和交通拥挤等城市病,各国纷纷创新措施进行功能疏解,而新区是其中最重要的规划模式。2017年4月1日,中国政府为疏解北京非首都功能,决定在河北省雄县、容城、安新等县及周边部分区域设立雄安新区。雄安新区是继设立深圳特区和上海浦东新区之后又一重大国家战略,作为非首都功能集中承载区,雄安新区的建设是"千年大计",雄安新区资源环境得天独厚,将采取分阶段开发模式,起步区面积约100平方公里,中期发展区面积约200平方公里,远期控制区面积约2000平方公里。

俄罗斯新莫斯科区(New Moscow)建设进入实质性阶段。作为俄罗斯中央政府一项重大决策,莫斯科西南方位的原本隶属莫斯科州的16万公顷土地于2011年并入莫斯科市。新莫斯科区被誉为"森林中的城市",拟将部分政府机关、商业设施、学校和住宅楼迁移至此,以疏解莫斯科过度集中的经济社会功能,预计至2035年公共投资将超过1万亿卢布,市场投入5.8万亿卢布,承载人口170万,就业岗位80万个,莫斯科整体空间结构也由此从单中心向多中心转型。两个大国推进首都优化发展,对探索国家首都等中心城市优化发展新模式、培育创新驱动发展新引擎、提高居民生活品质都具有重大现实意义。

10. 适应经济转型与科技变革,城市规划呈现新特质

2017年,世界知名城市新版城市总体规划进入制定和出台的高潮期,北京2035规划、上海2035规划、东京2040规划、波士顿2030规划相继获批或公布。而在更早些时候,纽约、伦敦纷纷对已经制定的城市总体规划进行大幅度修编和重订。综观本轮城市总体规划热潮,应处于全球发展转型与科技大变革的时代背景之下,故而多具有突出问题导向、回应社会关切、坚持以人为本、重视创新引领、厚植生态优势、规避自然与社会风险等特质,这对城市规划的框架和内容都提出了新的改革要求。北京2035规划中提出统筹人口资源环境,坚持抓住疏解非首都功能这个"牛鼻子",紧密对接京津冀地区协同发展等核心问题。上海2035城市总体规划也提出上海已经进入城市转型战略机遇期和关键攻坚期,在城市功能转型、人口持续增长、环境资源约束等方面必须实现突破,进而提出建设创新之城、人文之城、生态之城的卓越全球城市目标。在东京大都市圈2040规划中,重点关注人口增长、城市交通、自然风险和环境危害、社区建设、生态环境与碳排放等领域。新一轮的纽约城市规划对就业、住房、贫困人口、居民健康、社区安全、弹性城市等都提出面向2040年的长远发展目标。更新版的伦敦规划关注公共空间、宜居、经济社会融合、城市服务、经济发展等问题,以应对经济和人口增长的挑战,伦敦继续成为全球城市领导者。整体来看,新一轮城市规划不是大而全的传统路径,而是更重视问题解决和城市转型发展新要求,在突出空间规划、土地利用等的同时,亦关注经济转型、就业与住房、贫困人口、环境资源约束、居民健康、社区安全等人本问题的解决。

目 录

Ⅰ 总报告

B.1 丝路节点城市：识别撬动 "一带一路" 建设的支点
………………………… 邓智团　刘玉博　屠启宇　杨传开 / 001

Ⅱ 城市战略篇

B.2 美国智库提出全球城市新定义
……………………………………………………… 苏　宁 / 051

B.3 21世纪全球城市格局变化及中国城市崛起态势
——基于2000~2016年GaWC连续排名的分析
………………………… 杨传开　屠启宇　张方闻 / 062

Ⅲ 城市创新篇

B.4 费城依托创新区建设世界级创新城市……………… 杨传开 / 074
B.5 伦敦科技城（硅环）产业发展策略 ………………… 邓智团 / 085
B.6 东京塑造产学研合作科技创新体系………………… 林　兰 / 098

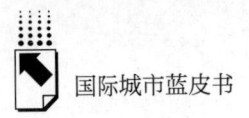

Ⅳ 城市经济篇

B.7 非洲城市经济的"贫困陷阱" …………………… 汤 伟 / 108

B.8 美国"城市前行"组织扶持小微企业经验启示
　　　　　　　　　　　　　　　　　　　　…………… 陶希东　郁奇民 / 117

B.9 京都以集聚策略促进中心城区商业活力
　　　　　　　　　　　　　　　　　　　　………………………… 春　燕 / 124

Ⅴ 城市社会篇

B.10 世界大城市破解人口低增长挑战的新策略 ………… 陶希东 / 132

B.11 欧盟倡导"银色经济"探索城市发展新路径……… 胡苏云 / 142

B.12 爱尔兰实施智能老龄化发展新探索 ………………… 胡苏云 / 154

Ⅵ 城市文化篇

B.13 国外"特色小镇"建设条件、特征与规律 ………… 李　健 / 165

B.14 墨尔本旅游行动规划强调全过程人文体验
　　　　　　　　　　　　　　　　　　　　…………… 杨传开　王晓伟 / 176

B.15 亚洲七国依托城市社区推进终身学习与成人教育体系
　　　　　　　　　　　　　　　　　　　　………………………… 肖黎春 / 185

Ⅶ 城市生态篇

B.16 欧美超大城市加强水资源管理应对气候变化 ……… 肖黎春 / 195

B.17 纽约推动建筑绿色转型 建造永恒之城 …………… 李　健 / 203

B.18 波兰克拉科夫市治理雾霾的综合管理体系 ………… 闫彦明 / 214

Ⅷ 城市治理篇

B.19 "韧性城市"运行机制与政策应对 …………………… 林 兰 / 223
B.20 里约热内卢创新城市治理机制 …………………… 陶希东 / 231
B.21 纽约住房规划推动城市宜居与社会公正 …………… 李 健 / 239

Ⅸ 城市空间篇

B.22 香港城市地下空间开发策略新动向 ………………… 盛 垒 / 251
B.23 美国坎布里奇市以公共空间激发街区创新活力 ……… 邓智团 / 261
B.24 悉尼"未来骑行计划"建构慢行交通网络 …………… 苏 宁 / 270

Ⅹ "丝路节点城市"专题篇

B.25 功能疏解视角下的"新莫斯科"建设 ……………… 汤 伟 / 279
B.26 胡志明市的产业升级与经济转型特点 ……………… 杨传开 / 290
B.27 帕勒莫规划建设"欧洲-地中海走廊"门户城市…… 李 健 / 300

Abstract ……………………………………………………………… / 309
Contents ……………………………………………………………… / 311

皮书数据库阅读使用指南

总报告

General Report

B.1
丝路节点城市：
识别撬动"一带一路"建设的支点*

邓智团 刘玉博 屠启宇 杨传开**

摘 要： 筛选和评价丝路节点城市是有序推进"一带一路"建设的重要措施和前提。本报告选取"一带一路"沿线93个国家（地区）的252个城市为参照，对其伙伴关系、区域影响力、成长引领性以及"五通"指数，即政策沟通、设施联通、贸易畅通、资金融通和民心相通等进行综合评价，进而形成"丝路节点城市指

---

* 本报告是国家社会科学基金重大项目"'一带一路'沿线城市网络与中国战略支点布局研究（16ZDA016）"的阶段性成果。感谢上海社会科学院"344城市之光"团队老师在指标选择、权重赋值方面的智力支持；感谢上海社会科学院研究生院研究生陈玉娇、黄彦、欧阳才宇和袁烽等同学的数据收集整理工作。

** 邓智团，博士，上海社会科学院城市与人口发展研究所研究员，主要研究方向：城市经济、城市更新；刘玉博，博士，上海社会科学院城市与人口发展研究所助理研究员，主要研究方向：城市经济、区域经济；屠启宇，博士，上海社会科学院城市与人口发展研究所副所长、研究员，主要研究方向：城市战略规划、城市创新体系、社会系统工程；杨传开，博士，上海社会科学院城市与人口发展研究所助理研究员，主要研究方向：城镇化、区域规划。

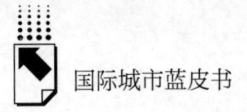

数"。根据分值区间对"丝路节点城市"进行划分，共甄选14个重要节点城市、11个次要节点城市、21个一般节点城市、130个潜在节点城市。本报告介绍了各类型"丝路节点城市"的综合表现，并对其"五通"指数短板进行分析，进一步观察"丝路节点城市"在区域上的空间分布特征。建议未来中国的"一带一路"建设实施需要有步骤、分阶段推动和部署，以"丝路节点城市"为抓手和支点，以点带面撬动全局发展。

关键词： 丝路节点城市指数 "一带一路" 支点

一 丝路节点城市的提出与意义

丝路节点城市是指在"一带一路"沿线城市网络中，基础发展条件比较好，在政策沟通、设施联通、贸易畅通、资金融通、民心相通等"一带一路"建设重点领域具有综合优势，对"一带一路"城市走廊和"一带一路"沿线城市网络及广大地域有较强集聚、辐射及撬动等作用的城市，是推动"一带一路"建设顺利实施的重要抓手和重点对接对象。

丝路节点城市是"一带一路"建设中促进"五通"发展，进而推进"一带一路"倡议成功实施的重要选择。确定丝路节点城市，是在我国各方面资源仍然有限情况下，保证政策和资源投入聚焦，实现早期收获示范，撬动全局的有效手段。要真正发挥丝路节点城市的作用的重中之重是"一带一路"沿线城市中丝路节点城市的确定与分类。而在当前的理论和实践中，缺乏在筛选评价、战略布局和推进时序等方面对丝路节点城市的综合研究，存在"撒胡椒面"造成资源投放不聚焦的风险。丝路节点城市的筛选和评价研究，有助于提升"一带一路"建设的质量和效率。

推动"一带一路"建设，是党中央、国务院根据全球形势变化和我国经济发展面临的新任务、新挑战，统筹国内国际两个大局做出的重大决策。"一带一路"建设成功的关键在于,发挥沿线支点城市的辐射带动作用,以推动"一带一路"建设参与国家(地区)激发释放合作潜力,做大做好区域合作"蛋糕"。一些研究关注了"一带一路"具体节点城市的发展战略,例如何枭吟对内陆节点城市发展临空经济进行了研究;其他学者(伍凤兰、张灼华、陈芃、姜睿、冯娟、陈刚等)还对深圳、香港、南宁、郑州、上海、钦州等具体城市融入"一带一路"发展倡议进行了研究。总体而言,目前的研究大多以国内"一带一路"沿线城市作为研究对象,包括节点城市筛选、评价和推进策略等,缺乏从"与我有用"的角度对"一带一路"参与国(地区)城市的作用差异进行评价。中国人民大学重阳金融研究院发布的《丝绸之路经济带国际贸易支点城市报告》涉及国际贸易支点城市的研究,该报告通过12个大项指标、38个小项指标研究国际贸易支点城市的评价体系,包括基础设施、能力资源、国际投资环境、国际商贸环境、产业基础、产业配套、国际贸易客观指标、跨国企业吸引力、创新研发能力、金融便利度、国际化程度以及国际吸引力,并且通过主成分分析法以及专家打分法进一步阐述"一带一路"国际贸易支点城市的评估过程,将"一带一路"国际贸易支点城市分为优势支点城市、潜力支点城市和丝路节点城市。但该研究对"一带一路"国外城市的研究还相当有限,只占全书9个篇章中的1章,为此,本报告试图借助已有研究成果,弥补现有研究空白,以期对"一带一路"倡议的推进以及"一带一路"沿线节点城市的研究做出贡献。

地缘接近性并不是决定支点城市的关键,如中国一些边境城市,虽然地缘接近性好,但其开放度和全球化参与度并不高。在全球化升级,从厚重大的原材料流动转变为虚拟的资金信息流动,以及流量通道由单一方式转变为多式联运的整体背景下,加之单纯道路通到资金、管理制度通的结合,那些综合能力强的城市借助合作的综合优势将成为节点城市的首选。丝路节点城市的筛选和评价将以政策沟通、设施联通、贸易畅通、资金融通、民心相通等"一带一路"倡议重点领域的整体表现为基础,在理论和实践层面提升对丝路节点城市的理解和评价。为此,本报告将构建丝路节点城市指数,通过对"一带一路"93个建设参与国家(地区)的252个城市样本进行评价,筛选和分析"一带一路"建设中的支点城市,以期望能够为"一带一路"建设的政策制定提供支撑。

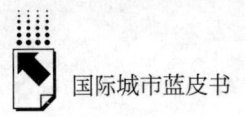

二 构建丝路节点城市指数

(一)城市样本范围

本报告主要将"一带一路"参与国家中人口规模超过100万的城市作为样本进行研究。考虑一些国家不包含100万以上的城市,为保证样本的全面性,本报告选择将该国首都纳入评价范围。最终选出93个国家(地区)中的252个样本城市①。样本国家和城市在各区域的分布情况见表1。

表1 纳入评价的"一带一路"主要参与国家(地区)和城市

单位:个

大洲	区域	国家(地区) 名称	数量	城市数量
亚洲	东亚	朝鲜、日本、蒙古、韩国	4	19
	中亚	哈萨克斯坦、吉尔吉斯斯坦、塔吉克斯坦、土库曼斯坦、乌兹别克斯坦	5	5
	南亚	阿富汗、孟加拉国、不丹、印度、伊朗、马尔代夫、尼泊尔、巴基斯坦、斯里兰卡	9	84
	东南亚	文莱、柬埔寨、印度尼西亚、老挝、马来西亚、缅甸、菲律宾、新加坡、泰国、东帝汶、越南	11	28
	西亚	亚美尼亚、阿塞拜疆、巴林、塞浦路斯、格鲁吉亚、伊拉克、以色列、约旦、科威特、黎巴嫩、巴勒斯坦、阿曼、卡塔尔、沙特阿拉伯、叙利亚、土耳其、阿联酋、也门	18	39
欧洲	东欧	白俄罗斯、保加利亚、捷克、匈牙利、波兰、摩尔多瓦、罗马尼亚、俄罗斯、斯洛伐克、乌克兰	10	24
	北欧	海峡群岛、丹麦、爱沙尼亚、芬兰、冰岛、拉脱维亚、立陶宛、挪威、瑞典、英国	10	14
	南欧	阿尔巴尼亚、波黑、克罗地亚、希腊、意大利、马耳他、黑山、葡萄牙、塞尔维亚、斯洛文尼亚、西班牙、马其顿	12	16
	西欧	奥地利、比利时、法国、德国、卢森堡、荷兰、瑞士	7	13
非洲	北非	阿尔及利亚、埃及、利比亚、摩洛哥、苏丹、突尼斯、西撒哈拉	7	10
合计		—	93	252

注:根据联合国文件,英国被划分为北欧国家。
资料来源:Department of Economic and Social Affairs of the United Nations (UNDESA). 2014. *World Urbanization Prospects: The 2014 Revision*,课题组在前期研究基础上整理而得。

---

① 由于统计数据缺失,本研究未包含西撒哈拉和海峡群岛。

（二）丝路节点城市指数

基于当前丝路节点城市功能特质，从建设发展角度出发，在"伙伴关系+"、"区域影响+"和"成长引领+"3个维度基础上，增加"五通发展"新维度，形成丝路节点城市的功能评价模型（见图1）。

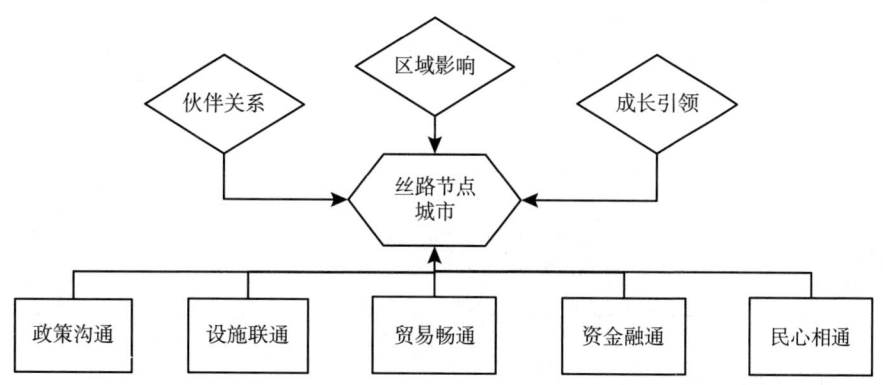

图1 丝路节点城市功能模型

丝路节点城市指数，包括伙伴关系指数、区域影响指数、成长引领指数、政策沟通指数、设施联通指数、贸易畅通指数、资金融通指数及民心相通指数等8个丝路节点城市二级指数。丝路节点城市指数由8个丝路节点城市二级指数加权加总得到，具体又包含30个单项指标，详见表2、表3。

表2 丝路节点城市指数指标体系

单位：个，%

二级指数	序号	单项指标	数据属性	权重
伙伴关系指数(2)	1	所在国家与中国双边政治关系	国家	7.5
	2	中国发起成立的国际合作组织、机构中的成员	国家	7.5
区域影响指数(4)	3	位于拥有区域合作组织总部的国家	国家	3.75
	4	区域中心城市	城市	3.75
	5	城市首位度	城市	3.75
	6	一带一路走廊城市	城市	3.75

续表

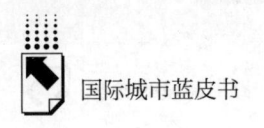

二级指数	序号	单项指标	数据属性	权重
成长引领指数(4)	7	世界经济论坛"全球竞争力报告"国家表现	国家	3.75
	8	近五年年均经济增长率	国家	3.75
	9	城市人口增长率(未来十年预期平均增长率)	城市	3.75
	10	世界500强企业数量	国家	3.75
五通指数(20)	政策沟通指数(4)	11	政治稳定性	国家	2.75
		12	法律秩序	国家	2.75
		13	友好城市数量	城市	2.75
		14	经济自由度指数	国家	2.75
	设施联通指数(4)	15	基础设施水平	国家	2.75
		16	信息化水平	国家	2.75
		17	城市往来中国航班数	城市	2.75
		18	中国境外合作区或中国开发区、共建园区	城市	2.75
	贸易畅通指数(4)	19	WTO成员	国家	2.75
		20	进出口贸易总量(亿美元)	城市	2.75
		21	双边贸易额(亿美元)	国家	2.75
		22	自由贸易区数量	城市	2.75
	资金融通指数(4)	23	来自中国的直接外商投资	国家	2.75
		24	货币稳定性	国家	2.75
		25	双边投资协定	国家	2.75
		26	金融国际化水平	城市	2.75
	民心相通指数(4)	27	文化距离	国家	2.75
		28	孔子学院数量	城市	2.75
		29	城市往来中国航空客流量	国家	2.75
		30	中国免签国家	城市	2.75

资料来源：作者整理。

表3　丝路节点城市指数单项指标含义与资料来源

序号	指标	含义	参考资料来源	发布机构
1	所在国家与中国双边政治关系①	城市所在国与中国的合作定位。两国的关系定位将影响两国军事、贸易等核心领域的合作	外交部声明公报	外交部
2	中国发起成立的国际合作组织、机构中的成员	这些成员与中国的伙伴关系属于较高级别，不仅有普通合作也会有核心领域的合作。主要包括下列组织机构：金砖国家、上合组织国家、参与亚洲基础设施银行(AIIB)成员国家	AIIB官网、上海合作组织官网	AIIB官网、上海合作组织官网

续表

序号	指标	含义	参考资料来源	发布机构
3	位于拥有区域合作组织总部的国家[②]	该城市位于本报告梳理出来的一些相对重要的区域合作组织总部所在的国家	根据维基百科按区域查询汇总	维基百科
4	区域中心城市	GaWC世界城市排名中的城市等级	GaWC世界城市名单2016	GaWC
5	城市首位度	对于有两个30万以上人口城市的国家,是指该国第一大城市与该国第二大城市的比值;对于只有一个或没有30万以上人口城市的国家,则用第一大城市占全国城市总人口的比重表示。用来衡量该国城市发展的均衡水平	《世界人口展望(2015)》;部分数据源于维基百科并已备注	联合国
6	一带一路走廊城市	是指位于一带一路城市走廊中的城市	"'一带一路'沿线城市网络与中国战略支点布局研究"课题研究成果	"'一带一路'沿线城市网络与中国战略支点布局研究"课题组
7	世界经济论坛"全球竞争力报告"国家表现	全球竞争力指数2017~2018年度排名;覆盖137个经济体,全球竞争力指数用来衡量国家竞争力,这种竞争力会影响政策和生产力水平。全球竞争力指数反映了长期增长的决定因素	全球竞争力报告(The Global Competitiveness Report 2017-2018)	世界经济论坛(World Economic Forum)
8	近五年年均经济增长率	过去五年该国经济的平均增长速度	CIA:country date,其中,韩国数据来自 http://www.bok.or.kr/main/korMain.action	CIA 韩国银行
9	城市人口增长率(未来十年预期平均增长率)	未来十年预期平均人口增长率	World Population Prospect (2014)	联合国人居署
10	世界500强企业数量	该国拥有的世界500强企业总部数量	2017版《财富》世界500强排行榜	《财富》杂志

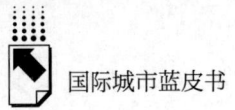

续表

序号	指标	含义	参考资料来源	发布机构
11	政治稳定性	—	《世界各国风险指南》(2014)	The PRS Group
12	法律秩序	—	《世界各国风险指南》(2014)	The PRS Group
13	友好城市数量	是指该国与中国建立友好城市关系的城市数量	http://www.cifca.org.cn/Web/SearchByCity.aspx?HYCity=&WFCity=%E3%80%82	中国国际友好城市联合会
14	经济自由度指数	由《华尔街日报》和美国传统基金会发布的年度报告，涵盖全球155个国家和地区，是全球权威的经济自由度评价指标之一，在一个指标上得分越高，说明政府对经济的干涉水平越高，因此经济自由度越低	《华尔街日报》和美国传统基金会发布的年度报告	《华尔街日报》和美国传统基金会
15	基础设施水平	—	The Global Competitiveness Report 2016–2017	世界经济论坛（World Economic Forum）
16	信息化水平	—	国际统计年鉴2015年17-4	中华人民共和国国家统计局
17	城市往来中国航班数	指不同城市往来中国的航空公司数，用来体现来往的设施联通程度	国际民用航空组织（ICAO）航班起讫点统计（On Flight Origin and Destination）(2016年)	国际民用航空组织
18	中国境外合作区或中国开发区、共建园区	—	http://www.fmprc.gov.cn；www.mofcom.gov.cn	外交部、商务部等
19	WTO成员	城市所在国家为世界贸易组织的成员或观察员	https://www.wto.org/	世界贸易组织官网
20	进出口贸易总量（亿美元）	该城市所在国家一年内的进出口总额	中国贸易外经统计年鉴	国家统计局
21	双边贸易额（亿美元）	该城市所在国家与中国的进出口贸易总额	http://www.fmprc.gov.cn	中华人民共和国外交部

续表

序号	指标	含义	参考资料来源	发布机构
22	自由贸易区数量	城市所在国家拥有的"自由贸易区"数量	https://en.wikipedia.org/wiki/List_of_free-trade_zones#Seychelles	维基百科(List of free-trade zones)
23	来自中国的直接外商投资	城市所在国家一年内吸引来自中国的投资总额	http://www.fmprc.gov.cn	中国外交部
24	货币稳定性	2005~2014年十年间城市所在国家货币与美元间官方汇率的变动幅度	Real Historical Exchange Rates for Baseline Countries/Regions (2010 base year), 1970-2014	USDA
25	双边投资协定	指两国之间订立的专门用于国际投资保护的双边条约	http://tfs.mofcom.gov.cn/article/Nocategory/201111/20111107819474.shtml	中华人民共和国商务部条约法律司(双边投资协定)
26	金融国际化水平	金融国际化是指一国的金融活动超越本国国界,脱离本国政府金融管制,在全球范围展开经营、寻求融合、求得发展的过程。金融国际化是经济全球化的重要内容	https://en.wikipedia.org/wiki/Global_Financial_Centres_Index	维基百科(Global Financial Centres Index)
27	文化距离	吉尔特·霍夫斯塔德(Hofstede)的五个文化尺度是用来衡量不同国家文化差异、价值取向的一个有效架构	https://geert-hofstede.com/	吉尔特·霍夫斯塔德官方网站
28	孔子学院数量	中国国家汉语国际推广领导小组办公室在世界各地设立的推广汉语和传播中国文化的机构	http://www.hanban.edu.cn/confuciousinstitutes/node_10961.htm	孔子学院总部/国家汉办
29	城市往来中国航空客流量	指一年内该城市往来中国的航空客流总数	国际民用航空组织(ICAO)航班起讫点统计(On Flight Origin and Destination)(2016年)	国际民用航空组织

续表

序号	指标	含义	参考资料来源	发布机构
30	中国免签国家	免签是指从一个国家或者地区到另外一个国家或者地区不需要申请签证。通常是双边的，双方持用有效的护照可自由出入对方境	中国与外国互免签证协定一览表（更新于2017年9月16日）	中国领事服务网

注：①根据外交部提供资料，与中国双边政治关系主要包括：友好合作关系、合作伙伴关系、友好合作伙伴关系、全面合作伙伴关系、全面友好合作伙伴关系、全方位合作伙伴关系、全方位友好合作伙伴关系、战略互惠关系、互惠战略伙伴关系、战略合作关系、战略性合作关系、战略伙伴关系、战略合作伙伴关系、创新全面伙伴关系、创新战略伙伴关系、全面战略伙伴关系、全面战略合作伙伴关系、全方位战略伙伴关系、全面战略协作伙伴关系和全天候战略合作伙伴关系等20类。

②本报告梳理的相对重要的区域合作组织、机构主要包括：阿拉伯国家联盟、阿拉伯马格里布联盟、非洲开发银行；非洲发展银行、经济合作组织、南亚区域合作联盟、东南亚国家联盟、亚洲开发银行、亚太经合组织、阿拉伯石油输出国组织、海湾阿拉伯国家合作委员会；伊斯兰会议组织、阿拉伯议会联盟、黑海经济合作区、独立国家联合体、石油输出国组织、欧盟、经济合作与发展组织、世界贸易组织；世界卫生组织；万国邮政联盟；国际标准化组织；国际劳工组织、英联邦等。

资料来源：作者整理。

（三）数据处理

以 x_i 代表构成二级指数 x 的第 i 项单项指标（$i=1,\cdots,4$），其中 $x \in \{a,b,c,d,e\}$，分别代表伙伴关系、区域影响、成长引领、政策沟通、设施联通、贸易畅通、资金融通和民心相通。30个单项指标描述性统计特征见表4。

表4 丝路节点城市指数单项指标的描述统计

指标	观测值	平均数	标准差	最小值	最大值
所在国家与中国双边政治关系	252	104.3	51.7	0.0	180.0
中国发起成立的国际合作组织、机构中的成员	252	34.1	31.7	0.0	80.0
位于拥有区域合作组织总部的国家	252	4.2	10.1	0.0	100.0
区域中心城市	252	26.9	36.3	0.0	120.0
城市首位度	252	1.4	2.5	0.0	13.7
一带一路走廊城市	252	0.4	0.5	0	1
世界经济论坛"全球竞争力报告"国家表现	252	4.0	1.5	1.0	5.9

续表

指标	观测值	平均数	标准差	最小值	最大值
近五年年均经济增长率	252	3.8	2.7	-6.8	10.6
城市人口增长率(未来十年预期平均增长率)	252	1.8	1.4	-1.3	6.2
世界500强企业数量	252	5.7	10.2	0.0	49.0
政治稳定性	252	6.6	1.4	1.0	11.2
法律秩序	252	4.0	0.9	1.5	6.0
友好城市数量	252	28.6	49.7	0.0	214.0
经济自由度指数	252	56.9	16.6	0.0	88.6
基础设施水平	252	4.4	1.0	1.8	6.5
信息化水平	252	4.8	2.2	1.0	8.9
城市往来中国航班数	252	30.8	77.3	0.0	590.0
中国境外合作区或中国开发区、共建园区	251	0.7	3.8	0.0	40.0
WTO成员	252	0.9	0.2	0.0	1.0
进出口贸易总量(亿美元)	252	4033.0	4332.8	0.0	23937.3
双边贸易额(亿美元)	252	533.3	596.3	0.1	2525.8
自由贸易区数量	252	3.2	4.1	0.0	25.0
来自中国的直接外商投资	252	1.4	4.2	0.0	43.3
货币稳定性	252	-190.4	1726.7	-15890.3	93.8
双边投资协定	252	0.9	0.3	0.0	1.0
金融国际化水平	252	100.0	226.2	0.0	910.0
文化距离	252	2.5	1.0	1.1	4.7
孔子学院数量	252	5.4	7.0	0.0	29.0
城市往来中国航空客流量	252	25.9	119.6	0.0	1230.0
中国免签国家	252	0.7	0.5	0.0	1.0

资料来源：作者整理。

各项指标运用极值化方法对变量数据进行标准化处理，即通过变量取值最大值和最小值，将原始数据转换为界于[0,1]的数值，以消除指标计量单位和数量级对指标得分的影响。具体公式如下。

$$x'_{ij} = \frac{x_{ij} - \min\{x_{ij}\}}{\max\{x_{ij}\} - \min\{x_{ij}\}}$$

其中，x_{ij}代表二级指数x第i项单项指标中第j个城市的统计性原始数据；$min\{x_{ij}\}$为指标x_i的最小值，$max\{x_{ij}\}$为指标x_i的最大值；x'_{ij}为标准化后的

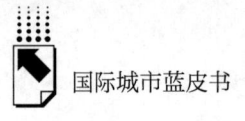

数据,且 $x'_{ij} \sim [0,1]$。

特别地,对逆向指标"文化距离",标准化公式需要调整为:

$$x'_{ij} = \frac{\max\{x_{ij}\} - x_{ij}}{\max\{x_{ij}\} - \min\{x_{ij}\}}$$

(四)指数计算

对各项二级指数加权平均得到丝路节点城市指数得分,计算公式如下。

$$I_x = \sum_{i=1}^{m} x_i w_i$$

其中,I_x 代表二级指数 x 的综合得分,x_i 为 x 的第 i 项二级指数,w_i 为二级指数 x_i 的权重。一共计算得出8个二级指标,分别是伙伴关系、区域影响、成长引领3个二级指数和政策沟通、设施联通、贸易畅通、资金融通和民心相通等5个丝路节点城市五通指数。

三 丝路节点城市指数整体表现

"一带一路"沿线国家城市在资源禀赋、发展基础、文化制度建设和政府行为等方面存在差异,而丝路节点城市将有可能成为中国分步骤、分阶段参与"一带一路"投资建设优先选择地。

(一)丝路节点城市指数得分

1. 丝路节点城市综合指数得分

第一,丝路节点城市综合指数得分总体偏低,均值仅为38.9

总体来看,丝路节点城市综合指数得分较低,252个样本城市指标得分均值为38.9。其中,俄罗斯首都莫斯科得分最高,也仅为58.3。这一事实说明中国"一带一路"建设需要有效、有力的推进和部署,并尽量集中有限资源于丝路节点城市,通过以点带面来撬动全局(见表5)。

表5 丝路节点城市指数得分情况和统计信息

单位：分

指数		观测值	均值	标准差	最小值	最大值	满分
丝路节点城市指数		252	38.9	7.9	13.8	58.3	100
二级指数	伙伴关系	252	7.6	4.3	0.0	14.2	15
	区域影响	252	3.0	2.7	0.0	11.1	15
	成长引领	252	6.6	1.8	1.7	10.3	15
	政策沟通	252	5.2	1.4	1.5	8.4	11
	设施联通	252	3.0	1.5	0.4	7.6	11
	贸易畅通	252	3.9	1.4	0.0	7.4	11
	资金融通	252	5.6	1.1	2.7	8.4	11
	民心相通	252	4.0	1.4	0.2	8.9	11

第二，丝路节点城市指数的"区域影响指数"和"设施联通指数"表现欠佳，拉低整体分值

从结构上看，在8项二级指数中，区域影响指数和设施联通指数得分均值最低，前者仅处于满分值的20%水平，后者为满分值的27%。两项指标整体上较大幅度地拉低了总指标得分。相对来讲，伙伴关系指数和资金融通指数均值与单项满分值相比处于较高水平（见图2）。

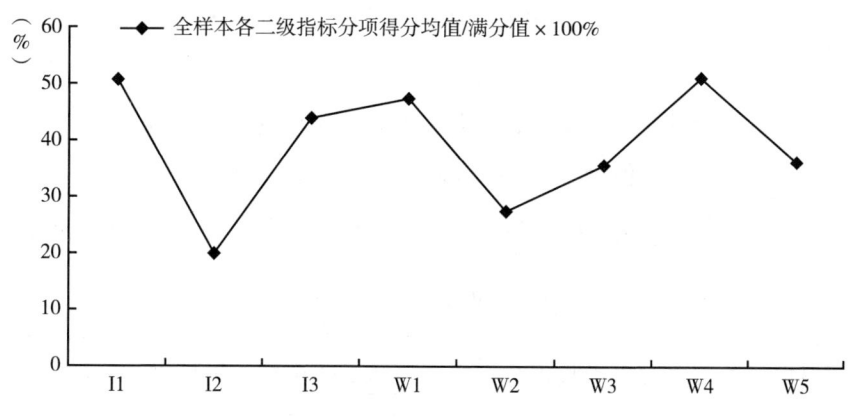

图2　252个样本城市二级指数满分达标率

注：I1~I3分别代表伙伴关系指数、区域影响指数、成长引领指数；W1~W5分别代表政策沟通指数、设施联通指数、贸易畅通指数、资金融通指数、民心相通指数，下同。

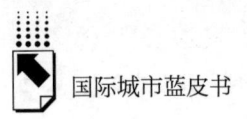

2. 丝路节点城市指数得分前10位

俄罗斯莫斯科市的丝路节点城市指数得分最高。而德国在丝路节点城市指数得分前10位城市中占据4席，分别是汉堡、柏林、科隆和慕尼黑，4个城市指标得分均值为53.4（见表6）。

表6　丝路节点城市指数得分前10位城市

单位：分

排名	城市	国家	区域	总分	丝路节点城市指数						
					I1	I2	I3	W1	W2	W3	W4	W5
1	莫斯科	俄罗斯联邦	东欧	58.33	14.17	7.72	5.56	6.04	7.24	4.04	8.22	5.34
2	汉堡	德国	西欧	55.23	8.13	6.25	8.42	7.36	4.91	7.15	7.51	5.52
3	曼谷	泰国	东南亚	54.53	8.96	8.34	6.58	4.55	6.27	4.04	7.74	8.06
4	首尔	韩国	东亚	54.37	6.46	4.18	7.02	7.87	7.23	6.54	6.15	8.92
5	柏林	德国	西欧	53.69	8.13	6.61	8.38	7.36	5.05	7.15	5.48	5.53
6	科隆	德国	西欧	52.85	8.13	5.63	8.46	7.36	4.91	7.37	5.48	5.52
7	新加坡	新加坡	东南亚	52.68	4.79	7.94	7.46	7.19	6.52	4.32	8.36	6.10
8	吉隆坡	马来西亚	东南亚	52.65	7.71	9.48	7.90	5.05	4.24	5.10	7.38	5.79
9	圣彼得堡	俄罗斯联邦	东欧	52.22	14.17	5.31	5.48	6.04	3.79	4.04	8.16	5.23
10	慕尼黑	德国	西欧	51.70	8.13	2.50	8.58	7.36	5.23	7.26	6.99	5.65

3. 丝路节点城市指数得分前100位情况

在丝路节点城市指数前100位城市中，来自东南亚和南亚的城市数量最多，分别为22个和21个，其次为东欧，包含了16个前100位城市（见图3）。从指数得分的统计数据看，排名前100位城市的指数得分均值为45.8，伙伴关系指数得分均值为9.3，区域影响指数得分均值为4.4，成长引领指数得分均值为7.1，"五通"指数均值分别为5.7、3.7、4.5、6.1和5.0。

（二）丝路节点城市类型划分

根据丝路节点城市指数得分多少，可将252个样本城市进行分类。结合数据统计特点，同时为了便于体现各类型城市间的层次性、区别性，城市分类划分主要以2.5分作为组距，划分为重要节点城市、次要节点城市、一般节点城市、潜在节点城市和普通城市（见表7）。

丝路节点城市：识别撬动"一带一路"建设的支点

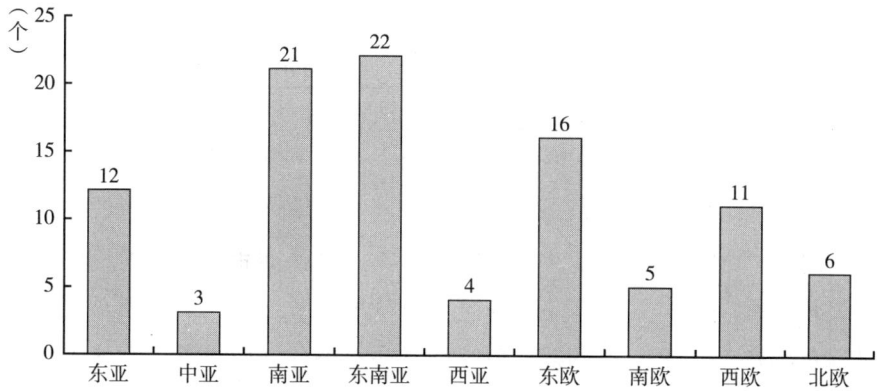

图3　丝路节点城市指数前100位城市区域分布

表7　样本城市分类划分

单位：个，分

序号	城市组别		分值区间	数量	指数得分均值
1	重要节点城市		≥50	14	53.1
2	次要节点城市		[47.5,50)	11	48.1
3	一般节点城市		[45,47.5)	21	46.0
4	潜在节点城市	潜在节点城市Ⅰ类	[42.5,45)	36	43.9
		潜在节点城市Ⅱ类	[40,42.5)	38	41.2
		潜在节点城市Ⅲ类	[37.5,40)	56	39.2
5	普通城市		<37.5	76	29.3

1. 重要节点城市

重要节点城市是国家实施"一带一路"建设第一阶段的首选空间载体。根据表7设定的分类方案，重要节点城市的指数得分均高于50，共14个，其中俄罗斯莫斯科的指数得分最高，为58.3（见表8）。

表8　"一带一路"重要节点城市

单位：分

排名	城市	国家	区域	丝路节点城市指数								
				总分	I1	I2	I3	W1	W2	W3	W4	W5
1	莫斯科	俄罗斯联邦	东欧	58.33	14.17	7.72	5.56	6.04	7.24	4.04	8.22	5.34
2	汉堡	德国	西欧	55.23	8.13	6.25	8.42	7.36	4.91	7.15	7.51	5.52

续表

排名	城市	国家	区域	丝路节点城市指数							
				总分	I1	I2	I3	W1	W2	W3	W4	W5
3	曼谷	泰国	东南亚	54.53	8.96	8.34	6.58	4.55	6.27	4.04	7.74	8.06
4	首尔	韩国	东亚	54.37	6.46	4.18	7.02	7.87	7.23	6.54	6.15	8.92
5	柏林	德国	西欧	53.69	8.13	6.61	8.38	7.36	5.05	7.15	5.48	5.53
6	科隆	德国	西欧	52.85	8.13	5.63	8.46	7.36	4.91	7.37	5.48	5.52
7	新加坡	新加坡	东南亚	52.68	4.79	7.94	7.46	7.19	6.52	4.32	8.36	6.10
8	吉隆坡	马来西亚	东南亚	52.65	7.71	9.48	7.90	5.05	4.24	5.10	7.38	5.79
9	圣彼得堡	俄罗斯联邦	东欧	52.22	14.17	5.31	5.48	6.04	3.79	4.04	8.16	5.23
10	慕尼黑	德国	西欧	51.70	8.13	2.50	8.58	7.36	5.23	7.26	6.99	5.65
11	雅加达	印度尼西亚	东南亚	51.54	7.71	8.51	7.30	4.32	5.00	4.42	8.26	6.02
12	苏黎世	瑞士	西欧	51.51	7.29	11.09	7.89	6.25	5.27	3.87	5.76	4.09
13	伦敦	英国	北欧	51.50	7.71	5.85	8.30	6.87	5.90	4.77	5.52	6.58
14	巴黎	法国	西欧	50.35	7.71	6.53	8.05	6.49	5.44	4.50	6.27	5.36

（1）重要节点城市各二级指数表现较为平稳，资金融通指数、政策沟通指数、伙伴关系指数3个二级指数表现相对更好

依据指数得分均值与满分值的关系可以判断各分项二级指数发展的优劣程度。由图4所示，总体来看14个重要节点城市各二级指数得分相对平稳，其中资金融通指数、政策沟通指数、伙伴关系指数等3个二级指数得分与满分值相比，相对处于较高水平。

（2）与其他样本城市相比，重要节点城市区域影响指数表现较好

与全样本城市二级指数均值相比，重要节点城市各分项二级指数得分均高于全样本均值，其中区域影响指数均值为6.9，高出全样本130.0%；设施联通指数均值为5.5，高出全样本83.3%（见表9）。

（3）重要节点城市区域集中度较高，近一半来自西欧

重要节点城市的区域集中度较高，6个城市来自西欧，分别为德国的汉

丝路节点城市：识别撬动"一带一路"建设的支点

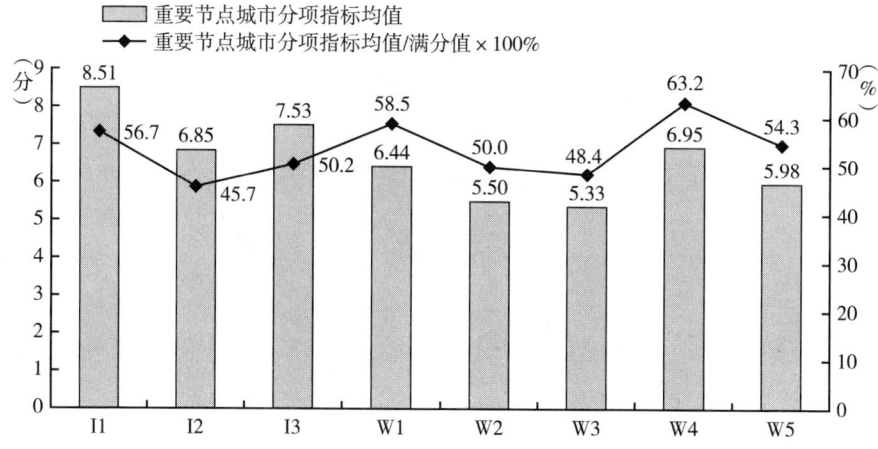

图4　重要节点城市的二级指数均值与满分达标率

表9　重要节点城市各二级指数得分均值与全样本均值

单位：分，%

项目	总分	I1	I2	I3	W1	W2	W3	W4	W5
重要节点城市均值（A）	53.1	8.5	6.9	7.5	6.4	5.5	5.3	7.0	6.0
全样本均值（B）	38.9	7.6	3.0	6.6	5.2	3.0	3.9	5.6	4.0
（A/B－1）×100%	36.5	11.8	130.0	13.6	23.1	83.3	35.9	25.0	50.0

堡、柏林、科隆和慕尼黑，法国的巴黎和瑞士的苏黎世。另外，东南亚亦是重要节点城市的聚集区，包含了4个重要节点城市，分别是马来西亚的吉隆坡、泰国的曼谷、新加坡、印尼的雅加达（见图5）。

2. 次要节点城市

课题组将丝路节点城市得分处于[47.5，50）区间的样本城市筛选为"次要节点城市"，共11个，以印度孟买得分最高，为48.68（见表10）。次要节点城市理应是当前我国推进"一带一路"建设进程中的次优选择，但实践中仍需要以谨慎现场调研配合。

（1）次要节点城市主要来自于俄罗斯，覆盖率为63.6%

明显看出，11个次要节点城市集中度较高，有7个来自俄罗斯，分别

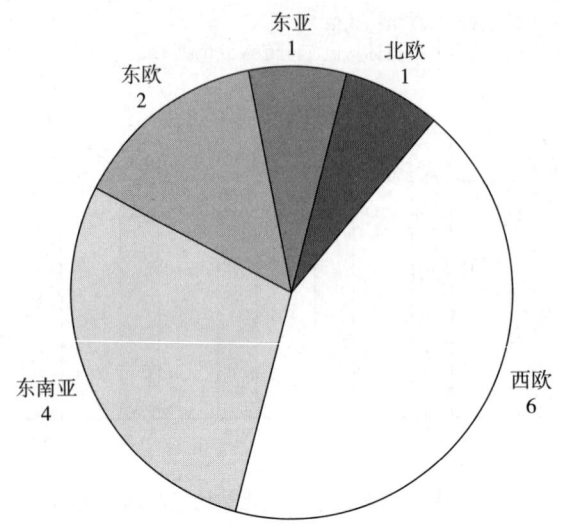

图 5 重要节点城市区域分布

表 10 "一带一路"次要节点城市

单位：分

排名	城市	国家	区域	丝路节点城市指数								
				总分	I1	I2	I3	W1	W2	W3	W4	W5
1	孟买	印度	南亚	48.68	12.08	6.88	7.84	4.43	2.40	5.02	7.32	2.71
2	新西伯利亚	俄罗斯联邦	东欧	48.51	14.17	3.75	5.52	6.04	4.21	4.04	5.53	5.24
3	克拉斯诺亚尔斯克	俄罗斯联邦	东欧	48.42	14.17	3.75	5.63	6.04	4.03	4.04	5.53	5.23
4	叶卡捷琳堡	俄罗斯联邦	东欧	48.21	14.17	3.75	5.55	6.04	3.89	4.04	5.53	5.24
5	格拉斯哥	英国	北欧	48.13	7.71	2.31	8.21	6.87	5.11	4.77	6.97	6.19
6	乌法	俄罗斯联邦	东欧	48.06	14.17	3.75	5.51	6.04	3.79	4.04	5.53	5.23
7	鄂木斯克	俄罗斯联邦	东欧	48.05	14.17	3.75	5.50	6.04	3.79	4.04	5.53	5.23
8	萨马拉	俄罗斯联邦	东欧	48.02	14.17	3.75	5.47	6.04	3.79	4.04	5.53	5.23
9	阿拉木图	哈萨克斯坦	中亚	47.92	11.46	4.76	6.15	5.54	3.78	2.95	7.95	5.33
10	釜山	韩国	东亚	47.65	6.46	0.00	6.96	7.87	5.83	6.54	7.60	6.40
11	下诺夫哥罗德	俄罗斯联邦	东欧	47.60	14.17	3.75	5.04	6.04	3.79	4.04	5.53	5.23

是新西伯利亚、克拉斯诺亚尔斯克、叶卡捷琳堡、乌法、鄂木斯克、萨马拉和下诺夫哥罗德。统计数据显示，7个城市丝路节点城市指数得分均值为48.1，五通指数得分均值分别为6.0、3.9、4.0、5.5和5.2。这11个次要

节点城市有7个来自于俄罗斯,主要与丝路节点城市指数的设计相关,在该指数中伙伴关系二级指数的权重相对较高,且是属于国家属性的指标,俄罗斯与我国的全面战略协作伙伴关系的取值较高,导致该国所有城市的该指数得分较高,进而拉开了与其他城市间的距离。课题组将在丝路节点城市2.0版中对此进行改良,以更合理地反映客观现实。

(2)次要节点城市所在国家与中国伙伴关系的关联度较高,但区域影响较小

次要节点城市各二级指数得分均值之间差异较大。其中,伙伴关系指数得分最高为12.4,满分达标率达83.0%;而区域影响较差,指数得分仅为3.7,满分达标率为24.4%。另外,数据显示,次要节点城市政策沟通指数和资金融通指数较好,满分达标率分别为55.3%和56.7%(见图6)。

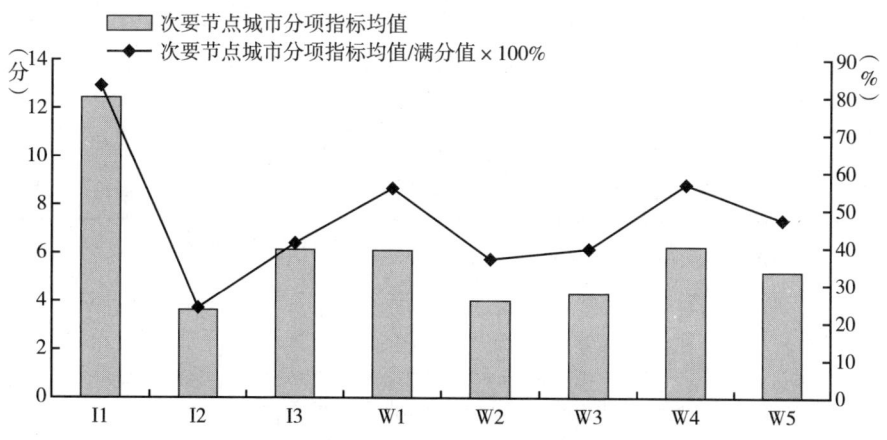

图6 次要节点城市的二级指数均值及满分达标率

(3)与全样本相比,次要节点城市的成长引领指数得分较低

与252个全样本城市相比,次要节点城市的成长引领分项指标得分较低,全球竞争力、经济增长率、人口增长率以及全国500强企业数量等综合表现欠佳,阻碍了次要节点城市区域引领性的形成。在实施"一带一路"建设时应对次要节点城市区别对待、扬长避短,着重发展有助于借力大国间

伙伴关系的城市，以有效推进"一带一路"建设。另外，表11显示，次要节点城市伙伴关系指数（I1）得分较高，高出全样本均值63.2%。

表11 次要节点城市各二级指数得分均值与全样本均值

单位：分，%

项目	总分	I1	I2	I3	W1	W2	W3	W4	W5
次要节点城市均值（A）	48.1	12.4	3.7	6.1	6.1	4.0	4.3	6.2	5.2
全样本均值（B）	38.9	7.6	3.0	6.6	5.2	3.0	3.9	5.6	4.0
（A/B－1）×100%	23.7	63.2	23.3	－7.6	17.3	33.3	10.3	10.7	30.0

3. 一般节点城市

一般节点城市构成了国家"一带一路"建设实施第一阶段的重要考察对象。根据前文所确定的样本城市划分规则，将丝路节点城市指数得分处于 [45，47.5) 区间的样本筛选为"一般节点城市"，共21个，一般节点城市指数得分均值46.0，其中英国曼彻斯特市在该组得分最高，为47.3。

表12 "一带一路"一般节点城市

单位：分

序号	城市	国家	区域	丝路节点城市指数							
				总分	I1	I2	I3	W1	W2	W3	W4	W5
1	曼彻斯特	英国	北欧	47.3	7.71	2.63	8.29	6.87	5.34	4.77	5.49	6.22
2	东京	日本	东亚	47.2	1.67	4.09	9.43	8.35	7.44	6.73	5.63	3.89
3	罗马	意大利	南欧	47.1	7.71	6.67	5.36	5.87	4.65	4.21	7.72	4.86
4	胡志明市	越南	东南亚	47.0	8.96	6.95	7.33	5.40	2.99	4.17	5.87	5.29
5	河内	越南	东南亚	46.9	8.96	5.94	7.84	5.40	3.23	4.17	5.87	5.50
6	伯明翰	英国	北欧	46.7	7.71	2.31	8.26	6.87	5.11	4.77	5.49	6.19
7	阿姆斯特丹	荷兰	西欧	46.6	4.38	7.26	7.39	6.80	6.10	4.71	6.53	3.42
8	班加罗尔	印度	南亚	46.5	12.08	6.25	8.46	4.43	2.08	5.02	5.51	2.69
9	米兰	意大利	南欧	46.4	7.71	6.88	5.29	5.87	4.56	4.21	7.12	4.82
10	马尼拉	菲律宾	东南亚	46.4	6.04	5.95	6.83	4.64	2.68	6.14	7.58	6.51
11	龙仁	韩国	东亚	45.8	6.46	0.00	8.12	7.87	5.18	6.54	5.49	6.17
12	金边	柬埔寨	东南亚	45.8	8.96	6.91	7.45	5.30	2.80	2.83	5.91	5.49
13	金奈	印度	南亚	45.6	12.08	5.63	8.20	4.43	2.08	5.02	5.51	2.68
14	海得拉巴	印度	南亚	45.6	12.08	5.63	8.29	4.43	1.94	5.02	5.51	2.67

续表

序号	城市	国家	区域	总分	I1	I2	I3	W1	W2	W3	W4	W5
15	伊斯坦布尔	土耳其	西亚	45.5	6.46	8.29	6.40	5.27	3.22	3.35	7.84	4.63
16	西约克	英国	北欧	45.4	7.71	0.75	8.50	6.87	5.11	4.77	5.49	6.19
17	加尔各答	印度	南亚	45.2	12.08	5.63	7.66	4.43	2.17	5.02	5.51	2.68
18	卡拉奇	巴基斯坦	南亚	45.1	13.13	6.60	6.62	4.13	1.02	3.23	5.51	4.90
19	光州	韩国	东亚	45.0	6.46	0.00	7.31	7.87	5.18	6.54	5.49	6.17
20	大田	韩国	东亚	45.0	6.46	0.00	7.31	7.87	5.18	6.54	5.49	6.17
21	仁川	韩国	东亚	45.0	6.46	0.00	7.30	7.87	5.18	6.54	5.49	6.17

（1）一般节点城市之间二级指数得分差异较大，组内方差最大达8.2

21个一般节点城市的丝路节点城市指数得分相差较小，但数据结构差异较大，伙伴关系指数和区域影响指数最为突出，二者组内方差最大分别达8.2和8.1，其余6项二级指数方差均值仅为1.6。这说明本组节点城市主要由两类城市构成，一类是由于所在国同中国结成较牢固的伙伴关系而成为适合中国加深交流的节点城市，如越南的胡志明市和河内以及巴基斯坦的卡拉奇等，或者该城市属于所在区域具有较大影响力的国家，如印度的班加罗尔、加尔各答等。另一类是由于城市本身区域影响大而成为不可回避的战略性城市，以日本东京为代表，一般节点城市伙伴关系指数得分均值为8.2，东京仅为1.67；另外，东京的资金融通指数和民心相通指数得分亦低于一般节点城市均值。相应地，东京成长引领指数、政策沟通指数和设施联通指数得分较高，拉高了丝路节点城市指数整体分值。

（2）21个一般节点城市区域空间分布相对较均衡

21个一般节点中，东亚和南亚地区各5个，东南亚地区4个，北欧地区3个，南欧地区2个，西欧和西亚地区各1个，与重要节点城市和次要节点城市相比，空间分布相对分散（见图7）。

（3）一般节点城市的伙伴关系指数、政策沟通指数、资金融通指数的满分达标率较高

从均值来看，图8可看出一般节点城市在政策沟通指数、资金融通指数

国际城市蓝皮书

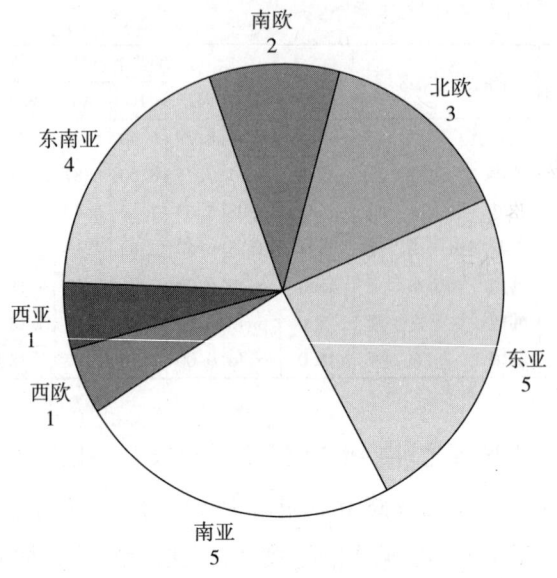

图7 一般节点城市区域分布

和伙伴关系指数等3个二级指数的满分达标率较高，分别为54.9%、54.6%和54.4%。相较之下，一般节点城市的区域影响指数和设施联通指数表现较差，构成图8折线的2个极小值。

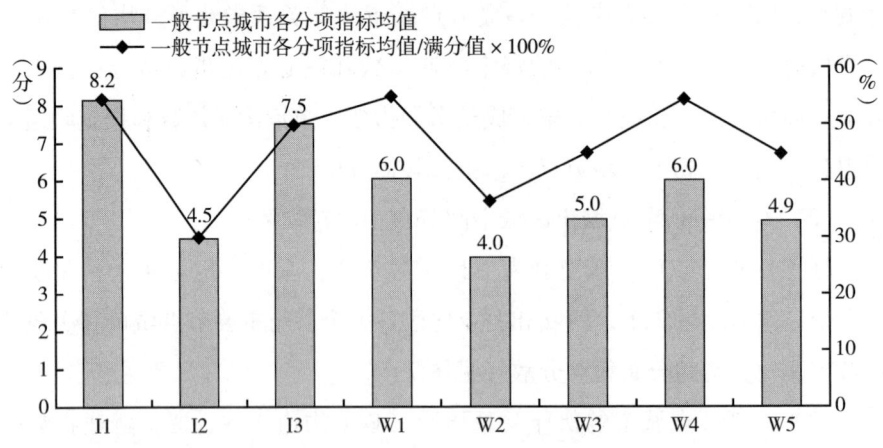

图8 一般节点城市的二级指数均值及满分达标率

另外，与全样本相比，一般节点城市的区域影响指数得分较高，比全样本均值高50%，其次设施联通指数比全样本均值高33.3%。

4. 潜在节点城市

潜在节点城市是"一带一路"城市网络中有潜力成长为节点城市的城市，是"一带一路"建设实施过程中的潜在考察对象。具体来讲，将丝路节点城市指数得分处于［37.5，45）的样本称为潜在节点城市，并根据具体分值大小，分为潜在节点城市Ⅰ类，分值处于［42.5，45），潜在节点城市Ⅱ类，分值处于［40，42.5），以及潜在节点城市Ⅲ类，分值处于［37.5，40）。

（1）潜在节点城市Ⅰ类有36个，集中分布于东南亚和南亚地区

36个潜在节点城市Ⅰ类的丝路节点城市指数得分均值为43.9，伙伴关系指数满分达标率较高，为62.4%，其次为资金融通指数，满分达标率为53.3%。潜在节点城市的成长引领指数较差，满分达标率仅为22.4%。潜在节点城市相关指数得分情况见表13。

表13　"一带一路"潜在节点城市Ⅰ类情况

单位：分

序号	城市	国家	区域	总分	I1	I2	I3	W1	W2	W3	W4	W5
1	里昂	法国	西欧	45.00	7.71	2.63	8.16	6.49	4.93	4.50	5.48	5.11
2	水原	韩国	东亚	44.96	6.46	0.00	7.26	7.87	5.18	6.54	5.49	6.17
3	乌兰巴托	蒙古	东亚	44.94	7.71	8.83	7.85	4.93	2.20	2.79	5.48	5.14
4	伊斯兰堡	巴基斯坦	南亚	44.90	13.13	5.63	7.30	4.13	1.07	3.23	5.51	4.91
5	登巴萨	印度尼西亚	东南亚	44.83	7.71	4.13	8.79	4.32	3.07	4.42	6.39	6.00
6	华沙	波兰	东欧	44.79	7.71	7.07	5.66	5.86	3.54	3.62	6.57	4.16
7	昌原	韩国	东亚	44.78	6.46	0.00	7.07	7.87	5.18	6.54	5.49	6.17
8	大阪都市圈	日本	东亚	44.76	1.67	1.56	9.47	8.35	7.62	6.73	6.11	3.24
9	大邱	韩国	东亚	44.75	6.46	0.00	7.05	7.87	5.18	6.54	5.49	6.17
10	拉合尔	巴基斯坦	南亚	44.73	13.13	5.63	6.59	4.13	1.62	3.23	5.51	4.89
11	北榄	泰国	东南亚	44.70	8.96	3.75	8.79	4.55	2.83	4.04	5.89	5.88
12	巴淡岛	印度尼西亚	东南亚	44.46	7.71	1.67	9.24	4.32	2.42	4.42	6.39	5.84
13	喀山	俄罗斯联邦	东欧	44.44	14.17	0.00	5.54	6.04	3.89	4.04	5.53	5.23

续表

序号	城市	国家	区域	丝路节点城市指数							
				总分	I1	I2	I3	W1	W2	W3	W4	W5
14	车里雅宾斯克	俄罗斯联邦	东 欧	44.38	14.17	0.00	5.57	6.04	3.79	4.04	5.53	5.23
15	顿河畔罗斯托夫	俄罗斯联邦	东 欧	44.31	14.17	0.00	5.50	6.04	3.79	4.04	5.53	5.23
16	伏尔加格勒	俄罗斯联邦	东 欧	44.29	14.17	0.00	5.48	6.04	3.79	4.04	5.53	5.23
17	马赛－普罗旺斯地区艾克斯	法国	西 欧	44.03	7.71	1.69	8.12	6.49	4.93	4.50	5.48	5.11
18	芹苴	越南	东南亚	44.01	8.96	3.75	8.26	5.40	2.30	4.17	5.87	5.29
19	新德里	印度	南 亚	43.97	12.08	3.24	8.22	4.43	2.64	5.02	5.51	2.84
20	维杰亚瓦达	印度	南 亚	43.78	12.08	3.75	8.49	4.43	1.84	5.02	5.51	2.65
21	里尔	法国	西 欧	43.65	7.71	1.38	8.06	6.49	4.93	4.50	5.48	5.11
22	莫拉达巴德	印度	南 亚	43.64	12.08	3.75	8.36	4.43	1.84	5.02	5.51	2.65
23	海防	越南	东南亚	43.38	8.96	3.75	7.54	5.40	2.39	4.17	5.87	5.29
24	北干巴鲁	印度尼西亚	东南亚	43.36	7.71	4.13	8.14	4.32	2.42	4.42	6.39	5.84
25	迪拜	阿拉伯联合酋长国	西 亚	43.34	6.46	4.17	8.18	6.49	5.26	4.73	6.04	2.02
26	詹谢普尔	印度	南 亚	43.30	12.08	3.75	8.01	4.43	1.84	5.02	5.51	2.65
27	蒂鲁吉拉伯利	印度	南 亚	43.29	12.08	3.75	8.01	4.43	1.84	5.02	5.51	2.65
28	利雅得	沙特阿拉伯	西 亚	43.17	7.71	4.86	7.19	6.39	3.93	3.54	7.82	1.73
29	阿散索尔	印度	南 亚	43.15	12.08	3.75	7.86	4.43	1.84	5.02	5.51	2.65
30	哥本哈根	丹麦	北 欧	43.01	7.71	4.18	6.22	6.83	5.14	3.06	6.78	3.09
31	泗水	印度尼西亚	东南亚	42.92	7.71	4.44	7.16	4.32	2.61	4.42	6.39	5.88
32	茂物	印度尼西亚	东南亚	42.86	7.71	4.13	7.64	4.32	2.42	4.42	6.39	5.84
33	马卡萨	印度尼西亚	东南亚	42.79	7.71	4.13	7.57	4.32	2.42	4.42	6.39	5.84
34	杜尚别	塔吉克斯坦	中 亚	42.59	11.46	5.26	5.17	5.22	1.99	2.99	5.49	5.01
35	都灵	意大利	南 欧	42.52	7.71	5.00	5.33	5.87	4.19	4.21	5.48	4.74
36	万隆	印度尼西亚	东南亚	42.52	7.71	4.13	7.30	4.32	2.42	4.42	6.39	5.84

从地区分布来看，潜在节点城市Ⅰ类较多地分布于东南亚和南亚地区，其中东南亚地区的印度尼西亚有7个，南亚地区的印度有6个（见图9）。

(2) 潜在节点城市Ⅱ类有38个，超过半数位于南亚地区

共甄选潜在节点城市Ⅱ类38个，丝路节点城市指数得分均值为41.2。与Ⅰ类城市类似，Ⅱ类城市伙伴关系指数达标率较高，为64.7%，其次为资金融通，满分达标率为53.5%。然而，与全样本相比，Ⅱ类城市部分二

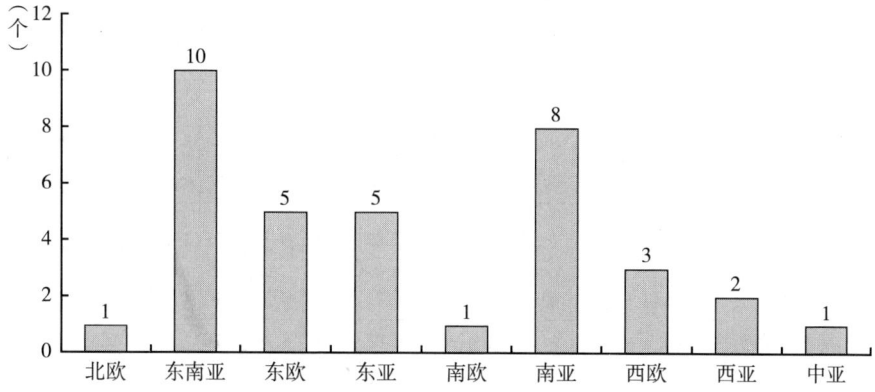

图9 潜在节点城市 I 类区域分布

级指数得分较低,区域影响、政策沟通、设施联通、民心相通指数得分低于全样本均值,其中设施联通得分均值比全样本低13.7%。II类城市相关指数得分情况见表14。

表14 "一带一路"潜在节点城市 II 类情况

单位:分

序号	城市	国家	区域	总分	I1	I2	I3	W1	W2	W3	W4	W5
								丝路节点城市指数				
1	棉兰	印度尼西亚	东南亚	42.48	7.71	4.13	7.26	4.32	2.42	4.42	6.39	5.84
2	三宝垄	印度尼西亚	东南亚	42.47	7.71	4.13	7.25	4.32	2.42	4.42	6.39	5.84
3	奎达	巴基斯坦	南亚	42.44	13.13	3.75	6.87	4.13	0.93	3.23	5.51	4.89
4	古杰朗瓦拉	巴基斯坦	南亚	42.34	13.13	3.75	6.77	4.13	0.93	3.23	5.51	4.89
5	巨港	印度尼西亚	东南亚	42.27	7.71	4.13	7.05	4.32	2.42	4.42	6.39	5.84
6	万象	老挝	东南亚	42.26	8.96	5.95	6.48	4.60	2.01	2.79	6.09	5.38
7	费萨拉巴德	巴基斯坦	南亚	42.26	13.13	3.75	6.68	4.13	0.93	3.23	5.51	4.89
8	拉瓦尔品第	巴基斯坦	南亚	42.25	13.13	3.75	6.68	4.13	0.93	3.23	5.51	4.89
9	白沙瓦	巴基斯坦	南亚	42.24	13.13	3.75	6.67	4.13	0.93	3.23	5.51	4.89
10	布拉格	捷克共和国	东欧	42.22	4.58	7.42	5.63	5.94	3.97	3.22	7.24	4.22
11	木尔坦	巴基斯坦	南亚	42.12	13.13	3.75	6.55	4.13	0.93	3.23	5.51	4.89
12	塔什干	乌兹别克斯坦	中亚	42.12	11.46	5.87	4.60	5.04	3.21	1.41	5.49	5.03
13	海得拉巴	巴基斯坦	南亚	42.04	13.13	3.75	6.47	4.13	0.93	3.23	5.51	4.89
14	马德里	西班牙	南欧	41.88	5.83	3.53	5.96	5.93	5.07	3.73	7.27	4.55

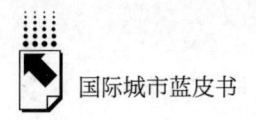

续表

序号	城市	国家	区域	丝路节点城市指数							
				总分	I1	I2	I3	W1	W2	W3	W4	W5
15	布达佩斯	匈牙利	东欧	41.88	3.13	9.10	5.22	5.32	4.83	3.06	7.66	3.56
16	维也纳	奥地利	西欧	41.78	1.88	9.11	5.95	6.64	4.87	3.18	6.75	3.39
17	特拉维夫-雅法	以色列	西亚	41.43	6.88	3.95	6.95	6.46	4.44	3.02	6.51	3.23
18	那不勒斯	意大利	南欧	41.17	7.71	3.75	5.23	5.87	4.19	4.21	5.48	4.74
19	艾哈迈达巴德	印度	南亚	41.10	12.08	1.25	8.31	4.43	1.84	5.02	5.51	2.65
20	浦那	印度	南亚	40.99	12.08	1.25	8.21	4.43	1.84	5.02	5.51	2.65
21	里斯本	葡萄牙	南欧	40.86	7.71	3.58	5.05	5.74	4.14	2.95	7.87	3.81
22	阿布扎比	阿拉伯联合酋长国	西亚	40.70	6.46	2.19	7.99	6.49	4.75	4.73	6.25	1.85
23	名古屋都市圈	日本	东亚	40.70	1.67	0.31	9.47	8.35	6.18	6.73	5.48	2.51
24	坎努尔	印度	南亚	40.69	12.08	0.00	9.15	4.43	1.84	5.02	5.51	2.65
25	马拉普兰	印度	南亚	40.66	12.08	0.00	9.12	4.43	1.84	5.02	5.51	2.65
26	比什凯克	吉尔吉斯斯坦	中亚	40.60	10.21	5.30	4.10	4.88	2.61	2.81	5.49	5.21
27	蒂鲁普	印度	南亚	40.54	12.08	0.00	9.01	4.43	1.84	5.02	5.51	2.65
28	奎隆	印度	南亚	40.50	12.08	0.00	8.97	4.43	1.84	5.02	5.51	2.65
29	特里苏尔	印度	南亚	40.40	12.08	0.00	8.87	4.43	1.84	5.02	5.51	2.65
30	静冈-浜松	日本	东亚	40.27	1.67	0.00	10.33	8.35	5.57	6.73	5.48	2.14
31	赖布尔	印度	南亚	40.26	12.08	0.00	8.73	4.43	1.84	5.02	5.51	2.65
32	苏拉特	印度	南亚	40.25	12.08	0.00	8.71	4.43	1.84	5.02	5.51	2.65
33	科泽科德	印度	南亚	40.22	12.08	0.00	8.68	4.43	1.84	5.02	5.51	2.65
34	阿里格尔	印度	南亚	40.16	12.08	0.31	8.31	4.43	1.84	5.02	5.51	2.65
35	纳西克	印度	南亚	40.13	12.08	0.31	8.28	4.43	1.84	5.02	5.51	2.65
36	柯钦	印度	南亚	40.12	12.08	0.31	8.28	4.43	1.84	5.02	5.51	2.65
37	安卡拉	土耳其	西亚	40.06	6.46	5.38	6.63	5.27	3.04	3.35	5.49	4.46
38	哥印拜陀	印度	南亚	40.04	12.08	0.00	8.50	4.43	1.84	5.02	5.51	2.65

从区域分布来看，38个Ⅱ类城市集中度较高，其中有21个是南亚城市，这21个城市中有14个来自印度，7个来自巴基斯坦。另外。东南亚地区的印尼亦涵盖了3个Ⅱ类城市（见图10）。

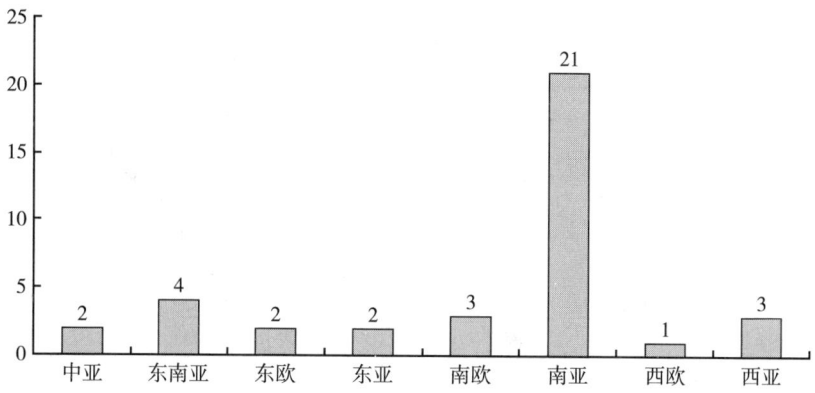

图10 潜在节点城市Ⅱ类区域分布

(3) 潜在节点城市Ⅲ类有56个,59%来自于印度

丝路节点城市指数得分均值在[37.5,40)的Ⅲ类城市共56个,得分均值为39.2。伙伴关系指数和资金融通指数满分达标率分别为63.0%和50.7%。另外,与全样本相比,Ⅲ类城市区域影响指数得分较低,低于全样本该二级指数得分均值52.5%,其次民心相通指数得分低于全样本22.3%,设施联通指数得分低于全样本13.4%。Ⅲ类城市相关指数得分情况见表15。

表15 "一带一路"潜在节点城市Ⅲ类情况

单位:分

排名	城市	国家	区域	丝路节点城市指数							
				总分	I1	I2	I3	W1	W2	W3	W4	W5
1	科塔	印度	南亚	39.95	12.08	0.00	8.41	4.43	1.84	5.02	5.51	2.65
2	特里凡得琅	印度	南亚	39.94	12.08	0.00	8.41	4.43	1.84	5.02	5.51	2.65
3	布鲁塞尔	比利时	西欧	39.88	3.75	4.59	5.85	6.04	4.67	3.88	7.21	3.89
4	拉杰果德	印度	南亚	39.88	12.08	0.00	8.34	4.43	1.84	5.02	5.51	2.65
5	巴雷利	印度	南亚	39.81	12.08	0.00	8.27	4.43	1.84	5.02	5.51	2.65
6	奥兰加巴德	印度	南亚	39.78	12.08	0.00	8.25	4.43	1.84	5.02	5.51	2.65
7	焦特布尔	印度	南亚	39.77	12.08	0.00	8.24	4.43	1.84	5.02	5.51	2.65
8	那格浦尔	印度	南亚	39.76	12.08	0.31	7.91	4.43	1.84	5.02	5.51	2.65

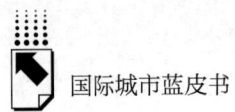

续表

排名	城市	国家	区域	丝路节点城市指数							
				总分	I1	I2	I3	W1	W2	W3	W4	W5
9	阿拉哈巴德	印度	南亚	39.75	12.08	0.31	7.90	4.43	1.84	5.02	5.51	2.65
10	阿格拉	印度	南亚	39.74	12.08	0.00	8.21	4.43	1.84	5.02	5.51	2.65
11	印多尔	印度	南亚	39.74	12.08	0.00	8.20	4.43	1.84	5.02	5.51	2.65
12	斯利那加	印度	南亚	39.74	12.08	0.00	8.20	4.43	1.84	5.02	5.51	2.65
13	兰契	印度	南亚	39.73	12.08	0.00	8.20	4.43	1.84	5.02	5.51	2.65
14	斋浦尔	印度	南亚	39.72	12.08	0.00	8.19	4.43	1.84	5.02	5.51	2.65
15	维沙卡帕特南	印度	南亚	39.71	12.08	0.00	8.17	4.43	1.84	5.02	5.51	2.65
16	博帕尔	印度	南亚	39.69	12.08	0.00	8.15	4.43	1.84	5.02	5.51	2.65
17	瓜廖尔	印度	南亚	39.67	12.08	0.00	8.13	4.43	1.84	5.02	5.51	2.65
18	昌迪加尔	印度	南亚	39.66	12.08	0.00	8.13	4.43	1.84	5.02	5.51	2.65
19	札幌	日本	东亚	39.65	1.67	0.00	9.42	8.35	5.81	6.73	5.48	2.21
20	勒克瑙	印度	南亚	39.64	12.08	0.00	8.11	4.43	1.84	5.02	5.51	2.65
21	迈索尔	印度	南亚	39.63	12.08	0.00	8.10	4.43	1.84	5.02	5.51	2.65
22	塞勒姆	印度	南亚	39.59	12.08	0.00	8.05	4.43	1.84	5.02	5.51	2.65
23	马杜赖	印度	南亚	39.56	12.08	0.00	8.03	4.43	1.84	5.02	5.51	2.65
24	密鲁特	印度	南亚	39.56	12.08	0.00	8.02	4.43	1.84	5.02	5.51	2.65
25	巴罗达	印度	南亚	39.54	12.08	0.00	8.01	4.43	1.84	5.02	5.51	2.65
26	胡布利-达尔瓦德县	印度	南亚	39.53	12.08	0.00	8.00	4.43	1.84	5.02	5.51	2.65
27	古瓦哈提	印度	南亚	39.51	12.08	0.00	7.97	4.43	1.84	5.02	5.51	2.65
28	巴特那	印度	南亚	39.50	12.08	0.00	7.96	4.43	1.84	5.02	5.51	2.65
29	瓦拉纳西	印度	南亚	39.48	12.08	0.00	7.95	4.43	1.84	5.02	5.51	2.65
30	阿姆利则	印度	南亚	39.46	12.08	0.00	7.93	4.43	1.84	5.02	5.51	2.65
31	广岛	日本	东亚	39.44	1.67	0.00	9.56	8.35	5.53	6.73	5.48	2.14
32	杜尔格-比莱纳加尔	印度	南亚	39.43	12.08	0.00	7.90	4.43	1.84	5.02	5.51	2.65
33	卢迪亚纳	印度	南亚	39.42	12.08	0.00	7.89	4.43	1.84	5.02	5.51	2.65
34	贾巴尔普尔	印度	南亚	39.39	12.08	0.00	7.85	4.43	1.84	5.02	5.51	2.65
35	丹巴德	印度	南亚	39.37	12.08	0.00	7.83	4.43	1.84	5.02	5.51	2.65
36	北九州-福冈	日本	东亚	39.35	1.67	0.31	9.37	8.35	5.34	6.73	5.48	2.11
37	布尔萨	土耳其	西亚	39.30	6.46	4.44	6.80	5.27	3.04	3.35	5.49	4.46

续表

排名	城市	国家	区域	总分	I1	I2	I3	W1	W2	W3	W4	W5
38	坎普尔	印度	南亚	39.25	12.08	0.00	7.72	4.43	1.84	5.02	5.51	2.65
39	吉达	沙特阿拉伯	西亚	39.08	7.71	3.38	7.06	6.39	3.79	3.54	5.50	1.71
40	仙台	日本	东亚	39.04	1.67	0.00	9.27	8.35	5.43	6.73	5.48	2.11
41	伊兹密尔	土耳其	西亚	39.01	6.46	4.44	6.52	5.27	3.04	3.35	5.49	4.46
42	巴塞罗那	西班牙	南欧	38.96	5.83	2.81	5.95	5.93	4.70	3.73	5.48	4.51
43	开罗	埃及	北非	38.92	7.71	4.61	5.85	3.84	2.90	3.96	5.49	4.55
44	赫尔辛基	芬兰	北欧	38.77	2.71	3.76	6.00	7.04	4.72	2.96	7.99	3.58
45	德黑兰	伊朗伊斯兰共和国	南亚	38.56	7.71	5.47	5.22	4.29	2.77	2.83	5.50	4.77
46	雅典	希腊	南欧	38.34	5.83	7.69	3.73	5.03	3.91	2.89	5.48	3.78
47	沙迦	阿拉伯联合酋长国	西亚	38.24	6.46	0.00	8.33	6.49	4.89	4.73	5.50	1.85
48	布加勒斯特	罗马尼亚	东欧	38.12	3.33	8.23	5.28	4.98	2.75	3.73	5.49	4.33
49	设拉子	伊朗伊斯兰共和国	南亚	38.07	7.71	4.50	5.91	4.29	2.58	2.83	5.50	4.76
50	卡拉季	伊朗伊斯兰共和国	南亚	37.96	7.71	4.50	5.80	4.29	2.58	2.83	5.50	4.76
51	达曼	沙特阿拉伯	西亚	37.96	7.71	2.13	7.09	6.39	3.88	3.54	5.50	1.72
52	库姆	伊朗伊斯兰共和国	南亚	37.86	7.71	4.50	5.70	4.29	2.58	2.83	5.50	4.76
53	马什哈德	伊朗伊斯兰共和国	南亚	37.81	7.71	4.50	5.64	4.29	2.58	2.83	5.50	4.76
54	达沃市	菲律宾	东南亚	37.70	6.04	0.38	7.05	4.64	1.98	6.14	5.59	5.88
55	伊斯法罕	伊朗伊斯兰共和国	南亚	37.67	7.71	4.50	5.51	4.29	2.58	2.83	5.50	4.76
56	大不里士	伊朗伊斯兰共和国	南亚	37.57	7.71	4.50	5.40	4.29	2.58	2.83	5.50	4.76

注：由于数据原因，本报告采用联合国人居署的区域区划方法，伊朗属于南亚。

从空间分布的角度，Ⅲ类城市集中度很高，超过70%的Ⅲ类城市来自南亚，近59%来自印度，另外西亚和东亚涵盖的Ⅲ类城市分别为5个和4个（见图11）。

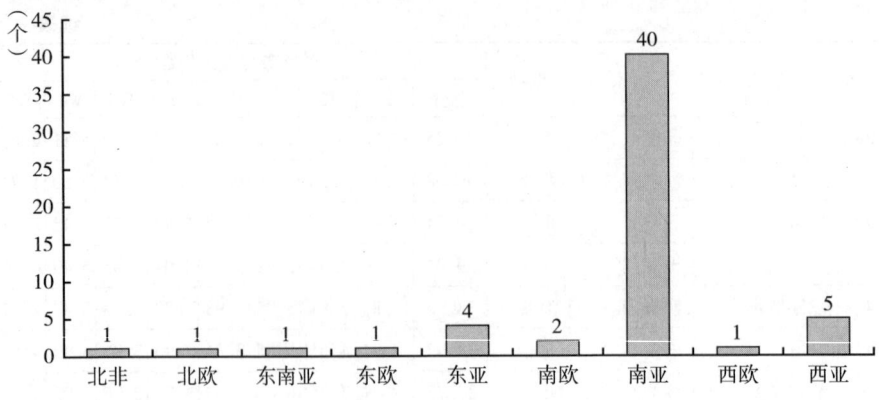

图 11　潜在节点城市Ⅲ类区域分布

四　丝路节点城市"五通"指数短板分析

前三个等级的 46 个节点城市的丝路节点城市指数得分较高,平均为 48.7;各二级指数满分达标率较高,平均为 48.8%,是实施"一带一路"建设第一阶段的重要空间载体。针对重要节点城市、次要节点城市和一般节点城市在 8 个二级指数的结构上的差异,可采取错位、互补的,以及具有针对性的发展策略,取其所长、补其所短。结合国家实施"一带一路"所强调的"五通"建设,本节对前三个等级的 46 个节点城市的"五通"中存在的短板进行分析,可助推"一带一路"重点区域建设,有效防止和预见倡议实施过程中的问题,满足特定情境下企业或国家投资建设的特殊需求,促进"一带一路"建设全面落地。

(一)"政策沟通"短板城市

以二级指数得分高低为依据,逆序选取"政策沟通指数"排名后 10 位的节点城市,其中包含 3 个重要节点城市,分别是雅加达、曼谷和吉隆坡;一个次要节点城市孟买,以及 6 个一般节点城市(见图 12)。

10 个节点城市的"政策沟通"指数得分均值为 4.5,比 46 个节点城市

丝路节点城市：识别撬动"一带一路"建设的支点

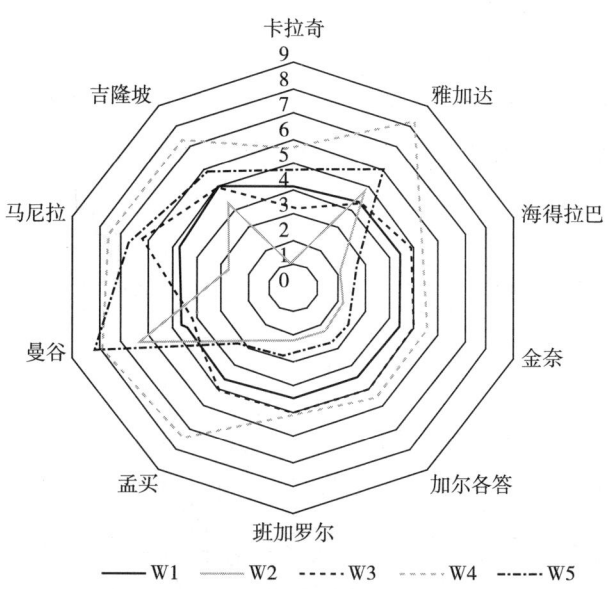

图12 "政策沟通"短板城市"五通"指数表现

相应指数均值低12.7%，比全样本均值低27.4%，满分达标率为40.9%（见表16）。

表16 "政策沟通"短板城市

单位：分

城市	国家	区域	丝路节点城市指数	城市类别
卡拉奇	巴基斯坦	南亚	45.15	一般节点城市
雅加达	印度尼西亚	东南亚	51.54	重要节点城市
海得拉巴	印度	南亚	45.56	一般节点城市
金奈	印度	南亚	45.63	一般节点城市
加尔各答	印度	南亚	45.18	一般节点城市
班加罗尔	印度	南亚	46.51	一般节点城市
孟买	印度	南亚	48.68	次要节点城市
曼谷	泰国	东南亚	54.53	重要节点城市
马尼拉	菲律宾	东南亚	46.37	一般节点城市
吉隆坡	马来西亚	东南亚	52.65	重要节点城市

031

(二)"设施联通"短板城市

逆序选取"设施联通"指数得分排名后10位的节点城市,其中无重要节点城市,包含1个次要节点城市孟买,以及9个一般节点城市(见图13)。

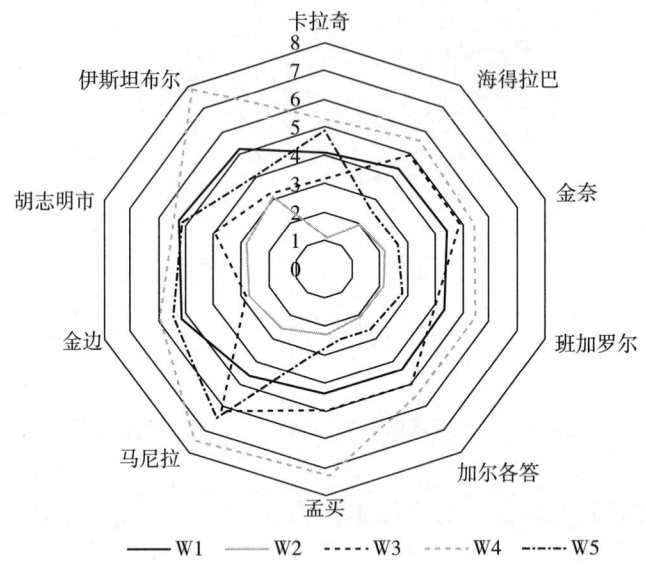

图13 "设施联通"短板城市"五通"指数表现

10个短板城市"设施联通"指数得分均值为2.3,比46个节点城市相应指数均值低47.7%,比全样本均值低23.3%,满分达标率仅为20.9%(见表17)。

表17 "设施联通"短板城市

单位:分

城市	国家	区域	丝路节点城市指数	城市类别
卡拉奇	巴基斯坦	南亚	45.15	一般节点城市
海得拉巴	印度	南亚	45.56	一般节点城市
金奈	印度	南亚	45.63	一般节点城市
班加罗尔	印度	南亚	46.51	一般节点城市

续表

城市	国家	区域	丝路节点城市指数	城市类别
加尔各答	印度	南亚	45.18	一般节点城市
孟买	印度	南亚	48.68	次要节点城市
马尼拉	菲律宾	东南亚	46.37	一般节点城市
金边	柬埔寨	东南亚	45.65	一般节点城市
胡志明市	越南	东南亚	46.96	一般节点城市
伊斯坦布尔	土耳其	西亚	45.46	一般节点城市

（三）"贸易畅通"短板城市

逆序选取"贸易畅通"指数得分排名后 10 位节点城市，其中包含 3 个重要节点城市、4 个次要节点城市和 3 个一般节点城市（见图 14）。

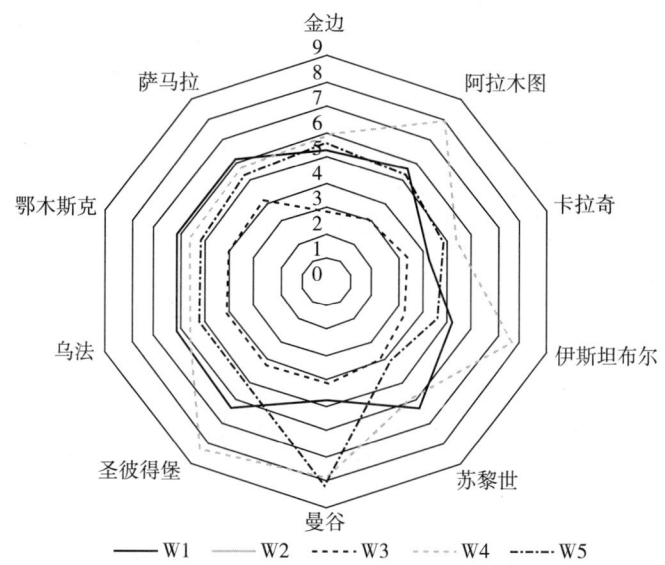

图 14　"贸易畅通"短板城市"五通"指数表现

10 个短板城市"贸易畅通"指数得分均值为 3.7，比 46 个节点城市相应指数均值低 24.5%，比全样本均值低 6.4%，满分达标率为 33.2%（见表 18）。

033

表18 "贸易畅通"短板城市

单位：分

城市	国家	区域	综合得分	城市类别
金边	柬埔寨	东南亚	45.65	一般节点城市
阿拉木图	哈萨克斯坦	中亚	47.92	次要节点城市
卡拉奇	巴基斯坦	南亚	45.15	一般节点城市
伊斯坦布尔	土耳其	西亚	45.46	一般节点城市
苏黎世	瑞士	西欧	51.51	重要节点城市
曼谷	泰国	东南亚	54.53	重要节点城市
圣彼得堡	俄罗斯联邦	东欧	52.22	重要节点城市
乌法	俄罗斯联邦	东欧	48.06	次要节点城市
鄂木斯克	俄罗斯联邦	东欧	48.05	次要节点城市
萨马拉	俄罗斯联邦	东欧	48.02	次要节点城市

（四）"资金融通"短板城市

将前三位等级的46个节点城市按"资金融通"指数进行排名，逆序选取后10位的城市，其中包含2个重要节点城市柏林和科隆，8个一般节点城市，不包含次要节点城市（见图15）。

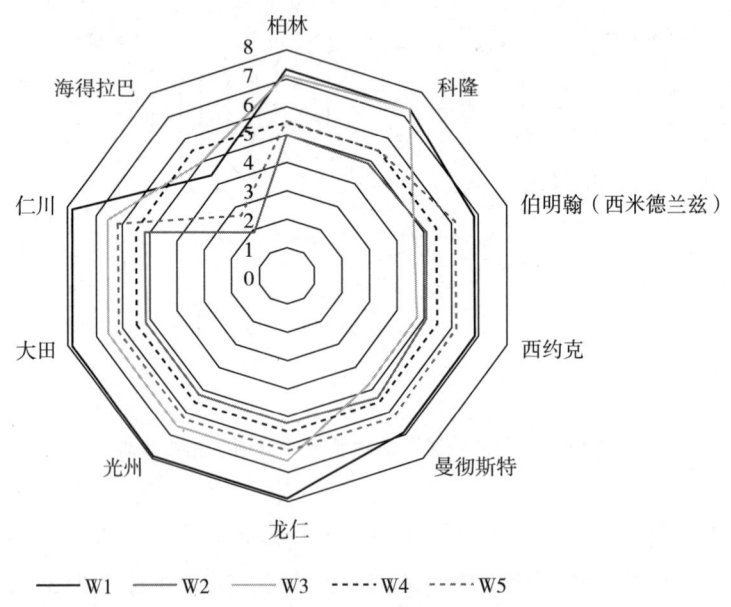

图15 "资金融通"短板城市"五通"指数表现

10个短板城市"资金融通"指数综合得分均值5.5，比46个节点城市相应指数均值低12.7%，比全样本均值低1.8%，满分达标率为50.0%（见表19）。

表19 "资金融通"短板城市

单位：分

城市	国家	区域	丝路节点城市指数	城市类别
柏　　林	德国	西欧	53.69	重要节点城市
科　　隆	德国	西欧	52.85	重要节点城市
伯明翰（西米德兰兹）	英国	北欧	46.70	一般节点城市
西约克	英国	北欧	45.37	一般节点城市
曼彻斯特	英国	北欧	47.31	一般节点城市
龙　　仁	韩国	东亚	45.82	一般节点城市
光　　州	韩国	东亚	45.01	一般节点城市
大　　田	韩国	东亚	45.01	一般节点城市
仁　　川	韩国	东亚	45.00	一般节点城市
海得拉巴	印度	南亚	45.56	一般节点城市

（五）"民心相通"短板城市

将前三位等级的46个节点城市按"资金融通"指数进行排名，逆序选取后10位的城市，其中包含1个重要节点城市苏黎世，1个次要节点城市孟买和8个一般节点城市（见图16）。

10个短板城市"民心相通"指数得分均值为3.4，比46个节点城市相应指数均值低35.8%，比全样本均值低15.0%，满分达标率为30.9%（见表20）。

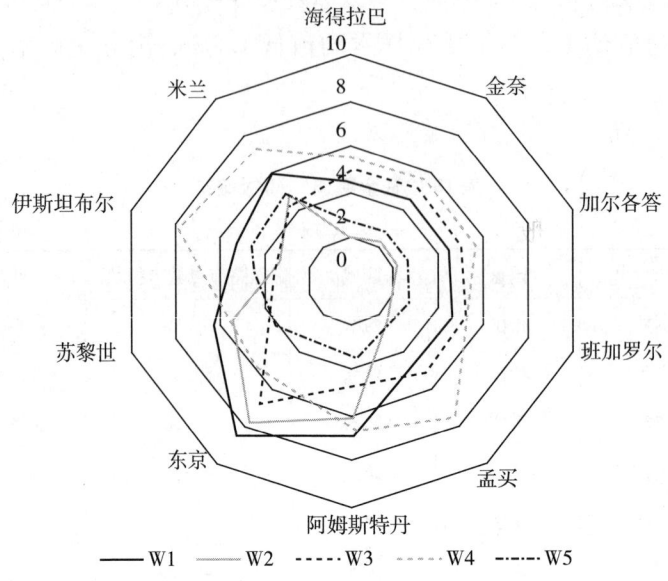

图16 "民心相通"短板城市"五通"指数表现

表20 "民心相通"短板城市

单位：分

城市	国家	区域	丝路节点城市指数	城市类别
海得拉巴	印度	南亚	45.56	一般节点城市
金奈	印度	南亚	45.63	一般节点城市
加尔各答	印度	南亚	45.18	一般节点城市
班加罗尔	印度	南亚	46.51	一般节点城市
孟买	印度	南亚	48.68	次要节点城市
阿姆斯特丹	荷兰	西欧	46.58	一般节点城市
东京	日本	东亚	47.22	一般节点城市
苏黎世	瑞士	西欧	51.51	重要节点城市
伊斯坦布尔	土耳其	西亚	45.46	一般节点城市
米兰	意大利	南欧	46.45	一般节点城市

五 区域内城市排名和类别分析

从空间分布看，252个样本中各类型节点城市在各区域的数量分布有明显差异（见表21），重要节点城市主要分布在西欧和东南亚；次要节点城市主要分布于东欧；一般节点城市主要分布与东亚和南亚；潜在节点城市主要分布于南亚；普通城市主要分布于西亚。本节分别对各区域样本城市的丝路节点城市指数得分情况进行分析。

表21 各类别样本城市的区域空间分布

单位：个

类别	东亚	东南亚	南亚	中亚	西亚	东欧	北欧	西欧	南欧	北非
重要节点城市	1	4	0	0	0	2	1	6	0	0
次要节点城市	1	0	1	1	0	7	1	0	0	0
一般节点城市	5	4	5	0	1	0	3	1	2	0
潜在节点城市	11	15	69	3	10	8	2	5	6	1
普通城市	1	5	9	1	28	7	7	1	8	9

（一）亚洲丝路节点城市

1. 东亚丝路节点城市

东亚地区共包含19个样本城市：分别是韩国的首尔、釜山、龙仁、光州、大田、仁川、水原、昌原和大邱；日本的东京、大阪都市圈、名古屋都市圈、静冈-浜松、札幌、广岛、北九州-福冈和仙台；蒙古的乌兰巴托，以及朝鲜的平壤（见表22）。

表22 东亚丝路节点城市

单位：分

城市	国家	丝路节点城市指数得分	城市类别	城市	国家	丝路节点城市指数得分	城市类别
首尔	韩国	54.37	α	大阪都市圈	日本	44.76	δ++
釜山	韩国	47.65	β	大邱	韩国	44.75	δ++

037

续表

城市	国家	丝路节点城市指数得分	城市类别	城市	国家	丝路节点城市指数得分	城市类别
东京	日本	47.22	γ	名古屋都市圈	日本	40.70	δ+
龙仁	韩国	45.82	γ	静冈-浜松	日本	40.27	δ+
光州	韩国	45.01	γ	札幌	日本	39.65	δ
大田	韩国	45.01	γ	广岛	日本	39.44	δ
仁川	韩国	45.00	γ	北九州-福冈	日本	39.35	δ
水原	韩国	44.96	δ++	仙台	日本	39.04	δ
乌兰巴托	蒙古	44.94	δ++	平壤	朝鲜	20.4	ε
昌原	韩国	44.78	δ++				

注：分别以α、β、γ、δ++、δ+、δ、ε代表重要节点城市、次要节点城市、一般节点城市、潜在节点城市Ⅰ类、潜在节点城市Ⅱ类和潜在节点城市Ⅲ类、普通城市。下同。

19个城市丝路节点城市指数得分均值为42.8。整体来看，东亚样本国家与中国的伙伴关系不紧密，城市区域影响指数得分亦低于全样本均值；"五通"指数得分普遍较高，其中设施连通指数得分比全样本均值高78.1%。从城市类别看，东亚地区共包含1个重要节点城市、1个次要节点城市、5个一般节点城市、11个潜在节点城市以及1个普通城市。

2. 东南亚丝路节点城市

东南亚地区共包含28个样本城市，分别是泰国的曼谷、北榄；新加坡；马来西亚的吉隆坡；印度尼西亚的雅加达、登巴萨、巴淡岛、北干巴鲁、泗水、茂物、马卡萨、万隆、棉兰、三宝垄、巨港；越南的胡志明市、河内、芹苴、海防；菲律宾的马尼拉、达沃市；柬埔寨的金边；老挝的万象；缅甸的仰光、曼德勒、内比都；文莱的斯里巴加湾市以及东帝汶的帝力（见表23）。

表23　东南亚丝路节点城市

单位：分

城市	国家	丝路节点城市指数得分	城市类别	城市	国家	丝路节点城市指数得分	城市类别
曼谷	泰国	54.53	α	泗水	印度尼西亚	42.92	δ++
新加坡	新加坡	52.68	α	茂物	印度尼西亚	42.86	δ++
吉隆坡	马来西亚	52.65	α	马卡萨	印度尼西亚	42.79	δ++

续表

城市	国家	丝路节点城市指数得分	城市类别	城市	国家	丝路节点城市指数得分	城市类别
雅加达	印度尼西亚	51.54	α	万隆	印度尼西亚	42.52	δ++
胡志明市	越南	46.96	γ	棉兰	印度尼西亚	42.48	δ+
河内	越南	46.91	γ	三宝垄	印度尼西亚	42.47	δ+
马尼拉	菲律宾	46.37	γ	巨港	印度尼西亚	42.27	δ+
金边	柬埔寨	45.65	γ	万象	老挝	42.26	δ+
登巴萨	印度尼西亚	44.83	δ++	达沃市	菲律宾	37.70	δ
北榄	泰国	44.70	δ++	仰光	缅甸	36.4	ε
巴淡岛	印度尼西亚	44.46	δ++	曼德勒	缅甸	35.8	ε
芹苴	越南	44.01	δ++	内比都	缅甸	35.0	ε
海防	越南	43.38	δ++	斯里巴加湾市	文莱	28.2	ε
北干巴鲁	印度尼西亚	43.36	δ++	帝力	东帝汶	22.9	ε

总体来看，28个样本城市的丝路节点城市指数得分较高为42.8，高于全样本均值3.9分；"五通"指数中政策沟通指数和设施联通指数得分较低，其余各项二级指数得分高于平均值。从城市类别看，东南亚地区共包含4个重要节点城市，4个一般节点城市，15个潜在节点城市和5个普通城市。

3. 南亚丝路节点城市

甄选入列的南亚城市样本共84个，分别是印度的孟买、班加罗尔、金奈、海得拉巴、加尔各答、新德里、维杰亚瓦达、莫拉达巴德、詹谢普尔、蒂鲁吉拉伯利、阿散索尔、艾哈迈达巴德、浦那、坎努尔、马拉普兰、蒂鲁普、奎隆、特里苏尔、赖布尔、苏拉特、科泽科德、阿里格尔、纳西克、柯钦、哥印拜陀、科塔、特里凡得琅、拉杰果德、巴雷利、奥兰加巴德、焦特布尔、那格浦尔、阿拉哈巴德、阿格拉、印多尔、斯利那加、兰契、斋浦尔、维沙卡帕特南、博帕尔、瓜廖尔、昌迪加尔、勒克瑙、迈索尔、塞勒姆、马杜赖、密鲁特、巴罗达、胡布利-达尔瓦德县、古瓦哈提、巴特那、瓦拉纳西、阿姆利则、杜尔格-比莱纳加尔、卢迪亚纳、贾巴尔普尔、丹巴德、坎普尔；巴基斯坦的卡拉奇、伊斯兰堡、拉合尔、奎达、古杰朗瓦拉、费萨拉巴德、拉瓦尔品第、白沙瓦、木尔坦、海得拉巴；伊朗伊斯兰共和国

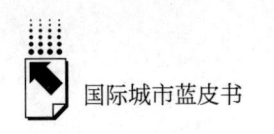

的德黑兰、设拉子、卡拉季、库姆、马什哈德、伊斯法罕、大不里士、阿瓦士；斯里兰卡的科伦坡；孟加拉国的达卡、吉大港、库尔纳；马尔代夫；尼泊尔的加德满都；阿富汗的喀布尔以及不丹的廷布（见表24）。

表24 南亚丝路节点城市

单位：分

城市	国家	丝路节点城市指数得分	城市类别	城市	国家	丝路节点城市指数得分	城市类别
孟买	印度	48.68	β	阿拉哈巴德	印度	39.75	δ
班加罗尔	印度	46.51	γ	阿格拉	印度	39.74	δ
金奈	印度	45.63	γ	印多尔	印度	39.74	δ
海得拉巴	印度	45.56	γ	斯利那加	印度	39.74	δ
加尔各答	印度	45.18	γ	兰契	印度	39.73	δ
卡拉奇	巴基斯坦	45.15	γ	斋浦尔	印度	39.72	δ
伊斯兰堡	巴基斯坦	44.90	δ++	维沙卡帕特南	印度	39.71	δ
拉合尔	巴基斯坦	44.73	δ++	博帕尔	印度	39.69	δ
新德里	印度	43.97	δ++	瓜廖尔	印度	39.67	δ
维杰亚瓦达	印度	43.78	δ++	昌迪加尔	印度	39.66	δ
莫拉达巴德	印度	43.64	δ++	勒克瑙	印度	39.64	δ
詹谢普尔	印度	43.30	δ++	迈索尔	印度	39.63	δ
蒂鲁吉拉伯利	印度	43.29	δ++	塞勒姆	印度	39.59	δ
阿散索尔	印度	43.15	δ++	马杜赖	印度	39.56	δ
奎达	巴基斯坦	42.44	δ+	密鲁特	印度	39.56	δ
古杰朗瓦拉	巴基斯坦	42.34	δ+	巴罗达	印度	39.54	δ
费萨拉巴德	巴基斯坦	42.26	δ+	胡布利－达尔瓦德县	印度	39.53	δ
拉瓦尔品第	巴基斯坦	42.25	δ+	古瓦哈提	印度	39.51	δ
白沙瓦	巴基斯坦	42.24	δ+	巴特那	印度	39.50	δ
木尔坦	巴基斯坦	42.12	δ+	瓦拉纳西	印度	39.48	δ
海得拉巴	巴基斯坦	42.04	δ+	阿姆利则	印度	39.46	δ
艾哈迈达巴德	印度	41.10	δ+	杜尔格－比莱纳加尔	印度	39.43	δ
浦那	印度	40.99	δ+	卢迪亚纳	印度	39.42	δ
坎努尔	印度	40.69	δ+	贾巴尔普尔	印度	39.39	δ
马拉普兰	印度	40.66	δ+	丹巴德	印度	39.37	δ
蒂鲁普	印度	40.54	δ+	坎普尔	印度	39.25	δ

续表

城市	国家	丝路节点城市指数得分	城市类别	城市	国家	丝路节点城市指数得分	城市类别
奎隆	印度	40.50	δ+	德黑兰	伊朗伊斯兰共和国	38.56	δ
特里苏尔	印度	40.40	δ+	设拉子	伊朗伊斯兰共和国	38.07	δ
赖布尔	印度	40.26	δ+	卡拉季	伊朗伊斯兰共和国	37.96	δ
苏拉特	印度	40.25	δ+	库姆	伊朗伊斯兰共和国	37.86	δ
科泽科德	印度	40.22	δ+	马什哈德	伊朗伊斯兰共和国	37.81	δ
阿里格尔	印度	40.16	δ+	伊斯法罕	伊朗伊斯兰共和国	37.67	δ
纳西克	印度	40.13	δ+	大不里士	伊朗伊斯兰共和国	37.57	δ
柯钦	印度	40.12	δ+	阿瓦士	伊朗伊斯兰共和国	34.1	ε
哥印拜陀	印度	40.04	δ+	科伦坡	斯里兰卡	33.4	ε
科塔	印度	39.95	δ	达卡	孟加拉国	33.1	ε
特里凡得琅	印度	39.94	δ	吉大港	孟加拉国	31.3	ε
拉杰果德	印度	39.88	δ	马尔代夫	马尔代夫	30.6	ε
巴雷利	印度	39.81	δ	加德满都	尼泊尔	30.5	ε
奥兰加巴德	印度	39.78	δ	库尔纳	孟加拉国	29.2	ε
焦特布尔	印度	39.77	δ	喀布尔	阿富汗	27.1	ε
那格浦尔	印度	39.76	δ	廷布	不丹	19.7	ε

84个城市的丝路节点城市指数得分均值为39.7，高于全样本均值0.8分，"五通指数"中除贸易畅通指数外，其余"四通"指数得分均低于全样本均值。从城市类别看，南亚地区共包含1个次要节点城市，5个一般节点城市，69个潜在节点城市和9个普通城市。

4. 中亚丝路节点城市

甄选入列的中亚样本城市共5个，分别是哈萨克斯坦的阿拉木图、塔吉

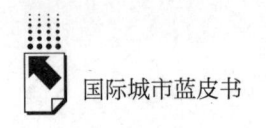

克斯坦的杜尚别、乌兹别克斯坦的塔什干、吉尔吉斯斯坦的比什凯克，以及土库曼斯坦的阿什哈巴德。其中包含1个次要节点城市，3个潜在节点城市和1个普通城市（见表25）。

表25 中亚丝路节点城市

单位：分

城市	国家	丝路节点城市指数得分	类别	城市	国家	丝路节点城市指数得分	类别
阿拉木图	哈萨克斯坦	47.92	β	比什凯克	吉尔吉斯斯坦	40.60	δ+
杜尚别	塔吉克斯坦	42.59	δ++	阿什哈巴德	土库曼斯坦	32.10	ε
塔什干	乌兹别克斯坦	42.12	δ+				

五个城市的丝路节点城市指数得分为41.1，高于全样本均值2.2分。综合来看，中亚城市的资金融通指数和民心相通指数两个二级指数得分高于平均水平，但贸易畅通指数表现欠佳。

5. 西亚丝路节点城市

甄选入列的西亚城市样本共39个，分别是土耳其的伊斯坦布尔、安卡拉、布尔萨、伊兹密尔、科尼亚、阿达纳、安塔利亚、加济安泰普；阿联酋的迪拜、阿布扎比、沙迦；沙特阿拉伯的利雅得、吉达、达曼、麦地那、麦加；阿塞拜疆的巴库；以色列的特拉维夫－雅法、海法；格鲁吉亚的第比利斯；卡塔尔的多哈；约旦的安曼；亚美尼亚的埃里温、阿曼的马斯喀特、科威特的科威特市；塞浦路斯的尼科西亚；黎巴嫩的贝鲁特；巴林的麦纳麦港；伊拉克的巴格达、摩苏尔、苏莱曼尼亚、埃尔比勒、巴士拉；叙利亚的哈马、阿勒颇、霍姆斯、大马士革；也门的萨那，以及巴勒斯坦的加沙（见表26）。

表26 西亚丝路节点城市

单位：分

城市	国家	丝路节点城市指数得分	城市类别	城市	国家	丝路节点城市指数得分	城市类别
伊斯坦布尔	土耳其	45.46	γ	加济安泰普	土耳其	35.2	ε
迪拜	阿拉伯联合酋长国	43.34	δ++	安曼	约旦	34.0	ε

续表

城市	国家	丝路节点城市指数得分	城市类别	城市	国家	丝路节点城市指数得分	城市类别
利雅得	沙特阿拉伯	43.17	δ++	埃里温	亚美尼亚	33.5	ε
特拉维夫-雅法	以色列	41.43	δ+	马斯喀特	阿曼	31.5	ε
阿布扎比	阿拉伯联合酋长国	40.70	δ+	科威特市	科威特	31.3	ε
安卡拉	土耳其	40.06	δ+	尼科西亚	塞浦路斯	30.2	ε
布尔萨	土耳其	39.30	δ	贝鲁特	黎巴嫩	25.4	ε
吉达	沙特阿拉伯	39.08	δ	麦纳麦港	巴林	24.7	ε
伊兹密尔	土耳其	39.01	δ	巴格达	伊拉克	22.3	ε
沙迦	阿拉伯联合酋长国	38.24	δ	摩苏尔	伊拉克	22.1	ε
达曼	沙特阿拉伯	37.96	δ	苏莱曼尼亚	伊拉克	21.0	ε
麦地那	沙特阿拉伯	37.2	ε	埃尔比勒	伊拉克	20.8	ε
麦加	沙特阿拉伯	37.1	ε	巴士拉	伊拉克	20.5	ε
巴库	阿塞拜疆	36.7	ε	哈马	叙利亚共和国	19.2	ε
第比利斯	格鲁吉亚	36.5	ε	阿勒颇	叙利亚共和国	18.8	ε
海法	以色列	36.4	ε	霍姆斯	叙利亚共和国	18.7	ε
多哈	卡塔尔	35.8	ε	萨那	也门	18.4	ε
科尼亚	土耳其	35.3	ε	大马士革	叙利亚共和国	18.0	ε
阿达纳	土耳其	35.2	ε	加沙	巴勒斯坦	13.8	ε
安塔利亚	土耳其	35.2	ε				

39个城市的丝路节点城市得分均值为31.6，低于全样本均值，尤其是贸易畅通指数得分比全样本均值低30.8%，情况较差。从城市类别看，39个西亚样本城市共包含1个一般节点城市，10个潜在节点城市和28个普通城市。

（二）欧洲丝路节点城市

1. 东欧丝路节点城市

东欧地区共入选24个样本城市，分别是俄罗斯的莫斯科、圣彼得堡、新西伯利亚、克拉斯诺亚尔斯克、叶卡捷琳堡、乌法、鄂木斯克、萨马拉、下诺夫哥罗德、喀山、车里雅宾斯克、顿河畔罗斯托夫、伏尔加格勒；波兰的华沙；捷克的布拉格；匈牙利的布达佩斯；罗马尼亚的布加勒斯特；保加利亚的苏菲亚；白俄罗斯的明斯克；乌克兰的基辅、敖德萨、哈尔科夫；摩尔多瓦的基希讷乌；斯洛伐克的布拉迪斯拉发（见表27）。

表27 东欧丝路节点城市

单位：分

城市	国家	丝路节点城市指数得分	城市类别	城市	国家	丝路节点城市指数得分	城市类别
莫斯科	俄罗斯联邦	58.33	α	顿河畔罗斯托夫	俄罗斯联邦	44.31	δ++
圣彼得堡	俄罗斯联邦	52.22	α	伏尔加格勒	俄罗斯联邦	44.29	δ++
新西伯利亚	俄罗斯联邦	48.51	β	布拉格	捷克共和国	42.22	δ+
克拉斯诺亚尔斯克	俄罗斯联邦	48.42	β	布达佩斯	匈牙利	41.88	δ+
叶卡捷琳堡	俄罗斯联邦	48.21	β	布加勒斯特	罗马尼亚	38.12	δ
乌法	俄罗斯联邦	48.06	β	苏菲亚	保加利亚	35.7	ε
鄂木斯克	俄罗斯联邦	48.05	β	明斯克	白俄罗斯	34.3	ε
萨马拉	俄罗斯联邦	48.02	β	基辅	乌克兰	32.1	ε
下诺夫哥罗德	俄罗斯联邦	47.60	β	基希讷乌	摩尔多瓦	29.1	ε
华沙	波兰	44.79	δ++	敖德萨	乌克兰	28.6	ε
喀山	俄罗斯联邦	44.44	δ++	哈尔科夫	乌克兰	28.5	ε
车里雅宾斯克	俄罗斯联邦	44.38	δ++	布拉迪斯拉发	斯洛伐克	28.3	ε

24个样本城市的丝路节点城市指数得分均值为42.0，比全样本均值高8%，综合来看，东欧地区样本城市的成长引领指数和贸易畅通指数得分较低，分别比全样本均值低25.2%和8.8%，其余6项二级指数得分均高于全样本均值。从城市类别看，东欧地区共包含2个重要节点城市、7个次要节点城市、8个潜在节点城市和7个普通城市。

2. 北欧丝路节点城市

北欧地区城市样本共14个，分别是英国的伦敦、格拉斯哥、曼彻斯特、伯明翰、西约克；丹麦的哥本哈根；芬兰的赫尔辛基；瑞典的斯德哥尔摩；爱尔兰对的都柏林；冰岛的雷克雅未克；挪威的奥斯陆；爱沙尼亚的塔林；立陶宛的维尔纽斯，以及拉脱维亚的里加（见表28）。

表 28　北欧丝路节点城市

单位：分

城市	国家	丝路节点城市指数得分	城市类别	城市	国家	丝路节点城市指数得分	城市类别
伦敦	英国	51.50	α	斯德哥尔摩	瑞典	37.3	ε
格拉斯哥	英国	48.13	β	都柏林	爱尔兰	35.8	ε
曼彻斯特	英国	47.31	γ	雷克雅未克	冰岛	31.3	ε
伯明翰	英国	46.70	γ	奥斯陆	挪威	30.3	ε
西约克	英国	45.37	γ	塔林	爱沙尼亚	29.6	ε
哥本哈根	丹麦	43.01	δ++	维尔纽斯	立陶宛	26.5	ε
赫尔辛基	芬兰	38.77	δ	里加	拉脱维亚	26.0	ε

14个城市的丝路节点城市指数得分均值为38.4，与全样本均值基本持平；从得分来看，北欧样本城市与中国的伙伴关系一般，成长引领性欠佳；"五通"设施连通指数得分较高，比全样本均值高58.4%，同时贸易畅通指数得分相对较低。从城市类别看，北欧地区共包含1个重要节点城市，1个次要节点城市，3个一般节点城市，2个潜在节点城市和7个普通城市。

3. 西欧丝路节点城市

甄选入列的西欧样本城市共13个，分别是德国的汉堡、柏林、科隆、慕尼黑；瑞士的苏黎世；法国的巴黎、里昂、马赛－普罗旺斯地区艾克斯、里尔；荷兰的阿姆斯特丹；奥地利的维也纳；比利时的布鲁塞尔以及卢森堡（见表29）。

表 29　西欧丝路节点城市

单位：分

城市	国家	丝路节点城市指数得分	城市类别	城市	国家	丝路节点城市指数得分	城市类别
汉堡	德国	55.23	α	里昂	法国	45.00	δ++
柏林	德国	53.69	α	马赛－普罗旺斯地区艾克斯	法国	44.03	δ++
科隆	德国	52.85	α	里尔	法国	43.65	δ++
慕尼黑	德国	51.70	α	维也纳	奥地利	41.78	δ+
苏黎世	瑞士	51.51	α	布鲁塞尔	比利时	39.88	δ
巴黎	法国	50.35	α	卢森堡	卢森堡	35.8	ε
阿姆斯特丹	荷兰	46.58	γ				

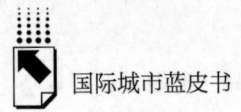

13个城市的丝路节点城市指数得分均值为47.1，高于全样本均值8.2分，"五通"指数得分均高于全样本均值，其中设施联通指数高于全样本均值达2.1分。从城市类别看，西欧地区共包含6个重要节点城市，1个一般节点城市，5个潜在节点城市和1个普通城市。

4.南欧丝路节点城市

南欧地区共16个城市入选考察样本，意大利的罗马、米兰、都灵、那不勒斯；西班牙的马德里、巴塞罗那；葡萄牙的里斯本、波尔图；希腊的雅典；塞尔维亚的贝尔格莱德；克罗地亚的萨格勒布；阿尔巴尼亚的地拉那；马耳他的瓦莱塔；马其顿的斯科普里；斯洛文尼亚的卢布尔雅那，以及黑山的波德戈里察（见表30）。

表30 南欧丝路节点城市

单位：分

城市	国家	丝路节点城市指数得分	城市类别	城市	国家	丝路节点城市指数得分	城市类别
罗马	意大利	47.05	γ	波尔图	葡萄牙	36.4	ε
米兰	意大利	46.45	γ	贝尔格莱德	塞尔维亚	34.3	ε
都灵	意大利	42.52	$\delta++$	萨格勒布	克罗地亚	33.1	ε
马德里	西班牙	41.88	$\delta+$	地拉那	阿尔巴尼亚	29.5	ε
那不勒斯	意大利	41.17	$\delta+$	瓦莱塔	马耳他	29.5	ε
里斯本	葡萄牙	40.86	$\delta+$	斯科普里	马其顿	27.3	ε
巴塞罗那	西班牙	38.96	δ	卢布尔雅那	斯洛文尼亚	26.0	ε
雅典	希腊	38.34	δ	波德戈里察	黑山	20.8	ε

16个城市的丝路节点城市指数得分均值为35.9，比全样本均值低3分；"五通"指数中设施联通度指数较好，比样本均值高0.9分，但贸易畅通指数有待提升，该指数得分比全样本均值低22.4%。从城市类别看，南欧地区共包含2个一般节点城市，6个潜在节点城市和8个普通城市。

（三）非洲丝路节点城市

北非地区共入选10个样本城市，分别是埃及的开罗、亚历山大；摩洛哥的卡萨布兰卡、马拉喀什、非斯、拉巴特；突尼斯的突尼斯；苏丹的喀土穆；阿尔及利亚的阿尔及尔，以及利比亚的的黎波里（见表31）。

表31 北非丝路节点城市

单位：分

城市	国家	丝路节点城市指数得分	类别	城市	国家	丝路节点城市指数得分	类别
开罗	埃及	38.92	δ	拉巴特	摩洛哥	30.5	ε
卡萨布兰卡	摩洛哥	33.1	ε	突尼斯	突尼斯	29.6	ε
亚历山大	埃及	31.5	ε	喀土穆	苏丹	28.6	ε
马拉喀什	摩洛哥	30.9	ε	阿尔及尔	阿尔及利亚	28.1	ε
非斯	摩洛哥	30.6	ε	的黎波里	利比亚	16.2	ε

10个城市的丝路节点城市指数得分均值较低为29.8，低于全样本均值9.1分；在8项二级指数中，除资金融通指数和民心相通指数略高于全样本均值外，其余指数均不同程度地低于全样本均值得分。从城市类别看，北非地区共包含1个潜在节点城市和9个普通城市。

六 结论与讨论

本报告关于丝路节点城市的研究以及丝路节点城市指标的测评，目的在于从中观层面上对"一带一路"沿线数量庞大的国外城市进行筛选，具体包括节点城市的类型模式、发育阶段与空间分布。并基于国外城市与中国的"五通"情况，对关键城市的发展需求开展有深度的调研，期望为企业开展投资贸易决策、地方政府间开展务实合作、民间社会开展文化交流提供参考依据。

当然，本报告的研究团队也充分意识到工作的艰巨性。在本轮指标模型设计和数据测评中，集中出现的挑战有：第一，本项测评有明确的目的性导向，即从中国有关主体同"一带一路"沿线城市开展交流为出发点。所有的交流交往指向是与中国有关主体的"政策沟通、设施联通、贸易畅通、资金融通、民心相通"。在这一指引下，的确有一批知名国际城市的测评结果并不理想。第二，本测评重视国家间交往因素对于城市间因素的"强影响"。本测评中特别关注了有关城市所在国同中国的双边关系因素，出现了一些地区中心地位不高的城市获得较好的评价结果的情况。这需要提醒读者予以谨慎对待。本文研究团队也将在下一轮的测评模型迭代中予以完善。第三，近年在中方"一带一路"投资中呈现的一些知名城市（港口、园区），并没有出现本测评中。主要是由于本次测评的设定范围是93国100万人口以上城市以及所有首都城市，使得一些投资"热土"没有纳入。对此，本研究团队首先将考虑扩大下一轮测评城市的范围，诸如考虑扩展到沿线93国30万人口以上城市。这将包括近千个城市。其次，鉴于中国"一带一路"倡议的"朋友圈"持续扩大，本测评未来也将考虑国别数量的增加。最后，本测评也将考虑基于同样的逻辑思路对"一带一路"沿线仍未发育成为城市的港口、园区予以测评。以期对"一带一路"倡议下的中观尺度的发展条件予以更为全面的刻画，为政府、企业、机构和人民往来提供坐标系和路线图。

参考文献

屠启宇：《国际城市发展报告（2016）》，社会科学文献出版社，2016。

屠启宇：《国际城市发展报告（2017）》，社会科学文献出版社，2017。

王金波：《"一带一路"经济走廊与区域经济一体化：形成机理与功能演进》，社会科学文献出版社，2016。

中国人民大学重阳金融研究院：《"一带一路"智库研究蓝皮书2015~2016："一带一路"与国际贸易新格局》，中信出版社，2016。

屠启宇、杨传开：《推动丝路城市网络建设的意义与思路》，《世界地理研究》2016年第5期。

苏宁、杨传开：《"丝路城市"："一带一路"沿线城市节点的特征与发展意义》，《世界经济研究》2017年第8期。

汤伟：《"一带一路"与城市外交》，《国际关系研究》2015年第4期。

安江林：《"一带一路"轴带体系的空间结构和功能特点》，《甘肃社会科学》2016年第2期。

姚金伟：《丝绸之路经济带核心区支线建设研究——以重要节点阿克苏为例》，《人文杂志》2017年第5期。

卫玲、戴江伟：《丝绸之路经济带：超越地理空间的内涵识别及其当代解读》，《兰州大学学报》（社会科学版）2014年第1期。

崔林涛：《加强陆桥区域合作共创现代丝路辉煌》，《中国软科学》2001年第10期。

白永秀、王颂吉：《丝绸之路经济带的纵深背景与地缘战略》，《改革》2014年第3期。

李兴江、马亚妮：《新丝绸之路经济带旅游业发展对经济影响的实证研究——基于甘肃省数据的模型检验》，《开发研究》2011年第156卷第5期。

李建民：《"丝路精神"下的区域合作创新模式——战略构想、国际比较和具体落实途径》，《人民论坛·学术前沿》2013年第23期。

李建伟、王炳天：《丝绸之路沿线城镇发展的动力机制分析》，《城市发展研究》2012年第12期。

程广斌、申立敬、龙文：《丝绸之路经济带背景下西北城市群综合承载力比较》，《经济地理》2015年第8期。

高友才、汤凯：《"丝绸之路经济带"节点城市竞争力测评及政策建议》，《经济学家》2016年第5期。

刘泽照、黄杰、陈名：《丝绸之路经济带（中国段）节点城市空间差异及发展布局》，《重庆理工大学学报》（社会科学版）2015年第5期。

刘立云、雷宏振：《中国文化旅游产业集群构建与实证》，《统计与决策》2013年第2期。

王东华、张仲伍、高涛涛等：《"丝绸之路经济带"中国段城市潜力的空间格局分异》，《中国沙漠》2015年第3期。

钟卫稼：《新丝绸之路交通设施投资与经济增长的实证分析》，《价格月刊》2015年第7期。

刘育红、王新安：《"新丝绸之路"交通基础设施与全要素生产率增长》，《西安交通大学学报》（社会科学版）2012年第3期。

刘育红、王曦：《"新丝绸之路"经济带交通基础设施与区域经济一体化——基于引力模型的实证研究》，《西安交通大学学报》（社会科学版）2014年第2期。

何枭吟：《"一带一路"建设中内陆节点城市临空经济发展建议》，《经济纵横》2015年第9期。

伍凤兰、陶一桃、申勇：《深圳参与共建"21世纪海上丝绸之路"的战略路径》，《经济纵横》2015年第12期。

张灼华、陈芃：《中国香港：成为"一带一路"版图中的持续亮点》，《国际经济评

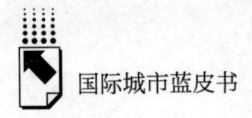

论》2015 年第 2 期。

姜睿：《"十三五"上海参与"一带一路"建设的定位与机制设计》，《上海经济研究》2015 年第 1 期。

冯娟：《"一带一路"背景下广西钦州市的定位与发展战略》，《东南亚纵横》2015 年第 6 期。

吴乐、霍丽：《丝绸之路经济带节点城市的空间联系研究》，《西北大学学报》（哲学社会科学版）2015 年第 6 期。

廖青虎、王瑞文、陈通：《"一带一路"沿线城市的丝路文化竞争力评价——基于 CFCS - TOPSIS 模型》，《华东经济管理》2017 年第 8 期。

城市战略篇

Urban Strategy

B.2
美国智库提出全球城市新定义[*]

苏 宁[**]

摘 要： 本文主要基于美国布鲁金斯学会发布的《重新定义全球城市：全球大都市经济的七种类型》研究报告，对全球城市及重要大都市的主要类型及经济发展新趋势进行分析。文中指出，全球化、城市化、技术变化是影响全球城市发展的主要力量。基于多样化的经济评判标准，全球城市可分为7种主要类型。全球城市发展趋势表明，全球城市发展路径具有多样性特征，而全球化融入情况决定了城市的经济表现。

关键词： 全球城市 大都市区 经济结构

---

[*] 本文内容主要基于对美国布鲁金斯学会研究报告——《重新定义全球城市：全球大都市经济的七种类型》的介评，并对中国实践进行了借鉴分析，特此致谢。
[**] 苏宁，博士，上海社会科学院世界经济研究所副研究员，研究室副主任，主要研究方向：城市经济、国际城市比较。

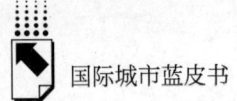
国际城市蓝皮书

2016年9月,美国布鲁金斯学会发布《重新定义全球城市:全球大都市经济的七种类型》研究报告,报告中对国际经济发展新格局下全球城市的定义与分类进行了新的思考和探索,并提出全球重要大都市的主要类型特点及影响方式。

一 影响全球城市发展的三大力量

布鲁金斯学会认为,重要的全球城市作为具有竞争力的世界经济行为主体,其发展也受到国际经济的影响。① 而当前,影响国际经济的主要力量包括三种,即城市化、全球化与技术变革。这些力量对全球城市的未来发展方向产生了重要的影响。

1. 城市化

随着世界的城市化进程发展,城市日益成为全球经济发展的主体。大都市区人口在全球人口中的比例已从1950年的29%增加到当前的50%多,这一比例在21世纪中叶有望达到66%。

城市化与工业化在人类近现代史上呈现相伴而生,互动发展的态势。目前,这种互动也在亚洲与拉美地区表现得较为明显。从2010年起,非洲与亚洲的城市人口年增长率位居全球前列,分别达到3.55%和2.5%,远远超过北美的1.04%和欧洲的0.33%。大都市区在全球层面体现出更为强大的经济实力。总体上看,全球50%的人口居住在城市区域,这些人创造了全球近80%的总产值。②

城市化的无序发展也带来一系列风险。非洲、拉美、东南亚巨型城市中的高速人口流动,使地方政府在提供基础住房、交通、能源、水务、排水等基础设施方面的能力显得不足。到2030年,全球范围需要新增57万亿元基

---

① Jesus Leal Trujillo and Joseph Parilla, *Redefining Global Cities*, *The Seven Types of Global Metro Economies*, Brooking, 2016 - 6.
② Richard Dobbs et. al, *Urban World*: *Mapping the Economic Power of Cities*, McKinsey Global Institute, 2011.

础设施投资，以满足发展中区域的快速增长需求。

发展中国家大都市区的快速发展为发达国家城市同时带来机遇与挑战。尽管在企业和人才方面的竞争加剧，发达经济体的大都市区仍可以受益于发展中大都市的人口与财富增长。布鲁金斯学会的研究指出，中国与印度尽管当前仅贡献全球5%的中产阶层消费份额，但到2050年，两国的该消费份额将达到50%，而这些消费基本发生在城市中。

2. 全球化

全球化在"二战"后不断得到强化。国家间的商品、服务与投资流动量从1990年的5万亿美元增长至2014年的30万亿美元，同期其占全球GDP的比重从24%增至39%。但是，这种全球交流的内涵正在发生变化。在近期商品贸易状况低迷的同时，跨境的数据与信息流动却急剧增长。

全球化对国家经济实力的变化起到重要的影响作用。城市也同样受到全球化背景下空间压缩带来的影响。例如，中国加入全球贸易网络带来对美国就业市场的重要影响，特别反映在制造业行业。在发展中国家，劳动力、贸易与资本市场的全球化趋势，与新知识和技术等因素相叠加，导致国内的经济不稳定以及不平等问题持续受到关注。

事实上，即便是那些深深卷入全球化浪潮中的城市，依然面临收益不均等问题的困扰。正如萨斯基娅·萨森（Saskia Sassen）指出的那样，无论是在发达国家抑或是发展中国家，全球化城市的崛起也伴随着不平等城市的崛起。[1] 经合组织的研究表明，由于高收入群体和高技能劳动者的集聚，大城市的不平等情况相较周边区域有更快的发展趋势。如果这种不平等阻碍了对社会中下层收入群体的教育与技能培训的投资，其可能对社会的向上流动性以及整体经济发展造成限制。

3. 技术变化

信息技术革命、数字化和自动化正在改变交流方式、企业创造与提供该产品与服务的方式，以及工作自身的性质。这些技术变化的影响范围十分巨

---

[1] Saskia Sassen, *Cities in a World Economy*, Pine Forge Press, 2012.

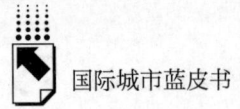

大，发展速度惊人。麦肯锡全球研究院预测，到2025年，有12项新兴技术将带来年均33万亿美元的经济产出。布鲁金斯学会的近期研究表明，这些新技术中很大一部分将被应用于50种"先进产业"（Advanced Industries）。这些产业的发展，主要依靠高水平研发以及大量科学、技术、工程与数学（STEM）雇员。

先进产业的重要性在于其能够大大提升生产效率。由于大量应用新兴技术，先进产业生产者的平均劳动生产率能够达到其他行业的两倍。这种劳动生产率的差异化也会在社会意义方面带来影响，其使得在先进产业就业的劳动者能够获得超出其他行业工人两倍的薪资。对于城市而言，那些具备吸引高生产率企业及就业者环境的大都市区，便能充分利用相应的红利和资源。

二 全球城市的经济影响力及类型特点

1. 全球123个大都市区的经济影响力

布鲁金斯学会认为，大都市的经济竞争力是理解全球城市经济体的重要视角。因此，其研究将五大竞争力要素框架作为分析的视角，即贸易集群、创新、人才、基础设施、治理。其中，具备全球竞争力的贸易部门、创新生态系统以及高技能劳动者是生产力、就业以及收入增长的源泉。具备良好连接性的基础设施、高效的治理体系、公共服务以及商业环境，对于发展起到重要的支撑作用。

布鲁金斯学会最终选取了123个大型大都市区。这些大都市区绝大多数的经济体量超过1000亿美元，平均人口为760万。占全球13%的人口创造出全球近1/3的经济产出。2009年，这些大都市区吸引了5.4万亿美元的绿地投资，占全球份额的1/4强。其中，绿地投资流入最多的10大都市中，有6个为亚洲城市，分别为新加坡、上海、香港、北京、苏州与重庆。

上述123个大都市区经济体也是新兴技术研发和创新的策源地。全球

44%最具科学影响力的研究型大学，65%的专利，82%的风险投资集中在这些城市之中。专利集聚度最高的大都市区，包括东京、首尔－仁川、深圳、大阪、圣何塞等，而人均专利量最高的城市则主要是一系列创新性大都市：圣何塞、圣迭戈、旧金山、波士顿与斯图加特。这些城市往往也是全球教育人才中心。圣何塞、旧金山、波士顿、新加坡、伦敦、华盛顿和马德里都具有较高比例的高等教育学历人口。

这些大都市区也集聚了全球关键性的基础设施。2014年，这些大都市区的机场客流达到49亿人。全球最大的大都市区往往拥有多个大型机场，承担了最大规模的航空旅客运量。2014年，纽约、伦敦、上海、洛杉矶、东京、北京、芝加哥与亚特兰大的航空客流量位居前列。在全球50个最繁忙的国际机场中，123个大都市区的机场占86%。

2. 全球城市的7种类型

全球的主要大都市区的发展各有特点。而从经济竞争力角度看，基于贸易、创新、人才、基础设施连接度等要素的不同组合结构，可将之进行新的分类。布鲁金斯学会的研究，将123个全球性大都市区分为7类，分别为：全球巨型枢纽、亚洲支柱城市、新兴门户城市、中国制造中心、知识中心、美国中等都市、国际中等都市。其中有部分类别是以国家、区域作为划分特征，但大部分仍以经济结构的特点作为分类标准。根据上述标准，全球城市主要分为以下几类。

（1）全球巨型枢纽（Global Giants）：主要为伦敦、洛杉矶、纽约、大阪－神户、巴黎、东京等6个巨型且繁荣的全球性枢纽，集聚大量企业总部，成为全球最大发达经济体的指挥和控制中心。

这些城市的平均居民规模为1940万人，平均经济产值超过1万亿美元。如果6个城市被视为一个国家，则这一国家是当前世界第三大经济体。其人均名义GDP为58000美元，就业者人均GDP为116000美元，仅次于知识中心城市。此类大都市区的经济结构呈现出高度服务业化的特点，其商业服务业与金融产值平均占城市总增加值（GVA）的41%。20%的福布斯财富2000强企业总部集中在这些城市。

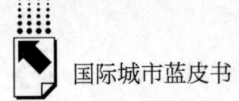

（2）亚洲支柱城市（Asian Anchors）：主要指北京、香港、莫斯科、首尔－仁川、上海与新加坡等6个亚太、俄罗斯地区的大规模商业、金融节点城市，是区域内的主要投资支柱区。

这些城市的崛起，与亚洲经济的快速发展密切相关。这种发展使得相关城市成为国际投资的目的地，进而拉动了基础设施与劳动力技能等方面的本土投资。2009～2015年，亚洲支柱城市吸引的绿地国外直接投资高居7类城市之首，达到459.7亿美元，为位居第二的全球巨型枢纽的将近2倍。其中，香港、新加坡吸引的外部投资量最大，北京、上海紧随其后。同时，亚洲支柱城市的人口规模和经济体量也迅速提升，其平均人口达到1610万，平均经济产值为6680亿美元，在7类城市中居第二位。从2000年起，这些城市的人均名义GDP保持了4.2%的年均增长率。

（3）新兴门户城市（Emerging Gateway）：安卡拉、开普敦、重庆、德里、广州、约翰内斯堡等28个新兴经济体主要国家的大型商业与交通枢纽点。

1/3的新兴门户城市为所在国家的首都，有8个城市为所在国家的金融中心和最大证券交易场所所在地。这些城市的突出表现为其国际门户的连通能力。2014年，这些城市的机场承担了8亿人次旅客的流量，这一数字2004年仅为2.73亿人次。城市年均旅客增长率为3.5%，仅次于中国制造中心城市，居各类城市中的第二位。同时，2009～2015年，这些城市的国外直接投资（FDI）规模达到580亿美元，其人均投资量为7类城市中的首位。

（4）中国制造中心（Factory China）：东莞、佛山、福州、无锡、温州、郑州等22个中国的二、三线城市，其发展依赖于外向型制造业与国际经济往来。

这些中国的城市既有位于中国东部沿海的大都市，也有位于内陆的城市。城市的平均人口规模为800万，平均经济产值为2050亿美元。2000～2015年，这些城市的经济产出量和就业量的增长幅度分别达到令人咋舌的12.6%和4.7%，高居7类城市之首。同期，其人均名义GDP增长了近4倍，从2500美元增长至12000美元。使这些城市进入全球城市体系中的

"中产阶层"队伍。一方面，中国制造业中心城市对制造业有巨大的依赖，其经济产值的40%来自制造业。另一方面，这些城市的商业、金融与专业服务业发展相对滞后，在总资产值中仅占12%，而其他类型城市的这一比例平均达到32%。经济多样性的缺乏使得这些城市在FDI流动、风险资本、国际旅客数据在7类城市中位居末席，城市的专利拥有情况也仅达到每万名雇员0.03个专利的水平。

（5）知识中心（Knowledge Capitals）：费城、旧金山、西雅图、苏黎世等欧美19个中等规模，具备高层次知识创新力的创新中心。这些城市往往具备高技能劳动者与高水平研究型大学。

知识中心城市堪称最具经济效率的城市典范。19个知识中心城市的平均人口规模偏小，为420万人，位居7类全球城市的倒数第二，而其平均经济产值则达到2830亿美元，位居7类全球城市第三；人均名义GDP和就业者人均GDP都高居第一位，分别为69000美元和136000美元。知识中心城市在科教方面具有强大的优势，其41%的15岁以上人口拥有本科以上学位。全球100所最具实力的大学中，有20所位于这19座城市中。同时，上述城市极大地促进了知识要素的应用转化，2008~2012年，这些城市以占全球1%的人口，贡献了全球16%的专利。信息技术和生命科学方面的这一比例更高，分别达到22%和19%。从趋势上看，知识中心城市与其他发达国家城市之间在经济发展效率方面的差距正在不断加大。2000~2015年，知识中心城市的人均名义GDP和就业者平均GDP增长率年均分别可以达到0.9%和1.4%，相对于其他几类发达国家城市而言，其两项增长率分别高出37%和69%。

（6）美国中等都市（American Middleweights）：菲尼克斯、底特律、克利夫兰、迈阿密等16个中等规模的大都市区。这些城市正着力利用全球经济从后危机的藩篱中崛起。

这16个大都市区的平均人口规模为300万，平均经济产值为1490亿美元，人均名义GDP为52000美元。一方面，在美国中等都市区的经济结构中，非贸易性产业为主导产业，其健康、房地产、教育与公共服务等地方性服务产业的经济地位较高，占产值的28%和就业的42%。但另一方面，这

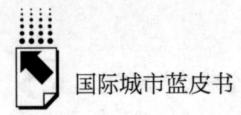

些城市在出口导向的产业领域也有一定的专精方向,如夏洛特、底特律与菲尼克斯就分别是美国发动机与动力装备、汽车、半导体领域的出口冠军。同时,美国中等都市区在研究型大学方面仍然拥有优势,其在科学类期刊发表的数量在7类城市中排名第3。1/3的就业年龄人口拥有高等教育学历。

(7)国际中等都市(InternationalMiddleweights):布鲁塞尔、鹿特丹-阿姆斯特丹、慕尼黑、悉尼等26个位于澳大利亚、加拿大、欧洲的中等规模城市。这些城市集聚全球的人流与投资流,但金融危机后的发展仍受到影响。

这些城市的平均人口规模为480万,平均经济产值为2340亿美元,人均名义GDP为49000美元。此类城市是最具多样性的大都市经济体。多伦多、悉尼、法兰克福等城市主要发挥商业与金融服务功能,而斯图加特、米兰、巴塞罗那则在制造业增加值方面表现突出。大部分此类城市具有多样性的贸易相关行业,在知识性服务业、先进制造业方面具备优势。同时,这些城市具有全球人群与资本流量的承载能力,城市总人口的22%为国外出生,这一比例高居7类城市之首。

三　全球城市经济发展的主要特点

1. 全球城市发展路径具有多样性特征

应当看到,由于每个城市发展的起点都有所不同,"全球城市"产生的路径并不唯一。但全球化的迅猛发展使得大都市区经济体被纳入国际性的网络中,这一网络的重要特质在于"竞争-合作"的同时存在。城市的地位,很大程度上取决于其在国际生产与交换体系中的功能。相较于以往,技术创新在更多的城市中涌现。但一部分美国与欧洲的中等规模城市区域在推动技术进步方面表现突出。这些城市集聚了国际顶级的研究型大学以及专利研发型企业。

分别来自发达国家和崛起中亚洲区域的两类巨型全球性中心城市,扮演了全球金融与投资领域的双重支柱角色。这二者得到一批商业、教育与交通枢纽城市的有力支撑。后者成为面向大国与中等收入国家的门户。中国令人瞩目的全球性崛起，则反映在一批二线与三线制造业与外向型经济城市的发展上。此外，还有两类分别位于美国以及英联邦、欧洲、日本的经济进取型大都市区，这些城市以良好的受教育人口、制造业与商业服务业的专精体系、高校与机场等基础性设施为依托，着力面向全球发展。总而言之，城市的全球性发展，具有多种模式和路径。

2. 全球化融入情况决定城市经济表现

城市融入全球体系的不同路径也反映在其经济表现中。123个大都市区中，人均GDP、就业者平均GDP，以及经济增长率的表现大相径庭。2000年以来，以中国制造中心城市为引领的低收入大都市区实现了最快速度的人均GDP增长。发达国家的知识中心与全球巨型枢纽城市不仅具有更高的平均收入水平，而且具有更快的人均GDP和生产率增长速度。而美国和国际上其他中等规模城市则在收入和增长率方面都稍逊一筹。这种差异性反映出在全球生产网络结构变化的情况下，城市的表现也相应受到影响。

3. 要素的全球分布状况影响全球城市发展方向

国家与地方领导者在设定经济战略时，必须明晰城市-区域的全球化发展起点。在全球化、城市化与技术剧烈变动的世界中，推动经济增长与繁荣的要素（贸易网络、创新要素、人才、基础设施）在全球层面乃至国家内部的分布都并不均衡。全球城市的类型决定了其自身的特点以及发展问题的解决方式。

四　中国城市国际化的启示与借鉴

1. 注重全球城市发展的多样性趋势

布鲁金斯学会的报告提出了对全球城市建设的新视角。长期以来，对全球城市的理解，更多的是关注城市对全球流量的控制力和排名。这种竞争性的视角，使得人们对全球城市的理解更多局限于顶级明星城市的若干特性，而忽视了全球城市发展路径的多样性。布鲁金斯学会对全球城市类型的划分，基于经济范畴的诸多指标，并进行了地域性的划分，具有一定新意，也更为全面。在这一背景下，中国相关城市在推进全球城市建设的过程中，应关注全球城市发展路径的多样性以及评判标准的综合性趋势，避免以狭义的全球城市概念为标准设定参照系。

2. 关注科技创新要素对于全球城市的重要意义

美国智库的全球城市研究成果日益关注创新要素的重要作用。在有关全球大都市区的指标分析中，对高校、专利、劳动者受教育程度、国际期刊发表等创新领域数据给予了高度重视，甚至提出知识中心城市的一类城市群组。这种对全球城市地位的理解，在以往国际经济视角之上，又增加了创新的维度。中国的全球城市发展，也应切实关注创新要素的集聚，特别是跨国创新要素以及有国际影响力创新基础设施的吸引和塑造。同时，应关注创新要素对全球城市地位提升的潜在推进机制和规律。

3. 重视全球城市制造业与服务业融合发展的产业发展方向

美国智库对全球城市产业结构的分析，更为关注产业的多样化状况。全球城市及国际化大都市区的制造业发展情况，已经成为衡量城市国际影响力的重要指标。布鲁金斯学会的研究甚至将中国的外向型制造业城市单列为一类进行专门分析。同时，部分全球城市在制造业方面的专精特色和专业服务业的配合程度，也被视为相关城市经济多样性的重要表现。因此，中国相关国际大都市在转型升级过程中，应关注全球城市制造业与服务业有机互动、融合发展的趋势，在先进制造业、专业服务业的培育和建设方面，应更多进行引导和规划，着力提升经济结构和产业结构的多样性。

参考文献

Greg Clark, *A Short History of Global Cities*, Washington: Brookings Institution Press, 2016.

Jesus Leal Trujillo and JosephParilla, *Redefining Global Cities*, *The Seven Types of Global Metro Economies*, Brooking, 2016-6.

美国智库提出全球城市新定义

Richard Dobbs et. al, *Urban World: Mapping the Economic Power of Cities*, McKinsey Global Institute, 2011.

UN Habitat, "Urbanization and Development: Emerging Futures". *World Cities Report 2016*（2016）.

B.3 21世纪全球城市格局变化及中国城市崛起态势

——基于2000~2016年GaWC连续排名的分析

杨传开 屠启宇 张方闻*

摘　要： 进入21世纪以来，随着全球化的深化，在全球范围内涌现出越来越多的世界城市。本文将公认的世界城市研究权威组织GaWC（全球化与世界城市研究网络）2017年4月最新发布的世界城市排名，与其之前2000年开始的5轮排名进行对比，梳理了2000~2016年世界城市的发展演进特点。在全世界范围，16年间进入世界城市行列的城市由227个增长到361个，增幅近6成。中国入列的世界城市从2000年6个增长到2016年的33个，实现近5倍的增长，总量上仅次于美国。香港、北京、上海都具备了冲击顶级"全球城市"的条件。

关键词： 全球城市　世界城市　"一带一路"　GaWC

近期，国内一些特大城市均提出朝着世界城市发展的宏伟目标，例如，北京2035总规提出建设国际一流的和谐宜居之都、上海2035总规提出迈向

---

* 杨传开，博士，上海社会科学院城市与人口发展研究所助理研究员，主要研究方向：城镇化、区域规划；屠启宇，博士，上海社会科学院城市与人口发展研究所副所长、研究员，主要研究方向：城市战略规划、城市创新体系、社会系统工程；张方闻，硕士研究生，美国乔治城大学麦考特公共政策学院，主要研究方向城市公共管理。

卓越的全球城市、深圳 2050 发展战略提出建设全球创新城市。

在世界城市的研究中，最为权威的是由泰勒领导的位于英国拉夫堡大学的"全球化与世界城市研究网络"（Globalization and World Cities Study Group and Network，GaWC），基于会计、广告、金融、法律等生产性服务业企业的总部分支机构分布，尝试对世界城市进行定义和分类[①]。他们于 1998 年起开始发布世界城市排名，迄今已发布了 7 次。最新一次于 2017 年 4 月发布了 2016 年版排名，入选城市达到了 361 个，对当下世界城市实力格局给予了较好的呈现。

本研究尝试对 GaWC 历次排名报告进行梳理，分别从全球、区域、"一带一路"以及中国四个层面开展具体分析，以期在全球范围内把握世界城市的发展变化，为中国世界城市的崛起提供借鉴和参考。

一 全球范围世界城市快速崛起，数量增加、等级提升

本文重点对 GaWC 2000 年、2004 年、2008 年、2010 年、2012 年、2016 年的 6 轮排名进行分析（GaWC 1998 年首度发布的世界城市排名在分类方法与后续年份不同，并不适合与其他年份进行对比）。从总量上来看，21 世纪以来达到全球化经济枢纽节点地位的世界城市数量总体呈上升趋势，入围榜单的城市数量从 2000 年的 227 个城市增加到 2016 年的 361 个，总量增加了近 60%（见图 1）。在此期间，2010 年和 2016 年增长特别显著，分别比上轮增加了 41 个和 61 个。

GaWC 将入围的世界城市划分为 5 档 12 级，最高层次的"全球城市"为 α++ 级，是名副其实的全球城市，在所有年份的排名中，只有伦敦和纽

[①] 马学广、李贵才：《全球流动空间中的当代世界城市网络理论研究》，《经济地理》2011 年第 10 期；Smith A. D., Timberlake M., "Conceptualizing and Mapping the Structure of the World System's City System," *Urban Studies*, 1995, 32（2）：287-302.

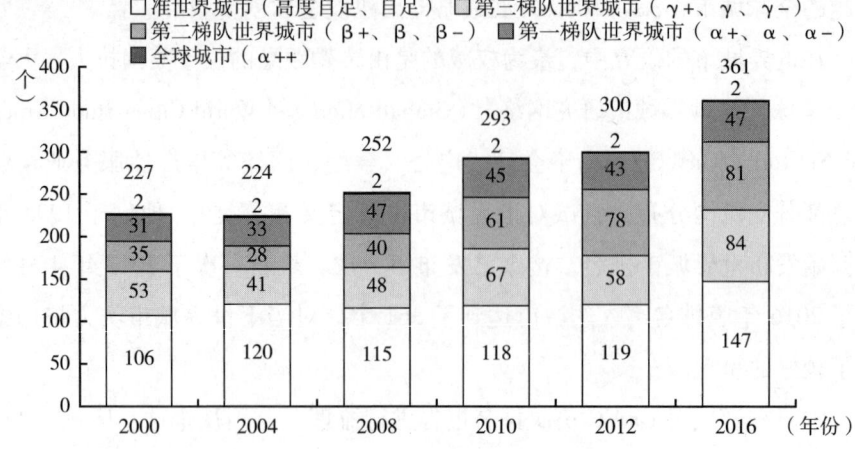

图1 2000~2016年世界城市数量变化趋势

约两个城市每次都入围。第一梯队"世界城市",包括了α+、α、α-三级,其中α+城市是一些综合性较强的城市,与伦敦和纽约形成补充,大部分是为亚太地区提供先进的服务需求;α和α-级的城市同样是非常重要的世界城市,在世界经济中连接着大的经济区或国家。第二梯队"世界城市",包括β+、β、β-三级,均有助于将其地区或国家与世界经济联系起来。第三梯队"世界城市"包括γ+、γ、γ-三级,主要是连接较小的地区或国家融入世界经济的城市,或者虽是主要的世界城市,但其主要的全球能力不是先进的生产性服务业。"准世界城市"包括"高度自足"(high sufficiency)和"自足"(sufficiency)两个级别,此档城市尚处于踏入世界城市的门槛阶段,多能够提供足够程度的服务,无须明显地依赖其他世界城市,通常是较小的首都或传统的制造业中心城市。

对不同等级城市的变化进行分析(见图2)可见,"全球城市"(α++级)在16年间并无变化,伦敦和纽约一直保持着全球性的绝对领先地位;第一梯队"世界城市"从2000年的31个增加到2016年的47个,其中α+级增加了3个(北京、迪拜、上海),但真正有能力冲顶"全球城市"的仍是少数;第二梯队"世界城市"从2000年的35个增加到2016年的81个,增长最快;第三梯队"世界城市"城市从2000年的53个增加到2016年的

84个;"准世界城市"从2000年的106个增加到2016年的147个。总体来看,伴随着世界城市数量的增加,等级不断跃升,其中位于第二梯队的城市增长最快,主要是南亚、西亚、北美、中美等地区的增长较为突出;同时开始融入全球化的"准世界城市"增长量亦较大,主要集中于东亚、南美、北美地区。

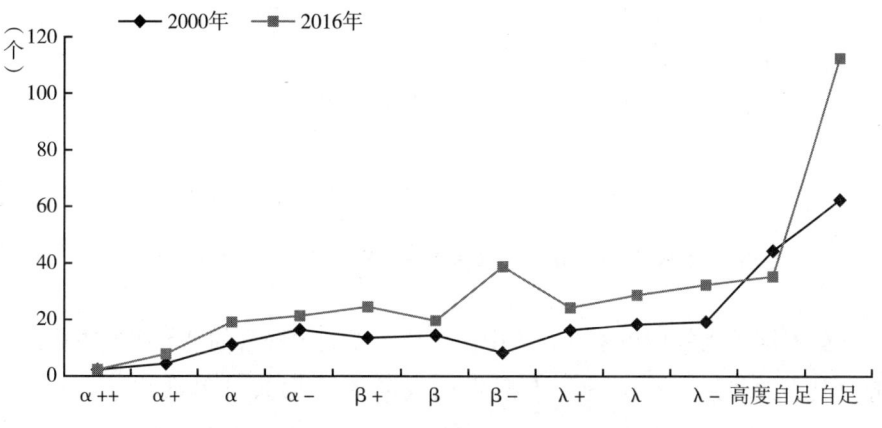

图2 2000~2016年不同等级世界城市数量的变化趋势

二 发展中国家城市增长迅速,但发达国家世界城市仍占主导地位

从发达与发展中国家的视角来看,发达国家的世界城市数量占据主导地位,发展中国家仍然相对落后,但发展中国家的世界城市增长较为迅速。本文以经济合作与发展组织(OECD)认定的"发达"或"发展中"为划分标志。OECD成员有35个。通过分析,可以发现2016年OECD成员的城市进入世界城市榜单的数量达到188个,占到了全部世界城市的52.1%;与2000年的59.0%相比有所降低,但依然占据主导地位。发展中国家城市进入世界城市榜单的数量虽相对较少,但增长迅速,从2000年的93个增加到2016年173个,增加了80个,占世界城市的总量由2000年的41.0%增加

到2016年的47.9%。整体上，2000~2016年，世界城市的增量主要是由发展中国家城市贡献的（见图3）。

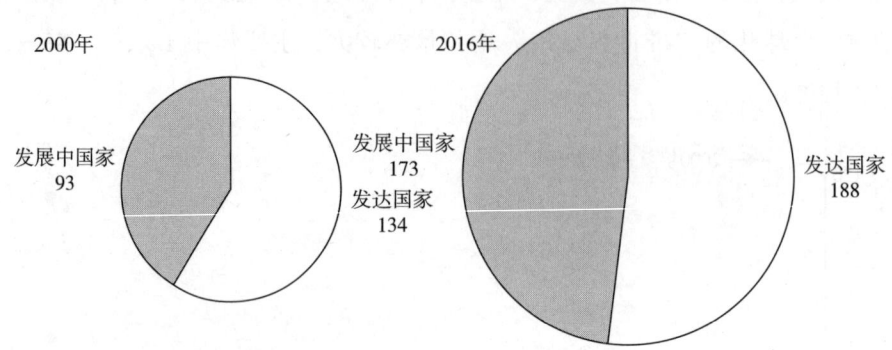

图3 2000年与2016年发达国家与发展中国家的世界城市数量

就不同等级的城市来看，以中国为首的发展中国家的高等级城市快速崛起。其中，2000~2016年，发展中国家的第一梯队世界城市（α+、α、α-）、第二梯队世界城市（β+、β、β-）分别增加了10个和33个；而同期发达国家第一梯队世界城市（α+、α、α-）、第二梯队世界城市（β+、β、β-）分别增加了6个和13个（见图4）。

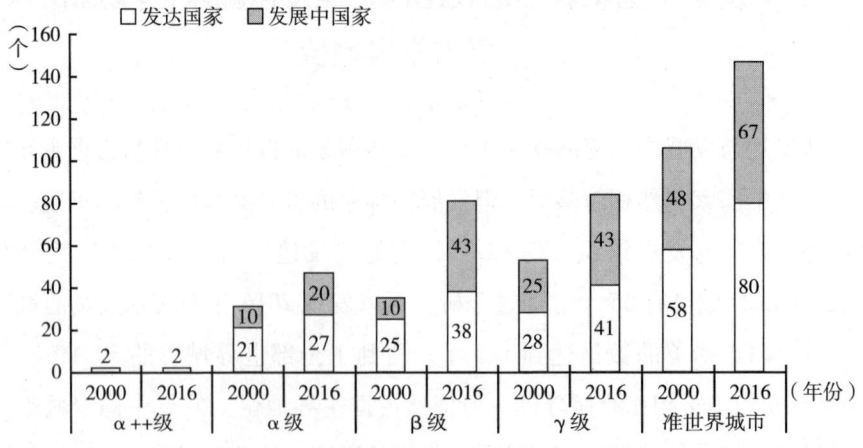

图4 2000~2016年发达国家与发展中国家世界城市数量变化趋势

三 "一带一路"沿线国家世界城市增长明显，但水平依然较低

"一带一路"倡议重点涉及的是处于亚欧非连接地带的城市化发展和城市全球化参与相对滞后的城市。本文选取了"一带一路"沿线（中亚、西亚、南亚、东南亚、东欧和北非）60个国家（不含中国）作为主要考察对象①。根据联合国经社理事会数据统计，2014年以上60个国家城市人口超过30万的城市有586个，超过100万的城市有174个，超过500万的城市有36个。21世纪以来，"一带一路"沿线进入世界城市榜单的城市数量快速增加，从2000年的49个增加到2016年的81个（见表1）。但相对于"一带一路"沿线庞大的城市数量而言，其融入全球化程度仍然较低。

表1 2000~2016年"一带一路"沿线60个主要国家世界城市的变动

单位：个

分等		合计	全球城市	第一梯队世界城市			第二梯队世界城市			第三梯队世界城市			准世界城市	
分级			α++	α+	α	α-	β+	β	β-	γ+	γ	γ-	高度自足	自足
中亚	2000年	1	0	0	0	0	0	0	0	0	0	0	1	0
	2016年	3	0	0	0	0	0	0	0	0	0	0	1	2
西亚	2000年	15	0	0	0	0	1	1	1	0	4	3	2	3
	2016年	26	0	1	1	2	0	5	3	2	3	0	3	6
南亚	2000年	11	0	0	0	1	0	1	0	2	2	0	4	1
	2016年	19	0	0	1	1	1	1	6	1	2	0	0	6

---

① 包括东亚的蒙古，中亚5国（哈萨克斯坦、乌兹别克斯坦、土库曼斯坦、塔吉克斯坦和吉尔吉斯斯坦），西亚18国（伊朗、伊拉克、土耳其、叙利亚、约旦、黎巴嫩、以色列、巴勒斯坦、沙特阿拉伯、也门、阿曼、阿联酋、卡塔尔、科威特、巴林、希腊、塞浦路斯和埃及的西奈半岛），南亚8国（印度、巴基斯坦、孟加拉国、阿富汗、斯里兰卡、马尔代夫、尼泊尔和不丹），东南亚11国（新加坡、马来西亚、印度尼西亚、缅甸、泰国、老挝、柬埔寨、越南、文莱、菲律宾和东帝汶），东欧10国（捷克、波兰、匈牙利、乌克兰、俄罗斯、罗马尼亚、斯洛伐克、保加利亚、白俄罗斯、摩尔多瓦），以及北非7国（阿尔及利亚、埃及、利比亚、摩洛哥、苏丹、突尼斯和西撒哈拉）。

续表

分等		合计	全球城市	第一梯队世界城市			第二梯队世界城市			第三梯队世界城市			准世界城市	
分级			α++	α+	α	α-	β+	β	β-	γ+	γ	γ-	高度自足	自足
东南亚	2000年	9	0	1	0	3	1	0	0	0	1	0	2	1
	2016年	14	0	1	2	2	1	1	0	0	0	1	2	4
东欧	2000年	10	0	0	0	1	3	1	0	1	0	3	1	0
	2016年	16	0	0	2	0	4	2	0	1	1	1	2	3
北非	2000年	3	0	0	0	0	0	1	0	0	0	1	1	0
	2016年	3	0	0	0	0	1	1	1	0	0	0	0	0

"一带一路"沿线城市进入世界城市不仅数量相对偏少,而且整体等级都较低。例如,2016年进入世界城市榜单的81个城市中,准世界城市就有29个,占35.8%(见图5)。这些准世界城市一旦提升互联互通水平,可迅速提升等级,跨越"准世界城市"的门槛。

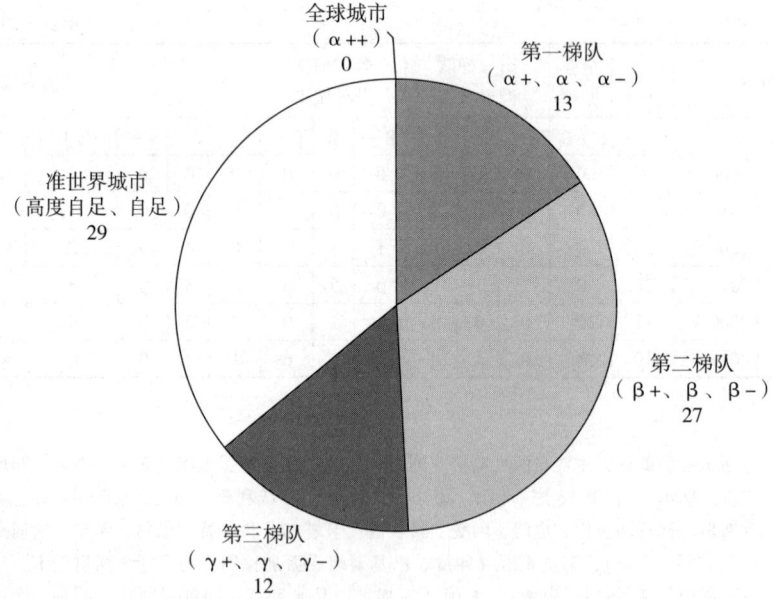

图5 2016年"一带一路"主要国家的世界城市等级结构

分区域来看,"一带一路"沿线60个国家世界城市的发育极度不均衡(见表1、图6)。西亚世界城市数量最多,有26个城市,且迪拜进入α+级。建议中国城市可以加强与西亚高等级世界城市在交通、经济、文化等方面的合作,主要与迪拜、伊斯坦布尔、利雅得和特拉维夫开展合作。南亚、东南亚、东欧分别有19、14和16个世界城市,且16年间等级均在持续稳定提升。建议筛选位于我国主要经济合作走廊上的节点城市,加大贸易投资合作力度,提升与我国合作的伙伴城市在本区域世界城市群体中的竞争力,例如河内、胡志明、曼谷、雅加达、内比都、仰光、万象、新加坡、达卡、孟买、新德里、加尔各答等。中亚和北非城市进入世界城市榜单的城市依然较少,2016年两个地区都仅有3个入选。建议将中亚、北非作为我国对外援助和丝路基金投放的主要方向,通过聚焦基础设施建设,支持中亚、北非扩大世界城市基数,提升全球化的融入水平。特别是对未来城镇人口增长较快的城市。根据联合国预测,到2030年城镇人口增长较快的非世界城市包括苏丹的尼亚拉、欧拜伊德、加达里夫、瓦德迈达尼、喀土穆、卡萨拉、苏

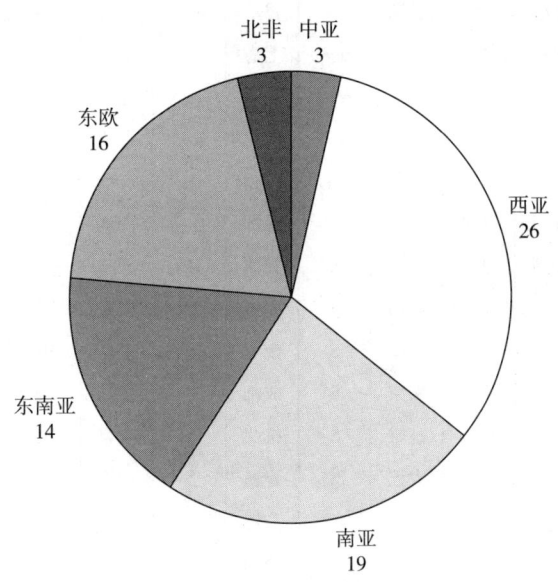

图6　2016年"一带一路"沿线主要区域的世界城市数量

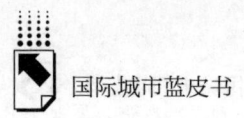

丹港以及阿尔及利亚的杰勒法、塔吉克斯坦杜尚别等，其城镇人口增长均超过50%。

四 中国城市整体崛起，拥有全球第二大世界城市群体

2000年以来，中国的世界城市快速崛起，从2000年进入GaWC世界城市榜单的6个城市增加到2016年的33个，占全部世界城市的比重相应的从2.64%增加到9.14%。中国拥有的世界城市总数仅次于美国（51个世界城市）。2016年的33个中国（含港澳台）的世界城市分别为5个第一梯队世界城市；3个第二梯队世界城市；12个第三梯队世界城市；13个准世界城市，呈现非常稳固的金字塔结构。

表2 2000~2016年中国世界城市名单及所处等级

2000年		2004年		2008年		2010年		2012年		2016年	
城市	等级	城市	等级	城市	等级	城市	等级	城市	等级	城市	等级
香港	α+	香港	α+	香港	α+	香港	α+	香港	α+	香港	α+
台北	α-	北京	α-	上海	α+	上海	α+	北京	α+	北京	α+
上海	α-	上海	α-	北京	α+	北京	α	上海	α+	上海	α+
北京	β+	台北	α-	台北	α-	台北	α-	台北	α-	台北	α-
广州	γ-	广州	γ-	广州	β-	广州	β	广州	β+	广州	α-
深圳	自足	澳门	自足	深圳	γ	深圳	β-	深圳	β-	深圳	β
		深圳	自足	成都	S	天津	HS	天津	γ-	成都	β-
				澳门	S	高雄	S	成都	HS	天津	β-
				天津	S	南京	S	青岛	HS	南京	γ+
				南京	S	成都	S	杭州	HS	杭州	γ+
				高雄	S	杭州	S	南京	HS	青岛	γ+
				大连	S	青岛	S	重庆	HS	大连	γ
						大连	S	大连	S	重庆	γ
						澳门	S	高雄	S	厦门	γ
								厦门	S	台中	γ-

续表

2000年		2004年		2008年		2010年		2012年		2016年	
城市	等级	城市	等级	城市	等级	城市	等级	城市	等级	城市	等级
								武汉	S	武汉	γ-
								西安	S	苏州	γ-
								澳门	S	长沙	γ-
										西安	γ-
										沈阳	γ-
										济南	HS
										高雄	HS
										昆明	S
										福州	S
										澳门	S
										太原	S
										长春	S
										合肥	S
										宁波	S
										郑州	S
										南宁	S
										哈尔滨	S
										乌鲁木齐	S

在高等级世界城市方面，北京和上海自2008年以来已稳定处于第一梯队前列（α+级），具备了冲击顶级全球城市的条件。香港和台北虽同处于高等级世界城市行列，但自2000以来等级均未有进一步的提升。广州2016年首次进入第一梯队世界城市（α-级）行列。深圳、成都、天津处于第二梯队，其中成都的崛起尤为突出，直接从2012年的准世界城市等级进入第二梯队世界城市行列（β-）。在未来高等级世界城市的崛起过程中，中国城市具有较大的发展潜力。

综观2000年以来的16年，2012~2016年的跨越最大，中国新增15个世界城市。这主要得益于一大批中国的省会城市、区域门户城市踏上或

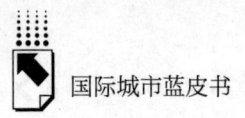

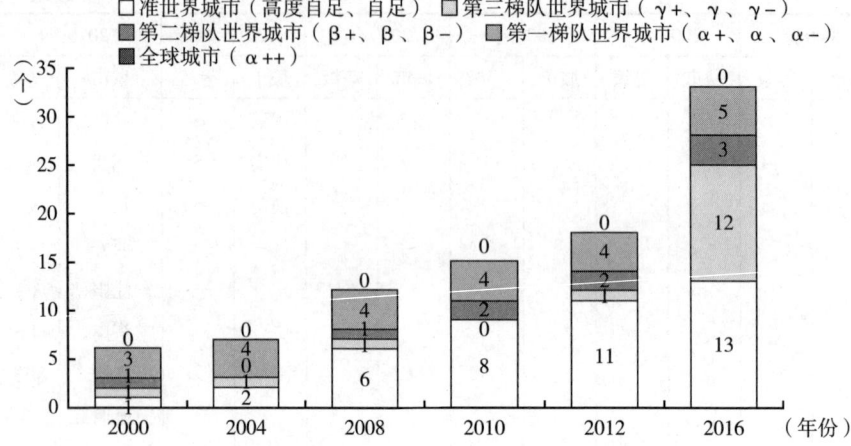

图7　2000~2016年中国不同等级世界城市的发展趋势

跨越门槛，进入第三梯队世界城市和准世界城市行列。这些城市除东部的苏州、济南、福州、宁波外，主要是长沙、沈阳、昆明、太原、长春、合肥、郑州、南宁、哈尔滨、乌鲁木齐等中西部和东北地区的省会城市，进入世界城市榜单的中国城市空间分布更加均匀。中国融入全球化进程已是全域性的。

五　结论与启示

通过对GaWC持续16年的世界城市评价的分析，可以发现全球层面世界城市快速崛起，数量增加而且城市等级提升明显，但发达国家的世界城市仍占据主导地位，发展中国家依然落后，不过以中国为首的发展中国家世界城市数量增长迅速，发展潜力较大。

对"一带一路"沿线60个国家的世界城市进行考察，2000年以来世界城市数量虽然增长明显，但其高等级的世界城市还相对较少，发展水平依然较低。随着中国"一带一路"倡议的深入推进，"一带一路"沿线国家的贸易和经济联系会更加频繁，世界城市数量将会进一步增多，而且目前处于中等级别的世界城市将有更多的机会成长为高等级的世界城市。

2000年以来,中国大陆的世界城市快速崛起,高等级的世界城市不断增加,排名前列的北上广深基本维持稳定。一大批中西部省会城市开始进入世界城市榜单,尽管这些城市仍处于低等级世界城市或世界城市的门槛阶段,但无疑这些城市将为中国高等级世界城市的崛起提供了重要基础。可以预见,中国的新型城镇化和中国城市的全球化深度参与,以及中国对于"一带一路"沿线城市的带动,将共同成为中华民族伟大复兴和建设人类命运共同体的重要基石。

参考文献

The World According to GaWC 2000:http://www.lboro.ac.uk/gawc/world2000t.html.

The World According to GaWC 2004:http://www.lboro.ac.uk/gawc/world2004t.html.

The World According to GaWC 2008:http://www.lboro.ac.uk/gawc/world2008t.html.

The World According to GaWC 2010:http://www.lboro.ac.uk/gawc/world2010t.html.

The World According to GaWC 2012:http://www.lboro.ac.uk/gawc/world2012t.html.

The World According to GaWC 2016:http://www.lboro.ac.uk/gawc/world2016t.html.

Smith A. D. Timberlake M.,"Conceptualizing and Mapping the Structure of the World System's City System," *Urban Studies*,1995,32(2).

马学广、李贵才:《全球流动空间中的当代世界城市网络理论研究》,《经济地理》2011年第10期。

城市创新篇
Urban Innovation

B.4 费城依托创新区建设世界级创新城市[*]

杨传开[**]

摘　要： 创新区已经成为美国创新的新模式，费城作为美国重要的创新城市，在创新区发展上积累了丰富经验。本文以布鲁金斯学会的研究报告为基础，以费城的大学城和中心城构成的创新区为例，梳理了费城创新区建设过程中面临的主要问题，并依据布鲁金斯学会提出的发展建议进行总结，进而形成对中国创新区发展的经验借鉴。

关键词： 创新区　大学城　中心城　费城

---

* 本文主要基于布鲁金斯学会《大学城-中心城创新区如何帮助费城在全球卓越并服务当地》（*Connect to Compete: How the University City-Center City Innovation District can Help Philadelphia Excel Globally and Serve Locally*），特此致谢。
** 杨传开，博士，上海社会科学院城市与人口发展研究所助理研究员，主要研究方向：城镇化、区域规划。

全球经济地理正在发生变化。美国和其他国家的大都市都正在出现大量经济活动集聚的枢纽，这些地区集聚交融了创新、创意企业和机构等。在高科技导向的经济中，围绕在大学、医疗中心和大公司周边的创新区正在形成。有些区域在生物科学、科技研发、创意产业等方面实力雄厚，集聚了研究机构、初创或成长型的研发密集型公司以及企业孵化器等，同时拥有良好的交通条件和步行条件，丰富的艺术、文化等多种娱乐设施。2014年6月，美国智库布鲁金斯学会针对这一类区域，提出了"创新区"（Innovation District）概念，将其描述为一个集聚研发机构、创业企业孵化器及支持机构的宜居宜业的城市空间[1]。

创新区已经成为美国创新的新模式。费城作为美国重要的创新城市，集聚了大量的高校、大型企业、研发机构等创新资源，其依托宾夕法尼亚大学、德雷塞尔大学和大学城科学中心等机构形成的大学城构成了锚定型创新区（Anchor Plus）[2]，围绕主要的"锚机构"，集聚了生命科学、医疗研究等相关企业、创业者和商业化创新的衍生企业，成为美国生命科学研发的重要地区。

当前，国内各地围绕国家创新战略，也纷纷开展创新区的建设。2010年，科技部确定20个城市（区）为国家创新型试点城市（区），其中北京海淀区、上海杨浦区、重庆沙坪坝区、天津滨海新区为创新型试点城区[3]，如何建设创新城区是各级政府十分关心的问题。费城创新区建设取得了巨大成就，但仍面临一些突出问题，而这些问题也很可能是国内城市建设创新城区过程中面临的同样或类似问题。因此，本文以费城的大学城和中心城构成的创新区为例，分析费城创新区发展过程中面临的主要问题，并依据布鲁金斯学会提出的发展建议进行总结，进而形成对中国创新区发展的可能经验借鉴。

---

[1] Bruce Katz, Julie Wagner, *The Rise of Innovation Districts: A New Geography of Innovation in America*, Brookings Institution, May 14th, 2014.
[2] 《创新区的崛起：美国创新的新地理》, http://www.istis.sh.cn/list/list.aspx?id=8556。
[3] 《创新城区建设是区域创新发展的新趋势》, http://www.china.com.cn/opinion/theory/2017-09/30/content_41671062.htm。

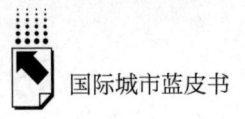

一 费城创新区的基本情况

凭借集中的基石机构和创新资产,费城创新区沿着市场街(Market Street)走廊从第17街延伸至第43街,南部沿着斯库基尔河(Schuylkill River)延伸到格瑞弗瑞街区(Grays Ferry,街区名),可以说是费城创新经济的最关键枢纽地区之一。在这个1.5平方英里的区域里,分布着宾夕法尼亚大学、宾夕法尼亚大学医学院、费城儿童医院、德雷塞尔大学、威斯达研究所(Winstar Institute)以及其他研究机构,还包括一些大公司,例如康卡斯特(Comcast)、佩科(PECO)、独立蓝十字(Independence Blue Cross,IBX)、富美实公司(FMC)以及新来的爱玛客(Aramark)。大量创新组织和中介机构进驻大学城科学中心(University City Science Center,UCSC)、德雷塞尔公司、本杰明空间(Benjamin's Desk)以及一些新的滨州创新中心(Pennovation Center)。该区域提供了10.4万个工作岗位,占整个城市的16%,有44%的员工居住在距离该地区10英里以外甚至更远的区域。该区域也吸引了越来越多的人前来居住,自2000年以来,居民人数增加了8%(而城市居民增长了仅超过1%)达到了29000人。总体来看,尽管在费城有多个创新枢纽,但创新资产高度集中在西部中心城和东大学城融合的10个街区半径范围内。目前,这个地区仍在快速增长,一些重要的机构和企业仍在该地区进行快速扩张。

二 费城创新区发展面临的突出问题

该创新区具有优越的发展优势,如果加以充分利用,完全可以将费城置于全球创新地图之上,同时为城市及其居民带来相应的好处。但目前该地区还存在一些短板,使其还未能充分发挥其潜力。

1.创新区集聚了全球领先的医疗保健和生命科学研究机构,但实体产业相对较少、产业关联度较弱

在高校、实验室、学术医学中心数量等方面,费城的其他区域很难

和该区域相媲美。该区域每年有超过1亿美元的联邦研究经费，仅次于波士顿。该区域的高校研究经费支出占费城高校研究经费支出的74%。该区域的整体研究能力非常突出，尤其在医疗保健和生命科学研究领域方面处于全球领先的地位。获得美国国家卫生研究院（NIH）的资助超过6.8亿美元，是美国其他同类地区的两倍以上。此外，该地区获得了700多项国家卫生研究院的奖励；该地区有23个医疗和生命科学学科（共68个），在数量和质量上均高于全国平均水平。

尽管在过去的十年里，学术机构和产业关联已经得到很大改善，但仍然落后于同类区域，例如波士顿、旧金山、巴塞尔、瑞士等。这些城市及其各自的创新区，都是密集的生物科技初创公司、大型制药总部、企业研究中心和高度集中的城市研究园区。目前，该区域的研究机构和企业之间的合作也正在迅速展开，但是由于大学研发机构对于药物研发的重要性，这种合作仍然没有达到预期水平。其中，空间分割是一个重要挑战。与剑桥的肯德尔广场（Kendall Square）或旧金山的使命湾（Mission Bay）不同，费城的生命科学集群主要分布在郊区。而波士顿大都会地区较大的制药公司中有近1/3距离麻省理工不到1英里，而费城没有一家大的制药公司在该区域内，这不利于该区域的大学和其他中间组织与私营部门建立相应的合作关系。塔夫茨药物研究中心2015年的一项研究发现，过去25年来最具革新性的新药创新中有近80%来自于行业和学术研究之间的合作。随着药物发明变得越来越复杂，企业与大学之间伙伴关系的重要性将会增加，也增加了企业提高研发生产力的动力。鉴于此，该区域非产业化的生命科学研究实力和本地区医药开发与制造业之间缺乏一致性，给本地区的创新和经济增长带来了阻碍。

2. 技术领域不断增长，但企业家、人才、资本和国家奖励仍然不足

在过去的十年中，该地区的技术部门快速发展，技术部门的就业岗位数量自2000年以来增长了77%。大幅的增长主要得益于康卡斯特（Comcast）公司，它是费城最大的科技公司，唯一进入财富100强的科技公司。同时，在公共和私营部门的共同努力下创业机会也在不断增加。许多机构和组织，

如本富兰克林科技合作伙伴（Ben Franklin Technology Partners）、梦它（DreamIt）、费城创业领导者（Philly StartUp Leaders），以及各种大学计划，已经帮助建立了诸多的创业公司。这些组织可以促进各利益相关方之间的协作和对话，有助于使学术界与行业之间达成合作。同时，也有助于形成支持研发经费从基础研究、到中式、再到产品开发和技术商业化的全流程环境。目前，尽管创新区内的创业扶持和创业活动的数量有所增长，但费城大都会区创业人数的增长仍然处于缓慢发展阶段。新创企业占全部公司的比例仍然低于全国平均水平，并且在过去二十多年中整体呈下降趋势（见图1）。

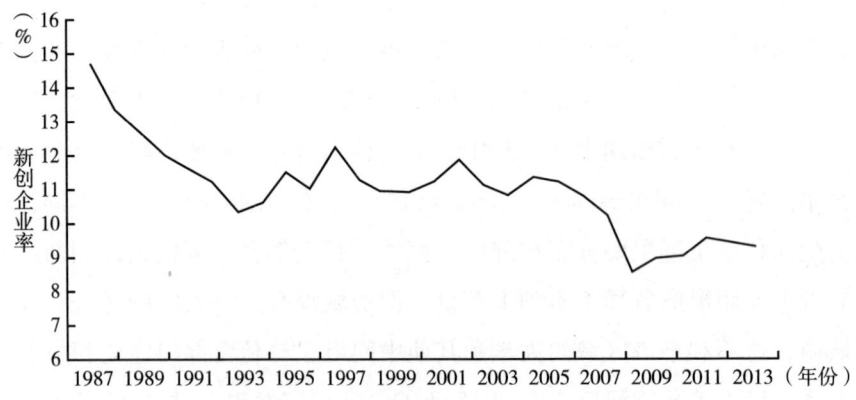

图1　1987~2013年费城新创企业率

资料来源：Jennifer S. et al., 2017。

与同类城市相比，费城的创新型企业仍面临诸多问题。特别是，技术、生命科学、能源和先进制造业受到资本限制，指导机会缺乏以及与城市创新中心的合作有限。例如，在资本方面，费城都市区人均风险投资为82美元，而同等规模的达拉斯、华盛顿特区、丹佛等人均风险投资则分别为101美元、133美元和207美元。总体来看，随着其他中心的发展，该地区的创业活动总体水平仍还不足以推动就业增长、吸引人才以至于使费城成为重要的技术枢纽。

3. 创新区和费城都有大量的创新机构和创新举措，但这些机构和举措对下一代产业集群发展的支持不够

费城并不缺乏创新机构和创新举措，以及使其能够推进数字健康、网络安全、细胞和基因治疗以及先进材料等一批新技术。但是费城缺乏发展下一代产业所需的支持。这首先是由于区域研究机构与行业之间的关系薄弱，阻碍了新技术的商业化和市场融入；其次是本地区的慈善团体在技术型经济发展中的投入不足；最后是该地区作为一个全球科技城市，并没有做足够的努力来促进自己的成功和市场营销。"选择大费城"为区域营销活动创造了一个坚实的平台，但国内外的公司和投资者仍然将费城视为纽约和华盛顿特区之间的天桥城市。

4. 创新区的就业增长幅度较大，但其周围区域的就业机会并没有大的增长

随着创新区的不断成熟，费城的潜在就业机会也在增加。2003～2013年，创新区的就业岗位数增长了20%，达到10.4万个。在这些工作中有许多是中等收入的中等技能职业：55%以上的工作不需要四年制学位，这些职业包括会计、法律助理、呼吸治疗师、医疗记录技术人员和安全警卫人员。该地区员工的工资相对较高，65%以上的工资收入超过该市35000美元的人均收入。随着区域经济继续蓬勃发展，许多辅助性岗位对整体创新生态系统来说将变得越来越重要，数量有可能增加。

然而，到目前为止，该区的经济增长和就业机会增加并没有使周边社区和居民获利。直接围绕着该地区的三个西费城邮区的贫困率持续高于40%，家庭收入中位数低于20000美元，失业率约为15%，高于整个城市7%的失业率。与此同时，该区域70%的居民主要是白人或外国人（部分原因是国际学生人数较多），而周边区域的居民中则有70%以上是黑人。在该区内，黑人和西班牙裔人的工资比白人要低，56%的非裔美国人和49%的西班牙裔人每月工资低于3333美元，而白人工人低于3333美元的比例只有29%。

5. 创新区拥有良好的交通条件、步行条件和许多高品质场所，但其的不均衡发展阻碍了创新节点之间的连接

费城市中心（中心城市）与其大学和医疗中心（大学城）之间有着紧

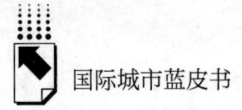

国际城市蓝皮书

密的联系,两个主要经济节点共同组成了创新区。总体而言,该区域处于同一个城市环境中,具有令人羡慕的城市风格,拥有大量的娱乐设施以及高质量的公共生活空间,非常适合步行。但一些区域受过去工业发展和城市更新的限制,大学城和中心城之间被未充分利用的土地而阻断,同时相应的活动较少、环境较差,换乘、自行车和汽车通行都十分困难。这些问题不仅加剧了大学城与中心城之间的割裂状态,而且显示了当前两个新兴创新经济体之间发展的不一致。近期虽然有些项目旨在改善这一状况,但仍然处于初期阶段。

三 促进费城创新区提升的主要路径

为了解决费城创新城市建设面临的问题,加快费城建设成为世界一流的创新城市,布鲁金斯学会的研究人员结合费城实际提出了相应的政策建议。其中,鉴于创新所涉及的机构和人员众多,建议费城各方机构、人员首先组建一个具有影响力和权威性的创新委员会。在委员会的指导下推动区域内外的创新、经济包容发展以及发展定位等。在此基础上,布鲁金斯学会又进一步从四个方面提出了具体的建议。

1. 出台和实施一系列旨在促进城市先进产业集群发展的举措,首先从精准医学入手

区域经济的多样性和雄厚的研发实力,使费城在生命科学、能源、化学和新材料等新兴技术领域均具有较强的成长潜力。前期,费城在促进先进制造业集群发展上已经做了很多努力,诸多的举措表明费城完全有能力从学术研究向市场转化。但目前主要还是单个机构或个体的努力,费城尚没有制定一个区域性发展战略,以促进费城迅速成长为先进制造业集群中心。鉴于该地区在生命科学领域的优势、临床护理水平、大量的病人以及全面的生物标本等,创新委员会可以考虑将初步努力的重点放在精准医疗催化行动上(Precision Medicine Catalyst Initiative)。通过该行动来汇集资源、促进研发以及促进基因治疗的商业化。现有的一些组织也可以较好的推进该行动,但作

为领导者，这些组织还应围绕一系列活动来协调研究机构和行业合作伙伴的关系，具体做法如下。

任命具有行业和研究经历，对基因治疗技术商业化路径较为熟悉的执行董事；召集相关机构和人员确定基因治疗的具体领域；筹措资金；建立广泛的经济发展平台以吸引个性化医疗非研究的辅助要素，例如金融、保险、劳动力等；寻求共享临床数据、最佳实践和其他竞争前行业信息的机会；设立研究项目，吸引区域外的科研人员与本地高校、医疗机构科研人员一起开展合作；建立选拔程序，吸引具有创业和行业兴趣的明星科研人员加入当地研究机构中；形成知识产权框架以及联合研究伙伴关系模式；建立具有互补能力的国家和全球研究机构联盟。

2. 启动大型企业创业计划

费城目前还没有成为国家创业中心。为了提高费城科技生态系统的竞争力，该地区的创业行为需要大量的资本、特殊的资源、管理人才以及与消费者的良好关系。目前，费城的创业生态系统中也有大量的机构，行业合作也十分普遍，但由于资金有限，当地还在不断寻找创业资金。另外，费城一些大的科技企业也逐步开始支持创业。不过，总体来看费城创新区的科技创业系统还需要启动大型企业创业计划，通过与顾客建立联系、进行培训、提供资本、提供创业空间等来帮助初创企业成长。具体可从以下几个方面开展工作。

第一消费者项目，通过企业领导的协调参与使初创企业与大型公司建立联系；设立新的技术种子基金，通过募集来自该地区私营企业的资金，支持各技术领域的公司创业；通过技术创业营销和商业吸引，来接触全球投资者、客户和迁移型创业公司；支持跨机构间活动，大型企业还可以与大学合作，利用原来的员工、校友和子公司网络，以改善费城创业公司的导师和资助基础。

3. 扩大创新区对周边地区的影响，使创新区成为包容性区域

创新区有大量高收入、中等技能的就业岗位，汇集了大量高购买力的机构。但是周围地区受到的影响并不大，贫穷率一直保持较高水平。近年来，创新区的一些企业和机构已经发起一些项目，通过给周边地区居民提供工作

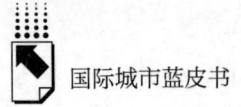
国际城市蓝皮书

或商业机会，来改善组织的多样性，并更好地与周边居民建立联系。

创新区各种机构应该协调已有的劳动力、教育和商业发展，提供更高效的服务，创造更多的就业机会，使创新区成长为一个包容性的区域。多样化的人口和思想也有助于创造一个更强大的创新生态系统和充满活力的社区。

具体可通过扩大西部费城技能计划（West Philadelphia Skills Initiative），在创新区为当地居民提供就业机会。具体包括：在大学城和中心城内形成新的机构/企业合作伙伴关系，使多个雇主与西部费城技能计划共同开发培训高需求工作岗位的模块；通过确定具有相似技能要求的紧缺职位来满足机构、公司和跨机构的需求；定期进行劳动力市场分析；通过西部费城教育计划建立人才渠道；通过提升区域大型公司和企业对当地商品和服务的需求来增加本地的业务。

4. 在大学城和中心城之间建立联系走廊行动小组

市场街走廊和斯库基尔河经历了快速发展，但基础设施的问题依然存在。城市长期以来都注意到了市场街走廊和斯库基尔河基础设施存在的问题，并一直在努力解决。大学城区（University City District）和中心城区（Center City District）以及斯库基尔河开发公司（Schuylkill River Development Corporation）也在不断努力增强两地之间的联系，未来应当一起合作组成联合行动小组，来加强这两个最大的就业中心和创新中心之间的联系。联合行动小组不仅要包括三个地区的代表，同时应包括沿市场街和沿河的大型企业和机构。然后采取相应的具体措施，来改善两个地区的连接状况，具体做法如下。

摸清现有的土地利用规划，确定沿市场街的活力区域；改善过境和高速公路通行的条件；改善走廊使其更加便于步行、友好、有吸引力；开发基础设施，增强走廊上骑行的连接性和安全性；增强地标性建筑和公共空间；改善公共空间和增强景观的一致性；增加地铁站。

四 对中国创新城区建设的启示

费城的创新区建设尽管还存在一些问题，但已经发展为美国较为成熟的创新区，并积累了一定的经验。前文提出的一些问题和建议，值得国内城市在建设创新城市或创新城区过程中学习借鉴。

1. 强化科学研究和企业关联，促进知识成果转换

费城拥有丰富的科教资源和创新资源，但科研成果的企业转化并不突出，国内很多城市也存在类似状况，特别是依托大学城建设的科技园区。未来，应进一步加强产学研合作，打造协同创新发展示范区。鼓励高校、研究机构加强应用型高新技术研究；强化企业与高校合作，促进科研成果的转化；提供相关优惠政策与平台，鼓励师生将科研成果进行转化孵化。

2. 强化创新创业的平台建设，促进小微企业发展

建设开放空间型孵化器，通过政策优惠，完善的生活服务配套，为大学生等创业者提供基础的办公空间，提供共享办公设备及空间，举办创业培训，吸引集聚青年创新创业人才，打造创新创业载体和服务平台。鼓励龙头骨干企业围绕主营业务方向建设众创空间，形成以龙头骨干企业为核心，高校科研院所参与，辐射带动中小微企业成长发展的产业创新生态群落，推进中小企业创新创业集群发展。

3. 强化创新空间的环境改善，促进创新氛围形成

从大的空间尺度上，要推动创新城区的产城融合发展，完善基础设施、生活居住设施和公共服务的配套。从小的空间尺度上，要改善创新街区的交通便利性，提高步行可达性；增加咖啡厅、酒吧、学术吧，增加公共空间，形成便于创新群体交流讨论的创新空间，促进创新氛围的形成。

参考文献

Jennifer S. Vey, Scott Andes, JasonHachadorian, and Bruce Katz, *Connect to Compete: How the University City-Center City Innovation District can Help Philadelphia Excel Globally and Serve Locally*, Brookings Institution, 2017 – 5.

BruceKatz, Julie Wagner, *The Rise of Innovation Districts: A New Geography of Innovation*

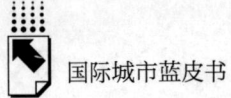

in America, Brookings Institution, 2014 – 5.

《创新区的崛起：美国创新的新地理》，http：//www. istis. sh. cn/list/list. aspx？ id = 8556。

《创新城区建设是区域创新发展的新趋势》，http：//www. china. com. cn/opinion/theory/2017 – 09/30/content_ 41671062. htm。

B.5
伦敦科技城（硅环）产业发展策略

邓智团*

摘　要： 伦敦科技城（硅环）兴起于2008年的英国伦敦的东部区域，拥有靠近伦敦市中心和伦敦金融区的地理优势。其发展分为两个阶段：初始阶段的市场化和成熟后的政府推动。兴起有两个方面原因：伦敦成长为全球顶级科技城市和伦敦科技产业的范畴拓展。经济活动主要有两个方面的特点：一是不断增长的科技产业（数字经济），二是经济活动以数字经济、信息与通信技术及数字内容为主。

关键词： 创新街区　经济活动　伦敦硅环

一　区位与历史

1. 区位优势

伦敦科技城（Tech City），也被称为硅环创新街区（Silicon Roundabout），是指集聚有大量网络公司位于伦敦东部旧街回旋处（old street roundabout）的附近区域。伦敦科技城很难定义地理边界，主要集中在肖尔迪奇地区，占据了伦敦东区的旧街（old street，为中心城与东伦敦的边界）和伊丽莎白女王奥林匹克公园斯特拉特福之间的主要区域。硅环的名

---

* 邓智团，博士，上海社会科学院城市与人口发展研究所研究员，主要研究方向：城市经济、城市更新。

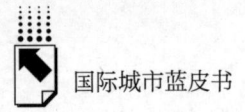

字起源于2008年,当时许多科技创业公司开始在该地区建立社区和网络,是在没有政府支持或与大学直接联系的情况下出现的。伦敦硅环有曾经作为城市边缘地区的历史,拥有靠近伦敦市中心和伦敦金融区的地理优势,在英国伦敦许多科技热点地区中最具辨识性。整个硅环包括的区域有主教门、登喜路、克勒肯维尔、哈格斯顿、霍斯顿、泊特苏肯、斯皮塔佛德、圣彼得及白教堂,其中核心街区则包括克勒肯维尔、哈格斯顿、霍斯顿。

2. 区域历史

硅环作为数字聚集区已存在了很多年,其起源可以追溯到第一次互联网泡沫之前的20世纪90年代中期(Cities Institute,2011)。伦敦硅环发展历史可以从商业基础的演变开始进行观察,其中一个重要的指标就是公司数量的变化。从20世纪90年代后期到2005年,公司数量的增长先是经历了快速发展,后来有所放缓。

在2010年11月25日的《经济学人》相关文章中,作者分析了伦敦的优势导致了创业公司的集聚:财富、对全球人才的吸引力、英语,但最重要的是,它的波希米亚主义和对年轻创意工人而言相对便宜的租金。2010年11月,英国首相卡梅伦宣布科技城(Tech City)计划,设立科技城投资组织(TCIO),管理和支持该地区的发展,以进一步推动该地区的创业集聚。此后,思科、Facebook、谷歌、英特尔、麦肯锡和沃达丰等技术巨头,成为在这一区域投资的公司之一。

二 兴起原因

在伦敦,科技(Technology)和数字(Digital)经常是互换使用的。根据英国政府(商业创新与技术部、文化媒体与体育部以及知识产权办公室,2010)出台的政策,将"科技部门"归入"数字经济",且由两部分组成:信息和通信技术(ICT),这包括如宽带网络类的系统、硬件(电脑和服务器)、软件以及服务(诸如销售、安装和维护);"数字内容",涵盖活动有出版、广告、设计、音乐和广播媒体。

1. 伦敦成长为全球顶级科技城市的特点

作为世界重要的金融中心,伦敦受到了2008年金融危机的严重影响,其金融服务产业在 12 个月内裁员了 8%。但伦敦劳动市场在随后不久的 2012 年与 2013 年几乎均增加了 9% 的就业岗位。伦敦正在成为一个重要的技术中心,并将成为一个"数字城市"。高科技与软件部门,以前是散落在郊区办公园区与企业校园里,但现在新创企业与成熟企业均被吸引到了都市核心区。这种形式已被旧金山和纽约证明是有效的,即技术公司从临近的产业聚集区迁移过来,人才与风险投资在市区获得了很多好处,而这个类似的模式也在伦敦出现了。而且,伦敦还具有作为全球性贸易城市的优势,并有着高等教育和创新的坚实基础。

在全球经济中像伦敦这样的城市,如果仅仅与英国的其他地方比较,是不够的。伦敦包括 32 个行政区和伦敦市的大伦敦,类似于拥有 25 个郡的纽约都会区,而不是只有 5 个自治区的纽约市。其规模也远大于旧金山市(人口 82.5 万),如果将旧金山与圣何塞都会区组合在一起与伦敦比较,那么该组合可称为旧金山 - 硅谷。当与这些更广阔的区域比较时,伦敦的科技产业在规模上是可以与纽约和旧金山 - 硅谷相当的。所以另一个很好的指标是伦敦与英国及公认的全球科技领导者的美国的优势比较。图 1 显示了伦敦数字经济就业岗位占全英国的比重变化情况,即从 2000 年的 5.8% 增长到 2013 年的 6.8%。换句话说,伦敦在全球舞台上表现突出。如果将伦敦、纽约和旧金山一起考虑的话,还会发现一个令人惊叹的现象,2009～2013 年,三个城市合力贡献了 8.9 万个科技产业工作岗位,占到了英美两国科技产业岗位创造的 42%。

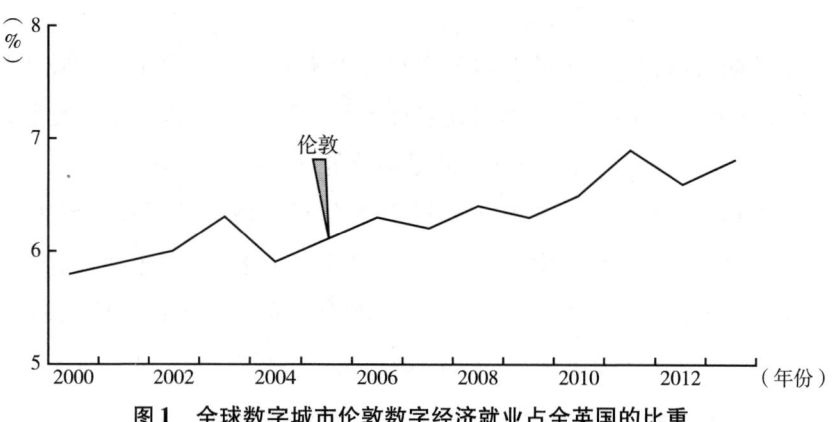

图 1 全球数字城市伦敦数字经济就业占全英国的比重

资料来源:英国国家统计局、劳工统计局,South Mountain Economics LLC。

2013年，纽约都会区科技产业就业人数达41.1万，旧金山-硅谷则有39.7万人（包括计算机和电子设备制造）。而伦敦的科技产业就业人数也达到38.2万人，很显然伦敦已经置身于全球科技地区金字塔的顶层（见图2）。而且，科技产业还在快速发展。从2009年起，伦敦的科技产业增长了11.2%，远超纽约都会区的7.7%。只有旧金山-硅谷地区以一个更快的速度超过了伦敦。

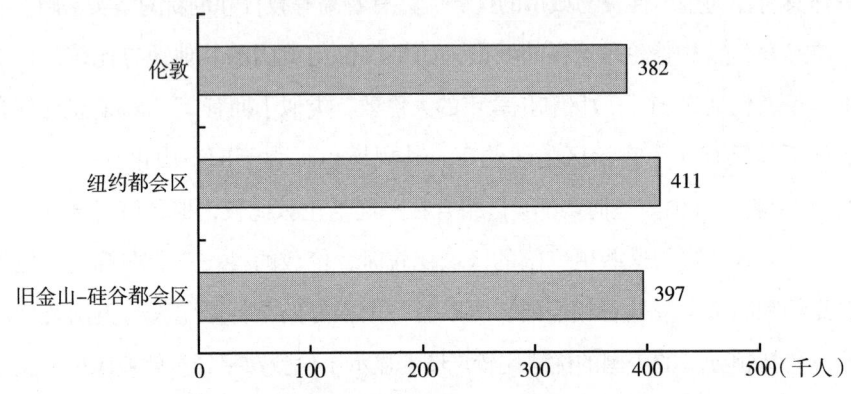

图2　伦敦科技产业的全球地位（2013）

注：旧金山-硅谷包括计算机与电子设备制造业的就业量。
资料来源：英国国家统计局、劳工统计局，South Mountain Economics LLC。

2. 伦敦扩充的科技产业

伦敦被纽约和旧金山的众多公司和技术工人列为世界第三大技术集群（Online Support，2014）。伦敦的数字技术部门预计，在未来十年伦敦的科技产业每年将增长5.1%，实现120亿英镑的增长额和新增4.6万个就业岗位（Ledwith，2014）。根据2013年12月份的科技城（硅环）三周年报告，伦敦科技经济的统计估计中，包含了许多种类的专业与技术产业，例如建筑业、工程、公共关系、市场研究、广告和设计公司。依照此分类，该部分内容包括了"扩充的科技产业"，即不仅仅包括了科技产业，还要加上专业服务、科学以及技术产业。

这样的分组标准承认，科技产业与其他知识型产业间的差别正在不断变小。的确,伦敦的科技新兴公司吸收了大量来自知识型产业的当地专家,这些知识型的产业包括咨询、会计、科学研究,以及广告等。随着知识不断地变得数字化,专业人员发现他们正在花越来越多的时间在网络上,而且他们的公司也在不断投资开发新技术。例如,伦敦大型的会计公司往往会雇佣大量的技术人员,如德勤就宣称,英国的优势就是数据分析。如伦敦的科技产业岗位数量在2009~2013年增长了15%(见表1),而同期,伦敦的其他产业部门仅增长了8%,其结果是,科技产业占据了整个伦敦新增就业量的30%。

表1 伦敦增长的驱动力

单位:千人,%

类目	岗位数量 (2013年)	新创岗位数量 (2009~2013年)	占伦敦所有新创岗位数量比例 (2009~2013年)
科技产业	1088	143	30
其他部门(产业)	4228	330	70

资料来源:英国国家统计局、劳工统计局,South Mountain Economics LLC。

三 产业发展

与其他创新街区一样,硅环位于主要的公共交通和公共汽车线路交汇处。2010年,首相卡梅伦宣布加快发展技术集群的计划。据估计,截至2015年,高科技公司数量已从2010年的85家,增长到"伦敦东部技术生态系统"的1472家:亚马逊、微软、Facebook、思科、7Digital、PaveGreen、巴克莱、麦肯锡公司和毕马威等全球性公司都已在该地区设立办事处;学术机构包括伦敦帝国学院、伦敦大学学院和拉夫堡大学的分支等。2012年,谷歌开设了谷歌伦敦园,在其中举办各种活动,并提供共享办公空间。

英国政府还推出了一系列政策,使英国成为企业家和投资者的首选。政策包括:外国人启动签证,为种子投资提供50%税收减免的种子企业投资计划(SEIS),研发税务抵免,专利箱,其降低公司自身创新的公司税率,快速上市 IPO 立法，开放数据和税收减免，用于动画、视频游戏和其他创意产业。科技城投资公司（TICO）是一个准公共机构（quango），鼓励企业在区内创造投资机会，作为政府发展战略的一部分。TICO 还为创业公司举办研讨会提供咨询，并建立了跟踪创业经济的科技城市地图。此外，公共部门通过基础设施和融资项目（例如创新仓库、创业加速器）增加对该地区的投资。

1. 整体发展迅速

硅环是一个重要的科技发展热点区域，在伦敦数字经济中所占的份额很大并还在不断增长。这里至少有 3200 家科技企业，在克勒肯维尔、霍斯顿和哈格斯顿三地超过 1500 家，相比 1997 年的统计数据翻了一倍（见图 3）。包括很多全球的企业，如心灵糖果（MindCandy）、Unruly Meida、Songkick 及 Last.fm，拥有 4.9 万多个与数字经济相关的工作岗位，在整个伦敦的科技就业岗位占比中相比 1997 年增加了 1/3，而且即使伦敦其他地区在 2010 年的占比降低时，这里还在持续创造更多工作岗位。

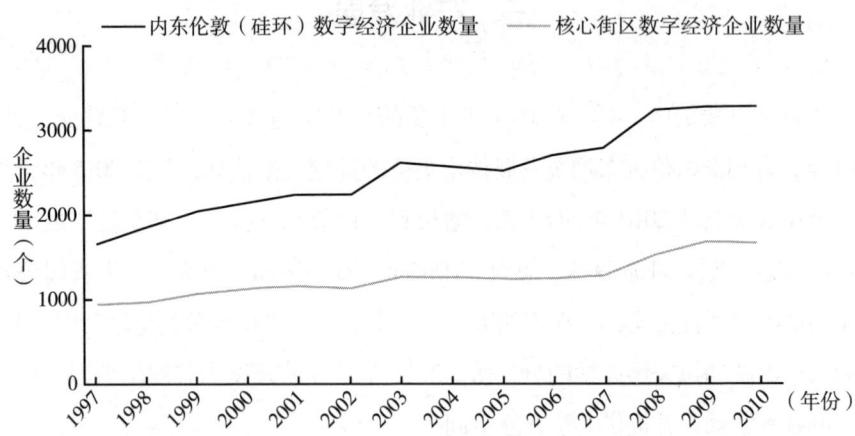

图 3　1997~2010 年数字经济企业数量

资料来源：BSD/Secure Data Service。

表2给出了更加详细的变化过程。硅环中数字经济企业的数量,从1997到2010年翻了一番:从1591家增加到3289家,核心街区中数字经济企业的数量则从826家增加到1599家。

表2 1997~2010年科技领域公司数量

单位:家

年份	硅环			核心街区		
	数字经济	信息与通信技术	数字内容	数字经济	信息与通信技术	数字内容
1997	1591	348	1243	826	126	700
1998	1802	508	1294	885	184	701
1999	1980	674	1306	960	220	740
2000	2096	731	1365	1024	255	769
2001	2203	790	1413	1067	275	792
2002	2207	758	1449	1045	262	783
2003	2600	698	1902	1164	262	902
2004	2539	658	1881	1176	245	931
2005	2499	597	1902	1148	230	918
2006	2680	597	2083	1159	228	931
2007	2786	572	2214	1196	223	973
2008	3246	812	2434	1440	269	1171
2009	3288	688	2600	1611	291	1320
2010	3289	668	2621	1599	267	1332

资料来源:BSD/ Secure Data Service。

2. 细分行业发展

从就业岗位数量来看,数字经济的岗位数量在硅环中增长迅速,其增长率甚至超过了整个伦敦(见表3)。硅环三个部门(数字经济、信息与通信技术、数字内容)的就业岗位增长,从1997年至2010年均增长了一倍不止。数字内容部门就业岗位的增长,超过了信息与通信技术部门。硅环数字经济就业岗位数量占伦敦数字经济的岗位数量的比例,从1997年的大约5%增加到2010年的12%。值得注意的是,从2009年到2010年,当整个大伦敦的数字经济就业量减少1.6万个时,硅环的就业量却不断增长。但是,

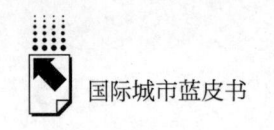

表3中数据也显示,从2008年起硅环数字经济就业量增长开始放缓。同时,在信息与通信技术部门就业岗位减少时,数字内容部门则稳步增长。

表3 1997~2010年科技领域就业岗位的变化情况

单位:个

年份	数字经济 硅环	数字经济 伦敦	信息与通信技术 硅环	信息与通信技术 伦敦	数字内容 硅环	数字内容 伦敦
1997	12931	271062	9253	91223	12678	179839
1998	23488	286027	8725	96224	14763	189803
1999	25068	297402	9348	105601	15720	191801
2000	20728	265751	5153	77742	15575	188009
2001	27013	306545	11943	100076	15070	206469
2002	27183	322108	11278	112456	15905	209652
2003	36172	384713	13628	125174	22544	259539
2004	43867	406271	19450	128033	24417	278238
2005	43461	381549	19270	110938	24191	270611
2006	44110	381662	20245	113642	23865	268020
2007	43940	371928	19968	102146	23972	269782
2008	47583	385554	22035	107511	25548	278043
2009	48577	408448	21034	110241	27543	298207
2010	48586	392334	20379	102625	28207	289709

资料来源:BSD/ Secure Data Service。

观察图4能发现,在硅环有三个可以清晰区分的阶段。随着时间的推移,数字经济就业量占当地就业量的比例整体呈现上升状态。但是,增长也是呈现阶段化的:在1997~2001年,只能看到零星的增长;其后的2002~2006年,增长进入了平稳阶段;最后在2006~2010年则是停滞甚至伴随着略微的下降。

信息与通信技术(ICT)领域是从快速增长到平稳发展。在信息与通信技术(ICT)领域,从2001年开始,硅环的表现超过了伦敦和英国,

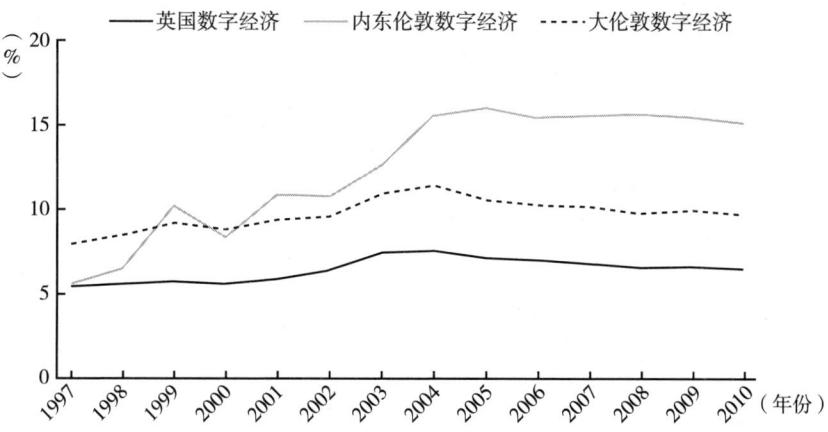

图4　1997~2010年数字经济就业量占比

资料来源：BSD/ Secure Data Service。

这两个地区ICT的就业数量占当地就业量的比例，均是原地踏步，几乎没有什么变化（见图5）。但是，硅环的就业量占比从2008年起开始下降。

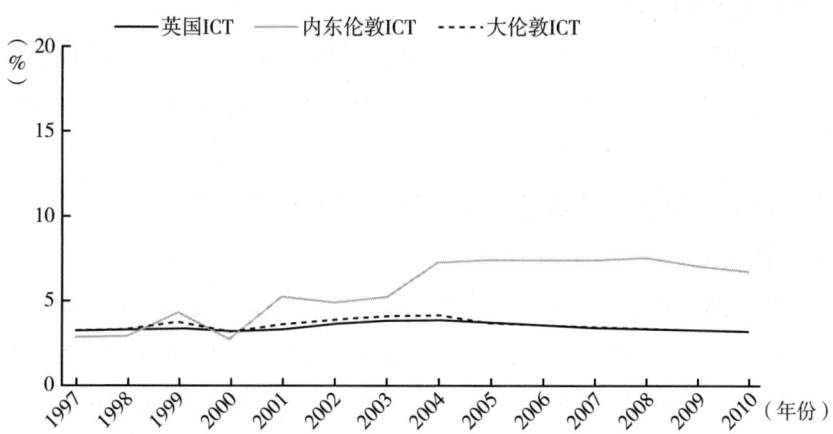

图5　1997~2010年信息与通信技术（ICT）就业量占比

资料来源：BSD/ Secure Data Service。

图6所描述的数字内容产业部门的图景，与上两个部门几乎又不一样。自1997年开始，就数字内容就业量占比来看，大伦敦一直是高于整个英国的。在伦敦城市之内，硅环从2002年开始超过了伦敦。

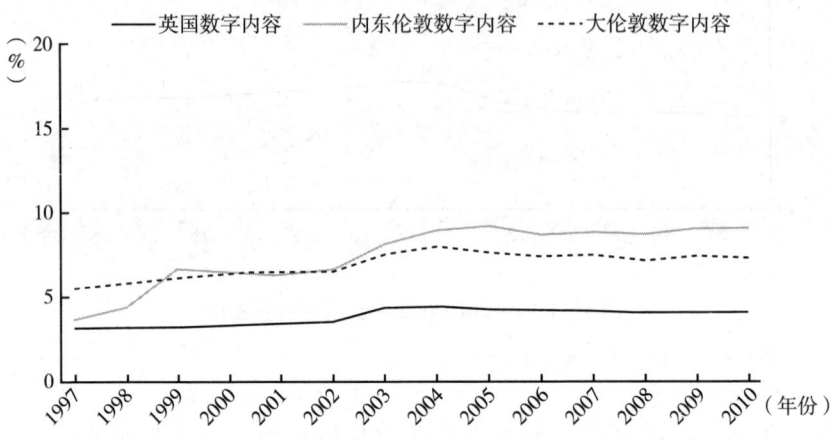

图6 1997～2010年数字内容就业量占比

资料来源：BSD/ Secure Data Service。

3. 科技产业结构

图7和图8为2010年硅环ICT和数字内容两个产业部门，提供了详细的横截面信息。信息与通信技术（ICT）部门的主导部门包括电信、办公室维修/其他办公室活动，以及计算机硬件批发三部分（见图7）。其中，仅电信子部门的就业量就占据了整个信息与通信技术产业部门75%的就业量。

相比信息与通信技术部门，数字内容行业的构成要更多样化，覆盖了印刷、出版、音乐、摄影、电视以及软件等几大板块（见图8）。其中最大的类别是软件咨询与供应。虽然官方的分类显得有些过时，对于整合的不同种类的数字内容公司不太适应，但是，该分析与其他的调查结果基本一致。例如，依据科技城市图谱（Tech City Map）对774家公司的分析，可以发现将近16%的就业在数字营销部门，同时有超过一半（59%）的公司是归属于"创新科技"的企业，如3D和动画设计师就属于科技和创意部门的交叉领域。

伦敦科技城（硅环）产业发展策略

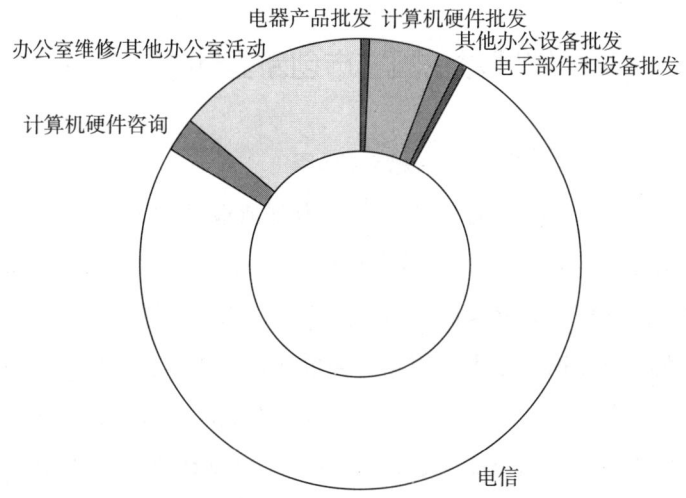

图 7　2010 年硅环 ICT 部门构成

资料来源：BSD/Secure Data Service。

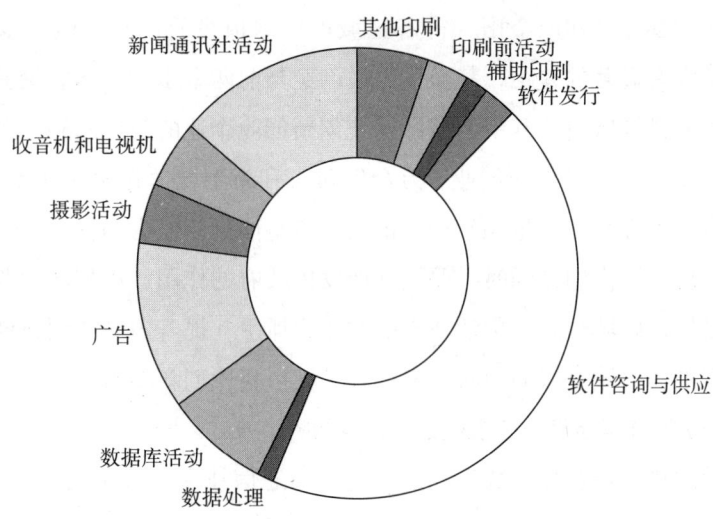

图 8　2010 年硅环数字内容部门构成

资料来源：BSD/Secure Data Service。

095

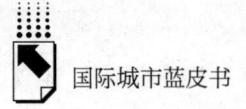
国际城市蓝皮书

四 伦敦科技城对我国城市创新驱动内城复兴的启示

1. 发挥市场在内城复兴中的决定性作用

20世纪90年代以前的伦敦,是作为制造业基地和港口贸易中心的伦敦,最早感受到产业转移和内城衰退的"空心化"冲击。随着20世纪90年代全世界大城市开始盛行的新城市主义,伦敦的内城开始复兴。伦敦内城一些工业遗址地或铁锈地带,因相对廉价的开发成本和较好的区位条件,吸引了大量的开发商,硅环的兴起正是市场化发展的结果。强调市场化的决定性作用,与党的十八届三中全会所强调的"市场在资源配置中起决定性作用和更好发挥政府作用"相呼应。当前我国的城市,正在从外延式发展向内涵式发展转型,政府面临的城市更新压力较大,城市地方政府应鼓励市场化的开发商参与内城复兴。

2. 重视内城在城市整体创新能力提升中的作用

在纽约都会区和旧金山-硅谷区域等全球顶级的创新区域的横向比较中,伦敦没有显著的差距,甚至可以说已经与前两者旗鼓相当。伦敦成长为全球顶级的科技城市,其中心城区科技创新创业企业的集聚起到了重要的作用。因此,当前在"大众创业、万众创新"和新型城镇化两大国家战略中,不同城市的中心城区应主动作为,推动城市整体创新能力的提升。特别是在发挥市场决定性作用的同时,要更好地发挥政府的作用,以创新创业企业的集聚为目标,以城区办公生活环境的改造为抓手,提升内城的创新创业集聚水平,在推动内城复兴的同时,也提升了城市整体创新能力。

3. 积极发挥科技产业的规模经济和范围经济效应

伦敦的科技行业分为数字经济、信息与通信技术和数字内容三个行业。这些产业在中心城区集聚都表现出了良性发展的趋势,特别是数字内容产业在中心城区发展优势明显。这表明,当前我国城市在以创新推动内城复兴的过程中,要积极发挥内城集聚的科技行业本身应有的特色(与集聚在郊区以研发创新和科技制造不同),推动科技产业范畴的拓展,有利于提升科技产业规模，放大规模经济，同时，也有利于原来不同的产业纳入同一体系中享受科技产业政策，形成范围经济，从而提升整个城市科技行业的发展水平和效率。

参考文献

Butcher. Mike，London's Tech Boom Is More Than Just Hype，The Hard Numbers Say So.，http：//techcrunch. com/2014/09/20/londons-tech-boom-is-more-than-just-hype-the-hard-numbers-say-so/，2014 - 9 - 20.

Drinkwater. Sarah，Happy 3rd Birthday，Campus London！Google Europe Blog.，http：//googlepolicyeurope. blogspot. com/2015/03/happy-3rd-birthday-campus-london. html. 2015 - 3 - 26.

Juliana Martins，"The Extended Workplace in a Creative Cluster：Exploring Space（s）of Digital Work in Silicon Roundabout"，*Journal of Urban Design*，20：1，125 - 145，DOI：10. 1080/13574809. 2014. 972349.，http：//dx. doi. org/10. 1080/13574809. 2014. 972349.

"What Tech City Means for London."Online Support，http：//www. onlinesupport. co. uk/what-tech-city-means-for london. 704578415020004781496. 2014 - 4 - 10.

Tech City Map.，http：//www. techcitymap. com. 2015 - 5 - 20.

Wainwright. Oliver，"Silicon Roundabout：Tech City to Pioneer a Radical New Public Space."*The Guardian*，December 13，2012，http：//www. theguardian. com/artanddesign/archtecture-design-blog/2012/dec/13/silicon-roundabout-tech-city-public-space. 2012 - 12 - 13.

Whitehead R，Vandore E，Nathan M.，*A Tale of Tech City*. 2012.

B.6 东京塑造产学研合作科技创新体系[*]

林 兰[**]

摘 要： 随着各国和各地区不断加强产学研主体间的合作，东京也积极推进科技创新体系的建设以应对新产业和技术带来的风险。本文以东京产学研科技创新体系的建设为例，详细阐述了东京不同类型产学合作的途径与机制、主要创新主体、重点领域和关键措施，并对我国产学研科技创新体系建设提出了有益的启示。

关键词： 产学研合作　创新　东京

产学合作已成为当今社会促进技术进步、实现转型升级、建设科技创新体系的重要途径，世界各国各地区都积极制定各种措施和政策推动产学研合作的发展。东京各大学成立产学合作推进部，并通过各方面的制度促进科技开发和成果转化，各研究所也通过合作网络促进地区创新，提高技术水平。

一 东京产学合作的途径与机制

（一）企业与大学的产学合作机制

根据大学类型的不同，企业与大学的产学合作机制可分为两类：综合型

---

[*] 基金项目：国家自然科学基金面上项目（项目编号：41371147）；国家留学基金资助项目（201308310222）；德国科学基金会（项目编号：LI 981/8-1 AOBJ：595493）。
[**] 林兰，博士，上海社会科学院城市与人口发展研究所研究员，主要研究方向：技术创新、高技术产业、城市文化。

大学和应用技术型大学。前者以东京大学为例，东京大学产学协创推进本部由创新推进部和知识产权部组成，主要职责为推进产学共同研究、处理知识产权相关工作、扶持大学设立创业企业、举办科学技术交流论坛和企业家论坛、管理东京大学知识产权等。此外，还设置了从科技研发到成果转化的各项规章制度，主要包括科学研究经费补助、其他竞争性资金、委托研究和共同研究、捐赠、研究管理员、知识产权等内容（见表1）。

表1 东京大学产学合作机制

制度分类	科学研究经费补助					
目标/对象	特别推进研究		新学术领域研究	基础研究	有挑战的萌芽研究	年轻学者研究
	一般领域研究	特定领域研究				
内容	国际上获得高评价的研究、可能取得突出成果的研究	提高学术研究水平的研究领域，社会需求特别强烈的研究领域的研究	研究者、研究组提案的新研究领域，致力于共同研究和研究人才的培养等	独创的、先驱的研究领域	基于独创的思想，处于萌芽期的挑战性研究	扶持42岁以下研究者
件数	25	16	314	1626	483	904
扶持金额/收入（万日元）	2250	140	5363	10798	867	2520
平均值（万日元/件）	90.00	8.75	17.08	6.64	1.80	2.79

制度分类	科学研究经费补助					
目标/对象	研究活动启动扶持					学术创新研究费
	启动支持	奖励研究	特别研究促进费	研究成果公开促进费	特别研究员奖励	
内容	扶持刚入职的研究学者、休假归来的研究学者	教育、研究机构、企业的员工从事科学研究	扶持紧急且重要的研究课题	扶持研究成果的公开发表、重要的学术研究成果发布及数据库制作	奖励做出突出贡献的研究员	在科学研究费补助金资助的研究中，针对特别优秀的研究领域进一步扶持
件数	128	32	8	13	1420	2
扶持金额/收入（万日元）	184	16	5	85	1079	12
平均值（万日元/件）	1.44	0.50	0.63	6.54	0.76	6.00

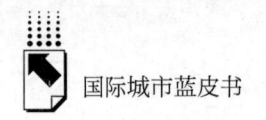

续表

制度分类	其他竞争性资金	受托研究；共同研究	捐赠	研究管理员	知识产权
目标/对象	研究者	企业、地方公共团体、特殊法人、国家机关、个人、国际机关、外国政府、外国团体等；民间企业的研究者	学术研究或其他事业	为提高教员研究质量，促进研究成果的活用设置的职位	专利、专利产品、软件产权、商标等
内容	由日本学术振兴会调配，以一般研究者或特定研究者为资金分配对象，或招募研究开发课题，选择有独创性、先导性的课题，以研究该课题的研究者或研究组为资金分配对象	委托者向东大部长提交委托申请——审查机关决定是否接受申请——签订合同——付款——启动委托研究——结束委托研究，出具报告	外部财团指定研究课题或用于扶持科研、学生的捐款	"2015年东京大学系列活动"的提案之一是将研究管理员制度化（URA），设立URA技能标准在日本大学进行全面推广，东京大学成立了"研究管理员推广部"	按类别记录了知识产权的数量及收入，专利分为归属于东京大学和归属于个人的，对注册地也做了分类
件数	—	—	—	—	2057	
扶持金额/收入（万日元）	227290	—	—	—	3904.65	
平均值（万日元/件）	—	—	—	—	1.90	

资料来源：东京大学网站，http://www.u-tokyo.ac.jp/index_j.html。

应用技术型大学以东京工业大学为例。东京工业大学产学协创推进本部于2003年成立，2004年制定了东京工业大学知识产权政策，2007年与日本理工振兴会的技术转移事业部整合，设立了产学合作会员制度并确立了发展愿景，2010年成立共同研究部门。2012年，与会员企业共同研究项目81个，价值达0.242亿日元（见表2）。

表2　东京工业大学产学合作机制

制度分类	目标/对象	内容
受托研究；共同研究	企业；企业研发人员	企业委托大学的研究可冠名，除了提供资金外，企业与学校的研究者共同致力于研究开发，选择2名特聘学者设立共同研究讲座；企业与大学共同研究中，企业的支出可享受法人税、所得税的优惠
有组织的合作制度	组织之间的合同	企业等与大学之间签订合作协议，进行共同研究，根据协议形成研究组
学术指导；技术指导、咨询	大学老师针对企业等的研究开发进行指导、咨询，老师可以在企业兼职	选择委托指导的老师——申请咨询——审批——签订合同——缴纳学术指导费
产学合作会员制度	为使东工大的研究成果在企业活用，与产业界进行密切沟通，为产业界和大学提供高质量服务	协调各会员企业，提供一站式服务，如召开意见交换会、技术交流会研讨会、未公开专利的优先披露、政府资金的介绍与申请、活动信息提供。大学提供专利企业进行研究开发的年费120万日元，向大学购买研究信息的年费200万日元
奖学金捐赠制度	发展学术研究、充实教育经费	接受企业家和个人的捐赠，捐赠款享受税制优惠

资料来源：东京工业大学网站，http://www.titech.ac.jp/。

（二）企业与研究所的产学合作机制

为更快达成地区创新事业的目标，2014年关东地区产业竞争力协会根据特定的战略领域，决定委托地方独立行政法人——"东京都立产业技术研究中心"，设立运营协会并确定协会的日常业务范围。为确保地区企业新产品研发的顺利进行，以及新产品、新技术的实用性和安全性评价，运营协会会组织相关人员或机构分析和完善测量仪器和质检设备的整备方针，同时商议并决定这些整备完毕的机器和设备的有效利用方案。

运营协会的另一重要职责是促进地区（关东地区）新产业创新事业的发展。它有效促进所有公立实验研究机构的合作，将拥有地区技术强项的领域作为核心，完成实验研究和质检设备的整备工作，从而夯实地区企业应对

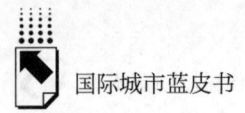

国际标准变化、实现安全性评价实验等必要的产业创新基础。其内容主要包含"首都圈技术高速公路（TKF）事业"和"首都圈出口产品技术扶持中心（MTEP）"两个项目。

"首都圈技术高速公路（TKF）事业"是由地方独立行政法人东京都立产业技术研究中心提案设置合作形式，联合埼玉县产业技术中心、千叶县产业扶持技术研究所、神奈川县产业技术中心、横滨市工业技术扶持中心共同运营，为中小企业的技术开发提供一站式服务。主要目的是利用互联网使中小企业能够无缝掌握首都圈内所有公立实验研究机构在任何研究领域的信息，服务包括共同研究和委托研究、提供实验和分析技术、开放设施和仪器、免费技术咨询和指导、举办技术学习班和论坛等。

"首都圈出口产品技术扶持中心（MTEP）"由地方独立行政法人东京都立产业技术研究中心与茨城县工业技术中心、栃木县产业技术中心、群马县立产业技术中心、埼玉县产业技术中心、千叶县产业扶持技术研究所、神奈川县产业技术中心、山梨县工业技术中心、长野县工业技术中心、静冈县工业技术研究所共同合作，为中小企业提供海外业务拓展的扶持服务，它包括免费提供国际标准和海外产品规格等信息的咨询（预约制）、对适应海外产品规格的评价实验进行有偿技术扶持、有偿进行实地技术支援和研讨会定制、为适应国际标准进行设计扶持（部分免费）等内容。

（三）大学专利技术转移组织（TLO：Technology Licensing Organization）

大学集聚了丰富的研究资源，其中有很多资源有望形成新产业的"种子技术"，但没有被产业界充分利用。企业中拥有知识产权部，而大学并没有类似组织。通过设立大学专利技术转移组织，研究者可以在专心研究的同时，将成果专利化、产业化获得的研究资金投入进一步的研究中。因此，大学专利技术转移组织是促进产学合作、为产研合作做准备的必要途径。

大学专利技术转移组织是将大学研究者的研究成果专利化，向企业进行技术转移的组织，是产与学的中介组织。它将大学孕育培养新产业所产生的收益部分返还给研究者以作为下一步的研究资金，这样可以提高研究活力，形成产学闭环。作为产学合作的重要组成部分，大学专利技术转移组织的协助促成了知识创新循环。

日本共有37家大学专利技术转移组织，根据与大学的关系可分为内部型、外部型和广域型。内部型是在大学内部设立的机构，外部型是以法人形式设立的主体，广域型是针对多个大学进行技术转移的主体。东京地区各大学专利技术转移组织类型见表3。

表3 大学专利技术转移组织类型

分类	性质/数量	明细
内部型	私立大学/7	日本大学、日本机电大学、明治大学、早稻田大学、庆应义塾大学、日本医科大学、东海大学
	国立大学/2	东京工业大学、东京医科齿科大学
外部型	1	东京大学
广域型	2	东京大学生产技术研究奖励会、Tama TLO（与工学院大学、东洋大学、首都大学东京等合作）

大学专利技术转移组织享受的政策有：专利费的减免、专利的继承、可接收国立大学法人的出资、可委托管理、可享受中小企业基础整备机构的债务担保、对技术转移过程的出资。

二 东京在促进产学合作中的重点领域

不同规模企业的产学合作形式有所差异。大企业注重提高本公司的研究潜力等长期利益，以此为目标开展共同研究。中小企业则注重新产品开发等具体成果，以此为目标开展共同研究和技术咨询的占比较高。因此，研发投资等潜力因素和企业规模有密切的关系，小企业和初创企业更加倾向产学合作。

产学合作及研发投资可以与企业生产活动相互补充。也就是说，研发投

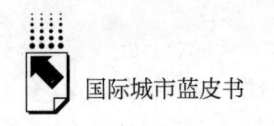

资产出的弹性值在开展产学合作的企业中较高。例如，以研发－产业化为目标的机械产业与以基础研发为目标的化学产业相比，更倾向于开展产学共同研究。以研发－产业化为目标的中小企业与以基础研究为目标的大企业相比，更倾向于近距离地开展产学共同研究。因此，东京非常重视研究开发型中小企业的作用。

首先，与大企业相比，中小企业更希望通过技术咨询、共同研究来获得产业技术；而大企业则注重以技术状况、人才培育等长期利益为目标的产学合作。其次，对产学合作的重视程度与企业规模有关，中小企业和创立时间不长的企业更重视产学合作。由于中小企业缺乏技术开发资源，所以也更加积极地利用外部资源开展产学合作。最后，产学合作对企业特别是年轻企业研发和生产活动有着积极的影响。大企业往往实行"自办主义"，而年轻企业的积极性较为明显。为了使创新体系能够成为网络型开放系统，在产学合作中进一步促进有活力的研发型中小企业开展活动是非常重要的。

此外，在民间企业开发新产品和新服务的时候，一般会避免侵犯其他人的专利，如在难以避免使用其他人专利的情况下，只有在支付专利使用费后才会接受使用权的承诺。但是，国家研究机构没有自己实施产业化的机能，即便拥有知识产权，也可能对科技转化没有贡献。另外，民间企业为了确保已有的市场机会，虽然不实施产业化，但也不一定对科技转化没有贡献。例如，对于与自身主要产品市场相竞争的新产品专利，企业还是会采取措施以确保使用权。因此，对知识产权的产业化期限或条件加以限制，有可能也限制了企业的技术转移战略。

在研究开发行为的保密性方面，为确保对竞争者的优势，企业已注册的知识产权以外的成果和研发行为的保密性也很重要。但是，在对企业有最大研发支援的受托研究或商业化技术协议（Agreement for Commercializing Technology）中也很难对保密性有百分之百的保障。因为国家研究机构要对国会、议会、国民做税金使用及成果的说明，有信息公开的义务，如受托件数、受托收入、公开知识产权等。因此，企业需要关注已取得知识产权的所有权以及国家研究机构的信息公开尺度。

三 扩大产学合作的措施

（一）新合作计划

所谓新合作，即两个及两个以上的不同领域的中小企业形成联合体，通过经营资源（设备、技术、知识等）合作和优势互补，创造出高附加价值的产品和服务。这项扶持措施不只是单纯地构筑联合体，更重要的是帮助新科技实现产业化以助推中小企业的活性。入选新合作计划的一般为中小企业、大学、公立实验研究所，他们能够获得2年的资助，首年度金额不超过3000万日元，第二年金额原则上不超过首年度金额，总补助金额不超过项目经费的2/3。表4展示了2015年东京地区入选新合作计划的项目情况。

表4　2015年东京地区企业新合作计划入选情况

资助对象名称	所在地	主题
OBS股份有限公司	练马区	利用公共汽车内Wi-Fi设备实现多语言信息服务的开发和产业化
认知障碍支援机构股份有限公司	港区	提供认知症对策支援服务"D-cloud"
UAO股份有限公司	涩谷区	利用新的增减建筑耐震技术,实现建筑耐震服务产业化

（二）对制造业实行战略性基础技术高度化扶持计划

制造业领域的中小企业反映着制造业基础技术水平，制造业基础技术不仅包括汽车等日本骨干产业技术，还包括有助于医疗器械、宇宙航空、机器人等新一代产业领域的重要技术。为了经济的持续发展，中小型制造业企业必须以市场需求为基础，不断挑战更高层次的技术开发。战略性基础技术高度化扶持项目经过了中小企业制造业基础技术高度化相关法律的认可，其特别支持中小企业、创业者与大学、公立实验研究所等研究机构的合作，可进行产业化可能性较高的研究开发及销售渠道开拓等活动。

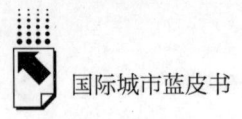

截至2015年，东京共有40个项目入选：1项为设计开发相关技术，11项为信息处理相关技术，3项为精密加工相关技术，1项为连接安装相关技术，3项为立体造型相关技术，5项为机械控制相关技术，2项为复合、新机能材料相关技术，3项为生物相关技术，11项为测量相关技术。

四 东京产学合作系统分析

东京产学合作系统包括以企业窗口、把握民间需求为目的的联络组织，处理共同研究、委托研究等合同手续的合同事务组织，以申请研究成果、发明的知识产权、普及为目的的技术转移组织等主体。

例如，东京工业大学产学合作系统的运作模式为：设立面向全校范围的研究联络和信息交流中心，对处于萌芽阶段的产学共同研究项目进行小额扶持，组织召开各类以推进产学共同研究为目的的研讨会。设立负责处理科研补助、奖学金、共同研究、受托研究等合同事务的组织。大学规定，教员科研发明的相关权利原则上归属于教员个人，但如果是接受国家特别研究经费补助的研究发明或国家设立拥有特别研究目的、使用特殊研究设备的研究成果，相关权利则属于国家。因此，学校还会成立发明委员会，对科研发明的相关权利的归属进行讨论和判断。属于国家的发明专利最终由日本学术振兴会、科技振兴事业团体进行运营。

通过对东京地区大学/研究所的共同研究进行分析，可以看出：①在共同研究件数方面，东京大学和东京工业大学的共同研究件数急剧增长，这种共同研究行为表现出向高层次大规模的大学集中的发展态势。②将全日本各大学的共同研究件数除以理科教员人数，比较人均教员研究件数可以发现，关东地区、东海地区及北海道地区大学的人均教员研究件数比其他地区高。

五 对中国城市的启示

东京建设产学协同创新体系的过程中，十分注重企业、大学创新主体的优势资源，它们在政府、科技服务中介机构、金融机构等相关主体的支持下，共同进行技术开发活动；强调以企业为主的技术需求方和以大学和科研院所为主的技术供给方之间的合作，推动科技创新体系内部的互动，进而推进产业结构调整和产业的优化升级。

（一）加强大学在产学合作中的引领作用

借鉴东京的相关举措，通过科研经费补助、共同研究与委托研究以及号召捐赠等方式，支持地区大学的基础研究工作，产生更多的研究成果；成立"大学专利技术转移组织"（TLO），推动大学和科研院所的活动与产业界需求的结合，从而加快从知识创造到产业化的速度。同时，通过扶持大学设立创业企业、举办科学技术交流论坛和企业家论坛以及设立知识产权保护制度等方式，保障从科技研发到成果转化的各环节有条不紊地进行。

（二）建立以企业为核心的产学合作创新体系

东京产学科技创新体系的建设以企业为主体，产学合作的目标和组织紧密围绕企业需求。应成立地区性研究开发平台，开展以企业需求为导向的产学合作。扶持大学成立创业企业，培养新一代研究者和技术者的同时，打通产业链上下游，确保研究成果的顺利转化，推动地区产学合作有效开展。

参考文献

东京大学网站，http：//www.u-tokyo.ac.jp/index/n00_j.html。
东京工业大学网站，http：//www.titech.ac.jp/research/。
东京农工大学网站，http：//www.tuat.ac.jp/research/。
东京技术许可组织网站，http：//www.casti.co.jp/。

城市经济篇
Urban Economy

B.7
非洲城市经济的"贫困陷阱"

汤 伟*

摘　要： 与世界其他发展中国家相比，非洲城市经济陷入了拥挤、不连通、昂贵的贫困陷阱。非洲城市经济发展的关键并不是道路等物理基础设施投资以及提供公共服务，而是需要投资激励形成可预期的投资回报。这就需要系统清理城市土地产权、有效执行城市发展规划，使基础设施投资和土地利用目标、社区有机融合，最大化住房、交通和公共服务的规模效应。这一经验给"一带一路"倡议带来启示，需要积极推进工业化来吸纳人口有序流入、城市空间规划紧凑化以及重点扶持制造业，实现与国际制度的接轨和对投资的正向激励。

---

* 汤伟，博士，上海社会科学院国际问题研究所副研究员，主要研究方向：国际体系、城市网络、环境变化。

关键词： 非洲城市　撒哈拉以南非洲　城市经济　贫困陷阱

撒哈拉以南非洲的城市化迅速推进，城市人口急剧增长。一般认为，城市化急剧提升的过程往往也是工业化和经济增长快速发展的过程，然而撒哈拉以南非洲却并没有呈现类似的发展规律。很多人将此归咎于非洲收入水平过低。的确，其他地区达到类似城市化水平时人均GDP已相对较高。1968年中东和北美地区城市化率在40%时，人均GDP为1800美元，1994年东亚和太平洋地区城市化率约为40%时，人均GDP为3600美元，非洲国家城市化率约为40%，人均GDP只有1000美元。也就说非洲在经济很不发达、比其他发展中地区更为贫穷的时候出现迅速城市化趋势。究其原因在于非洲相对封闭，即与其他发展中城市相比，非洲城市很少与其他地区和国际市场进行商品和服务贸易，限制了规模和专业化程度。如果以制造业在GDP中的份额来检测对世界开放程度，不难发现非洲城市对地方市场严重依赖。大多数国家的城市化率达到60%时，制造业占GDP的比重一般为15%，一些经济体甚至能达到20%，而非洲只有10%。这种局面的出现主要有两大缘由：自然资源部门过度发展，对制造业产生挤出效应；制度性和管制性约束造成土地和劳动力资源的错误配置，形成了碎片化的空间格局。还包括商业模式、金融成熟度、人口转型、农业生产效率低下等因素，以及更广泛的宏观经济背景也发生作用。从总体上看，非洲城市经济呈现出三大负面特性：拥挤（Crowded）、不连通（Disconnected）、昂贵（Costly），严重阻碍了非洲地区的发展。

一　非洲城市的拥挤问题

拥挤，不是经济意义上的过度聚集，而是基础设施、工商业投资没有跟上人口过快增长的需要。目前撒哈拉以南非洲城市人口为4.72亿，未来25年仍将持续增长，其中大城市年均速度达到4%。城市人口的持续扩张必然带来住房、基础设施、公共服务的大量需求，然而公共服务的供给落后人口

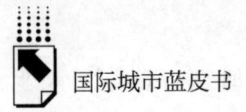

城市化9年，这意味着城市人口不得不以非规划、非正式的方式居住在就业岗位附近，高比例的贫民窟人口成为非洲国家的典型特征。

据世界银行统计数据，撒哈拉以南非洲约62%的城市人口居住在过度拥挤、住房质量低下、清洁水远不足够和卫生条件较差的贫民窟，这一比例远高于拉丁美洲（24%）、南亚（35%）和其他发展中国家（整体为34%）。如尼日利亚的拉各斯至少2/3人口居住于城市贫民窟，坦桑尼亚的达累斯萨拉姆28%的居民、科特迪瓦阿比让50%以上的居民三个人共享一个房间。这一现象的出现并不是天然的，1960~1972年，撒哈拉以南非洲和拉丁美洲贫民窟比例不相上下，数十年之后只有津巴布韦和南非低于世界其他地区，这显然需要做出解释。事实上，非洲城市的人口密度在人口密度最高的50座城市中并不突出，Henderson and Nigmatulina（2016）对世界三个主要城市区域的256个城市进行估算，发现非洲城市人口密度（57600人/平方公里）只比拉美城市（37700人/平方公里）和亚洲城市（50900人/平方公里）略高。问题就在于大多数非洲城市人口分布在城市核心，并随与核心区的距离变大而迅速下降，粗略估计每公里人口密度下降7个百分点，而其他大洲城市约为4个百分点。这说明道路、基础设施和公共服务主要集中核心地带，道路占据的城市土地比例远小于世界其他地区城市。这样非洲城市家庭很难在远离公共资源聚集的核心区域居住和工作，非正式居住得以强化，无论内罗毕的Kebera或者达累斯萨拉姆的Tandale均是如此。

二 非洲城市的碎片化问题

不连通是指城市分裂为一系列区域，而区域之间缺乏相互连接的基础设施。碎片化有多种测量方式，如果仅测量城市内部空地，非洲城市的碎片化程度并不比其他地区更高。一些学者探测的数据显示，大多数非洲城市的空地率为39%，与欧盟、日本、东南亚不相上下。建成区域总面积与城市土地面积之比为1.8，与拉美、北美、欧洲和日本也很接近。所不同的是，非洲许多城市一旦离开高密度的核心区域，不但缺乏起码的基础设施和公共服务，区域节点之间也难以进行有效联系，这样整个城市区域就呈现出互不关联的碎片化格局，非正式居住也就沿着主干道、河流沿线蔓延。Henderson、Nigmatulina 等学者对 70 个国家 265 座城市的碎片化程度进行测算，发现非洲城市空间形态的碎片化程度比亚洲和拉丁美洲高 23%，居民互动频率比其他区域低 37%。此外，非洲核心区域的碎片化程度也超过其他城市，尽管巴黎和新加坡等世界城市核心区域有大量空地，然而马达加斯加岛的塔那那利佛、刚果的布拉柴维尔、津巴布韦哈拉雷等非洲城市的核心区域空地仍超过 30% 且呈现不连续状态。经估算，非洲核心区域碎片化程度高出拉美和亚洲等发展中国家城市 25%，肯尼亚的内罗毕就比印度的浦那、乌干达的坎帕拉比印度的苏拉特更为碎片化。

城市空间的过度碎片化产生多重不利后果。

（1）土地价值高度集中。譬如内罗毕、基加利和达累斯萨拉姆，超过城市总价值的 20% 的建筑物就位于城市核心 1 平方公里内，甚至土地和建筑价值相对均匀分布的亚的斯亚贝巴也呈现类似情况。

（2）成本上升。非洲城市空间的碎片化主要在于注重外延扩张的城市发展路径，蔓延（Expansion）、蛙跳（Leapfrog）而不是填充（infill）成为主要的开发方式。蔓延是城市边缘地带扩张；蛙跳是建立卫星城而该卫星城与建成区域并不重叠；填充是在建成区域的间隔空地进行开发。三类城市发展模式中，填充可使社区、厂商、各类基础设施相互连接，对空间整合最有利。遗憾的是，对 2000~2010 年非洲 21 座城市进行分析，大概 46%~77% 的新建区域属于扩张蔓延型，同期马里的巴马科（Bamako）和莫桑比克的马普托（Maputo）新建成区块超过 50% 面积属于蛙跳型。新建区域面积狭小，且独立于原先城市区域，极大削弱城市政府提供公共服务的能力，给通勤带来巨大负担。据统计，内罗毕通勤时间在 15 个全球城市中最长，步行就占用通勤时间的 41%。

需额外解释的是，同样是非洲，为何一些城市比另外一些城市空间格局更碎片化，Baruah、Henderson 发现英国殖民城市要比法国殖民城市蔓延现象多出 25%，蛙跳现象多出 50%。这主要归结于国家的制度设置，包

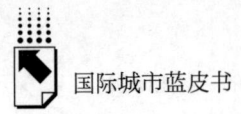

括人口流动、土地管理、城市规划等。相比之下，法国殖民城市政府更有效执行城市规划、土地管制的法律法规，更多呈现紧凑化和集权化，而英国殖民城市政府更多的遵从习惯法和传统习俗，更多呈现分散化和开放化。

三 非洲城市的昂贵成本问题

昂贵指商品和服务的价格水平高企，严重阻碍了投资者和交易伙伴的正常贸易，抬高了劳动力价格、降低了企业盈利机会。城市经济最大优势在于规模和集聚，通过匹配、扩散等机制降低成本、提升生产效率，然而非洲人口分布格局、碎片化的空间形态、基础设施供给不足使上述效益难以实现。

空间高度整合有利于减少成本。普加（Puga）指数发现城市空间碎片化程度每减少1%成本就减少12%；哈拉里（Harari）对400个印度城市分析发现城市紧凑度的提升可提高生活福利和增强生产性效应，紧凑度每下降1%相当于人口密度下降0.9%、福利损失5%。非洲城市空间碎片化使购买力平价（PPP）严重超预期，消费者不得不承担更多溢价。据统计，住房之外家庭消费高出31%；住房和粮食之外家庭消费高出25%；粮食和非酒精饮料高出35%；房租高出55%；交通高出42%；通信高出46%；餐馆和宾馆高出41%。非洲家庭则为全部商品和服务整体高出20%~31%，与其他同等地区横向比较高出55%。非洲城市穷人预算主要在粮食，据调查每月非洲家庭粮食花费占总收入的39%~59%，最穷的1/4家庭该比例甚至更大，乌干达达到44%、赞比亚达到68%。此外，非洲城市大多数是人口规模小于300万中小型城市，规模效应不足部分提升了基础设施和下水道等公共服务的人均成本。

生活和公共服务成本必然提升劳动力工资诉求，而企业也就不得不给予劳动力更多价格补贴，承担比其他类似发展水平城市更高的名义工资。据统计非洲城市整体名义溢价达15%；企业需多付50%的劳动工资，甚至吉布提单位人工成本比孟买高三倍，而达累斯萨拉姆则比孟加拉国达卡高三倍。

后果是制造业缺乏全球市场竞争优势，只能发展啤酒、水泥、建筑、零售等非贸易部门。只有非贸易部门高名义工资可在非生产效率背景下实现，将价格传递给市场中消费者。高工资解释了非洲制造业部门较亚洲国家为何比重较小且还呈现下降趋势。

四　非洲城市何以陷入发展陷阱

非洲城市的拥挤、不连通、成本昂贵制约劳动力存储和匹配效应，使企业难以获得规模和集聚效应，预期收益难以实现，对投资形成负激励。事实上，大规模高比例基础设施投资是城市化必不可少的组成部分。1980～2011年，东亚包括公共基础设施、住房、办公大楼的投资从占GDP的35%上升到48%，其他国家的资本投资也一直占40%以上。非洲城市2001～2011年的投资只相当于GDP的4.9%，而非洲中等收入国家的这一比例也大概只有6.5%，显著少于其他地区的9%。

非洲城市化进程中的资本投资如此少主要是由于投资回报率不足。对非洲64座城市分析发现，无效率的土地市场、相互矛盾和冲突的土地管理体制是主因。

非洲城市历史传统复杂、国家能力不足、规章制度相互重叠甚至矛盾，有些城市还在使用殖民主义者留下的城市规划方式，进而形成复杂的土地契约控制机制。这种控制机制对企业正常获取土地资源构成障碍，不仅有着显著的不确定性且成本高昂。据估算，非洲土地产权登记耗时长且昂贵，平均需历时59天、支付9%的产权价值，这一数字是欧洲、中亚和OECD国家的2～3倍。譬如拉各斯和哈科特港所有权成本达到建设成本的30%，而交易成本达到财产价值的12%～36%，乌干达坎帕拉、尼日利亚土地交易成本也大体如此。获取建筑许可需平均耗时171天、耗费人均国民收入的737%，虽然绝对值低于南非、拉美和加勒比、欧洲和中亚，但换算收入水平的时间和财务成本仅低于南亚，几乎是OECD的9倍。此外，这种复杂的控制机制还难以将低密度居住使用转换到高密度公寓，或者构建密集商业区

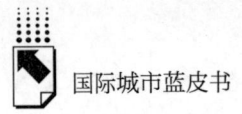

域。昂贵的登记注册和建筑许可以及异常复杂的土地用途的合理变更都使得撒哈拉以南城市土地只能依赖于非正式开发。2000年尼日利亚伊巴丹83%的住房违反了城市区域规划准则。

五 非洲城市经济的改进之道

既然已经陷入了贫困陷阱，那么政策制定者需要思考的是如何才能摆脱？关键并不是道路等物理基础设施和公共服务匮乏。改变低收益的投资预期才是关键，这需要城市领导人设置更有效率的投资路径。

首要的是推进城市土地市场的正规化，清理复杂的产权结构，并有效的执行城市发展规划。相比于非正式土地市场，正式土地市场得到国家保护具有更多的公共外溢效应。由此推进土地市场的正式化至关重要。此外，城市形态具有典型的油泥—陶土模式特性（"putty-Clay"），即一旦建成就很难更改，可延续百年甚至更长时间。基础设施投资也需提前规划，如果缺乏超前的综合思维规划，那么包括下水道、电力、清洁水在内的基础设施后期将需要必不可少的改进，成本昂贵。这意味着城市和国家需要更多城市规划权限和能力，包括土地利用规划、建筑标准、空间密度等，这就需要更多的政治支持和相应的制度改变。

其次，协调基础设施投资，使其和土地利用目标挂钩，扩大早期投入引导基础设施与社区有机融合，最大化住房、交通和公共服务的规模效应。这需要对城市土地、资本投资方向有结构性改进，推进经济专业化。韩国和泰国的经验值得借鉴：前者城市规划和土地管理迎合了城市化的每一个阶段；政府根据需要及时启动大规模公寓建设满足平民住房需求。积极开发道路和高速在内的交通节点。后者的曼谷，土地市场完全市场化、积极采取措施适应日益增加的人口和经济发展，1974~1988年，土地、房屋价格迅速上升促使开发商增大开发密度，增加供给有效平抑涨幅。到1986~1990年大约房屋供给的一半增量来自遵守市场机制的私人开发商，非正式住房只有3%，而另外一个土地市场受到过度管制的城市，非正式住房就达到20%~

80%。这说明土地市场正式化且受到市场调节确实能产生较好的发展效果。

最后，要注重人力资本的积累，提高劳动的参与率。城市效率提升离不开人力资本的积累，大城市比小城市更有效率也主要在此。然而撒哈拉以南非洲劳动参与率因为就业和居住的隔离的问题而显著落后于其他发展中国家，人力资本积累严重不足。由此如何提升劳动参与率异常关键，这不仅需要基础设施的互联互通、公共服务的供给，还必须提升对劳动力的需求以及对劳动力技能的培训，由此制造业的发展异常关键，而制造业的发展需要除了外来投资更需要形成正向激励的国内体制改革。

六 对"一带一路"沿线城市发展的启示

非洲是"一带一路"的重要组成区域，而非洲城市发展也极大关系"一带一路"建设的成效。非洲城市经济发展的核心是工业化和城市化的互动，以及对投资形成有效激励，而有效激励关键是形成可预期的投资回报。"一带一路"存在政治、安全、经济、自然等多重风险，早期收获是形成可预期投资回报的核心标志，而早期收获是民营企业和国际资本不愿承担的。尽管我国国有资本发挥先锋示范作用，总投资达到500多亿美元，在基础设施互联互通、产业投资、资源开发、经贸合作、金融合作、人文交流、生态保护、海上合作等领域内与沿线各国形成了一大批标志性的合作项目，包括产业园、跨境经济合作区、临港工业区等，然而如何以低成本、可预期的投资回报的方式推进仍值得深入思考。从非洲城市陷入城市贫困陷阱可以看出，通过工业化来吸纳人口的有序流入、城市空间紧凑化以及维持制造业的比重非常关键，而这又涉及当地的法律框架、政策导向和人文环境。这里仍可以获得若干以下启示。

1. "一带一路"城市投资需关注协同问题

基础设施的互联互通是"一带一路"的核心内容，然而基础设施具有公共性的特点，通常回收期比较长、收益率偏低，项目本身大多缺乏稳定的现金流。通过城市推进"一带一路"投资时必须注重协同效应，充分利用城市本身的规模和集聚效应，注重人口密集、市场广阔、资源条件好的项

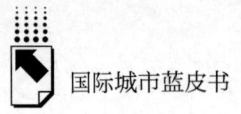

目、港口和园区。一方面通过增长极实现当地的工业化和人口城市化，另一方面也提供了后续越来越复杂的私人投资的机会和市场，最终成为一个双向促进的过程，带动整个地区的发展。

2. 城市规划理念必须超前、对城市建设必须全盘统筹考虑

既要有着准确定位，发挥国家发展引擎和推进全球化的作用，也需要根据客观实际服务于当地城市居民生活的需要。由此规划应紧凑，交通和公用事业等基础设施应提前布局、协调和完善。根据经济社会发展的需要进行人口导入，与工业化城市化发展阶段相协调，既不能过度吸引人口流入，也不能使导入不足，综合运用住房供给、公共服务、生活成本等多种手段进行调节。

3. 通过具体的大型项目，推动当地制度改进，完善法律环境和土地等资源管制框架，逐步与国际接轨

非洲城市经济说明与国际接轨的过程不仅是自身受到约束的过程，也是自身的长期发展得到保证的过程，只有这样才能有效激励外部资本持续的流入，形成国际资本和本地发展的有效融合。直接投资有商业价值的企业或项目，以企业自身的效益带动当地的就业、税收、出口、产业升级固然值得提倡，但如何改进制度，形成对制造业的正向激励才是根本，而这需长时间摸索。

参考文献

Somik Vinay Lall, J. VernonHenderson, AnthonyJ. Venable, "Africa's Cities, Opening Doors to the World", *The World Bank* (2017).

Mariaflavia Harari, 2014. "Cities in Bad Shape: Urban Geometry in India", *Economics Department* (MIT, Cambridge, MA, 2014).

VernonHenderson, NigmatulinaDzhamilya, "The Fabric of African Cities: How to Think about Density and Land Use", Paper presented to *The Annual Bank Conference on Africa: Managing the Challenges and Opportunities of Urbanization in Africa* (Oxford University, Oxford (UK). 2016 – 6 – 13 ~ 14).

B.8
美国"城市前行"组织扶持小微企业经验启示[*]

陶希东 郁奇民[**]

摘 要： 企业本质上是"一种资源配置的机制"，其能够实现整个社会经济资源的优化配置，降低整个社会的"交易成本"。而小微企业作为经济体系中极其关键的一部分，其重要性经常被忽视。美国"城市前行"（Forward Cities）组织在两年的实践中积累了许多成功的经验。本文借助美国城市研究所（The Urban Institute）2017年2月发布的关于扶持小微企业问题的研究报告，在分析美国"城市前行"组织具体做法和经验的基础上，对我国提出了相关建议。

关键词： 小微企业 城市前行 双创

在美国的经济体系中，小企业的地位非常重要。2010年，低于500人的小企业雇用了全部企业的99.7%的雇员。超过2700万个的小企业以家庭作坊式企业、个体工商户等形式存在。2012年小企业新增64%的就业量，

---

[*] 本文主要基于美国城市研究所研究报告 Forward Cities——Four Cities' Efforts toward More Inclusive Entrepreneurship，特此致谢。

[**] 陶希东，理学博士，上海社会科学院社会学研究所研究员，主要研究方向：社会治理、城市管理、行政区划等；郁奇民，上海社会科学院社会学研究所硕士研究生，主要研究方向：社会治理、社区管理。

集中了全部就业量的50%。然而，小企业在美国各地区的发展呈现不均衡的状态，马太效应导致贫富差距拉大，在一些地区中存在发展严重不足的现象。为了解决这一问题，美国"城市前行"组织于2014年6月成立，试图挖掘欠发达区域的创业者和小企业主的潜力。

一 "城市前行"组织的"试点-推广"组织模式

"城市前行"组织聚焦于相关服务水平较低的社区，这些社区历史上获得极少的公共或私人的投资，社区的居民也很难接触到资本和专业服务，可能会忽视当地扶持企业家的机构。首先选取了四个试点城市：克利夫兰、达勒姆、新奥尔良和底特律，并制订了计划表（见表1）。

表1 "城市前行"计划

	短期	➡	中期	➡	长期
"合作城市"	增进合作关系、跨部门联系和本地聚会	增加个人的和组织的社会资本	促进新企业的活力与成长	财政投资	经济和社会影响
在"合作城市"之间	跨合作城市的合作关系；分享学习	增加跨城市的社会资本	跨城市企业家的合作	跨城市的投资机会	
其他城市	增加知识	增加聚会	增进行动	合作参与	

资料来源：RobPitingolo, Kathryn L. S. Pettit., Forward Cities——Four Cities' Efforts toward More Inclusive Entrepreneurship, February 10, 2017.

计划层次分明，目标下有实施的措施，在时间上设立短期、中期、长期目标，按顺序递进，不急于求成，脚踏实地步步推进。在对象上逐步扩大范围，从点到线再到面，先试点四个城市，再考虑这四个城市之间的合作发展，以实际情况推广至更多城市。力图以基层经验为根本，进行顶层设计，摸着石头过河，在实践中发展并随时调整。

二 因地制宜，充分利用本土资源

在初创起步时期，小企业资源有限，如果自行从零开始，那么会遇上许多问题，人生地不熟，在一次次尝试中浪费时间、浪费资源，重复他人失败的过程。而如果与现有的机构或组织开展合作，最大限度地利用已有的条件和资源，可以迅速在当地打开局面，进行功能互补，避免在一个地区不同的机构间重复，影响资源的利用率。各个地区的历史、环境、文化、习俗、法律等各有不同，这需要结合当地的实际情况，具体问题具体分析，以不同的方法解决不同的问题。

"城市前行"要求各地的项目组织在各自的地区环境下开展有针对性的活动，但组织本身并不参与各地的活动，而是给予各地自行决定的权力，这使得各地可以灵活的根据现实做出决策。克利夫兰、达勒姆、底特律选择活动社区时与当地的相关组织结盟。克利夫兰的成员借助了已创立的社区机构的力量，新奥尔良的成员依靠了当地研究型的合伙人的研究成果和专业信息。

例如在克利夫兰的"机会走廊"的项目中，不同街区有其各自的特色，如西25街区的房地产，东55街区的食品，东93、105街区的大学圈。根据各街区的基础和优势，克利夫兰成员在西25街区举办社区论坛，设立指导委员会将工作具体化，制订计划获取资助者支持；在东55街区，社区发展委员会与伯顿摩根基金会建立联系获取对新创业项目的10万美元资助；在东93、105街区，推动大学相关的服务岗位。

三 建立交流机制

对于小企业来说，除了资金问题，与外界缺乏足够的交流也是制约其发展的重要因素。"城市前行"组织在2014～2016年共举办了4次聚会。聚会包括了三天的专题讨论会以及对优秀项目的参观，参观时会有当地项目负责人和地区领导者陪同。同时，各城市、城市内各部门之间形成定期的正式会议，一般为一个月一次，形式上包括现实见面和视频会议。这些交流机制大大增强了组织的凝聚力，成员对于组织的归属感更强，最为重要的是，使得零散的小企业主之间的联系更为紧密。

1. 关系网络建立

小企业主往往较为分散，相互之间并无联系，一个个处于孤立的状态，在

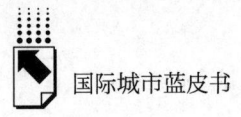

企业发展过程中无法从外部获取有用的信息、经验和帮助，闭门造车容易失败。通过搭建平台，使得小企业主能够有机会与相同境遇的其他企业主进行交流，形成了一张张关系网，相互之间的关系网络会有交叉重合的部分，在此基础上进行拓展，使得网络的覆盖面越来越大，成员之间的互动更为频繁。

2. 信息交流

在企业成长中，对于商业信息的获取也是极为重要的。往往获取信息早一步，便比别人先一步抢占市场，从而得到更好的发展。每个人所拥有的信息是有限的，而且并非全都对自己有用。而这些对自己无用的信息在别人的手里也许就是有价值的，同样，别人拥有的无用信息也许就会对自己的商业发展起到重要作用。通过信息资源的交流，人们可以互通有无，获取更多对自己有用的资源。长此以往，所积累的效果对于一个小企业来说是非常显著的。

3. 经验交流

在示范项目的介绍中，有成功的实践，也有失败的教训。对于小企业主来说，刚创业时并无企业管理、商业运作的经验，在实践中凭感觉摸索，容易走弯路，损耗相当的成本。如果借鉴他人的经验，那么可以避免一些无谓的消耗，帮助小企业主更快地适应企业发展中的种种问题，少去许多麻烦，有利于更好地渡过最初的适应阶段，提高小企业的存活率，促使小企业进一步发展。

四　发挥网络平台作用

对于小企业主而言，成本控制是极其关键的生命线，在进行对外交流时，会增加原先的企业成本。小企业主本身对于新生的事物会存在不信任的怀疑心情，在较高的交流或宣传成本的条件下，可能望而却步，第一步就不敢迈出，后续自然无从谈起，如此一来，形成恶性循环。

网络平台作为一种变革性的工具，其去中心化、跨空间性、即时性等特性有独特的影响作用。互联网的发展提供了一个低成本的学习交流平台，小企业主可以更为便捷地与其他小企业主进行沟通。而专门的信息交流网站也更为方便、快捷、高效。如"城市前行"，建立了专门的网站，每月发布一次组织通信，展示优秀的企业主、明星项目和焦点社区，以及在这些创新的经济系统中投资者和利益相关者对它们的观点和看法；设立专门栏目进行事件与数据的资源共享；开通微博让每个城市小企业主、投资者、领导者们向全美分享它们的案例和相关的延伸内容。小企业主无须再付出更多的成本，只需在任何一个地方连接上网络，便可以浏览这些相关的信息，成本几乎为零。

五 资源整合

企业发展需要多种资源，小企业主和初创业者往往对此十分困扰，没有足够的渠道和能力去获取这些重要的资源。"城市前行"组织充当了资源整合者这样一个角色：在该组织的志愿者中，就存在城市企业生态中的关键要素，如小企业主、创业者、基金会、投资者、合伙人、教育培训者、政策制定者、数据师、社区领导者和各相关组织的代表。

这样，组织便为各小企业主和创业者打通了各个关节，可以方便地提供相应的资源，至少也可以提供相应资源的获取方式，而非总是找不到入口，组织平台成为将各个资源链接在一起的枢纽点。整合的过程本身也是一个将资源优化配置的过程，在整个资源体系中，可以将原先过度使用的或闲置的资源调配给真正的需求者。同样，当平台逐步发展，具有一定影响力时，会自动吸引与之相关的各个体系加入平台，这又进一步扩大了平台的影响力，形成良性循环。对于小企业而言，这种资源整合的方式能有效节省大量成本，直接提供相关服务。

六 对我国城市小微企业扶持的启示

经过三十多年的改革开放，我国的经济发展已达到较高水平，并在全球经济集体低迷的时候逆势而行，为全球经济复苏做出巨大贡献。在这其中，小微企业的作用不可忽视。据国家工商总局《全国小型微型企业发展情况报告》统计，我国中小企业创造的最终产品和服务价值相当于国内生产总值的60%，纳税占国家税收总额的50%，完成了65%的发明专利和80%以上的新产品开发。小型微型企业所占企业总数比重达到94.15%。我国新增就业和再就业人口的70%以上集中在小型微型企业，小型微型企业成为社会就业的主要承担者，主要表现在三个方面：一是从资产净值人均占有份额上来看，同样的资金投入，小型微型企业可吸纳就业人员数倍于大中型企业。二是从绝对份额来看，小型微型企业是解决我国城镇就业和农村富余劳动力向非农领域转移就业问题的主渠道。三是从容纳就业人数的空间上来看，大型企业扩大就业的能力与资本的增长呈反方向的变化。

然而，在全球经济低迷甚至美国总统特朗普上台后已出现明显的"逆全球化"趋势下，小微企业的低抗风险能力和承受能力使其举步维艰。根据我国实际情况以及美国"城市前行"组织的经验和城市研究所对其的研究，我们提出以下建议。

1. 注重地区经济生态系统

在扶持小微企业过程中，往往会注重"示范项目企业"，但对某"明星企业"的大力扶持可能会忽视了其他企业的发展，甚至与其他企业的发展相冲突，并不利于整体小微企业的发展。"样板项目"是起到示范的作用，不是一家独大不管其他的小经济体，而是需要让众多小微企业在地区中能共同得到发展，形成互补互促的经济生态链，实现共享、共生、共赢，保持可持续发展的潜力。

2. 加强经验教训的总结

在众多创业者和小企业主的发展中，有成功也有失败。作为相同处境的同行者，这些案例往往具有非常高的借鉴和警示的价值。无数小微企业往往跌倒在同一个地方，造成了巨大的社会成本的浪费，这些都是可以避免的；同样，在成功的案例中，不同思路的碰撞易于擦出更多的火花，小微企业往往可以从中获取所需。当这些材料总结在网络上公布时，也能起到一种品牌宣传的作用，既帮助现有成员，也有利于提升组织社会影响，促使更多的人加入其中。

3. 建立完善的评估机制

近期小微企业中涌现出许多项目，然而对于怎样帮助机构评估这些项目来说，是非常欠缺的。如果没有专业的评估服务，无法确认项目的成效，也无法进行比较，对于小微企业本身的信用、运营状况也都不清楚的话，那么小微企业也无法实现自我改进，投资者也不敢随意进行资金扶持，给政府增加了极大的管理成本。这涉及三方面的机制，小微企业内部的自我评估、第三方机构评估，以及政府的评估。三者是共生的体系，有联系又有区别。确立评估标准、评估方法和执行机制，有利于促进商业体系的良性运转。

4. 发挥政府的引导作用

（1）在扶持小微企业的过程中，必须防止市场失灵现象，警惕商业垄断、非正常打压、资本过度投机等不良现象，这需要政府做好对市场的监管工作，引导市场发挥资源配置作用。（2）政府的行为对小微企业的生存发展也会产生巨大影响。政府需出台一系列政策消除小微企业发展的障碍，精简事前审批，加大事后监管力度，建立奖惩体系。（3）尽管政府本身不会参与小微企业的直接管理，但可以成为小微企业主、创业者与现有的商业项目、投资之间的连接点，为小微企业提供可行的融资平台，灵活可控地发展小微贷，破解小微企业融资难的世界性难题。（4）一些新的数据资源能提升小微企业分析、判断、决策的能力，然而，小微企业很难了解、获得区域或国家层面上的相关数据，只有高质量的测量和收集数据，才能获取有效信息。这需要政府集中力量进行收集，通过研究报告等各种形式开放数据信息，直接或间接为小微企业提供服务。

参考文献

RobPitingolo, Kathryn L. S. Pettit. , *Forward Cities——Four Cities' Efforts toward More Inclusive Entrepreneurship* (2017 – 2).

The Report of the Small Business Development. , China's State Administration for Industry and Commerce. (2014 – 3).

周灿：《城市商业银行支持小微企业融资问题研究》，《金融经济》2017 年第 7 期。

B.9
京都以集聚策略促进中心城区商业活力

春 燕[*]

摘 要： 随着城市化和城市新型商业区的不断出现，以往城市核心区的传统商业受到极大挑战。如何更新改造、重新激发都市核心区新的发展活力成为实现城市转型发展的重要组成内容。对于这一问题日本京都 2013 年制定了《京都促进都心商业集聚活力策略》，在该策略的作用下京都中心城商业重新集聚，焕发了作为城市核心区的活力，在促进城市转型发展中发挥了作用。本文在考察京都核心区特点基础上介绍该策略的主要内容，以便为新形势下的城市中心区问题研究提供参考。

关键词： 都市核心区 商业区发展 京都 集群

近年，京都都市核心区出现越来越多新的商业形式和商业业态，如各种类型的商业连锁店和个性专卖店。新业态和商业结构的改变带来了城市环境及其氛围的变化，吸引了更多游客和居民进入中心城区，使区域内商家及区域内的商业组织都感到新的鼓舞和挑战。实现这一繁荣景象和形成这一发展局面在于京都市方方面面的努力。其中，京都市的《京都促进都心商业集聚活力策略》发挥了重要作用。该策略制定于 2013 年，京都市政府根据中

---

[*] 春燕，工学博士，上海社会科学院城市与人口发展研究所助理研究员，主要研究方向：城市与区域发展战略、决策分析。

心城出现的问题拟通过10～20年的中长期规划来促进、提升京都核心区的商品和都市生活服务质量，以此吸引和增加更多客流，促进京都核心区繁荣发展，并保证商家和业者利益最大化。本文介绍京都核心区特点基础上考察《京都促进都心商业集聚活力策略》的主要内容，以为国内相关研究者参考。

一　京都中心商业区的主要特点

京都是日本的第七大城市，也是日本历史上的重要都城，历史人文资源丰富，人口约为150万。京都中心城商业区是京都资源集聚和最具竞争力的区域，其区域特色包括以下四个方面。

1. 多元特色

京都是日本历史文化名城，京都中心城区的每一个街巷都拥有各自的特色，共同形成了京都核心区商业区的独特风景。这些特点包括各店铺业态、店铺的建店概念，以及街道氛围等。不同的街道有不同的经营业态，商家都可根据每个街道的特色选择其经营范围。游客和消费者也能够根据各个街道的特点区别其功能。在中心商业区，商业街的街道特色发挥了重要作用。这些有特色的街道蕴含了城市发展的巨大潜力。

2. 文化表现与文化消费

京都中心商业区的文化表现多种多样，有为数众多的百年老店，有代表时代象征的各种建筑，有作为文化遗址保留下来的许多文化资产，以及各种文化活动等；还有各类民间民俗，如鸭川纳凉、五山之火观赏等。这些文化表现的汇集勾画出京都与众不同的都市中心城区景观，文化作用在商业方面形成创造新价值的基础。据调查，京都中心商业区内的许多游客是为探寻京都文化而来，游客中对京都文化抱有浓厚兴趣的占相当比重。京都中心商业区也积极通过开发新的商品和导入新功能迎合游客的消费需求，这大大增强了城市中心区的文化功能以及街区的文化感染力和影响力。

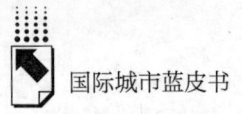
国际城市蓝皮书

3. 店铺与街道相融的空间布局

京都中心商业区商铺不是围绕一个车站的单纯集中,而是分散在各个街巷之中,沿街商铺虽然规模不大,但已使街道充满活力和个性魅力。京都中心商业区的各类店铺一般来讲是实力店铺的象征,京都中心商业区中以老店铺和专卖店为代表的众多店铺显示了京都都市中心的实力和优势。这些店铺与街道相融,增强了街道的游览性,同时也进一步显示了街区的发展实力。

4. 鼓励居住功能的混合式开发

与日本其他都市的中心城区有一定区别,京都的城市中心区是商业与居住功能并存的区域。区域内居民生活与区域商业活动有着密切相连,这种联系的密切度远高于其他大都市。《京都促进都心商业集聚活力策略》也积极把握了这一特点,鼓励京都中心区及周边区域进行大规模的住宅建设与开发,使区域内30~40年龄段的人口集聚增加,这些新老居民为街区增添了新的活力,逐渐成为支撑中心城商业区发展的重要力量。

二 《京都促进都心商业集聚活力策略》的基本方针

《京都促进都心商业集聚活力策略》的基本方针包括以下五个方面。一是打造品牌街区。打造品牌街区是指在街道和街道周边集聚商铺,建设有个性特点的商业街区。具体内容是在保持原有的特色街道基础上,对于京都中心商业区内还有可能开发的特色街道,包括现阶段特色不十分突出的街道进行改造,通过不断的创新加强街道特色。二是建设有丰富内涵的街区。京都市内文化资源丰富,中心商业区是京都市区文化资源最为集中的区域。这些资源包括百年老店、传统产业、文化遗产,以及有时代特点的建筑和各种文化活动(祇园祭、葵祭、神社佛阁的活动等)。因此《京都促进都心商业集聚活力策略》明确要求利用这些资源进行街区建设,将这些文化资源的内涵与街道设施、商业活动结合在一起,通过有文化内涵和表现力的街区建设创造出京都中心商业街道的新价值。三是提高核心商业区的游乐性。据

《京都促进都心商业集聚活力策略》可知,京都商业街道的来往客流中半数以上或是直接进入大商场,或是在街道上通行,或是有固定的出行目标,而欣赏街景风光,品味都市繁华者只在游客总数中占有少数部分。据此,该策略提出京都中心区活力建设要发挥出都市核心区优势和个性特点以及文化韵味,提升商业街的沿街的游览性,吸引更多市民和游客。四是提升和培育店铺吸引客户的能力。《京都促进都心商业集聚活力策略》将培育的京都中心区商业街长期顾客对象主要定位在30~40年龄段的游客及市民,通过商业策略影响这些人成为中心商业区品牌店、老店的固定客户。这样可与中心商业区的高品质文化生活相结合期待开发出更多逗留商业街顾客。五是提升资产的中长期价值。京都中心商业区的商业连锁店不断增加,《京都促进都心商业集聚活力策略》认为这主要是短期收益成为不动产租赁的判断标准造成的,而这一现象将可能影响京都商业街的个性发展,造成未来商业街价值的下降。提升资产的中长期价值是为防止这一情况的发生采取的措施,其内容是创造提升商业街中长期价值的环境。

三 京都促进中心区商业集聚活力的主要策略

京都中心商业区的实施策略主要包括以下四个方面。

1. 吸引能够提供和创造地区价值的人才

《京都促进都心商业集聚活力策略》认为中心商业区各从业者在促进销售、赢得顾客、拓展服务领域出谋划策是经营常态,这其中重要的是吸引能够提供和创造地区价值的人才。吸引能够提供和创造地区价值的人才就是联合对现状有紧迫感和危机感的业界商业人士,利用京都中心商业区的各方面优势,培育植根于京都创造新价值的商界人才。具体措施是建立中心商业区业主联盟,形成对区域魅力发展有危机感的共识;同时为共识者创造更多的见面了解和畅谈的机会,促进其从中产生合作项目,从而形成中心商业区共同利益的联合协调发展。合作项目包括区域的联合、相同客户群的合作、业务协作的联合、信息合作、百年老店和连锁店之间的结合项目等。

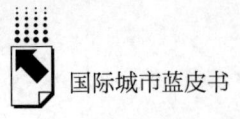

2. 不断地推陈出新

中心区商业街的魅力在于新与旧、传统与现代的并存。若要保持这一魅力就需要构建新的街道环境促进更多商家植根于京都。《京都促进都心商业集聚活力策略》采取的措施有街道新基础设施建设项目、老店铺改造项目、可持续发展核心店铺的培育项目等。

3. 创造提升"地域价值"的环境

《京都促进都心商业集聚活力策略》提出以中长期视点发挥不动产作用，努力改变不动产所有者只要能够有较高租金即使是租期短也能接受的局面。为此，《策略》鼓励社区组织以不动产所有者为对象的地区价值联盟，形成以专家、相关政府机构、金融单位组成的提升不动产价值的管理体系，改善承租人仅考虑短期收益将会导致地区价值下降及中长期资产价值的下跌、临时连锁店增加的局面。

4. 加强提升街道的游览功能

通过各种方式展示京都中心商业区独特的商业氛围，发挥商业区丰富的文化内涵和个性店铺的特长，提升街道的游览性。其策略主要包括，联合个体店、商业街、街巷，以及居民加强商业街的信息传送，利用各类文化设施吸引游客。挖掘和发挥各个商铺的个性魅力和文化积淀，以此为来访者提供更多的商业街乐趣。

四　京都中心商业区活力建设的特点

1. 多层次，多极增长推动区域商业发展

京都中心商业区以传统百年老店为主体，以专业连锁店、专卖店为补充，以街景观光、城市生活体验服务为辅助，形成多层次、多格局的商业体系。

2. 促进商业与人文有机整合

京都中心商业区以文促商，以商兴文，利用人文优势使京都核心区形成了由特色街道组成的中心商业街。区域内着力保存诸多具有时代特征的风貌建筑，并进一步提升区域的文化气息和风俗特点，形成具有京都特色的历史风貌商业城区。在当前各城市建设中心商业区改造大量同质化建筑的背景下，将深厚的城市历史文化底蕴与现代商业相融合，可开辟出一条商业发展的特色之路。

3. 品牌战略推进协同发展

京都中心商业区不仅是京都重要的核心区，也是现代化商业集聚地，集聚了"商业购物、旅游、休闲、商务、展示"等五大功能。京都《京都促进都心商业集聚活力策略》为进一步加强区域商业活力提出通过"街道建设新基础投入项目""老店铺改造项目""可持续发展核心店铺培育项目"等优化商业结构，加强配套设施建设，全面提升区域商业整体水平。推陈出新使核心商业区功能升级，提升中心商业区整体格局，实现打造核心区商业品牌的目标。

4. 商旅互动集聚发展现代服务业

京都核心商业区拥有众多商业设施，依据商业、文化活动、传统建筑，以及京都的繁华定位，核心区是京都吸引国际国内游客休闲旅游购物的重要区域。作为内城的中心城区，京都核心区也是商旅、文化资源丰富分区域。该核心区拥有多重要旅游资源，从而能够形成对相关行业的牵引和带动作用。此外，京都的现代服务业也很发达，形成的资本人才聚集对促进核心商业发展具有明显优势。

五　对我国城市中心城区发展建设的启示

通过京都案例可以看到，都市核心区是城市对外形象展示的窗口，利用其有利条件，以及旧城改造、城市转型和商业业态创新等契机，大力推进都市核心区的商业结构调整，有助于进一步提升区域商贸发展水平，进而形成对城市功能升级的有效助推，并对我国城市核心区发展建设带来了以下几点启示。

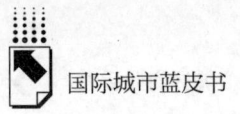

1. 利用城市功能促进中心商业区的多极增长

中心城区有优势但也受地域、交通、人口分布、商业分流等限制。在这些因素的影响下，中心城区要提高发展活力须完善城市功能。京都利用多增长极的发展方式，不断优化城市商业结构与规模，并着力提升城区服务品质，有效避免了城市内的无序竞争状况。我国城市的中心城区可借鉴京都经验，充分利用产业升级的契机，提升中心城区的商业发展能级。同时，进一步优化城区功能体系配置，着力打造城市核心特色区域，形成有影响力的商业服务区，形成城市的新增长极，进而为中心城市发展提供新的动力。

2. 以中心城区商业人文优势建构特色商业格局

京都的经验表明，城市中心区集聚的历史资源，往往是城市商业升级发展的重要依托。商业文化资源，更是城市中心区发展的核心竞争力来源之一，是形成与其他区域差异化竞争的核心资源。借鉴京都经验，中国城市应着力利用自身的商业文化积淀，推动实现文化资源优势向商业产出优势的转化。中心城区应通过改造升级，将城市人文景观建设与核心商业建设有机整合，利用与城市背景相符的特色商业区、展览、演出等形式，提升城市商业文化活力。

3. 把握中心城市发展机遇，促进协调发展

对城市来讲，中心区均拥有良好商业基础、众多老字号和品牌，这些对于中心区商业对外的辐射发展具有重要意义。企业间的协调发展，将有助于商业产业链中的相关企业在经营活动中取得更为突出的业绩。中国的城市中心区应着力加强企业协调发展，主动展开域内商贸流通企业以资产、品牌为媒介的合作活动。同时，通过企业间的相同客户群合作、业务协作信息合作、百年老店和连锁店的结合，以及通过行政区域的联合共同提升区域商业的整体水平。借助中心城市对外开放的窗口形象拓展商业辐射范围，提升商业品质，打造具有影响力的品牌。

参考文献

京都市産業観光局商工部商業振興課：《都心部地域商業集積の活性化策略》，2013年11月15日。

史官清、冯康、张先平：《城市核心区旧城改造的典型困境与突破思路》，《湖北经济学院学报》2015年第4期。

胡晓峰：《中心城市核心区商业发展研究——以重庆渝中区为例》，重庆工商大学工商管理硕士（MBA）教育学院，2013。

万振：《日本文化名城京都》，《当代世界》2003年第8期。

城市社会篇
Urban Management

B.10
世界大城市破解人口低增长挑战的新策略[*]

陶希东[**]

摘　要： 人口是城市经济增长和持续发展的核心要素之一，但随着人口老龄化步伐的加快，世界上一些大城市开始面临人口低增长的挑战，世界城市快速增长的阶段已经结束，如何应对人口低增长对城市经济和财富积累的动力挑战，成为当今全球城市发展面临的新命题。本文主要以美国麦肯锡全球化研究所《城市世界：城市面临的人口挑战》报告为基础，在分析日本、美国、欧洲等地大城市人口演变趋势

---

[*] 本文主要基于麦肯锡全球化研究所的 *Urban World*：*Meeting the Demographic Challenge in Cities* (Jonathan Woetzel, Jaana Remes, Kevin Coles, and Mekala Krishnan)，特此致谢。
[**] 陶希东，理学博士，上海社会科学院社会学研究所研究员，主要研究方向：社会治理、城市管理。

的基础上，对城市克服人口低增长带来的动力衰竭问题和重建能促进城市经济继续保持发展的新型动力体系提出相关思路。借鉴世界大城市人口发展趋势、经验和教训，对我国超大城市人口调控及经济可持续发展提出预警性建议。

关键词： 超大城市　人口低增长　中国

长期以来，城市尤其是大城市，一直占据着全球经济总量的主导地位，目前大城市创造了全球GDP的75%；据预测，未来15年，这一比例将上升到86%，大城市的经济带动作用更加明显。众所周知，作为经济活动及各类物品服务的生产者和消费者，不断增长的城市人口，才是维持大城市经济持续增长的重要动力源泉。但如今，世界人口发展正处于一个重大结构性变化的新时期，发达国家的大城市开始面临着人口低增长的新挑战。如何克服日益严重的人口低增长挑战，成为世界发达国家大城市必须面对和解决的新课题，当然也对广大的发展中国家的大城市采取正确的人口政策具有一定的参考借鉴意义。

一　人口增长是大城市和全球经济最主要动力源泉

1. 大城市在世界经济发展和财富积累中发挥了关键作用

综观全球地理空间格局，城市和农村是人类生产、生活的两种基本空间载体，但城市在世界经济增长和财富积累中发挥着关键性的作用，尤其是大城市，对全球经济增长做出了特别的贡献。据统计，当今大城市对全球经济GDP做出了75%的贡献，未来的2015～2030年，全球大城市创造的GDP将占到全球经济总量的86%。大城市在经济增长方面的重大贡献，几乎在世界上任何一个区域中都能得到验证，如观察世界上四个巨型城市（一般中

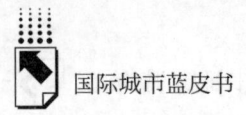

心巨型城市拥有1000万及以上的人口规模）就可见一斑。如纽约和洛杉矶各自对美国经济做出了13%的贡献，伦敦和巴黎对整个西欧做出了9%的经济贡献。相比巨型城市而言，对全球经济增长贡献更大的是一批重量级城市，一般是指拥有15万到1000万人口的城市。

2. 城市经济增长的动力主要来自城市人口的不断增长

尽管大城市在全球经济增长中做出了巨大的贡献，但什么因素促成了大城市的经济增长呢？其主要动力就是城市人口的不断增长，没有城市人口的增长，大城市经济不会有持续的增长。

首先，人口增长决定着城市经济增长的规模、发展后劲和未来。这是因为，城市经济增长的动能主要来自大规模人口的迁入，而大量的人口给城市经济提供了难得的规模效应。如现实中大量的农村人口进入城市中所从事的工作带来的收入比农村多200%～300%，可以获得城市中良好的教育和培训体系从而不断提高工作技能。同时，人口的集聚可以带来商业的繁荣、城市服务成本的下降等，根据麦肯锡的一项研究，对大城市来说，面对供水、住房等这样的公共服务，可节约的成本最大可达到50%。

其次，城市人口数量除了决定着全球城市经济规模或GDP的大小外，人口数量增长也有助于提高人均收入（这是促进经济增长的第二动力）。针对一项涉及145个国家、拥有50万居民的943座大城市的实证研究表明，在2000～2012年连续12年保持经济增长的大城市中，58%的城市的增长动力主要来自其人口数量的不断增加，剩余的42%的城市，主要源于人均收入水平的上升。

最后，城市人口增长速度成为解释城市经济增长速度差异的重要因素。即便在同一个国家内部，不同城市之间的经济增长速度往往存在巨大的差距，有的城市保持了快速增长，有的城市则增长很慢，其背后的核心原因就是人口增长。有一项实证分析表明，美国有一批大城市经济增长率保持了25%及以上的水平，而有一部分大城市远远达不到这个水平，出现如此结果的主要原因是人口增长速度的不同，经济高速增长的大城市的人口增长率每年保持了2.5%的速度，而经济增长较慢的城市的人口增长速度仅有每年0.3%。

二 发达国家大城市面临更大的人口低增长挑战

1. 全球城市人口增长正在进入转型发展时期

经济增长与人口之间的关系表明，人口增长确实是促进城市和全球经济增长的重要驱动力，但当前，世界上诸多大城市的人口增长开始进入全球人口发展的转变期，人口增长率持续降低，给经济增长带来了巨大的潜在影响。这一态势与全球人口的变化情况紧密相关。一方面，由于出生率的降低和人口老龄化的加速，全球人口的总体增长率开始放缓（全球人口增长率从过去50年的年均1.4%降低为未来50年的年均0.4%）。另一方面，在一些发达国家和地区当中，由于城市化发展已经进入中后期阶段（城市化率达到80%以上），从农村移向城市的移民规模越来越小，大城市人口的机械增长非常有限。这反过来说明，低生育率和低农村人口迁移率是构成当今全球人口增长率降低的两大核心挑战因素，不同区域的大城市，无法逃避这种全球性的人口低增长趋势带来的挑战。表1数据充分反映了全球城市地区（包括发达地区和发展中地区）普遍面临的人口低增长挑战。

表1 全球不同地区城市人口增长率情况

单位：百万人，%

类别	地区	2015年城市人口	城市人口增长率			
			1990~2010年	2010~2015年	2015~2025年	2025~2035年
发达地区的城市	西欧	325	0.7	0.6	0.5	0.4
	美国和加拿大	295	1.4	1.0	1.0	0.8
	东北亚	175	1.0	0.6	0.2	-0.1
	澳大利亚	25	1.5	1.4	1.3	1.1

续表

类别	地区	2015年城市人口	城市人口增长率			
			1990~2010年	2010~2015年	2015~2025年	2025~2035年
发展中地区的城市	南亚和东南亚	869	3.0	2.6	2.3	1.9
	中国区域	805	3.8	3.0	1.9	0.8
	拉丁美洲	498	2.0	1.5	1.2	0.9
	撒哈拉以南非洲	366	4.0	4.0	3.8	3.4
	东欧和中亚	316	0.2	0.4	0.4	0.3
	中东和北非	268	2.7	2.4	2.0	1.5

资料来源：Jonathan Woetzel, JaanaRemes, Kevin Coles, and Mekala Krishnan, *Urban World*: *Meeting the Demographic Challenge in Cities*, McKinsey Global Institute. 2016. 10。

2. 发达地区的大城市面临着更大的人口低增长挑战

尽管在全球范围内，大部分城市开始面临人口增长率下降的挑战，但由于人口基数、城市化发展水平等因素的不同，这种人口低增长的挑战并不是平均分布在每个面临挑战的城市当中。从当前的数据和发展趋势看，日本、欧洲、美国等地区为主的发达国家的大城市，比广大发展中地区的大城市，存在更加明显和严峻的人口低增长挑战，"城市增长靠什么"成为地方发达国家大城市的普遍担忧。这是因为人口低增长的大趋势，将会从根本上破坏大城市人口增长的正常渠道和环境，一般而言，有三个主要渠道，分别为本土人口增长（与出生率、老龄化等具有很大关系，主要靠自然增长率来实现）、国内净移民（来自农村或来自其他城市）、国际净移民（一般而言，这一增长渠道比国内净移民的作用要小，但不可忽视的是，对一些国际化的大都市而言，这一渠道却对城市人口的增长发挥着非常重要的作用）。

尽管如此，由于每个城市、每个国家的情况千差万别，全球城市地区人口低增长的大趋势，对不同城市带来的挑战不尽相同，可以说每个城市都有各自的人口发展轨迹。研究表明，从总体上看，日本、西欧、美国三大发达地区是人口低增长挑战最严峻的区域，例如日本自2016年开始人口首次呈现负增长态势，其老龄化已经严重制约着经济的持续发展。相应地，这三大发达地区的城市，比其他发展中地区的城市，面临着更加严峻的人口低增长挑战（见表2）。

表2 日本、美国、西欧三大发达地区主要大城市的人口增长危机

单位：%

城市	年度增长率	本地化增长率	国内净移民率	国际净移民率
东　京	1.0	0	0.9	0.1
名古屋	0.9	0	0.8	0.1
大　阪	0.6	-0.1	0.6	0.1
纽　约	0.6	0.6	-0.7	0.8
芝加哥	0.2	0.6	-0.7	0.3
匹兹堡	0	-0.1	0	0.1
伦　敦	1.1	0.9	0.2	
巴　黎	0.8	1.0	-0.3	

资料来源：Jonathan Woetzel, JaanaRemes, Kevin Coles, and Mekala Krishnan, *Urban World: Meeting the Demographic Challenge in Cities*, McKinsey Global Institute. 2016. 10。

三 大城市需要根据人口现实调整生存与繁荣策略

尽管人口与经济之间存在着非常紧密的关系，但是对一座城市来说，并不是说，人口减少必然成为城市经济增长不可避免的阻力。在人口低增长的面前，只要一个城市或国家的人均GDP抑或人均产值水平能够保持持续不断上涨的态势、市民生活质量不断提升，那么，城市、国家、全球经济依然会保持繁荣发展。即使在一个人口低增长的世界中，只要一座城市保持了应有的活力和动力，它照样能够吸引到全球最优秀的工人和商业人才队伍。每一个城市都要从自己面临的特殊人口发展情况出发，不断调整自己的生存与繁荣发展策略。有些工作种类适合一个城市，不一定适合另一个城市，但所有城市在应对人口低增长挑战的进程中，都必须树立和奉行两种意识与责任。

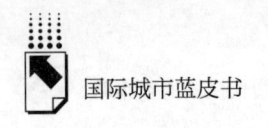

1. 全面增强城市对现住市民或潜在市民的吸引力

尤其是像发达国家或地区的城市，由于城市化水平已经很高，农村的居民占人口比重已经非常小，城市新增人口主要以城市之间的国内移民为主，也就是市民用脚投票来选择自己的居住城市。在发展中国家，随着城市化水平的不断提高，这一人口迁移趋势也成为必然。因此，一座城市应该更加突出以人为本的理念，深度了解区域内人口的迁移方式和方向，增强自身对外来年轻潜在移民群体的吸引力，阻止人们去其他城市。特别是要顺应当今服务经济、数字经济发展的趋势和特点，要通过创造新的发展平台，将更多的人才吸引进来，在自己城市内创业、生活和居住。

2. 不遗余力地关注和提升城市劳动生产率

随着人口增长对城市经济增长带动力的减缓，城市经济的增长主要依靠提高生产效率来实现。这就意味着，当城市需要提供基础设施和服务的时候，要用更少的资源提供更多的服务产出。一个劳动生产效率高的城市，一般也会创造更大的人均GDP和投资价值，也会在充满竞争的城市区域当中吸引到未来潜在的居民群体。要想提高劳动生产率，城市领导者就得更多关注能够支持地方经济发展的相关因素，如关注教育、培训，吸引有技术的工人、集聚富有生产力、创新力的公司企业等。还有改善人才生活、居住的城市环境，为各类人才的创新创造提供最优质的外部环境。

四 对中国超大城市人口调控政策的若干启示

中国是人口最多的发展中国家之一，人口约有14亿，但在30多年计划生育政策的影响下，近年来我国出现老龄化加速、生育率过低、性别比例失衡、劳动年龄人口开始下降等诸多不利于人口可持续发展的因素，这势必导致我国人口的负增长，给国民经济发展带来极大的困境。为防止这一情况的发生，我国自2013年开始放开二孩政策，以不断提高生育率（2016年为5.86‰）促进人口均衡发展，以便继续创造经济发展中的人口红利。较高的自然增长率，加上巨大的人口基数，决定着人口总量依然保持强劲的增长趋势。再加上我国正处于城市化的快速发展时期，仍有大量的农村人口不断地涌向城市，尤其是像北京、上海、广州、深圳等一线资源、机会、财富集聚的大城市，成为大量国内移民和国际移民迁移的首要目的地，聚聚了大量的外来人口，正承受着交通拥堵、环境污染等大城市病的困扰。这一基本国情，决定了我国的大城市目前面临的人口危机，与西方发达国家大城市面临的人口低增长危机刚好相反，我们面临的是人口增长太快，需要加以有效的防治和调控，因此城市政府采取了通过制定严格的人口规模上限控制人口增长的行政手段，并努力在较长时期内实现人口总数不增长。

我们以为，这种主要依靠行政手段加以控制城市总人口的做法，符合中国的国情，但真正能否有效，有待观察（以往的城市规划都做过人口规模的目标制定，但在规划期没有满的时候屡屡提前突破）。但需要指出的是，根据麦肯锡全球化研究所的研究结论，从长远来看，我们一线城市人为控制城市人口规模的做法并不符合全球大城市人口增长的基本趋势和规律，待执行一段时间以后，还应及时转变政策思维，审时度势，适时更新，防治我国一线超大城市也在不远的将来陷入人口低增长的危机。为此，对我国超大城市以行政控制为主的人口调控措施提出如下几条启示性建议。

1. 加强研究，对超大城市人口限制政策实施动态性跟踪评估研究，逐步实现行政性人口控制向市场型人口调整模式转变

一方面，充分借鉴全球大城市人口发展的基本趋势、规律，并结合中国经济发展的国情，对未来较长时期我国超大城市人口的动态发展演变规律进行深入、科学的研究和预测，并根据城市经济的承载力和人口趋势，适时调整或解禁严格的人口增长规模上限，为合理的人口集聚提供科学依据。另一方面，切实加快城市产业结构的调整升级步伐，通过资本密集型、技术密集型和智力密集型产业的发展，不断提升产业结构层次，让市场在人口资源配置中发挥决定性作用，真正构筑符合市场经济规律的人口要素自由流动和合理化配置体系。

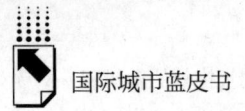

2. 顺应城市功能定位和发展目标，以各类人才群体为对象，强调城市发展的以人为本，提高超大城市对各类人才的吸引力

从近期来看，过多的人口，成为限制超大城市发展的主要因素，但从经济增长与人口之间的内在关系来说，如果没有足够规模的人口数量，抑或超大城市的人口步入负增长阶段，那说明这座城市已经进入持续的衰落阶段，会引发一连串的经济社会问题，到那时如何留住人口或引进人口可能会成为城市政府最棘手的问题。因此，尽管目前我国超大城市存在人满为患的问题，但这并不代表不存在人口低增长的潜在危机，所以要未雨绸缪，城市建设与发展需要人才，真正贯彻落实以人为本的理念，实施精细化管理和人性化服务，让城市始终对国内外各类投资者、企业家和专业人才，保持强有力的吸引力，保障在未来人口老龄化不断加重的情况下，国内外净移民依然成为超大城市经济增长的持久动力。

3. 注重城市增长的活力和动力体系建设，全面提高城市劳动生产率

麦肯锡全球化研究所的研究结果也表明，在面临人口低增长的挑战时，唯有提高城市劳动生产效率，提高人均指标，才是大城市不断保持经济增长态势的唯一选择。这告诉我们，在我国经济全面走向创新驱动、质量导向的新常态背景下，超大城市的核心竞争力不在于经济总量的大小，而在于经济发展质量和经济运行的效率，特别是通过全面提高劳动者的素质、促进现代技术的深度利用、增强高端人才的集聚、缩小社会收入差距、改善社会公平环境等手段，全面提高整座城市的劳动生产效率。只有这样做，才会适应产业层次和经济结构不断创新转型发展的需要，也才会真正走出一条创新、协调、绿色、开放、包容、公平的发展新路子。

4. 加快建设更优美、更漂亮的中小城市，形成大中小城市相结合的分布体系，实现区域经济和人口均衡发展

在面对人口低增长挑战的背景下，大城市自然具有规模化发展的诸多优势，通过劳动生产率的提升、增强人才吸引力、降低交易运行成本等方式可以弥补人口低增长带来的负面作用。但在此过程中，对一个国家而言，要想保持整体经济的持续增长，在抑制大城市人口低增长带来的经济负效应外，高度重视中小城市的发展，通过改善创业就业环境、提供优质住房条件、促进大气等生态环境优良等措施，努力把中小城市打造成对年轻人有吸引力的美丽、漂亮、活力城市，无疑将会增加人口的净移入数量，为国家和区域经济发展同样带来巨大贡献。

参考文献

Jonathan Woetzel, Jaana Remes, Kevin Coles, and Mekala Krishnan, *Urban World：Meeting the Demographic Challenge in Cities*, McKinsey Global Institute, 2016.10.

Lewis, Ethan, Giovanni Peri, "Immigration and the Economy of Cities and Regions," *in Handbook of Regional and Urban Economics*, volume 5A, Gilles Duranton, J. Vernon Henderson, and William C. Strange, eds., Elsevier（2015）.

《专家：中国大城市不是多了而是少了　不应控制特大超大城市人口》，搜狐网，2017年2月3日。

B.11
欧盟倡导"银色经济" 探索城市发展新路径*

胡苏云**

摘　要： 银色经济定义为与人口老龄化相关的公共和消费支出及50岁以上人口的具体需求所带来的经济发展机会。欧盟委员会所提出的与银色经济发展有关的举措，不仅涉及对银色经济的初步介绍，还基于现有倡议对所能带来的新的就业机会和新的增长潜力进行分析。欧盟委员会对进一步可能采取的行动进行分析，具体对银色经济规模、公共支出关系进行分析，并提出了银色经济欧盟委员会共同行动纲领，阐述了欧盟委员会银色经济宣言的原则。中国城市要充分利用银色经济的巨大潜力，对银色经济进行系统研究，形成良好的市场环境和行业生态，将银色经济与科技创新、智慧健康和养老进行深度融合。

关键词： 银色经济　欧盟委员会　城市发展

欧盟委员会一直关注经济和社会未来面临的关键挑战，力图通过跨界工作，形成"整合一致、基础良好、阐述明晰的举措"，尤其重点关注人口老龄化的问题。

---

* 本文主要参考 European Commission, Growing the European Silver Economy Background Paper, 23 February 2015 进行整理。
** 胡苏云，博士，上海社会科学院城市与人口发展研究所研究员，主要研究方向：人口经济学、社会保障、医疗卫生改革和人口老龄化。

快速的人口老龄化在公共预算、人力资源、竞争力和生活质量方面给社会带来重大挑战，但它由此所造就的新的就业机会和经济增长，已经被称为具有重大机遇的银色经济。欧盟委员会在欧洲银色经济增长报告中提出了有关发展银色经济的举措，并对银色经济进行了初步介绍，以及对基于现有倡议所能带来的新的就业机会和新的增长潜力进行分析。

一 银色经济规模

欧盟委员会对银色经济的定义是：与人口老龄化相关的公共和消费支出及50岁以上人口的具体需求所带来的经济机会。银色经济占消费经济总量的份额很大，但在消费的优先事项选择和消费模式方面不同人群存在巨大差异，欧盟委员会在分析中把老龄化人口分为3组，即活跃型老人、脆弱型老人和依赖型老人。美林证券估计，银色经济规模每年约为7万亿美元，成为全球第三大行业，到2020年，全球老年人的个人消费能力将达到15万亿美元。

1. 市场化银色经济规模

受益于银色经济的行业有化妆品和时装，旅游，辅助独立居住生活的智能家居，服务机器人，医疗健康（包括医疗设备、药品和互联网健康）和福利，安全、文化、教育和技能培养，娱乐，个性化和自动化交通，银行和相关的理财服务产品等。涉及传统行业和新兴行业，下面将主要列举新兴的银色经济行业的发展规模。

（1）远程居家服务或远程医疗门诊的全球市场

BCC公司的预测是从2013年的65亿美元增长到2019年的240亿美元。普华永道预测全球移动医疗市场将在2017年达到175亿美元，而其中欧洲占据大头，达52亿美元。伯格公司预测，欧洲智能家居系统的安装量将以50%以上的速度增长，到2017年将安装174亿套智能居家系统。麦肯锡预测互联网相关产业将从目前每年的2.7万亿美元增加到2025年的6.2万亿美元，就医疗服务应用而言，互联网相关技术将从目前每年的1.1万元美元增加到2025年的2.5万亿美元。

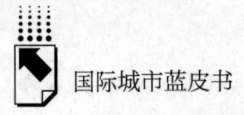

(2) 智能住宅

智能住宅是基于居民需求的整合信息通信技术和通信设备的住宅类型，预计未来将会呈现显著增长，2020年全球营业收入将达517.7亿美元。这个行业的主要参与者有德国西门子、法国施耐德、瑞士ABB、爱尔兰英格索兰、瑞士泰科、美国艾默生、法国罗格朗、美国快思聪公司和路创电子公司①。

(3) 智能健康养老市场

智能健康养老的银色经济涵盖药物管理、智慧养老、新服务方式、护理指导、居住安全、身体健康、饮食与营养、社交和行为健康等领域。据美国相关机构的研究估计，2015~2020年全美市场容量近340亿美元，其中，药物管理为14亿美元，行为健康为22亿美元，饮食与营养为24亿美元，居住安全为35亿美元，护理指导为36亿美元，身体健康为82亿美元，新服务方式为50亿美元，智慧养老为41亿美元，社交为34亿美元；通过颠覆性技术、创新产品和细分服务，到2020年使用这些新产品和享受相关服务的人数可能性超过100万②。

2. 公共部门银色经济规模

欧洲银色经济发展背景是着眼世界性的老龄化趋势，欧洲现有的银色经济包括公共部门的大量参与，使公共资金可以更有效地用于培育新市场和增强增长潜力。银色经济中与老年相关的公共支出额在欧洲将占到GDP的25%、政府一般支出的50%。

(1) 远程护理和医疗

信息技术的发展能不断扩大设备和服务提供的范围，可以帮助老年人更多地留在自己的家园，并优化他们的独立性和生活质量。

苏格兰远程护理计划中运用瀑布式监视器和运动传感器，可以随时提醒邻居和当地护工，以及提供有关紧急服务，其他的例子还包括远程监控慢性

---

① Siemens AG (Germany), Schneider Electric S. A. (France), ABB Ltd. (Switzerland), Ingersoll-Rand PLC (Ireland), Tyco International Ltd. (Switzerland), Emerson Electric Co. (U. S.), Legrand S. A. (France), Crestron Electronics, Inc. (U. S.), Lutron Electronics, Inc. (U. S.), and Control4 Corporation (US).

② 银图 Aging2.0 | Local，《2016健康领域创新报告》，2016-11-3.

疾病或为治疗提供远程支持方案。大约44000人（其中4000人患有痴呆症）获得了远程护理服务，帮助2500人实现出院快速转送，通过居家照护减少了8700次急诊和3800次住院治疗。苏格兰投资于该项目的资金有130万英镑，估计在原有投资数额上节约了484万英镑，在2006~2010年，该计划因为可节省养老院、医院成本和缩短住院时间而节约了7860万英镑的开支。

美国退伍军人管理计划的远程医疗服务的结果表明，每名患者每年可节省1999美元。如果在欧洲远程医疗和远程护理能涉及10%~20%慢性病或老年人口，所产生的新的产品和服务的潜在市场，每年将达100亿~200亿美元。

（2）公共部门就业

医疗服务是一个关键的经济部门，在未来能提供许多就业机会，特别是在卫生和社会服务领域中的银色经济的发展能带来大量的就业机会。在欧盟委员会28个成员中，医疗保健工作岗位就业人数有1720万人，占欧洲所有工作岗位的10%。2013~2025年，医疗保健部门就业增长8.1%，远远快于欧洲整体就业增长（3%）。预计到2020年，欧洲会将产生100万个新的医疗保健岗位，700万个岗位因人员更替而产生就业机会。

劳动力市场萎缩成为未来就业和增长的大问题，艾森哲公司研究指出，通过增长劳动力市场老年人数量，增加人力资本中劳动生产力增强性投入，政府和企业能促进经济增长和岗位创造。据研究估计，单在德国，这样的做法可以让GDP增加610亿欧元，并在2020年增加150万个就业岗位。

二 银色经济的欧盟委员会行动

1. 银色经济挑战下的欧盟委员会行动动议

欧盟委员会注意到，美国市场化银色经济发展良好，一些大公司进入银色经济市场，如谷歌收购耐斯特（NEST）和智能机器人（iRoboti）公司，苹果建立电子健康工具包和健康事务部门。欧洲虽然也有一些规模较大的公

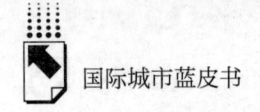

司如博世、罗格朗和飞利浦提出了银色经济战略，却面临潜在的风险，原因在于欧盟委员会内各成员内部市场规模有限，而且市场条件差异度大，更缺乏银色经济各行业领域的公开标准，中小企业在有关银色经济的市场中可能会面临较大的发展障碍。

具体来说，银色经济正在成为欧洲各国重要的增长动力，但欧洲各国举措、标准的不同，可能阻碍潜在的增长机会。从卫生保健解决方案，到积极和健康老龄化下以老年人独立生活为基础的创新伙伴关系，所有的经验教训表明，不相容的国家举措、标签和标准可能会对竞争和跨境市场产生阻碍作用，因此导致新产品和服务的市场增长缓慢，这些不利影响也可能出现在与银色经济相关的其他新兴部门。欧洲标准化机构在2014年7月的第三届欧洲标准化峰会上得出了类似的结论，他们观察到，次优的市场增长可能来自有限市场的有限规模、有限的可负担和有限的可操作的解决方案，以及对这些新产品和服务好处有限度的认识或赏识。

2. 欧盟委员会银色经济共同行动政策

早在2007年，欧盟委员会理事会就呼吁各成员抓住与银色经济相关的经济增长机会，利益相关者常常强调需要强大的欧盟委员会的帮助和更广泛的多方政策支持，来解决诸如银色经济监管、隐私、标准化和可用性等问题。如今，欧盟委员会内政策的协调一致可以加强各国的决策，加强各项政策倡议的协同作用，防止各国不必要的重复建设，并最大限度地发挥欧盟委员会的影响。如更好的老年友好型居住政策，可以帮助人们能更长时间地独立生活，从而降低长期护理的成本。跨政策领域的协调工作，可以最大限度地降低护理成本，增加护理和设施建设中的就业机会。更好的协调还可以防止欧盟委员会内部出现市场发展障碍。

欧盟委员会已经在推行与银色经济相关的政策举措，例如对现有住宅进行独立生活的适老性改造，对旅游景点设施在淡季吸引老年游客而进行的适老性改造；建设可持续的老年长期护理体系；以生命历程和社会投资办法构建社会保护制度和服务体系等。

欧盟委员会开展满足老龄人口需求的新技能和创业培训活动，得到了欧洲理工学院的健康老龄化新知识和创新学会以及欧洲区域基金的积极支持，欧洲有110个地区已经认识到积极健康的老龄化是智能化发展的优先领域。欧盟委员会银色经济共同行动得到国家和部门的支持，为公共政策行动提供了实例，包括银色经济商品和服务提供商的自愿准则和质量标签，这将有助于欧洲形成规模化的、有竞争性的跨境市场。德国和法国已经制定了不同的国家标准作为公共干预的基础。

3. 欧盟委员会银色经济理念目标和战略定位

（1）银色经济理念目标

欧洲2020战略要求老龄化社会中的公民积极和独立生活更长时间，并继续为经济和社会做出贡献。

老龄化和老年人可以被看作一种有价值的资源，可以促进社会发展和积极生活，同时创造新的工作机会。它们可以被看作劳动力市场的资产，老年人可成为为社会和经济提供有价值服务的志愿者。

适应老龄化的社会需要增加独立性和社会包容性。通过与同龄人、照顾者、雇主和医疗专业人士更好地沟通，可以大大促进目标的实现。还需要创建老年友好型环境，广泛设置无障碍设施，提供所有人能够使用的产品和服务。工作、家庭生活、住房、爱好和休闲、旅行和（公共）交通、健康和社会关怀对有效地促进积极和健康的老龄化都至关重要。

（2）银色经济战略定位

银色经济是针对老龄化的特定产品和服务，在私人和公共领域可以极大地支持积极的老龄化和独立生活。

包括将所有经济部门（如汽车、衣服、旅行安排、餐具）中的产品和服务的适应性和主流化，引入支持慢性病和残疾人独立生活的综合机器人增强系统，这些都可以帮助人们工作更多年，在退休后保持活力和独立，享受高品质的生活。所有的投入不是为了花更多的钱（公共或私人部门的资金），而是享受更好的产品和服务。

在公共部门，如果积极健康老龄化的公共支出也被认为是投资和成本，

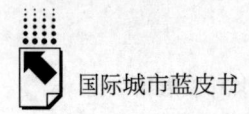
国际城市蓝皮书

那么银色经济的增长无疑将成为现实。实现这些目标需要积极的公共政策，通过促进战略投资和支出，促进积极健康老龄化，实现老年人的被社会包容和独立生活的目标。

三 法国银色经济案例[①]

法国确定银色经济是一项造福老年人的经济和产业活动，将提高社会参与度，提高生活质量及舒适度，延缓自理能力丧失的时间，并由此延长预期寿命。同时银色经济是经济和产业领域的一个机遇，它将促使创建新企业、提供就业机会、增加原有企业营业额并因此带动整个产业部门发展。银色经济通过对老年人自理能力管理的优化、预防措施的加强，使老年人置于社会的中心位置，从而在整个社会层面中提高地位。法国政府的银色经济战略，包括法国自愿规范和质量标签及银色经济的商品和服务供应商的发展。

1. 法国银色经济涉及的主要行业

法国银色经济涉及的主要行业有住宅（如自动化、住房适老性改造）、通信、交通、E-自理（主动/被动/优化的远程护理、成套服务等）、安全、健康（电子医疗、营养、远程医疗、移动医疗等）、服务、零售、娱乐休闲、工作（远程办公、家庭助理人员的培训和支持等）和老年人旅游等。

2. 法国银色经济主体

法国银色经济的主体主要是企业及国家和地区科研及创新产业集群。企业包括罗格朗集团、橙色电信集团、大众与储蓄银行（BPCE）等领衔的多家跨国集团，以及若干中等规模企业及大量中小企业，其经营范围涵盖电子、电器、移动通信、金融、保险、家居、旅游、养生等领域；国家和地区科研及创新产业集群有各类竞争力集群、科技平台、孵化器、老龄科技中心及医学社会学机构等。

---

① Holiharmo, *Silver France*, https://www.holiharmo.com/-silver-france, 2006.

3. 法国银色经济产业契约的十个方面

（1）以"银色地区"行动推动地方活力

由地方当局牵头，设立银色经济产业地方委员会；集合公私经济主体，协调老龄医学社会学管理并建立地方性对话机制。

（2）通过对银色经济产品和技术实行品牌认定而规范市场以解除老年消费者及其家属对相关产品质量的疑虑。

对银色经济产品和服务落实品牌质量管理政策；对求助热线及其成套解决方案确定国家级采购框架；向各实体单位提倡三个级别的家用求助热线：紧急热线服务、高级求助热线和求助热线成套服务，以便依据这三个级别标准规范市场行为。

（3）发展智能化住宅和住宅自动化实现家居适应性改造

至2017年完成8万套住宅的适应性改造，且此改造应达到较高程度的家居自动化，以便过渡到智能化住宅。

（4）通过在法国构建银色经济特殊企业集群，增强对业内企业的扶助

设立银色经济产业集群国家级网络；创建法-德"银谷"；由"银色地区"组织并推动数码产品相关应用程序的集中开发攻关。

（5）方便业内企业融资

引入私人投资，以银色经济专项风险投资共同基金（FPCI）设立风险投资基金（2014年初投放首批资金），并根据行业需要使用现有融资工具。

（6）使法国成为银色经济产品和技术出口的领先国家

（7）启动银色经济"职业规划"

（8）优化各销售网点的老年人接待服务

（9）通过广告宣传和增加老年人专供数码服务展厅使公众了解银色经济

（10）在国际创新竞赛的框架内推进银色经济实现重大创新

4. 银色经济发展中面临的问题

推动银色经济发展的技术的背后存在客户关系方面的挑战。[①] 法国银色经

---

① NP Paribas Cardif, *New Technology Plays a Key Role in the Silver Economy*, www.bnpparibascardif.com, 2016 - 10 - 25.

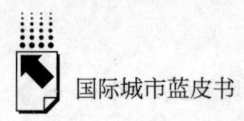

济发展过程中存在的问题有,太多的公司提供解决方案,老人不仅必须学习如何使用产品,而且还要学习技术本身。适应老年人的需求正成为客户关系的挑战,专业人员正在努力寻求最好地响应与老年人的习惯和偏好相一致的解决方案。一方面,制造商正在通过提供越来越多的为老年人设计的产品(例如具有基本设计和直观功能的平板电脑和智能手机)来控制这个有希望的市场。另一方面,除了创造个性化资源,问题的关键还在于帮助老年人发现和采用这些新技术。

四 银色经济特点和中国发展目标

1. 银色经济的特点显著,经济潜力巨大

(1) 银色经济不同于银发经济

银发经济对应消极老龄化,而银色经济对应健康积极老龄化。银色经济是将老龄化和老年人看作价值资源,强调在增加其独立性和社会包容性基础上构建银色经济。

(2) 银色经济不同于老龄经济

老龄经济主要面对退休人员和疾病群体,通常年龄锁定为60岁以上;而银色经济针对的是50岁以上、健康状况弱化的整个人群,定位对象更宽泛、更明确,不仅是针对疾病和身体功能下降,更着眼于健康维护,它是基于健康长寿和不断升级的消费需求来组织、生产、分配、流通、消费的活动及供求关系的总称,通过全生命周期的关注和经营,注重技术进步和人民进步并重,与我们目前确定的健康2030目标更接近,也符合关于新的就业、增长和投资、加强工业基础所设定的优先发展事项的目标。

(3) 银色经济在中国的潜力巨大

首先,中国是老龄化社会,老年人口群体数量大,银色经济消费群体人群多。根据第四次中国城乡老年人生活状况抽样调查,2014年,中国老年人人均消费支出为14764元,消费总量已经突破3万亿元,消费结构已经出现从生存型向文化休闲型的初步转变。其次,中国的银色经济更广阔的市场来源是亚太地区的老龄人口。根据2015年新加坡第六届老龄化亚洲创新论坛发布的第三期"亚太银色经济商机报告",亚太地区的市场预计将达到3.3万亿美元[①],具体涉及老人住房,包括从一个综合性的退休家庭、娱乐、健康和医疗计划,到豪华度假式生活;健康和保健计划,产品和服务,以支持积极的老龄化,家庭护理和老年护理服务,以及机器人和辅助日常生活技术。

2. 注重对银色经济系统研究,关注市场形成和行业生态

(1) 定位创新引领下经济转型,确立银色经济发展目标

目前市场上老年相关产业有老年人用品、老年病医疗、为老服务、居家养老自理能力维护、失能老人照顾、老年住宅以及具有医疗功能的养老院建设等方面,但是在人口老龄化加速局面下,原有的产业结构、产品和服务组成等已经无法适应经济发展和老年消费者需求;而且,随着高科技(特别是信息技术)的发展,许多过去无法实现或因造价昂贵而难以普及的技术措施和产品具备了进入普通家庭的可能(如求助热线、远程救助、移动医疗等)。

同时,目前的经济转型发展也需要通过刺激新的内需来增加活力。欧盟委员会已经明确智能化发展的重点是银色经济相关领域,中国也应结合自身人口和经济发展趋势,确立银色经济创新发展目标。

(2) 前瞻研究银色经济产业体系和生态环境

银色经济本身是个庞大的系统,集聚了挑战和机遇,融合了公共部门和私营部门,具有创新性和智能性。

首先,需要结合银色经济发展趋势和中国本土基础,前瞻研究银色经济产业体系,行业方向路径,主要参与者的引领作用的发挥;同时,借鉴欧盟委员会银色经济共同行动,尽早研究制定银色经济规划和标准。

其次,聚焦研究银色经济发展的PPP发展模式。根据中国银色经济相关的政府共同投入较大、效率低下问题,整合公共、社会和市场资源,需要

---

① 3RD Asia Pacific Silver Economy Business Opportunities Report, https://www.ageingasia.com, 2015.

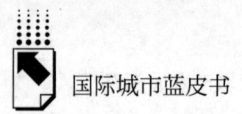

针对中国人口老龄化的发展趋势,结合经济转型、科技创新和政府职能转变,尝试开启银色经济发展的新模式。

再次,根据中国地域广大,地区差异大的特点,全面放开银色经济市场,调动区域间的积极性和联动性。

最后,确立银色经济发展中的政府作用,为银色经济发展营造良好的生态环境。政府部门应当扮演好引领者、支持者和参与者的多重角色,依托现有资源和社会力量,通过O2O模式等方式,搭建养老服务网络平台,坚持免费试用与产业链延伸,上门服务与大数据结合的理念,并积极发展老年电子商务、老年互联网金融、老年教育等新业态。并加强市场监管和引导,通过规划和财税、价格、土地、投融资、人才等政策扶持,引导银色经济健康发展。

3. 确立银色经济与科技创新、智慧健康和养老融合发展的目标

随着新技术在全球的快速发展,特别是移动互联网的崛起,智能养老几乎在各个国家同步兴起。我国的智能养老已粗具规模。我国现有的80多家智能养老领域的创业公司大致分成护理类、健康类、接入类、家居类和交互类。从美国智慧健康和养老产业发展方向看,提升老年人生活质量和尊严的产品,老人安全预防和应对管理,防摔保护,以及情感陪护和心理健康,更细致的监测和完善的流程(含养老设施改造)是重要方向。2017年,工信部等部门颁布了《智慧健康养老产业发展行动计划(2017-2020)》[1],该计划指出,到2020年基本形成覆盖全生命周期的智慧健康养老产业体系,建立100个以上智慧健康养老应用示范基地,培育100家以上具有示范引领作用的行业领军企业,制定50项智慧健康养老产品和服务标准,信息安全保障能力大幅提升。就目前的智慧健康养老行动计划而言,主要是建立在现有技术水平上的产业发展目标,其人群界定、产业范围不如银色经济广,科技发展水平定位不如银色经济高,特别是缺乏明确的行动路

---

[1] 工信部、民政部、国家卫计委:《关于印发〈智慧健康养老产业发展行动计划(2017-2020年)〉的通知》,工信部联电子〔2017〕25号,2017-2-16。

线图和更前瞻的布局。

中国的智慧健康和养老必须与银色经济发展密切结合，通过培育智慧健康养老服务新业态，推动企业和健康养老机构充分运用智慧健康养老产品，推进智慧健康养老商业模式创新，并建立智慧健康养老标准体系，明确银色经济发展的路线图。

参考文献

European Commission, *Growing the European Silver Economy Background*, 2015 – 2 – 23.

Holiharmo, *Silver France*, 2016, https：//www.holiharmo.com/-silver-france.

NP ParibasCardif, *New Technology Plays a Key Role in the Silver Economy*, www.bnpparibascardif.com, 2016 – 10 – 25.

FlorianKohlbacher, *The Silver Economy*, *Europe's Well-heeled Seniors*, http：//rethinkinglongevity.eiu.com/the-silver-economy/ 2016.

3RD Asia Pacific Silver Economy Business Opportunites Report, https：//www.ageingasia.com, 2015.

《2016健康领域创新报告》，银图 *Aging 2.0/local*, 2016 – 11 – 3.

工信部、民政部、国家卫计委：《关于印发〈智慧健康养老产业发展行动计划（2017 – 2020年）〉的通知》，工信部联电子〔2017〕25号，2017 – 2 – 16。

B.12
爱尔兰实施智能老龄化发展新探索

胡苏云*

摘　要： 在爱尔兰政府委托下，英国科技城集团（Technopolis）在2015年向爱尔兰工作、企业和创新部提供了一份专项研究报告《爱尔兰智能老龄化和潜在机会的评估》，对爱尔兰有关智能老龄化部门进行了分析和潜力评估，并展望了未来发展前景。研究报告的主要目标是确定与智能老龄化相关的主要的经济发展机遇，报告认为政府的支持将有助于帮助爱尔兰企业在国际上获得更多收入和市场份额。

关键词： 爱尔兰　智能老龄化　互联健康　智能家居

在爱尔兰政府委托下，英国科技城集团在2015年提供了一份专项研究报告《爱尔兰智能老龄化和潜在机会的评估》[1]，对爱尔兰智能老龄化部门进行了分析，并评估了发展机会和展望了未来的发展前景。

---

* 胡苏云，博士，上海社会科学院城市与人口发展研究所研究员，主要研究方向：人口经济学、社会保障、医疗卫生改革和人口老龄化。
[1] 主要根据以下报告 Peter Varnai, Paul Simmonds, Kristine Farla Tammy-Ann Sharp, *A Mapping of Smart Ageing Activity in Ireland and An Assessment of the Potential Smart Ageing Opportunity Areas*, techopolis group, www.technopolis-group.com, April, 2015。爱尔兰智能老龄化和潜在机会的评估——英国科技城集团（Technopolis）向爱尔兰共和国工作、企业和创新部的报告，2015年4月。

一 爱尔兰智能老龄化战略和机会

1. 爱尔兰智能老龄化战略

爱尔兰虽然人口结构比其他欧盟国家年轻，似乎目前没有必要应对人口老龄化可能对公共财政造成的巨大压力。但爱尔兰政府认为，智能老龄化是一个机会，而不是危机，在"2014年就业行动计划"中爱尔兰就将"智能老龄化"作为推动经济增长和创造就业机会的一个重要领域。爱尔兰政府根据当前其经济和社会活动现状分析来确定国家的优势及其企业创造就业的潜力，从而认为，智能老龄（Smart Age）产品和服务将为爱尔兰创造新业务，成为出口增加和就业增长的新平台。

智能老龄化定义是"以提高50岁及以上人口的生活质量为目标，利用公共和私营部门的技术和创新，来生产老龄产品、提供服务、研究解决方案，形成系统集成"。智能老龄化领域主要涉及医疗保健和自主护理，以及与其相关的生物医学解决方案；为老年人提供教育和培训服务；老年人金融服务；为老年人提供食物和营养服务；老年人社会连通和社会参与服务；以及老年人的生活产品及其服务，包括旅游，就业，住房和交通。从国家层面看，需要形成智能老龄化框架条件，提供智能老龄化所需要的支持性基础设施，减少所涉及的利益相关者的风险，创造智能老龄化发展的有利的营商环境。

2. 智能老龄化相关领域的发展机会

在智能老龄化相关领域发展机会方面，爱尔兰具有独特的"小国效应"优势，在公共部门和私营部门之间，以及在基层研究机构、大型研究所和工业界之间都有着很强的联系。特别是在医疗健康领域，爱尔兰基于所拥有的主要研究机构和良好的企业基础，采取了许多重要举措，立足国际医疗健康领域快速增长的形势，在智能老龄化方面发展非常迅速。爱尔兰特别专注开发促进老年人行动和支持其独立生活方面的产品和服务，主要是针对老年消费者住房和交通方面的产品服务，并重视通过政策支持促进以上领域的产品和服务开发。

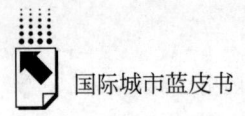

二 互联健康领域机会

1. 互联健康的含义和市场容量

互联健康是使用远程技术提供医疗服务和健康服务模式。互联健康与老年人密切相关,因为老年人更可能受慢性病困扰,需要更频繁地获得医疗服务,而在互联健康技术下,人们可以越来越多地通过周边环境关系,如利用可穿戴传感器采集连续的数据(包括人们的血压和步行距离数据等)。这些设备也被更多地用于医疗领域,通过无线技术使用以及适当的数据分析方法,医疗保健领域对远程病的人监测、诊断,协助老人自我护理就成为可能。从全球范围看,互联健康是一个庞大且不断增长的市场,从医疗信息技术到远程照护和远程医疗,包括移动医疗(mHealth)等都在蓬勃发展,欧洲的科技和软件公司是这一浪潮的积极参与者,欧洲是移动医疗 mHealth 的最大市场,2017 年市场规模估计为 70 亿美元。

2. 爱尔兰互联健康发展形势分析

首先,全球互联健康市场是机遇,本土企业创新发展有障碍。

爱尔兰认为,它有机会利用互联健康这一不断增长的市场,开发传感器和通信技术,促进专门为老年消费者开发的远程医疗服务软件产业及其应用程序的发展,帮助医疗服务人员收集数据和信息来推进人们健康的改善,甚至还可以尝试直接提供远程护理服务。爱尔兰的各种研究中心布及本土和国外,具有关键的研究专长和有强大的行业研究能力,爱尔兰更具有高质量医疗器械的制造能力,因此已经有一些面向老年用户的行业平台开展活动的成功的事例。在移动健康领域,爱尔兰政府的电子健康战略正在帮助协调临床医疗和工业产品化之间的联系。所有这些都成为爱尔兰的优势。

但爱尔兰的劣势也非常显著。虽然互联健康有快速发展的空间,但其更新迭代迅速,对于小企业创新企业来说,开发和销售的产品走向全球范围是非常困难的,其中面临的最大问题就是各国缺乏统一的操作和标准,尤其是主要的解决方案往往被大型机构客户和拥有成熟供应链的大型企业所主导，爱尔兰企业技术再好也难以使自己产品在异国落地；而且由于网络安全和数据保护日益成为各国风险监管和政策应对的领域，企业还得应对数据访问和数据安全方面不断变化的要求和限制，这就进一步造成互联健康产品的开发变得更加昂贵，成本过高。

爱尔兰认为政府可以支持拥有示范性项目的小公司在现实环境中进行运营并持续改进，并帮助这些小公司在潜在客户和供应链合作伙伴前展示新产品和应用。通过推动这些小公司进入早期市场，收集有关创新技术的成本收益的实际数据，爱尔兰中小企业将能更好地应对全球市场和供应链。

其次，爱尔兰的卫生系统不适应互联健康的创新发展。

虽然爱尔兰在努力建设健康创新中心的共同基础设施，但是爱尔兰的卫生和护理服务预算是分开的，降低了爱尔兰在医疗养老护理领域采用一体化互联健康技术的动力。这一方面成为创新的障碍，另一方面会减少国内出口商在本土先测试新概念和新产品的机会。因此爱尔兰需要努力构建一体化的健康和护理，来增进服务和产品提供的灵活性，并提高互联健康的使用率。

爱尔兰认为政府作用是帮助消除技术分散产生的障碍，促进技术融合，并为在医院和护理院中开发和采用互联健康技术创造更好的激励因素。它可以整合其现有技术，开发可相互操作、适应性强和可扩展的系统，将爱尔兰本土的创新产品出口到全球市场；通过电信和医疗保健的整合，将整合成果扩展到其他领域，例如疾病的早期检测或提高病人的药物依从性。尤其是爱尔兰积累了老龄纵向研究（TILDA）的丰富数据库，可以帮助开发者更好地了解与老年社会经济福利相关的因素，来开发更适销对路的智能产品和服务。

3. 爱尔兰促进互联健康发展的具体举措

（1）促进新系统进行多学科性实验研究，其中包括科研机构和实业界，引导新产品和服务推介给临床医生和终端用户，推动产品给一些卓越的国际

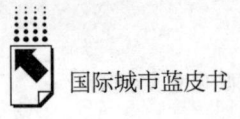

国际城市蓝皮书

机构。

(2) 学习美国小企业创新研究（SBIR）计划，通过政府采购来支持小企业专注于智能互联健康的创新。其中特别关注非营利性中间市场的产品和服务，包括护理院和老年专有住房产品和服务。

(3) 将示范性项目升级为全国性项目，通过系统性创新，为更多的产品和服务提供平台。确保示范性项目能充分重视其解决方案的成本收益性，为出口商海外销售创造有力的成本优势。引入境外服务提供商（客户）来推动系统性平台的实际运行。所有的项目和平台要围绕增进老人健康方面创新的实用方法而展开。

(4) 在爱尔兰已有的基本卫生保健信息系统设施基础上，支持为慢性疾病人服务的国家电子记分卡和远程医疗数据系统的发展。

探索建立健康和服务方面的技术项目，形成大型医疗机构独立的财务投入和支出系统，由此重构现有的信息基础设施。同时充分利用互联健康的优势，开发相关项目，增进基层医疗护理服务人员和终端老年用户对互联健康领域应有的理解和认识。并加强和支持爱尔兰对欧盟在互联健康和辅助生活领域的资金申请。

三 老年辅助生活领域机会

1. 老年辅助生活含义和市场容量

老年辅助生活主要针对需要部分护理照料的老人，其理念是增进老年人晚年社交活动，让老年人尽可能在最长时间里维持自我独立生活状态，远离医院和护理院。辅助生活机会与"互联健康"、"适宜住房"密切相关，这个领域包括使用传感器、通信技术，以及通过移动辅助、致动器、游戏概念和人机界面以支持人们的需求和愿望。具体包括环境辅助生活类，如通过娱乐交流缓解孤独；日常生活监测产品如远程监测仪；辅助照料产品如紧急呼叫和通过电子设备进行的医疗服务咨询；传感技术产品；活动辅助产品；进行物理操作的设备，如打开窗口、自供电机器人、胰岛素泵用微型泵；人机界面类产品，语音、手势、触觉和视频输入，视觉、听觉、触觉、光的输出；物理和认知游戏技术。

全球老年人辅助生活的市场非常大，在2011年，美国410亿美元用于辅助技术，而欧洲的市场在2015年增长22%，达到5.25亿美元。

2. 爱尔兰老年辅助生活领域发展形势分析

爱尔兰的机会是对通信技术相关的物理和电子设备进行开发和并推进其商业化广泛运用，使老年人能够监测和管理自己的健康，从而能待在自己家中就实现更长寿、更健康和更快乐地生活的目标。

遍布爱尔兰在各种研究机构拥有很好的研究专长，而且爱尔兰有强大的工业产品化能力，它也是欧洲生活实验室网络的一部分。爱尔兰将重点放在具有真正实力的辅助生活领域，例如，研究人员已经围绕老年行动关键要素，研究开发来防止老年人身体和认知衰退、维持其独立生活的解决方案；为了帮助老年人使用新技术，开发新颖的人机界面，将游戏概念（和社交连接）引入日常任务；辅助技术与建筑环境的整合还产生适老性"智能家居"。但目前遇到的最大问题就是与数据安全和监管问题相关的挑战和障碍，阻止技术和行业，即游戏，娱乐和健康之间的融合。

3. 爱尔兰促进老年辅助生活领域发展的举措

（1）协调研究机构、实业界、临床医生和用户的活动，以支持形成更好的设计方法。推动娱乐业开发老年人游戏，连接健康和娱乐。

（2）以"社会包容性技术"来促进辅助生活，充分了解关于老年行为和需求的数据，并确保最大的经济和社会效益。同时设计对设计师、企业家和终端用户进行培训和提升他们认识方面的宣传方案。

（3）将辅助生活实验项目提升到国家级项目，以便在更大规模上为终端用户提供福利，让私营企业有利可图。

（4）创建辅助生活空间的创新项目，通过进口专利和技术，吸引国际企业进入爱尔兰。

（5）扩大国家电信和宽带基础设施的覆盖面。

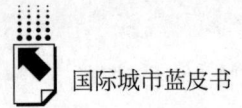
国际城市蓝皮书

四 适老性住房和智能家居领域机会

1. 爱尔兰适老性住房和智能家居领域发展形势分析

首先适老性住房和智能家居市场前景较明朗。

适老性住房和智能家居产品包括模块化建筑系统、节能建筑产品、智能楼宇管理系统、多功能设备和接入系统。具有节约能源、创造适合终身居住的优势，将是发达国家未来发展方向。尽管老年人可能不是智能家居的直接目标消费者，但他们将是这一趋势的重大受益者。目前北美已经形成了一个统一的"智能家居"市场，而欧洲的智能家居市场则很小，主要高度集中在德国，法国，荷兰三个国家。全球适老性住房市场的建筑设计和改造方面也有大量需求；爱尔兰本身的现有住房也有大量改造需求，以更好地满足老年人口的需要。

爱尔兰的机会是开发智能家居方面具有专利性的产品，并将老年辅助生活的适老性智能住宅进行商业化推广，爱尔兰的建筑和设计咨询公司和专业生产厂家会有大量出口机会。爱尔兰目前的基础是，已经有一个建筑环境设计研究与适应老性住宅通用设计基地，也有高科技初创企业和软件企业，因此可以开发智能建筑产品，冲击现有的全球"智能住宅"供应链。

爱尔兰还可以将适宜性住房概念与辅助居住概念相结合，为那些生活环境不适老的老年人开发出独特的解决方案，包括关注隐私、降低成本等方面，先适应国内市场，最终出口到日益增长的欧洲市场。政府可考虑为政策目标提供激励，支持爱尔兰的设计和建筑产品部门，以扩大一般智能家居和改造市场的国际销售，并同时特别开发老年专用产品市场。

2. 爱尔兰适宜住房和改造领域发展的建议

（1）连接起适老性住房和老年辅助生活两个方面，共同提升其附加值。

（2）识别适老性住宅及改造和节能住宅改造，在相关政策和措施推进适老性。在空间设计和空间技术方面开展更多的基础研究，建立虚拟中心来提升适老性住宅的开发。

（3）形成适老性住宅设计和改造的国际竞争氛围。适老性住宅设计和改造是爱尔兰设计节的一部容，可以从全球范围征求设计方案，从而建立起爱尔兰设计界、建筑业与全球领先者之间的联系。支持爱尔兰皇家设计院①和建筑工业联合会②形成工作小组，进行市场研究和国际促销活动。大力发展终身家园和寿命社区的全球设计解决方案。

（4）对多元参与合作的示范性项目进行复制推广。由健康服务执行机构（HSE）和地方当局与设计师、学术团体和科技公司，来共同开发和展示智能建筑及改造的技术。同时研究规划细则，以在住宅使用和再利用方面、街区混合使用方面增进灵活性。同时研究如何扩大房屋适老性改造的援助资金来源，使其惠及更多人。

五　爱尔兰智能老龄化发展特点

1. 老年消费造就智能老龄化市场前景宽广

到 2050 年，全球 60 岁及以上的人口达到 20 亿。21 世纪的"老年人"比以前的世代受过更好的教育，身体健康；他们想要独立生活，继续为他们的社区做贡献，并享受他们以后的健康生活。因此老年人正在塑造经济，它们在非常多的消费市场中构成了庞大且不断增长的市场部门，到 2020 年，总消费率估计将达到 15 万亿美元。到 2050 年，在欧盟成员国中，针对老年人的国家支出预计将占国内生产总值的比例提高 25%，欧盟 3/4 的医疗预算将花在 60 岁以上人中。

---

① RIAI：the Royal Institute of Architects of Ireland.
② the Construction Industries Federation.

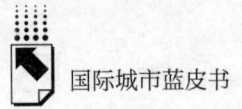

从互联健康市场看[1]，全球医疗服务信息技术市场（healthcare IT）从2012年400亿美元增加到2017年570亿美元。全球移动健康（mHealth）市场从2012年10亿美元增加到2018年100亿~336亿美元，预测到2020年可能达到588亿美元。移动医疗服务市场（mHealthcare）从2013年60亿美元增加到2018年210亿美元，年均增长27%。德勤预测全球医院信息系统市场2018年180亿美元[2]。

虽然各国老年辅助生活涵盖的内容不尽相同，总体而言，老年辅助生活和居住产品市场[3]非常巨大。美国2011年老年辅助生活和居住产品市场规模410亿美元；老年适宜性住房和改造中美国智能住房市场规模最大，将从2013年720亿美元增加到2020年224亿美元[4]。欧洲的老年辅助生活市场从2009年1.55亿美元增加到2015年5.25亿美元，年均增长22%，其中，其中社会性养老机构为1.15亿美元，养老公寓和居家服务为4000万美元。作为老年辅助生活设施中一部分的全球可穿戴产品市场，从2010年630万增加到2018年1264200万美元[5]。

2. 智能老龄化发展需要顶层聚焦和多学科多方面协同

尽管全球市场规模巨大，爱尔兰是全球第一个也是唯一一个国家从上层政治层面来助推本土企业发现利基性市场、产品和服务，以及顺利进入竞争

---

[1] Peter Varnai et al., *Kristine Farla Tammy-Ann Sharp, A Mapping of Smart Ageing Activity in Ireland and An Assessment of the Potential Smart Ageing Opportunity Areas*, techopolis group, www.technopolis-group.com, 2015 – 4, p. 90 – 91。

[2] Peter Varnai et al., *Kristine Farla Tammy-Ann Sharp, A Mapping of Smart Ageing Activity in Ireland and An Assessment of the Potential Smart Ageing Opportunity Areas*, techopolis group, www.technopolis-group.com, 2015 – 4, p. 90 – 91。

[3] Peter Varnai et al., *Kristine Farla Tammy-Ann Sharp, A Mapping of Smart Ageing Activity in Ireland and An Assessment of the Potential Smart Ageing Opportunity Areas*, techopolis group, www.technopolis-group.com, 2015 – 4, p. 96.

[4] Peter Varnai et al., *Kristine Farla Tammy-Ann Sharp, A Mapping of Smart Ageing Activity in Ireland and An Assessment of the Potential Smart Ageing Opportunity Areas*, techopolis group, www.technopolis-group.com, 2015 – 4, p. 100.

[5] Peter Varnai et al., *Kristine Farla Tammy-Ann Sharp, A Mapping of Smart Ageing Activity in Ireland and An Assessment of the Potential Smart Ageing Opportunity Areas*, techopolis group, www.technopolis-group.com, 2015 – 4, p. 96.

激烈的国际市场和最大限度地获得商业机会。这样的持续而集中的政治承诺会有利于智能老龄产品的开发国际市场，并推动该领域的进行多学科协调。爱尔兰也积极推动私人部门的创新性和技术能力，发挥他们所长，在国际舞台上进行有效的竞争。

正因为顶层聚焦和多学科、多方面协同，爱尔兰智能老龄化已经在诸多领域崭露头角，如进一步发挥其优势，将能帮助企业把现有的知识转化为强大的经济效益，同时智能老龄新的成功企业的持续发展需要有来自金融服务和教育等关键部门的有力支撑。

3. 多部门协同推进智能老龄化

第一，中央政府部门是最适合确定"智能老龄化"的总体策略。任何执行战略需要认识到有许多预先存在的倡议，所有这些都应该围绕一个更大的愿景或国家议程来展开。可以通过全国性智能老龄化竞赛，为的智能老龄化不同方面的重大创新提供奖品，由此来激励各方对共同愿景的认识。

第二，通过先建立跨部门督导小组，再将其转变成一个常设委员会的方法，来逐步弥合部门间利益冲突，最终达到实现统一的政治承诺。建立一个跨部门的智能老龄化委员会进行领导和监督，并让最相关的具体部门进行详细的规划，并贯彻实施。

第三，建立智能老龄化领导委员会来管理私营部门和第三部门，制定详细的智能老龄化战略并通过宣传、沟通和协调，推动这一议程在多项政策和行业环境中实现。推动智能老龄化议程在特定区域的权限和能力，形成召集和支持工作组，积累专门知识和资源。

第四，由国内的研究机构、卫生部门、地方政府、用户和企业，在一个安全环境下通力合作，进行跨领域（多学科和多利益相关者）的产品和服务的合作开发。

第五，建立一个智能国家老龄化全国中心，汇集该专题领域所有研究能力，即便是个"虚拟组织"，也将更好地展示顶层设计承诺，有利于吸引广大公众以及商业界的关注，推动智能老龄事业和产业发展。

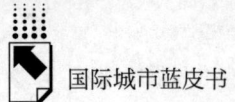

参考文献

PeterVarnai et al. , *Kristine Farla Tammy-Ann Sharp A Mapping of Smart Ageing Activity in Ireland and An Assessment of the Potential Smart Ageing Opportunity Areas*, techopolis group, www. technopolis-group. com, 2015 – 4.

https: //sbir. nih. gov/.

http: //www. openlivinglabs. eu.

城市文化篇
Urban Culture

B.13
国外"特色小镇"建设条件、特征与规律

李 健*

摘　要： 当前特色小镇建设已成为我国新型城镇化发展的重要路径和发展内容，但我国特色小镇的规划建设仍然缺乏理论指导和国际对标支撑，这在实践工作中引发诸多争议。本文试图通过分析国外小城镇发展进程中的各种时机和条件、小城镇建设的特征和规律对该问题进行对标和解析，最后总结国际经验对中国特色小镇建设的重要启示。

关键词： 特色小镇　国际对标　特征规律

---

* 李健，博士，上海社会科学院城市与人口发展研究所副研究员，主要研究方向：城市经济与空间规划，近年聚焦于全球生产网络视角下的地方产业升级与高科技城市转型研究。

2015年初，浙江省在"两会"上提出"特色小镇"的发展概念和建设目标，其目标是"以新理念、新机制、新载体推进产业集聚、产业创新和产业升级"，特色小镇的先进理念迅速在全国城镇发展中形成引领效应。到2016年7月，住房和城乡建设部、国家发改委、财政部联合发布《关于开展特色小镇培育工作的通知》，提出2020年的发展目标为，"培育1000个左右各具特色、富有活力的休闲旅游、商贸物流、现代制造、教育科技、传统文化、美丽宜居等特色小镇"。[①] 2017年，李克强总理在《政府工作报告》中也再次重申"支持特色小城镇发展"。2016年10月和2017年7月，住建部先后公布两批国家特色小镇建设示范名单，总共403个小城镇入选。

实际上早在20世纪80年代，学术界就小城镇与城镇化发展的关系进行过激烈的讨论。而在最近十年中，基于快速城镇化发展的态势和不断出现的"大城市病"问题，针对小城镇的研究和实践同样也在不断推进。"特色小镇"概念的提出，为我国小城镇建设指明了正确的发展方向，但我国特色小镇的规划及"运动式"的建设是否符合城镇化发展的规律仍有待深化研究，由此也带来关于其研究和实践工作的各种争议。本文通过分析国外小城镇发展进程中各种时机和条件、小城镇建设的特征和规律，对以上问题进行解析，期许为中国特色小镇规划建设提供一定的启示和指引。

一 城镇化发展与特色小镇建设的时机条件

1. 城镇化水平的比较

"二战"以后，欧美国家工业化和城镇化的快速发展导致许多城市人口高度集聚，交通、住房、公共服务、生态等问题频发。从20世纪60年代开始，欧美国家先后开始启动郊区化发展计划，小城镇特别是特大城市周边的

---

① 住房和城乡建设部、国家发改委、财政部：《关于开展特色小镇培育工作的通知》，2016年7月1日。

小城镇成为发展重点。而到70年代，我们的近邻日本、韩国也先后进入以郊区和小城镇为发展重点的阶段，以缓和大城市发展进程中出现的问题。从进入小城镇重点建设阶段的城镇化水平看，欧洲普遍城镇化水平超过了75%，美国超过了70%，日本城镇化水平也超过75%，而韩国甚至在低于我国现阶段城镇化水平的时候（大概45%左右的水平）就开始重点推进小城镇的建设进程。

我国自1978年以来，城镇化经历了快速发展和加速发展阶段，2016年城镇化水平达到57.35%，较1978年的17.9%大幅提升39.45个百分点。2014年制定的《国家新型城镇化规划（2014－2020年）》指出，当前中国正处于产业升级与转移的关键时期，资本与劳动力在城市间的流动更加频繁，城市在经历较大规模扩张后，真正进入以城市群为主体形态的发展阶段。2016年2月国务院颁发《关于深入推进新型城镇化建设的若干意见》，提出"加快培育具有特色优势的小城镇，带动农业现代化和农民就近城镇化"。[①]

2. 小城镇人口的比较

当前欧美等发达国家的小城镇人口占该国城市总人口的比重普遍超过60%。就美国的情况看，2010年美国总人口为3.09亿，其中63.0%人口居住在5万人及以下的小城镇（见图1）；就德国情况看，2014年底德国总人口为8119.8万人，其中约80.0%的人口居住在10万人及以下的小城镇（见图2）。由此可见，小城镇很明显已成为发达国家实现城乡均衡发展的重要经济活力点。

而从中国当前小城镇人口的布局情况看，很明显达不到欧美发达国家城市的水平，更多的人口集中在沿海地区的大城市。城市病的爆发包括人口膨胀、交通拥堵、房价飞涨等问题已经制约了城市的可持续发展。与此同时，乡村面临土地大量荒置、宅地废弃、人口老龄化等诸多问题，高速城市化催生的"大城市病"和"乡村病"同时爆发。由此，通过发展特色小镇以统筹城乡发展，应成为中国新型城镇化发展的重要路径。

---

① 国务院：《关于深入推进新型城镇化建设的若干意见》，2016年2月6日。

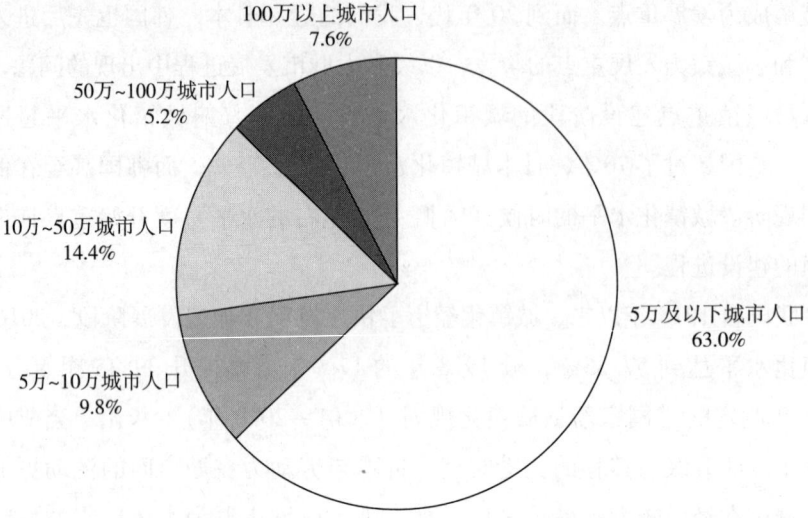

图1　2010年美国城镇规模体系人口分布

资料来源：中国指数研究院，http://finance.ifeng.com/a/20170804/15567846_0.shtml。

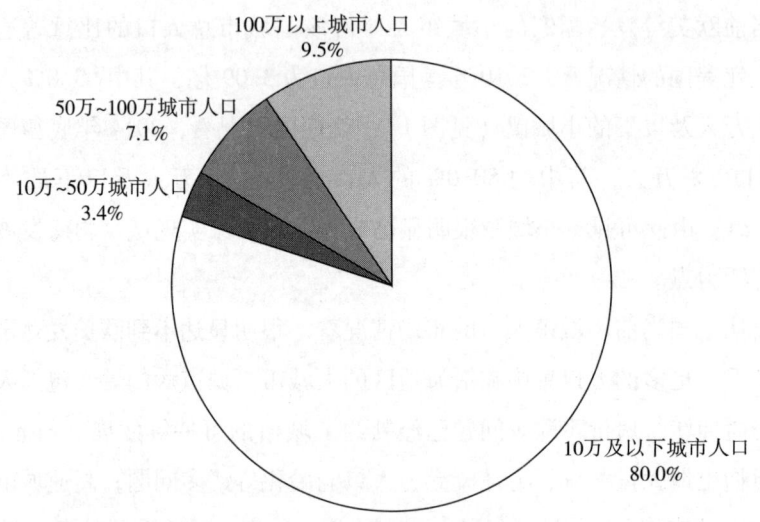

图2　2014年德国城镇规模体系人口分布

资料来源：中国指数研究院，http://finance.ifeng.com/a/20170804/15567846_0.shtml。

二 国外特色小镇建设的核心特征与规律

从欧美发达国家小城镇发展的进程和经验总结来看，并非是所有的小城镇都具备发展特色小镇的成功基因，这对于当前我国"一窝蜂"而上的特色小镇规划建设绝对是值得警惕的。深入挖掘国外特色小镇建设的特征和规律，可以为我国特色小镇的规划建设提供借鉴。

1. 国外成功的特色小镇是长期特定社会经济发展的产物

就国外典型特色小镇的发展历程考察，它是一个长期的积累和特定经济文化条件的产物，历史文化、社会经济、家族传统的延续等是特色小镇最大的特征和规律。始建于1895年的瓦滕斯水晶小镇（Wattens），伴随施华洛世奇家族成长而成长；荷兰羊角村，几百年独特的历史文化景观，造就历史文化特色小镇；而社会消费观念的转变，更是催生了历史感的壁画小镇、蓝白小镇等名人型、文化型特色小镇。即便是具有深厚经济基础作为支撑的企业总部引领型特色小镇，如硅谷小镇、格林尼治基金小镇（Greenwich）也都有几十年的发展历史。

我国提出到2020年培育和创建1000个特色小镇的目标，与国外特色小镇发展的经验相比较，存在建设周期短的问题，与产业升级、文化培育、旅游发展等具有长周期性要求的内涵存在冲突。在国外，一个成功的特色小镇即使培育期也至少需要10~15年的实践。因此，我国特色小镇未来在规划、建设、实施等方面应以城镇长远发展为基本导向，避免运动式、短期效应的发展路径。

2. 国外成功特色小镇的区位选择不一定临近大城市

中国指数研究院（2017）曾经选择国外最为成功和知名的110个特色小镇为研究样本进行考察，包括欧洲59个、北美洲28个、亚洲15个、大洋洲8个。就这110个特色小镇的空间区位分布考察，分为大城市依托型、网络节点型（交通节点型）以及孤点分布型三种类型，分别占比为22.4%、37.3%和40.3%。即国外成功特色小镇的区位选择不一定会完全依赖于大

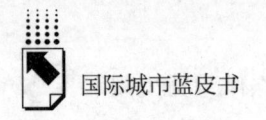

城市，而交通节点型和拥有强势资源的孤点分布型特色小镇成功的概率更大。

就我国目前以房企运营为主并且已经建设运营和实施规划的80个特色小镇样本为考察对象，大城市依托型的特色小镇占比高达48.2%，高于国外25.8个百分点；网络节点型特色小镇次之，占比为28.9%，比国外低了8.4个百分点；孤点分布型特色小镇最少，占比22.9%，比国外低17.4个百分点。从目前我国特色小镇建设布局情况看，大城市周边小镇在政策优惠、交通便利、消费市场等方面均具有突出优势，开发经营的风险也相对较小，因此成为首选。但从长远效益及特色小镇发展的内在规律看，特别是在新型城镇化对社会利益、生态利益的追求目标下，大城市依托型特色小镇并非最佳选择，而基于特色导向，交通节点型和孤点分布型特色小镇的地位反而非常突出。

3. 国外成功特色小镇的发展突出产业与文旅的均衡

从中国指数研究院（2017）选取的国外110个成功特色小镇的发展内容考察，文旅型占比为44.8%、产业型为35.8%、综合型为19.4%，其中文旅型和产业型特色小镇的占比较大。我国80个样本特色小镇的情况为，文旅型一支独大，占比达60.2%，较国外高15.4个百分点，产业型占比27.7%，较国外低8.1个百分点，综合型占比为12%，较国外低了7.4个百分点。

从大城市依托型特色小镇的发展基础看，其多位于大城市1~2小时交通圈内，具有承接大城市产业、人才和服务的城市基础设施，具有良好的自然和社会环境。此外，更可能具有独特的自然风光、历史文化资源要素，通过旅游产业体系打造，吸引大城市居民及世界游客前来观光旅游。网络节点型特色小镇多位于交通条件较好的节点型城市，以产业发展为主，借助良好的区位、交通和基础设施条件，打造高度专业化的产业发展集聚区，形成"小而精"的产业小镇；同时，也有部分的网络型节点城市具有良好的自然环境和历史悠久的农业、手工业生产历史，进而发展成为国际知名的文旅型特色小镇。而孤点型特色小镇一般都具有得天独厚的资源禀赋，辅之以强大的IP运营能力，克服区位不佳影响，发展成为相对私密和珍贵的特色小镇。

由此可见，我国特色小镇以文旅型为主，这与我国特色小镇多临近大城市有密切关联。

4. 国外成功特色小镇的定位讲求个性的"特而强"

从国外特色小镇的发展历程和成功路径总结，各种特色小镇资源禀赋各异，基于特色资源并且在发展时间和区位选择上形成良好的耦合，才是特色小镇成功的内在主因。对格林尼治基金小镇成功的经验进行总结，内容是：主要得益于地方的良好环境、优惠税收、东部时区、良好的网络等特色条件；羊角村作为历史延续型和文化催生型的特色小镇更是离不开特色社会文化、丰富人文底蕴的历史积淀；格拉斯香水小镇的发展，离不开当地的鲜花种植、香水艺术活动等产业条件和事件机遇。

在我国特色小镇的建设进程中，也有突出特色，如云栖小镇、梦想小镇都是以新兴互联网经济为特色的小镇，分别是以大数据、云计算和"互联网创业＋风险投资"等信息服务产业为主。因此，在当前特色小镇建设热潮下，必须关注特色小镇发育特殊条件和机遇，找准特色、凸显特色、放大特色、传播特色，是特色小镇建设能够成功的关键所在，避免生搬硬套和大规模复制，处理好特色小镇的个性与普适性，才能实现特色小镇的成功发展。

5. 国外成功特色小镇市场以运营为主、政府推动为辅

强大资源配置能力和运营能力是特色小镇能够成功的关键因素。特色小镇需要配套引入完善的教育、医疗、商业、酒店等资源和设施，这些都需要市场和政府的良好配合。从国外成功特色小镇的发展经验总结，市场运营和政府扶持缺一不可，但更多是以前者为主、后者为辅。

其发展基本逻辑是市场经济保障特色小镇良好的资本投入和产出效应，而政府可以通过土地供应、税收减免等配套政策的扶持，提升企业运行效率和降低企业成本，进而不断推动企业和人口集聚，最终培育形成特色小镇。格林尼治基金小镇是其中的代表，拥有良好自然生态，临近大都市，具有优良的自然生态资源条件，可满足基金人才对环境的需求，因此对冲基金企业愿意选择在格林尼治落户。与此同时，政府提供的税收减免、产业配套、公

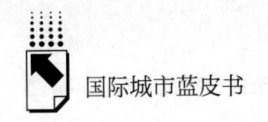

共服务、基础设施等进一步优化基金产业的经营环境。反面案例是20世纪80年代日本的对冲基金产业发展，日本政府苛刻的税收管理制度对企业造成压力，对冲基金逐步转移到了新加坡等国外地区。目前我国特色小镇建设的行政推动力量较强，在"年度考核、三年验收""培育一批、创建一批、验收一批"等考核和竞争压力之下，政府投资就成为特色小镇最为便捷的推进道路，难以真正发挥市场配置资源的核心作用。

6. 国外成功特色小镇具有全国性乃至全球性影响力

对照国外成功和知名特色小镇的发展特征和影响力就会发现，其发展定位和发展内容往往是国家或全球性的，这类特色小镇的影响力也是全国乃至全球性的。当前，我国特色小镇建设包括了三级体系：国家级、省级及市级特色小镇。因此，如何差别定位和推进不同等级特色小镇建设发展，是特色小镇在发展中需要进行战略思考的问题。

此外，我国特色小镇的建设具有明显的探索新型城镇化发展道路的示范意义，应明确特色小镇的重点在于特色产业发展及小镇对区域经济的带动作用、人口的集聚功能，是在原有城镇基础上的发展和开发，避免各级政府发力形成的造镇运动，杜绝在特色小镇建设中将数量作为追求的目标，明确特色小镇的建设功能，保障特色小镇建设规模与发展特色的平衡，提升特色小镇的发展质量。

三 国外特色小镇建设经验对中国的启示

1. 以理论为框架，以市场为引导，强化特色小镇规划和政策设计

在实践调研工作中，我们发现很多地方纯粹是以房地产开发和基础设施建设为主导来开发建设特色小镇，缺乏完整的开发框架。中国的特色小镇建设发展，不仅需要资本和人才，更需要科学理论框架予以指导，包括理顺开发理念和开发逻辑，要真正把市场配置资源的框架落实到特色小镇的规划建设、投融资及开发运营中，避免纯粹基础设施建设和空城鬼城，实现新型城镇化发展的终极目标，推动以人为本和高效开发特色小镇，引导城乡均衡发展。

特色小镇是新型城镇化发展进程中服务广大农村区域的重要的空间单元，必须突出以新理念、新思路、新逻辑来强化空间规划引导，要特别注重特色小镇在中长期范围内的发展路径，谋求长远发展而不是追求短期效益。同时，特色小镇作为供给侧改革的新生事物，涉及体制机制、政策配套以及转型发展的内在要求，存在巨大提升空间，制度创新和政策改革必须走在前头，包括土地、户籍、资本、产业等领域的创新发展。

2. 挖掘小镇特色，提升文化内涵，推动功能叠加和融合发展

作为拥有五千年历史文化的大国，多元的民俗民风、地理环境造就中华大地各具特色的自然资源和历史文化景观。不同地方特色小镇的开发运营必须要考虑如何深挖城镇特色，才能真正赋予特色小镇深度的文化内涵和精神内涵，这毫无疑问不是资金就能解决的问题，需要科学的前瞻性思维逻辑，实现长远效益。

中国特色小镇建设是新型城镇化发展的一种路径，承担着推动城乡均衡发展的重要任务，特色小镇的建设要实现多重社会功能的融合，推动产业、文化、旅游和社区等多个领域真正产生叠加效应并实现融合发展。深挖特色小镇的精神内涵，如格拉斯香水小镇传达出一种美，这种美可以延展到小镇多领域包括产业、功能、文化甚至社区，要通过多种渠道传递和实现这种美。

3. 把握地方基础，优化产业环境，提升集聚氛围和服务水平

在我国城市群建设的大背景下，小城镇成为核心城市和地方空间的连接点，扮演"枢纽角色"。特色小镇作为"枢纽"中比较重要的节点，就需要承担更多"衔接"城市和区域的功能，因此必须不断强化产业发展的基础，吸引更多人口和社会服务功能集聚。这就需要科学分析地方产业发展的条件和机遇，例如稀缺的自然资源、生态环境、历史资源等，通过主导产业培育，推进特色小镇成长。

因此，必须不断提升专业化的产业集聚氛围，持续完善特色小镇服务水平。首先要对私营企业和个体经营高度重视和支持，保障这些企业在小镇的经营活动活力，迈向区域甚至全球市场。其次，注重地方人才培养和不断提升素质，保持小镇特色产业的创新活力和提升人文水准。最后，优化小镇创

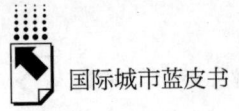

业经营环境,提升企业的互补性、灵活性和创新能力。

4. 科学定位发展,规避资金风险,完善资源配置和管理运营

根据《关于开展特色小镇培育工作的通知》,到2020年,我国将培育1000个特色小镇。在实践工作中也发现大量特色小镇规划"撞车",以基金小镇为例,截止到2017年7月底,全国基金小镇数量多达34个,小镇缺乏科学定位且模式雷同,脱离实际的发展基础。

另外,特色小镇发展以新型城镇化为导向,具有在城建、产业、社会、管理、环保等多个领域综合发展的任务,因此前期资金投入大、回收周期长等,如何规避资金短缺风险亦是重要任务。但特色小镇综合运营才是最关键的问题,提升资源配置和管理运营能力也就成为特色小镇成功的关键。而在PPP营运模式下,新型城镇化发展配套需要引入教育、医疗、商业、酒店等多种社会资源,因此需要更多城市参与者进入,从而保证特色小镇的发展以及生产活力。

5. 注重发展时序,发挥资源优势,优化空间体系和产业内容

由于大城市在发展政策、区位交通、消费市场等领域具备优势,在周边地区开发特色小镇的风险也相对较小。因此,首先,我国一线城市以及杭州、苏州、南京、武汉、重庆、成都、天津等新一线城市应该成为特色小镇率先推进的地区,紧抓大城市产业和市场外溢、需求旺盛等条件,打造产业、"产业+文旅"等各种类型的特色小镇。其次,在交通网络节点的区域,挖掘其地区资源特色,重点打造文旅、"文旅+产业"型特色小镇,不断实现在产业发展、科技创新、人才培育和生态环境等领域的突破。最后,选择生态环境优美的小镇,通过资源精深利用、内涵注入、消费延伸和IP运营,重点打造文旅型特色小镇。

参考文献

中国指数研究院:《100个国外经典小镇告诉你成功的特色小镇应该这样做》,

http：//finance. ifeng. com/a/20170804/15567846_ 0. shtml，2017 - 8 - 4。

《国外特色小镇如何打造》，《解放日报》，http：//cx. xinhuanet. com/2017 - 03/20/c_136142530. html，2017 - 3 - 20。

人民网，http：//house. people. com. cn/n1/2017/0401/c164220 - 29185812. html。

新盛唐集团，http：//www. stang. cn/news/newslist396. html。

B.14
墨尔本旅游行动规划强调全过程人文体验*

杨传开　王晓伟**

摘　要： 墨尔本是世界著名旅游城市，其城市旅游发展取得了巨大成就。本文以《墨尔本旅游行动计划（2016～2019）》为基础，梳理了墨尔本旅游行动计划的主要内容。该计划提出了从计划和预订、去目的地途中、到达目的地、在目的地旅游、离开/返程五个环节构建全方位系统性的旅游信息供给策略，真正体现了以游客为本，值得中国城市借鉴。

关键词： 世界旅游城市　城市旅游　旅游规划

大力发展旅游业，成为世界各国增强综合竞争力的战略决策，联合国已将2017年定为国际可持续旅游发展年。城市正成为世界旅游经济的中枢，是世界旅游经济的核心承载地和发源地。[①] 国内越来越多的旅游城市意识到城市的国际化、现代化和品牌化对于旅游发展的重要性，纷纷提出打造世界旅游城市的宏伟目标。作为世界著名旅游城市的墨尔本，不仅是澳大利亚国民心目中位列第一的城市，同时也是全球公认的"世界上最宜居的城市"，每年都吸引国内外诸多游客前来观光旅游、休闲度假。墨尔本市于2016年

---

* 本文主要基于墨尔本市的《墨尔本旅游行动计划（2016～2019）》，特此致谢。
** 杨传开，博士，上海社会科学院城市与人口发展研究所助理研究员，主要研究方向：城镇化、区域规划；王晓伟，硕士研究生，上海社会科学院城市与人口发展研究所，主要研究方向：区域经济。
① 《世界旅游经济趋势报告（2017）》，http://cn.wtcf.org.cn/。

制订了《墨尔本旅游行动计划（2016～2019）》，从计划和预订（Planning and booking）、去目的地途中（Travel to destination）、到达目的地（On arrival）、在目的地旅游（In destination）、离开/返程（Departure/return home）五个环节，针对游客需求做了全方位的规划，并提出了相应的指标体系。本文将对该计划进行全面介绍，进而总结对中国旅游城市进行城市旅游规划、建设世界著名旅游城市的启示。

一 墨尔本建设世界旅游城市的传统与优势

墨尔本于1835年建市，是澳大利亚第二大城市及维多利亚州的首府，其历史可追溯到4万多年前。因拥有各种特色的体育、文化、节庆活动和购物中心、剧院、餐馆、咖啡馆、酒吧以及有趣和多样化的街道、街区，墨尔本被澳大利亚人评为"第一城市"。

1. 文化气息浓厚，享有"澳大利亚文化之都"的美誉

墨尔本城区具有丰富的文化活动资源，诸如艺术画廊、节庆活动、街头艺术、现场直播、独立音乐、电影、文学活动等，以及商业剧院、音乐厅、独奏中心、博物馆等文化场所。澳大利亚最古老的公共图书馆——维多利亚州立图书馆也于1854年在墨尔本建立。墨尔本被联合国教科文组织命名为"文学之都"。同时，墨尔本也享有澳大利亚"音乐之都"的美誉，它比澳大利亚其他任何城市都拥有更多的音乐场所。古典、摇滚、爵士、器乐、合唱等不同风格的音乐都在礼堂、酒吧、俱乐部等上演。墨尔本居民和游客喜欢这个城市的生活方式——餐馆、市场、时装店、咖啡馆遍布巷道；酒吧、画廊、博物馆、公园都十分有特性。墨尔本的公共交通系统也得到游客好评，公共汽车、火车和电车系统提供定期、可靠的服务，在城市中心可以免费乘坐有轨电车。

2. 世界著名的重大节庆活动举办地

墨尔本每年都吸引了诸多重要的国际时尚、文化、体育活动在此举办。每年有超过500个本地和国际商业活动在墨尔本举办，商业活动、会议会展

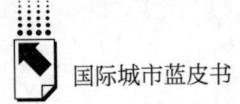

等对澳大利亚经济做出了重大贡献。墨尔本还拥有许多繁华的商业区、咖啡馆和餐馆，零售业和餐饮业对墨尔本经济每年的贡献达87亿美元。

3. 吸引了众多留学生和其他国家人口

墨尔本是国际留学生向往的世界著名留学城市，2015年12月QS（Quacquarelli Symonds）公布的"最佳留学城市排名"中，墨尔本位列世界第二，仅次于巴黎，是世界上留学生人数第三大城市。墨尔本是世界著名生物医学和医疗中心，拥有七所大学，澳大利亚排名第一的墨尔本大学也坐落在此。文化多样性是墨尔本的重要特质，多元文化的人口促进了墨尔本城市独特氛围的形成。墨尔本48%的居民出生于海外，他们来自200多个国家，说230多种语言和方言，有120多种信仰和宗教。

从2014年10月至2015年9月，墨尔本吸引了1120万游客：其中有530万"国内一日游"游客；440万国内过夜游客，包括58%的休闲旅游游客、36%的商务游客以及6%的其他游客；150万的国际过夜游客，包括82%的休闲旅游游客、12%的商务游客、4%的教育游客以及2%的其他游客。这些游客在墨尔本共消费大约83亿美元。

二 墨尔本旅游行动计划的关注方向

2013年，墨尔本市对游客旅行信息进行了研究，以便更好地了解游客的信息需求。在此基础上，墨尔本市于2016年制订了《墨尔本旅游行动计划（2016～2019）》，从游客计划和预订、去目的地途中、到达目的地、在目的地旅游、离开/返程五个环节做出了全方位的规划（见图1）。

1. 在计划和预订阶段使墨尔本成为游客广泛认可的旅游目的地

计划和预订阶段决定了游客对目的地的选择，因此，城市需要在一开始就从众多的社交媒体上脱颖而出，以便在开始阶段就能够吸引住潜在的游客。对游客信息需求的研究表明，一方面，游客更喜欢通过在线以及政府网站获得相关信息，另一方面，过多的信息源却往往导致游客不能够及时找到感兴趣的信息。

墨尔本旅游行动规划强调全过程人文体验

图1　墨尔本旅游计划的五个环节

资料来源：*City of Melbourne Tourism Action Plan* 2016 – 2019。

在该阶段，住宿信息是游客最为关注的信息（79%的游客选择），此外，地图、景点等信息也是游客十分关注的内容话题。数字地图、移动应用程序APP以及政府官方旅游网站是游客最喜欢的信息来源方式。此外，宾馆工作人员也是游客重要的信息源。

针对计划和预订阶段，墨尔本提出了响应策略。第一，通过政府和企业合作，提高墨尔本在重点市场的知名度和吸引力，使墨尔本成为公认的适合观光、学习、商务和节庆旅游目的地；第二，提高墨尔本在教育、研究、商业、会议展览等方面的国际认可度，使墨尔本成为公认的智慧、魅力、绿色和清洁城市；第三，加强墨尔本市的数字化，提高游客社会媒介的线上和线

179

下信息服务，使游客在旅行计划阶段可以更便捷地获取有关墨尔本的信息；第四，提升墨尔本在音乐、艺术、文化、食品、大型活动、购物、国际体育和商业活动等方面的实力，吸引鼓励更多的游客逗留更长时间；第五，确保游客可以轻松地预订住宿、线路和其他旅游产品；第六，政府和企业政策支持墨尔本作为旅游目的地，持续发展旅游业。

2. 前往目的地途中确保游客有多样的选择

到墨尔本旅行有很多选择，而旅途中提供的信息往往能够吸引游客的注意力。通过空中杂志、视频以及邮轮上的简报宣传，都可以增强墨尔本的积极形象。本阶段主要实现两个目标：第一，在前往墨尔本的途中，确保游客可以随时看到有关墨尔本旅游活动的信息，增加游客在墨尔本游玩的时间，以便让游客在墨尔本有更多的体验和消费。第二，改善墨尔本的游客服务，与墨尔本机场和维多利亚政府合作，增强墨尔本的空运服务和接待能力；与合作伙伴共同增加访问墨尔本的邮轮数量，进而吸引更多的游客来到墨尔本。

3. 到达目的地后对墨尔本留下积极的第一印象

城市往往只有一次机会给初来乍到的游客留下好的第一印象。交通（包括出租车、机场巴士和公共交通）、住宿和游客服务都可以给游客留下积极或消极的印象，而游客的印象不仅会影响游客是否会重游墨尔本，而且其旅游体验还会影响其他游客是否会选择墨尔本作为旅游目的地。

对游客信息需求的研究表明，交通和周边信息是游客抵达目的地后最需要的信息，占总调查数量的50%。游客到达目的地后，往往最需要食宿、地图（特别是纸质地图）和游客服务中心的相关信息。此时，游客一般都会依赖于传统的非在线信息，例如寻找最新的纸质旅游资料或者向宾馆酒店工作人员询问。

掌握了该阶段游客的信息需求后，墨尔本制定了五个方面的响应策略。第一，通过改善基础设施和运营能力，满足游客需求，同时提高对来访游客的欢迎度，让游客感受到受欢迎，创造一个良好的第一印象。第二，确保为到来的游客准备好交通地图、餐饮及其他旅游信息，并开发景点引导项目，协助旅客确定方向，让到达的游客对去哪里和如何到达感到更顺畅。第三，整合车站、码头，改善墨尔本游客通道与中心城市之间的交通联系，提高游客和中心城市之间的连接，让游客可以轻松到达城市中心。第四，推广多语种的旅游信息服务，让游客能够便捷地寻找到游客服务中心。第五，热烈欢迎到达墨尔本的邮轮乘客和船员，为到达的游客和船员提供相关旅游信息，让乘邮轮抵达的游客感受到很受欢迎。

4. 在目的地旅游过程中让游客爱上墨尔本

在这个阶段，游客根据自身即时需求，会在数字渠道和传统渠道之间来回转换，搜寻购物、餐饮、景点、导游、交通、地图、游客服务中心以及住宿等信息。在该阶段，那些在墨尔本感到受欢迎的游客往往会更有可能把墨尔本作为一个旅游胜地向其他人推荐，而口头宣传往往比其他信息影响力更大。

基于此，墨尔本在该阶段提出了八个方面的策略响应。第一，保护墨尔本的街景和建筑形式，美化城市街景，提高交通可达性，建设多样化的开放空间网络，让游客享受到墨尔本独特的街景和友好的感觉。第二，通过数字网络、面对面服务等，确保游客随时可获得相关旅游信息；确保游客服务队伍有能力满足墨尔本游客市场不断变化的需求。第三，增加交通、住宿和相关基础设施方面的投资，包括鼓励在本市投资旅游和住宿，改善交通，保证水上运输安全可靠，提高海滨/海洋遗产的认可度等。第四，在地铁项目规划和早期建设阶段，建设指路牌使地铁成为为当地企业、旅游业、零售业和酒店业发布信息的重要渠道。第五，改善游客服务和基础设施的环境，鼓励游客践行可持续发展理念。第六，引入道路标识系统；支持建立一个安全的24小时城市；鼓励游客探索墨尔本内城；鼓励墨尔本人和来墨尔本的游客去维多利亚地区旅游等。第七，对所有游客提供高水平消费服务。第八，通过开发，展现墨尔本在文学、设计、音乐、表演、音乐剧场等方面优势的产品以及鼓励企业自主开发产品，让游客更加容易融入城市，参与城市发展。

5. 离开目的地后让游客为墨尔本代言

游客离开目的地时，往往会通过更新脸书、推特、上传照片来和朋友、家人以及同事分享旅游体验，同时还会进行相应的评价。据统计，有超过一

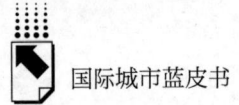

半的游客在离开时会使用社交媒体上传其旅游评价。而其他人往往会使用游客的评价和反馈信息来计划他们未来的行程,据统计,78%去墨尔本旅游的游客会在出发之前利用社交媒体搜索其他游客对宾馆的评价,72%的人会参考他们朋友、家人以及同事的建议。因此,让游客离开目的地后依然给旅游城市代言,吸引其他潜在游客前来,对于城市旅游发展至关重要。

墨尔本提出要让游客向其朋友和家人推荐墨尔本,并让游客计划重游墨尔本。一方面,定期审查墨尔本的游客服务网络,增强游客服务网络的作用;另一方面,作为墨尔本数字行动计划的一部分,为访客建立社交媒体渠道,鼓励离开的游客分享他们有关访问墨尔本的心得和体会。

三 墨尔本旅游行动计划对中国城市旅游发展的启示

墨尔本的旅游城市行动计划从游客视角出发,关注游客从出发到返回的全过程信息需求,真正体现了以人为本的思想,同时也在一定程度上促进了城市旅游的发展,值得中国城市借鉴。

1. 关注游客需求,加强游客行为和需求的研究

准确把握游客需求是进行城市营销和开发旅游产品的第一步。在国内城市制定旅游规划过程中,应当加重对游客行为和信息需求的研究,针对不同年龄、不同性别、不同国家的游客开展针对性调查,摸清游客在不同阶段所需要的关键信息,进行精准推介。不仅有助于提升旅游产品的合理性,而且也真正地体现了以人为本。

2. 提升城市形象,增强游客对城市形象的感知

城市具有"磁铁"和"容器"功能,[①] 发挥城市"磁铁"功能吸引游客,关键是要塑造好城市形象,提升城市吸引力。一方面,可以借助政府网站、旅游媒体、微博、微信等渠道宣传推荐旅游城市。另一方面,要持续开发新市场,整合资源,创新产品。城市旅游的特点决定了城市要么不断寻求

---

① 刘易斯·芒福德:《城市发展史——起源、演变和前景》,中国建筑工业出版社,2005。

新的客源市场来代替原有市场，要么不断提供新的产品以满足现有市场。[①]为此城市需要通过加强营销、开展区域合作等方式挖掘新的客源市场；同时需要不断整合资源、创新产品。另外，要关注重大事件的带动作用，积极举办不同层次规模与类型的事件。[②]

3. 完善公共服务，提升游客在城市旅游的感受

发挥城市"容器"功能，让游客在城市中安全舒适的旅游，关键是要完善旅游公共服务。借鉴墨尔本在中间环节关注的细微之处，例如及时提供旅游地图、开发城市旅游 APP 等，让游客更方便寻找路线。同时提升服务人员的态度，让游客感受到城市的热情。此外，也应着力构建智慧型旅游，完善标识系统，为居民和游客提供便利。

4. 建立反馈体系，为游客提供意见反馈渠道

墨尔本提出让游客向他们的朋友和家人推荐墨尔本，并让游客计划重游墨尔本，这对于开拓潜在旅游者至关重要。可以借鉴墨尔本的做法，发挥网络作用，为游客建立社交媒体渠道，通过奖励或优惠等形式，鼓励游客通过微博、微信、QQ 等手段对旅游景点进行展示、评价和宣传。另外，建立信息反馈专栏，针对游客提出的意见给出诚恳的回复和整改，让游客感受到城市的认真负责。

参考文献

Mordue T, "Testing Governance-a Research Agenda for Exploring Urban Tourism Competitiveness Policy: the Case of Liverpool 1980 – 2000", *Leisure Studies*, 2007（4）：447 – 462.

City OF Melbourne Tourism Action Plan 2016 – 2019, http: //www. melbourne. vic. gov. au/business/doing – business/sectors/tourism/Pages/tourism-action-plan-2016 – 2019. aspx

---

① Mordue T, "Testing governance-a research agenda for exploring urban tourism competitiveness policy: the case of Liverpool 1980 – 2000." *Leisure Studies*, 2007（4）：447 – 462.

② 杨传开、张祥、蔡萌：《城市旅游地功能强度测度及提升——以上海为例》，《社会科学家》2014 年第 5 期，第 92~97 页。

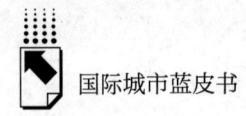

刘易斯·芒福德:《城市发展史——起源、演变和前景》,中国建筑工业出版社,2005。

马晓龙:《世界旅游城市的建设》,http://blog.sina.com.cn/s/blog_6ae715850100xj3p.html。

《世界旅游经济趋势报告(2017)》,http://cn.wtcf.org.cn/。

杨传开、张祥、蔡萌:《城市旅游地功能强度测度及提升——以上海为例》,《社会科学家》2014年第5期。

B.15
亚洲七国依托城市社区推进终身学习与成人教育体系

肖黎春*

摘　要： 当今各国都朝着建设终身学习社会的方向努力，并作为提升活力的有效手段。基于联合国教科文组织的研究报告，本文主要从六个方面对亚洲七国以社区为基础的终身学习和成人教育进行分析阐述。主要对终身学习的概念性定义、全民教育目标、终身学习发展状况、面临的挑战与国家最佳实践案例进行了评析，并对未来中国终身教育发展的启示进行了归纳。

关键词： 终身学习　成人教育　社区学习中心

终身学习的重要性已经被各国广泛认可。孟加拉国、尼泊尔、中国、泰国、越南、日本和韩国等七个亚洲国家已制定的战略或正在制定的战略，均将终身学习的概念整合于其教育和培训体系中。本文主要通过对上述国家的实践进行分析，了解各国以社区基础推进终身学习与成人教育体系的重要趋势。

一　终身学习的主要概念

孟加拉国在《非正规教育（NFE）法案（2014）》中对终身学习的定义

---

* 肖黎春，上海社会科学院城市与人口发展研究所副研究员，主要研究方向：城市经济。

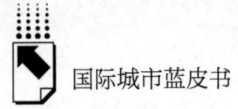

是："个人通过各类正规、非正规、非机构或非正式的方式获得知识，这些知识有助于人们自我实现、逐步提高技能和持续改善生活状况"。尽管在尼泊尔没有终身学习的官方定义，但相关概念可以从相似的条款中去理解。在这两个国家，后素养（Post-literacy）和继续教育项目都是终身学习的讨论焦点。其基本目标是巩固、维护和提升人们的素养和生活技能，以增强他们的生活和生存质量。因而，对于这两个国家的人民来说，终身学习意味着识字能力的发展、更好的自给自足、更好的社会福利和收入，政府应以此为目标对本国公民提出这些规定。

然而，鉴于这两个国家的社会经济环境，将终身学习的理念变为具体的规定是种挑战。中国、泰国和越南已经在其国家政策中展示了一种不断发展的、整合终身学习理念的能力。在20世纪80年代，中国开始正式认可"终身教育"作为教育和培训体系的主要支柱之一。在1998年的《21世纪教育赋予生命行动计划》中强调了需要构建一个更好的继续教育体系。在某种程度上，该行动计划准确地描述了终身教育与终身学习之间的关联性。终身教育被描述成是服务终身学习需求的基础，而终身学习被形容为是提高一个人的能力和潜力，且贯穿其整个生命周期的学习过程。

二 全民教育（EFA）目标

联合国教科文组织的全民教育（EFA）目标包含了正式和非正式背景的关键教育部门，它们贯穿一个人的整个生命周期，旨在解决不平等问题以及学习质量问题。基于全民教育（EFA）指标，亚洲七个国家的教育发展进程基本取得了巨大的成功。遵照1990年在泰国宗迪恩召开的世界教育大会和2000年在达喀尔召开的世界教育论坛的建议，全民教育目标已经在亚太地区得到广泛推广。源于《达喀尔行动框架》的六大全民教育目标如下。

（1）幼儿保健和教育（ECCE）：扩大和改善综合性的早期儿童保健及

教育，特别是对于最弱势、最贫困的孩童加强关注。

（2）普及初等教育（UPE）：确保到2015年，所有的孩子，特别是女童、处境困难的孩子以及属于少数民族的儿童，有享受高质量的完全免费的小学教育的平等机会。

（3）生活技能和终身学习：确保所有年轻人和成年人通过公平的途径获得适合的学习和生活技能课程，满足学习需求。

（4）成人扫盲：到2015年实现成年人尤其是女性识字水平提高50%的目标，所有成年人能够公平获得基础教育和继续教育的机会。

（5）性别平等和教育平等：到2005年消除小学和中等教育的性别差异，到2015年实现性别平等教育，重点确保女孩能够完全平等享受高质量的基础教育。

（6）教育质量：全面提高教育质量，尤其是在识字能力、计算能力和必要的生活技能方面都能取得公认的和重大的学习效果。

三 亚洲七国终身学习发展的特点

1. 终身学习理念被嵌入国家政策和实践中

知识经济已经塑造了一个新的世界，这个世界强调终身学习的重要性。尽管背景和动机可能有所不同，但七个亚洲国家都将终身学习的理念融入其发展过程中，以及已经取得了成功的教育领域改革中。然而，这些国家仍然面临着进一步的挑战，尤其是在提供良好的治理、提高生活质量和减少不平等方面。因此，终身学习的理念可能会给这些国家在应对全球经常动荡的民族、区域氛围所带来的挑战时，提供一个指导性的思想。

对终身学习理念的使用以及对现有教育和培训体系的改革效果因国情而异。当一些国家已经充分融合了终身学习理念，并将其运用于他们整体的教育和培训体系方法中时，另一些国家则刚在萌芽阶段，这就表明在一开始已经滞后了，在这些国家，终身学习通常只是被理解为是一

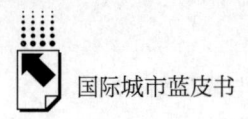

个为成人学习者提供学习项目的平台,并且主要是在非正规教育领域。例如,在孟加拉国和尼泊尔,终身学习的概念正被用来加强目前的非正规教育体系和继续教育。

2. 成人终身学习以及非正规和非正式学习受到的关注相对较少

全民教育目标的成就在于为各国构建学习型社会打下了坚实而稳定的基础。每一个国家的全民教育目标所达到的水平均反映了终身学习理念的融入水平,以及预示了国家在创建学习型社会方面所面临的主要挑战与障碍。

全民教育目标几乎包含了全部教育和培训的部门,也就是早期儿童保健与教育、初等教育、中等教育、高等教育、技术和职业教育与培训、成人学习和教育(成年人的学习,主要与全民教育目标 3 有关,但在这些国家成人学习所受到的关注与儿童和青少年的学习相比仍然较少)。全民教育的前四个目标覆盖了人的整个生命周期,然而很多国家都把重点放在了生命周期的早期部分和排斥成人学习者的正规学校教育。这些不足之处阻碍了知识经济的发展,就知识经济而言,每一种学习都能够提高个人和群体的技术与能力。在成人教育和培训中,关于项目、参与率、效果和反馈方面的数据欠缺管理,因而主张很少是基于调查数据做出的,质量保证框架在很大程度上是凭经验的。

3. 社区学习中心在增加终身学习机会中发挥了重要作用

联合国的报告重点介绍了社区学习中心在这七个国家的作用,调查了终身学习概念在每个国家的社区层面是如何被实施的。这些国家的社区学习中心无论在数量上还是在质量上都已经取得了令人瞩目的进步,国家通过社区学习中心更好地为人们的需求服务,学习型社会得以获得更好的支撑。

在那些有强烈愿望,希望通过人的发展来绘制国家发展蓝图的国家,社区学习中心都获得了极大扩张。在实现社会公平方面,通过鼓励当地人民的使用,特别是边缘群体如妇女和少数民族,社区学习中心也迈出了重要的一步。例如,在尼泊尔,尽管宪法保障了人人平等,然而对低种姓的社会排斥以及对女性和少数民族的边缘化还是阻碍了他们获得学习的机会。社区学习中心的贡献在于增加他们学习的可获得性。虽然为确保更好的效果，分散的方式是必要的，然而在七国中有几个国家其自上向下的方式在社区学习中心的运营中仍然是优先的。日本"公民馆"（Kominkan）的运营案例就示范了在一个分散的层面规划、实施和评估是如何被自然而有效地管理的。

"学习型城市"项目已经被有效地扩大或建立，尤其是在亚洲，包括中国、越南、韩国、日本。这些"学习型城市"的地方政府已经在努力提高教育服务质量，以及促进城市不同组织和部门间的合作，以便能够实施适合区域和城市特殊需求与环境的教育。与社区学习中心一样，学习型城市的最佳工作方式是自下而上的方式和分散的格局。

四　终身学习体系建设面临的挑战

1. 终身学习缺乏整体性路径

在中低收入国家，由于终身学习缺乏整体性路径，大量的学习者在完成基本素质教育之后仍然缺少必要的后续学习，结果有很多人可能再次成为功能性文盲，他们不太可能从学习中受益。他们中的许多人或许也有在非正规继续教育项目（NFE）的学习成果不被承认或努力白费了的经历，这些失败令他们对其在学习中付出的努力感到沮丧。

既然终身学习理念或许不失为是一个强大的解决方案，通过它可以解决国家对技能和知识持续不断的需求，那么终身学习的政策和实践就应该把这些失败考虑进去，并尝试在教育改革中解决这些问题。因而，整体性路径应当包括确保学习不会变得分散或者阻碍立法和战略性条款的推出。这不只是与中低收入国家相关，而且还与中高收入国家有关，比如中国、越南和泰国。在这些国家，私营部门的终身学习的利益相关者仍然不能充分地获得相关信息，并且不是作为平等的伙伴被对待，即便他们能够极大地影响学习型社会的建立。

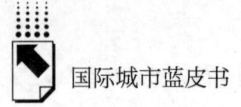

2. 社区学习中心缺乏能力和授权

对社区学习中心的有效管理是必要的。在许多国家，社区学习中心不一定都是分散的，虽然分散是他们成功的关键。一方面，如孟加拉国和尼泊尔，由于非正规教育的次优先级及资源缺乏，国家几乎不干预它们的发展。另一方面，在中国和越南的社区学习中心本身也有困难，普遍存在于社区学习中心运营过程中的这种自上而下的机制可能会剥夺这些社区学习中心提高自身能力的机会。因此，大量的社区学习中心忍受着缺乏自主权和支持不足的缺点，这些缺点妨碍了他们提高自身能力，并可能使他们的项目变得不可持续。缺乏融资能力让他们在很大程度上依赖外部资金，而服务性企业和教师的专业化发展的缺乏会导致运营的失败，包括在教学质量方面的退化。因此，目前迫切需要国家授权社区学习中心，使他们能够在当地提供更高质量的终身学习项目。

由于分散需要社区容量以及社区居民，因而应该在运作流程及其质量保证措施上予以更多的关注。一是质量保证框架的创建应该由利益相关者包括开发者及运作者进行广泛讨论；二是质量保证方面，相关的专家认证和专业化发展需要通过国家认证课程，而这是其中一个必要的规定；三是监测、评估和报告（MER）的重要性也需要明确。

3. 成人学习边缘化

为成人学习创造有利的环境是必要的。毫无疑问，与普通教育相比成人教育被视为边缘区域。在七个国家中，成年人接受教育和培训的地位仍不及儿童和青少年。既然成年人学习新技能的能力有助于创建学习型社会，那么应该把更多的注意力集中在这个区域。在众多问题中，关于终身学习有限的预算是特别的一项，这就是为什么对于终身学习来说，新的融资模式是必需的。例如，应当探索可供选择的增加资金提供的融资方案。在创建学习型社会的愿景和目标下，各国政府和私营部门应有效合作，以实现更好的效果，特别是为确保成年人能够持续提高其技能和能力，有必要在创造新的学习机会的过程中增加雇主的参与。通过这些措施，不同成年人群体之间的不平等参与问题应该得以缓解。例如，有足够的证据表明女性不能平等地参与如素质教育、技能教育和职场学习等许多学习机会。

成年人参与学习的数据应该被妥善管理，以使成人学习的规划和实践产生富有意义的变化。然而，关于成人学习目前几乎没有任何的数据收集和数据分析，更不用说系统的数据库资料能够提供给以研究为基础的决策制定以及基于研究信息的实践。在终身学习过程中，这些数据需要被汇编以便消除成年人参与的壁垒和障碍。

4. 对于创建国家资格框架（NQF）和认证机构（RVA）缺乏努力

七个国家的其中一个显著差异是对于终身学习的不同标准的规定，如先前学习的资格框架和认证。一个学习型社会需要有国家认可的资格框架和先前学习的各种认证方法。社会认可的资格框架让人们有灵活的途径，能使他们在正式、非正规和非正式情况下的学习有价值，可以改善教育和工作。然而，许多国家仍然处于萌芽阶段，学习者很难利用得上。

更为积极的是，现在越来越多的国家引入这些规定如学分银行系统（ACBS），以努力匹配职场所需要的能力，而对一个能力本位的社会，教育机构如大学和学院的课程体系正被重新改进，这些努力加强了教育和培训与所需求能力的相关性。虽然全国性地引入国家资格框架（NQF）有点困难，但是国家资格框架（NQF）应该包含在一个国家的终身学习系统中，因为它们具有更简单的可比性、更好的理解和资格的透明度，可以使学习者在他们的生活中能够做出更明智的决定。

另外，经常会出现技能获得和实际工作能力之间的不匹配，需要决策者和利益相关者如雇主予以关注。政府必须仔细审查和投资那些可以将培训系统与劳动力市场连接起来的技能发展，以确保年轻人获得机会。

五 社区层面终身学习最佳实践案例

以下是最佳实践的解决案例，提供了在社区层面终身学习的具体操作案例在不同背景下的亚太国家的发展情况。

1. 日本京山教育可持续发展环境项目（保持）可持续发展（ESD）

日本冈山市的京山教育可持续发展（ESD）环境项目，显示出在社区内

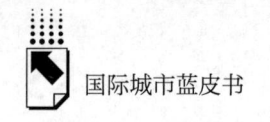

人们彼此间是怎样相互学习的，以及学习者与社区内的组织网络例如社区学习中心一起成长。冈山市位于日本的中国（Chūgoku）区，在它各种各样的教育可持续发展项目中，该项目为当地的小学生和中学生提供了去理解、反思和重建人类生活与当地自然环境之间的关系的机会。该项目从小规模的环境保护和学习活动开始，包括对当地的小溪和河流进行生态研究、水质调查或水源的清洁。

该项目的长处在于民主的、代际的学习原理的运用。在这个意义上，公民们被邀请去学习、关心影响社区的各种问题，这种学习自然地让人们互相连接形成一个"团队"或所谓的"学习型组织"，通过团队学习，来自当地人们的观念得以被讨论、探索和改变。因此，这些团队学习活动的结果已经显著影响了复杂的社区问题的解决方案的制定，诸如环境保护。京山公民馆（Kyoyama Kominkan）扮演了一个重要的提供活动资源的角色，包括空间、设备以及为协调活动和促进讨论而工作的人员。

2. 韩国建设成人终身教育大学

大学生人口往往按年龄段分层，年龄在18岁至22岁范围以外的学生很少去参加大学的课程，因此韩国大学在很大程度上是难以囊括成年人的。对先前在其他大学或甚至在同所大学的其他科系的学分转移，韩国大学所提供的帮助是非常有限的。然而，这种状况正受到努力把大学转变成终身学习型的高等教育机构的挑战。"终身教育大学"项目旨在将现有的大学体系重组为"对成人学习者友好的开放系统"。在终身教育大学，成人学习者可以继续自我发展和提高工作能力。为此，教育部寻求改革大学结构，从传统模式向迎合各个年龄层的开放式结构转变。

该项目是通过两种方式实现的。第一种，学位项目，主要重点在于为成人学习者在追求大学教育的过程中消除障碍，并且根据成人学习者的需求和生活方式进行课程管理。在政府的财政支持下，一些大学已经被指定为终身教育大学，他们建立新的部门提供定向的和成人友好型的学术项目。此外，大学提供各种辅导和生活支持以缓解学习者在其参与过程中的负担。第二种，非学位项目，旨在提供职业培训和专业课程，帮助学习者获得许可并找到新的就业机会。非学位项目的主要目标群体是愿意为新的职业生涯做准备的 40 年代和 50 年代出生的成年人，包括初创企业和海外就业。

六　对未来中国终身教育发展的启示

（1）国家应该建立全面的终身学习愿景和目标。零碎不完整的政策干预措施和终身学习系统性方法的缺乏阻碍了终身学习型社会的改进。因此，国家需要在终身学习领域建立从基线研究至监督和评估阶段的整体性的政策。

（2）关于终身学习，公平和质量需要在一个包容性的法律和政策框架内予以解决。考虑到终身学习的至关重要，在竞争激烈的全球化时代，全民教育的社会思潮应当被不断地讨论。终身学习的政策和规划需要全面扩展到所有的弱势群体。平等地获得终身学习应该在实践中被确保。

（3）更多的国家的关于过渡性政策和融资的承诺对于社区学习中心的有效实施是必需的。既然在社区层面社区学习中心是一个丰富人们学习的强大的渠道和平台，必须授权社区学习中心，并向其提供自主权以及实际的权利。

（4）加强教育和社会的关联性，通过适当的政策和干预措施，在教育中强化技能发展途径是有必要的。当教育提供学习机会时，它就被提供者希望学习者学习什么所限制。终身学习的系统性方案可以减少教育与就业之间的不匹配。

（5）在终身学习方面的国际协作或跨国比较研究与合作，对于社区学习中心的能力发展也许非常有效。亚太地区不同社区学习中心的不同经验能够逐步带来终身学习社会的发展。

参考文献

United Nations Educational, Scientific and Cultural Organization, *Community-Based Lifelong*

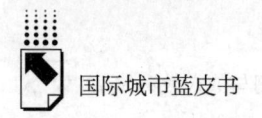

Learning and Adult Education: Situations of Community Learning Centres in 7 *Asian Countries*, 2016.

Asem LLL Hub and UNESCO Ha Noi Office. 2011. Vietnam Forum: "*Lifelong Learning Building a Learning Society. Proceedings*", http://asemlllhub.org/fileadmin/www.dpu.dk/ASEM/publications/VIETNAM_ FORUM_ -_ LIFELONG_ LEARNING_ -_ BUILDING_ A_ LEARNING_ SOCIETY.pdf, 2015 - 12 - 12.

Dickson et al., "Economic Returns to Education: What we Know, What We don't Know, and Where We are Going-some Brief Pointers." *Economics of Education Review* (2001), Vol. 30, No. 6, pp. 1118 – 1122.

Han, S. and Makino, "Learning Cities in East Asia: Japan, the Republic of Korea and China." *International Review of Education* (2013), Vol. 56, No. 4, pp. 443 – 468.

城市生态篇
Urban Ecology

B.16
欧美超大城市加强水资源管理应对气候变化

肖黎春*

摘　要： 为应对气候变化带来的与水相关问题的挑战，超大城市从城市战略规划、基础设施建设、技术创新和系统更新、政府部门改革等方面制定相应政策和实施措施。本文以伦敦、芝加哥和洛杉矶欧美三大主要超级城市为案例，详细阐述了水资源、超大城市与全球气候变化之间的关系，并重点聚焦于超大城市应对水资源问题的各项突出举措。

关键词： 欧美超大城市　水资源　气候变化

---

* 肖黎春，上海社会科学院城市与人口发展研究所副研究员，主要研究方向：城市经济。

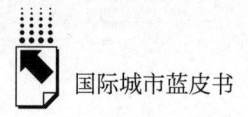

1970年联合国首先确定了三个超大城市，之后超大城市数量从1990年的10个上升至2014年的28个，按照预测，2030年将达到41个。纵观历史，这些超大城市通常缺乏时间和手段发展其城市服务，其中包括获取水资源、卫生设施以及排雨相关服务。超大城市之间分享经验，以便发展满足居民期望的服务能力至关重要。

面对气候变化的挑战，聚焦水资源问题的超大城市联盟已经成立，这些超大城市是如何解决水资源问题的呢？本文主要依据2016年联合国教科文组织的《国际水文计划》报告——《水，特大城市和全球变化：世界15个标志性城市的肖像》，以伦敦、芝加哥和洛杉矶欧美三大超级城市为例，概述其目前所面临的水资源问题以及应对措施。

一 伦敦：不断创新机制与科技

伦敦是英国最大的都市区和首都，拥有860万人口，预测2050年将达到1100万人口。它的经济是以服务业为基础的，而城市本身就是世界领先的金融中心之一。伦敦拥有良好的交通基础设施，居民的平均预期寿命高。它也是一个重要的旅游目的地，经常被誉为世界上访客最多的城市。

伦敦最初是罗马人将其作为泰晤士河上的一个港口而发展起来的，泰晤士河对伦敦的历史和发展产生了巨大的影响。这个城市的东部和东北部大部分位于泰晤士河的冲积平原漫滩（flood plain）。到19世纪，伦敦是世界上最大的城市，并且面临着公共健康和环境恶化这两大主要问题。

在19世纪下半叶，伦敦采取许多重大措施开发新的供水。在此期间，对污水处理系统进行了重大改进，包括设计和建造一个广泛的水网和超过100公里的主要拦截设施，虽然得等到世纪末才能提供污水处理。如今，伦敦大部分（70%）的供水来自于泰晤士河及其支流，其余则来自于地下水。伦敦还有世界上最古老的水和废水基础设施，超过一半的管道拥有百年以上的历史，1/3的管道有150年以上的历史。

为了解决、维护这一系统所面临的挑战，政府于1989年对供水机构进行了私有化，并且在建立水务监管部门（Ofwat）时实施了严格的金融和监管控制。政府通过1991年的《水业法》进一步制定了管控条款，环保部门制定了环境署（EA）和饮水监察团（DWI）的职能与权限。

泰晤士河的平均水费是354英镑/年，超过2/3的消费者为其用水支付统一费率。

气候变化对伦敦的影响将是广泛而重大的，具体包括以下方面。

（1）受气温上升的影响和家庭缩小化趋势造成的水需求上升，水使用效率下降；

（2）伦敦盆地可抽取的水量将从2014年、2015年的2079千立方米/天下降到2034年、2035年的2002千立方米/天；

（3）增加了关键基础设施以面对洪灾的风险，这已经可以通过"不断增强泰晤士河堤坝"行动观察到；

（4）随着降雨的加剧，下水道溢出量增加；

（5）对于降雨和需求进行抽水和处理所产生的能源需求增加。

英国的技术现代化以及多项方面均为世界第一，例如流域的处理或是创立三方监管模式，树立了英国悠久的创新传统。如今，伦敦正在努力探寻用创新的方法来应对气候变化带来的挑战。为支持高效利用水资源项目或加强下水道排放物的管理并了解用户的优先事项，供水公司与客户和社区进行更积极的沟通和接触。

资产管理工具和技术推动了跨大型资产投资的优化。在公共场地如伦敦千禧穹顶和国内测试了水循环和节水设备，奥运场馆吸取了其他地方采取这些措施的经验教训（与其他类似场馆相比，用水量减少了40%）。像"伦敦排水"这样的合作伙伴被用来可持续管理地表水。对于潮汐和河流洪水，环境署（EA）在监测和模拟河流的基础上引入了一种更加"一体化"和协作的方法，使短期和长期的影响评估成为可能。

如今，伦敦人享有不间断的水和废水处理服务。为了应对气候变化的挑战，伦敦通过发展伙伴关系以及积极主动地与用户和社区合作来持续创新。

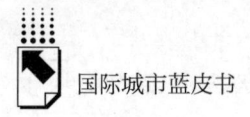

二 芝加哥：绿色基础设施战略

芝加哥市是美国第三大城市，承载了830万人口。它处于大都市区，高出海平面179米，属于大陆性气候，冬冷夏热，年平均降水量937毫米。

纵观其历史，芝加哥市对移民的吸引力归因于和密歇根湖相关的优越自然环境和贸易经济潜力，该城市因其建筑风格和坐落于沿芝加哥河岸的建筑而著名。工程师为改善卫生设施，使货物能够运输到下游的墨西哥湾改变了河流流向，芝加哥河也因此闻名于世。芝加哥市区域水道系统（CAWS）是一个长77英里的运河网络，它是从最初的构想开始，经过逐步的扩展而成的。

在芝加哥大都市区，当地市政府负责85%的社区水供应。然而在168个社区中（大部分是在芝加哥区域）超过640万居民的用水是来自密歇根湖，该区域其他111个社区则是依靠地下水。芝加哥市目前正在实行一个"水表拯救"项目，每年安装15000个水表。目前，所售出的水超过80%是被计量的。老旧饮用自来水管道的更新以及能源效率提高，目的在于减少碳排放以及节约超过750万美元的能源和运营成本。

因其相对平坦的地理环境，芝加哥大都市区的部分地区很容易受到洪水的侵袭，在1986~1987年就发生了创纪录的洪涝灾害。据估计，在芝加哥地区每年的洪灾已造成4100万美元到1.5亿美元的损失，影响了大约2万个房屋和企业。城市800万米的下水道几乎百分之百使暴雨积水和污水合流，因此城市大量投资都用于限制暴雨时合流污水进入密西根湖。

此外，芝加哥已经制定了一个绿色基础设施（GI）战略，建设和规划限制流量，由此使洪水造成的影响最小化。同时，减少污水排放，提高环境质量，提高城市抵御极端暴雨和气候变化的能力。该战略将降水视为一种资源，而不是一种麻烦，并在减少洪水带来的威胁或损失的同时制造利益。

绿色暴雨积水基础设施的例子包括：绿色屋顶；绿色巷子，即用可渗透的人行路面来替代不可渗透的人行道；增加城市树木覆盖的绿色街道；断开排水管；能够有效利用雨水、设计合理的后院。为支持这些举措政府已投资了5000万美元,估计每年径流量会减少100万立方米。管理和使用公共空间的城市部门之间加强协调,创新的基础设施设计,本地调控部署的加强,以及公民对绿色基础设施带来的益处的意识增加,这些补充政策旨在使人们更深入地了解大规模使用绿色基础设施来管理暴雨积水的成本和收益。

"雨水应对(Rain Ready)"项目提供外联、资金筹措指导和培训课程与讲习班,使房主和社区都能减少本地洪水的影响。在对住房的结构和环境状况进行本地评估后,房主和"雨水应对"项目专家共同开发一个定制的解决方案,以提高街区抵御洪水的能力。"雨水应对"项目努力吸引来自地方、州和联邦的旨在解决由暴雨积水带来的洪涝或水质问题的资金。总的来说,这些举措正在使芝加哥成为美国在利用二十一世纪绿色基础设施改善街区、适应气候变化和实现其他可持续发展目标方面的领导者。

三 洛杉矶:多管齐下,实现水资源自给

洛杉矶市拥有400万居民,并形成了大洛杉矶地区的经济中心,有1300万人居住。这座城市位于加利福尼亚南部的太平洋沿岸,以其温暖的气候、美丽的海滩和美国娱乐业的中心而闻名。

洛杉矶市的地中海型气候提供了阳光,但每年平均降雨量只有15英寸(38厘米)。历史上,来自大流域地区的降雨会补给到地下盆地。然而,由于20世纪初的快速城市化,这座城市开始探索新的供水方案,由此产生了从遥远的地方将水导入到城市的三大沟渠系统的新思路。此外,这座城市还利用当地的地下水、循环水以及节约用水来满足其用水需求。

洛杉矶市许多传统的供水水源也由于地下水的污染、环境的限制以及气候变化的影响(如积雪层的减少和旷日持久的干旱)正在逐渐枯竭。实现可持续供水的两个关键举措是"市长第五号行政令"和"2015城市可持续规划":前者设定了到2035年节水25%到2025年减少购买进口水使其供应

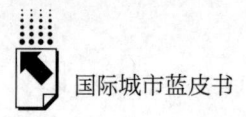

量小于50%，而后者的目标是在2035年实现50%的本地供水。为了实现这些目标，该市正在努力加快当地供水的发展，使循环水和雨水成为城市供水组合的大部分，同时继续积极开展节水工作。

（一）节约用水

洛杉矶在实施节约用水规划方面有着悠久的历史，当前为应对严重的全州干旱制定了新的积极目标。通过这些努力，尽管人口增长超过100万，但该市2015年的用水量和45年前大致相同。

（二）水的循环利用

城市污水收集系统将废水输送到四个污水处理厂，其中三个污水处理厂拥有生产循环水的设施。该市致力于通过多管齐下的方式显著提高循环水的使用，包括非饮用水再利用（NPR）、间接饮用水再利用（IPR）和潜在的直接饮用水的再利用（DPR）。

洛杉矶已经确定了一些循环水管道线的扩张段，到2040年它们将共同使城市当前的非饮用水再利用总量从每年1230万立方米增加到每年5550万立方米。该市同时也在推进一个间接饮用水再利用项目，旨在到2024年每年生产3700万立方米的循环水，以及到2021年同一流域的地下水整治项目。此外，该市目前正在评估其他大型间接饮用水再利用项目的方案，并且正在探索未来直接饮用水再利用的可能性。

（三）雨水收集和再利用

由于洛杉矶高度城市化的景观及其水文特征，雨水难以收集和补充，雨水成为未被充分利用的当地水资源。然而，雨水收集作为一个当地供水资源，以及作为一种改善洛杉矶海洋生物和沙滩水质的手段，已经成为一个优先事项。为提高对雨水的利用，该城市已在"可持续发展计划"中设立了远大目标，使雨水收集和补给量翻一倍，到2035年增至每年1.85亿立方米。

（四）未来规划

为了应对水资源的挑战，该市目前正在制定"洛杉矶水资源2040规划"（One Water LA 2040 Plan），这个规划采取综合措施管理所有水资源。传统上，市政当局受制于条块分割的工作方式，各个部门仅仅专注于水的一个或者几个方面，比如饮用水、废水、循环水、雨水等等。"洛杉矶水资源2040规划"致力于消除这些分隔，并积极规划未来，重点关注当地水资源供应的发展、协调政策以及一体化的水资源管理方案，使洛杉矶市成为一个更可持续、更有韧性的城市。

四　对中国城市水资源管理的启示

（一）加强水资源综合管理

水资源综合管理不仅强调传统的供水管理，更重视水资源的需求管理。水资源需求管理是更好地利用水资源，减少污水和增加经济效益的一个战略。通过更有效地配置供给、需求管理实现水资源需求与有限的可利用水资源供给的平衡。政府应提供激励机制，鼓励水权和水资源在不同用户之间的转移。另一个战略是通过节水和用水效率的提高，减少水资源的消耗。水管理部门不仅需要促进不同部门水利用效率的提高，还需要提高其自身水系统的管理和传输效率。政府应根据土地利用规划和功能区划等，限制对水文环境脆弱地区的开发。

（二）借鉴发达国家的分析方法，广泛推行水资源适应性管理

气候变化引起未来水文条件变化的不确定性，给水管理者提出了挑战。一方面，面对气候变化，可以借鉴发达国家情景分析法辨识水文情势潜在的变化趋势。另一方面是适应性管理，一般过程为评估、设计、实施、监测和

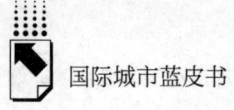

国际城市蓝皮书

调整。适应性管理使得风险被辨识、分摊和减少。随着水资源日益紧缺，适应性管理应该在我国得到更广泛的应用。

（三）改变现有水利工程的运行方式，多途径提供供水

适应气候变化的一个方面是通过建立更灵活的现有工程运行方案，更好地利用现有水资源。加强对现存的水利工程的管理，包括及时维护、改造和升级。供水水源多样化可以减少单一供给水源风险，这个途径包括建设新的地表水和地下水储存，地表水和地下水的联合管理有助于地下水的补给。淡水供给另一个来源是海水淡化，其他增加水供给的途径包括水循环利用，污水处理再回用等。

参考文献

United Nations Educational, Scientific and Cultural Organization, *International Hydrological Programme*, 2016, *Water, Megacities and Global Change, Portraits of 15 Emblematic Cities of the World.* 2016.

Pires Mark, "Watershed Protection for a World City: the Case of New York," *Land Use Policy* (21), 2004.

A. N. Angelakis, L. BonToux, "Waste Water Reclamation and Reuse in Eureau Countries," *Water Policy* (3), 2001.

曹建廷：《气候变化对水资源管理的影响与适应性对策》，《中国水利》2010年第1期。

B.17
纽约推动建筑绿色转型　建造永恒之城

李　健*

摘　要： 全球气候变暖已经成为人类最重大的挑战之一。纽约市发布《纽约——建造永恒之城》报告，提出到2050年将把纽约温室气体排放量从2005年的水平降低80%。与传统以产业、能源、交通等路径为主不同，报告提出以提高城市100万栋建筑的能源效率作为主要措施，本文主要对该报告的战略措施进行介绍，并进行中国城市的经验借鉴和启示分析。

关键词： 纽约　建筑转型　气候变化

全球气候变暖已经成为人类最重大的挑战之一，尤其对于生活在沿海地区的特大城市人群来说，这一灾难危险系数极高。近期，纽约发布《纽约——建造永恒之城》报告（以下简称"报告"），提出到2050年将把纽约市温室气体排放量从2005年的水平降低80%。与中国城市节能减排和应对气候变化方向集中在产业、交通、能源结构等领域不同，报告更加集中在城市建筑减排本身。报告指出，迄今全球对于温室气体排放量减少所取得的成就更多得益于天然气发电及对其他公用事业的改善，提供了超过80%的减排量。但这样的战略和工作，未来不能持续推进和照搬，必须采用更多元化和更具有可行性的措施来推进减排工作，包括采用清洁能源法发电、更加可持续的运输方

---

* 李健，博士，上海社会科学院城市与人口发展研究所副研究员，主要研究方向：城市经济与空间规划，近年聚焦于全球生产网络视角下的地方产业升级与高科技城市转型研究。

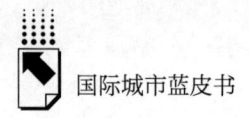

式及更好地处理固体废弃物等。前景最广阔的依然是提高城市100万栋建筑的能源效率,这主要因为建筑物的碳排放占纽约排放量的比重近3/4,因此就具有极大的开发潜力。本文主要针对《纽约——建造永恒之城》报告进行综合介评。

一 气候变化中城市的角色与纽约的责任

在全球范围内,城市可以在解决气候变化问题方面发挥带头作用。世界上有一半以上人口生活在城市中,对全球温室气体巨大的排放量负主要责任。濒临海岸线和其他易受灾地区的城市将首当其冲,最先体验气候变化的威胁。但城市也有自己的工具、动力和独创性,不仅能适应气候变化,还能采取有效措施降低温室气体排放。

纽约市在应对飓风桑迪时已经表明了其适应气候变化的态度。为了监督纽约灾后重建和恢复工作,应对长期风险,布拉西奥市长于2014年3月建立"恢复和适应办公室"。该办公室正在实施《纽约城市规划:一个更强大、更具有活力的纽约》中提出的战略计划。这个计划包括257个项目,旨在加强沿海防洪设施建设,让城市建筑更具适应力,增强基础设施,保障关键服务,让社区更安全、更具活力。这项计划发布以来,城市恢复和复原办公室、纽约市各个部门和各方利益相关者都精诚合作,努力实现计划目标。目前90%的项目正在进行中或已经完成。

纽约市也有义务减少温室气体排放。《联合国气候变化框架公约》(UNFCCC)提出到2050年,温室气体排放必须比1990年的排放至少降低50%,同时把全球升温控制在2摄氏度以内,从而避免气候变化的最恶劣影响。由于发达国家排放大部分的温室气体,人均温室气体排放量也高于全球平均水平,为实现上述目标,发达国家必须大幅减少温室气体排放。事实上,根据联合国所提出的减排要求,到2050年像美国这样的发达国家需要减排80%,即"8050"计划。作为响应,欧盟以及包括加利福尼亚和纽约在内的美国的一些州市,已经制定到2050年减排80%的目标。在国家层面上,美国总统承诺到2020年,联邦政府拥有或运营的企业温室气体排放量

(在2008年的排放量基础上）减少28%，并努力保证20%的电力供应将来源于可再生能源。

2007年，纽约制定目标到2030年要把全市的温室气体排放量减少30%，已经取得很大进展，目前相对于2005年的基准量减排了19%。然而，全球温室气体排放量在继续增加，这给纽约市带来更大压力，即必须实现更高的目标，到2030年减排30%的目标并不够。纽约市正在实现到2050年减排80%的目标的路上，例如制定一个长期规划，力图全面停用化石燃料。由于近3/4的温室气体由城市建筑产生，因此必须着眼于提高建筑的利用率，推广清洁能源。

二 纽约现行的可持续建筑和能源效率政策

纽约市已经为改善公共和私人建筑的能源效率打下了基础。其中对于公共建筑，城市已经进行了重大的能效改造，投资清洁能源，并在整个城市的大约4000栋建筑试行了领先的科技。

1. 住房节能

对于私人楼房，纽约市将重点放在了为楼房决策者提供信息，包括业主、管理方、董事会成员、买家、卖家以及居民，鼓励他们优先投资能源效率领域。纽约市要求拥有超过5万平方英尺建筑面积的大型建筑业主，每年通过一个叫作"标杆管理"的过程来测量和公开他们的能源和水的使用情况，每十年进行一次能源审计和再调试，为大型商户安装能源分表，并改善非住宅建筑照明。自2010年以来，在纽约市已有超过21亿平方英尺的建筑面积进行过标杆测量，纽约市发布了三份报告来分析这些数据。报告指出，考虑到多户家庭住宅的相对规模及能源的输送方式，多户家庭住宅拥有最大节能前景。此外，相似类型的建筑物在能源使用方面也有明显区别。这些都为提升能源效率和减少温室气体提供了巨大的机会。

2. 燃油转换

纽约市已颁布法律，逐步淘汰重油在建筑物中的使用，因为它在纽约市

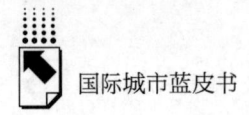

造成的烟尘污染比所有汽车和卡车加在一起还多。为了完善法律，纽约市推出清洁热能项目，为加快燃油转换提供技术支持。布拉西奥市长于2015年扩大了该计划的覆盖面，目前已经完成了3500多项燃油转换工程。2016年，纽约市的空气质量为50多年来最佳，这在很大程度上归功于该项目的成功推行，估计每年有800人的生命因此得以挽救。

3. 机构辅助

纽约市已建立了专门的机构，以帮助业主遵守当地法律，使他们的建筑更加节能。其中包括纽约市能源效率公司（NYCEEC），一家非营利型金融服务公司，开发了清洁能源融资产品，推动了创新节能发展；绿光纽约，一家教育资源中心，在新兴科技和战略领域提供相关培训、示范并组织相关活动。纽约与投资者合作，发起了一项"纽约市低碳挑战"志愿计划，鼓励深层能源改造。此外，纽约市在建筑法规中纳入提升能效和绿色建筑原则，并修改了《分区土地管理标准法案》，以鼓励可持续的建筑实践。

三 纽约迈向"8050"减排目标和建筑转型路线

1. 迈向"8050"

2007年，布隆伯格政府计划于2030年前实现减少30%温室气体的排放量。然而人们日渐意识到，这一减排量远远不够。为了在2050年之前达成降低80%温室气体排放量的目标（"8050"计划），纽约市必须为大幅度削减碳排放建立更积极的应对机制。

2013年，纽约市研究了基于现有科技实现在2050年前减少80%碳排放量的可能性。研究表明，约2/3的碳减排目标需要更加有能效的建筑作为前置条件。从社会角度来看，超过80%的基于建筑的措施也是符合成本效益的，但如果想要扩大这一类投资并逐渐过渡到低碳未来，城市仍面临巨大阻碍。为了实现"8050"目标，建筑的能源使用方式必须进行改革，即到2050年，建筑结构将形成低碳方式提供能源的高性能结构。墙壁和窗户必须是绝缘的，建筑设施必须更加高效和智能化，建筑系统都将采用可再生能源，这些能源最终将取代化石燃料供人类取暖、加热水和烹饪。居民们需要有节能节水意识，建设经营者需熟知最新的能源效率技术。此外，为了达成"8050"目标，还需要部署有前景的新技术、新战略，尽管它们的成效还有待得到验证。

尽管存在这些挑战，为了让建筑驶入节能减排的正轨，纽约市需要做出一些中短期努力。对于加速减少碳排放量，这个城市有解决工具、专业知识，还有坚定的领导力，所有这一切都将带领纽约市走向"8050"目标。

2. 纽约建筑转型路线

为了达到"8050"目标，纽约必须在下一个十年在城市制冷供暖和建筑耗能方面减少30%的碳排放量。纽约市政府将带头，并承诺在未来十年间减少35%的碳排放量。为了达成这些目标，到2025年城市将实现以下目标。

（1）完成所有高耗能市属建筑的能效改进，并为这些建筑安装100兆瓦的可再生能源。

（2）对新建筑实施领先标准，使它们成为低成本、高效能建筑，向"被动屋"、"碳中和"或者"零净能源"看齐。

（3）为现有建筑物制定临时性能源绩效指标，同时实施自愿减排或者制定新法规，如绩效标准和监测机制。建筑没有达到足量减排，将会触发相关法规。

这些目标为城市未来的建筑设立了很高的要求，当然，这些目标也是灵活机动的。为了迎接这一挑战，确保环保方法和技术完备，并采用最理想的实施过程，政府将与纽约世界级的房地产商、建筑师、工程师、工会、经适房专家以及环境司法领袖和学者紧密合作。纽约市将召集这些权威人士和机构，组成工作队进行分析，以制定促使建筑走向低碳未来的项目、政策和条例。

有一些项目是将立即实施的。政府将投资城市的公众建筑，使之成为可持续发展的典范。政府将提高经济适用房能源效率，将努力促进高效能源和可再生能源市场繁荣，将继续改进建筑标准，让城市新建筑环保水平位于世界领先地位。政府将动员全市企业和社区提高能源效率和减少温室气体排

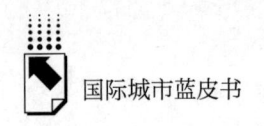

放，政府还提供发展能源服务技能的新机会，并创造就业机会，将投资并鼓励在这座城市进行下一代清洁技术和能源效率的创新。概括来说，在这个计划中列出的项目有望至2025年帮助纽约市年均减少340万吨二氧化碳排放，这些温室气体均来自于建筑制冷供暖及维持建筑运行的能耗。这些项目还将创造约3500个与建筑有关的工作，为超过7000家建筑运营商和员工提供培训，为纽约人节省85亿美元的总成本。

四 纽约城市建筑减排转型策略与对策

1. 转型指导战略

（1）以身作则。纽约将通过在市属建筑物中实施创新技术和策略，为深度碳减排设立标杆。这也意味着与联邦政府合作，努力减少公共住房能耗并且动员商界领袖和社区一同应对气候变化。

（2）鼓励纽约人采取行动。纽约市将设计项目和政策，以减少改造建筑物的风险和复杂性，并鼓励纽约人采取行动。这包括提供教育资源，扩大财政支持以帮助支付项目成本。纽约市还将研究新兴技术在当地的适用性，将其推向市场，特别是在它们能促进深层能源改造项目的地区。

（3）让纽约建筑达到最高的能源绩效标准。政府将确保城市的建筑物达到最高能源绩效标准。包括改进合规，提高新建筑和翻修建筑的能源绩效标准，以及在升级能效的同时提高可负载量。

（4）确保每个居住区的纽约人共享低碳减排成果。纽约市将在更多社区和建筑单位，包括经济适用房和中小型建筑中推广高效能源和可再生能源。纽约市还将制定新方案，使当地工人受益于能效投资带来的就业增长和经济增长。

（5）使用数据、分析和利益相关者反馈来驱动方案实施。随着先导项目的实施，纽约市将采集分析能源使用信息、房地产市场数据、工程分析及一些其他来源数据，不断对后续项目进行修正。政府将始终与利益相关者一同合作，特别是在为特定建筑和社区制定方针时，密切跟踪并随时向公众报告进展情况。

2. 主要政策项目

(1) 改造公共建筑，使之成为可持续发展的典范。

投资所有市属建筑的高价值项目。纽约市政府行政服务部（DCAS）将采用一种竞争性的方式，选出一些经城市机构认证的具有价值的效能项目，向其提供资金支持。纽约市还将扩大资助范围，让更多机构和一些新的创新项目获得支持，并负担已规划城市建设项目的能效测度引起的增量成本。

推广城市屋顶太阳能发电。安装太阳能光伏（PV）能生成一种清洁的可再生能源，从而减少电网的使用。安装蓄电池之后，太阳能光伏所生产的电力还可以在停电时提供备用电源。未来十年，纽约市将从翻修24所学校的屋顶开始，在300多座建筑的屋顶上安装发电量为100兆瓦的太阳能光伏设备。纽约还将优先给城市应急避难所安装蓄电池，以提高纽约市的应急能力。

对重点城市设施进行深度改造。纽约将加强对城市建筑综合改造，采用新的、更合理的策略，深入推进节能改造。纽约还将加强实施热电联产项目，提高发电的效率和可靠性。

改善城市建筑的运行和维护。纽约市将通过推广预防性维护项目来改进城市建筑的运营和维护。为此，纽约市将雇用更多工作人员并加强对城市建筑运营商的培训。此外，纽约市还将加大对"保护与效率领导力"项目的资助，这是一个竞争性项目，用于奖励经过机构认证的运营维护新培训方法、新工具及其他的节能项目。

新型清洁能源技术在城市建筑中的试点。纽约市将与掌握了新兴能源技术的公司合作，探索他们的解决方案在纽约市应用的可行性。扩展项目将在更多设施上测试能源技术的性能表现，识别在城市建筑中大规模部署新技术的机会，并提供案例分析，推动新兴技术的市场化。

提高纽约市公共房屋的能效和质量。纽约市房屋管理中心将和美国住房城市发展部（HUD）以及私人贷款机构合作，开发多阶段、大规模的能源绩效合同（EPC）。纽约市房屋管理中心将与美国城市住房发展部合作，合

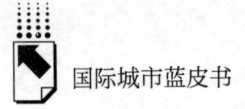
国际城市蓝皮书

理化能源绩效合同的审批流程,探索能否把第三方纳入能源绩效合同,以杠杆化财政激励。

(2) 创造一个蓬勃发展的能源效率和可再生能源市场。

开启能源和水资源改造的加速器。纽约市将创造一个协同的技术援助和外展项目,加快私人建筑的能源和水利用改造。这个"改造加速器"将采用数据驱动的直营模式来选定合适的建筑物,并帮助这些建筑物实现从使用重燃料油到清洁燃料的转化,提高能源利用效率。该项目还提供关于可用资助和奖励政策的信息,并在当地求职者和企业之间架起沟通的桥梁。

鼓励社区创建节能高效的住宅区。为了和这个改造加速器配套,纽约将推出一个项目——让当地社区参与推广节能改造,重点帮助那些住房负担过重的社区。项目还将与纽约市房屋保护和发展局(HPD)推出新资助项目配套,对当地居民进行培训,为其提供工作岗位,给当地居民的职业发展提供新的机会。

让中型建筑获取更多信息。市长办公室将与市议会合作,扩展纽约"更绿、更大"建筑计划,降低了原先的5万平方英尺门槛,将所有建筑面积超过25000平方英尺的建筑都纳入此计划。此举使得16800座建筑(11400座房产)进入此计划,能为更多的建设决策者提供有关能源和水资源利用的信息,创造出更多节能机会。扩展计划的适用范围将使更多的建筑获得"节能加速器"的帮助。

为提升能效和清洁能源提供融资选择。纽约市能源效率公司已经开发出新的融资方案,为能源效率和生态恢复等潜力巨大项目提供资金支持,其中包括绿色抵押贷款和将能源节约作为抵押物的直接贷款产品。纽约市还将探索修改J51号房产税信用贷款和节能债券(QECBs)相关条款,鼓励投资者积极参与节能投资。

提高经济适用房的能源和用水效率。纽约市房屋保护和发展局和纽约市房屋开发公司(HDC)将要求所有获得市资金支持的中等恢复项目进行绿色资本需求评估,以确保把能源和水资源节约利用纳入工作范围。纽约市房屋保护和发展局推出一个资助和贷款项目,以签署经济适用房监管协议为交换条件，帮助中小型的多住户房产业主提高能源利用率。该项目将与当地伙伴合作，从而获得有力的技术和外部援助，并为当地的人力资源发展和职业发展创造机会。

将太阳能发电带到纽约市的新住宅区。太阳能为电力系统提供可再生能源，减少电网依赖，从而提高能源效率。纽约市的目标是在未来十年内把私有住房的太阳能发电能力提高到 250 兆瓦。扩展的纽约市太阳能合作伙伴项目提供了一个平台，能协调太阳能项目，合理化办事流程，从而支持当地太阳能行业的增长，发展平等利用太阳能的机会，推动太阳能的社区共享和团体采购。

与州政府协作以合理化融资和经济刺激项目。为提供更好的用户体验，发展当地劳动力，并为平价多户住宅房客提供适当贷款选择，纽约市将与纽约州能源研究与开发局（NYSERDA）以及纽约州绿色银行进行合作。纽约市还将继续倡导把州政府资金公平分配给纽约州的南部地区。

与当地公用事业部门合作以提高能效。纽约市将与包括爱迪生联合电气公司、国家电网、PSEG 长岛公司和纽约电力局等在内的当地公用事业部门合作，提升和拓宽用户实时数据的质量和获取路径，支持可再生能源的发展，管理全市的用电负荷增长，并降低高耗电地区的用电负荷增长，这包括在北布鲁克林和南皇后区的电力负荷之间进行协作的努力。其中节能改造有助于缓解基础设施受到的压力，消减因邻区增长导致的居民住房成本增加问题。

提高和扩大纽约市低碳挑战计划的目标和范围。扩大的纽约市自愿碳减排项目将增加新的部门，吸引新的参与者，以与私营部门领导人合作，辨识最佳碳减排方案。纽约市还将要求现有的参与者把碳减排目标从目前的 50% 提高到 80%，从而在全市范围内掀起一股碳减排热潮。

培养下一代房屋经营师。纽约市将帮助提高建筑设施的能效和寿命，为相关人员提供平价甚至无偿培训，帮助其掌握最佳的节能方法，提升他们的节能水平。这些培训将扩展到新的群体，把物业管理员和经营师也纳入培训名单。

推广纽约市降温屋顶。纽约市将秉承"降温屋顶"项目为当前的使命，

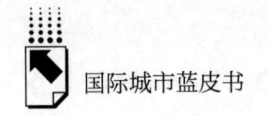

每年给100万平方英尺的屋顶刷上白漆,从而降低建筑的能耗,缓解城市热病。纽约市还将扩展"降温屋顶"项目的任务范围,重点关注中小型多户建筑,加强对绿色员工的培训。

帮助纽约市民在家节省用能。纽约居民可以在自己家里采取简单的节能措施,从而降低能源开支。绿色纽约是纽约市的一项公共计划,旨在让更多的纽约居民行动起来,以更可持续性方式生活。通过绿色纽约计划(Green NYC),纽约将引导更多的居民采取简单的节能措施,如改用更节能的灯泡,调节空调温度,拔下电插头,更高效地使用电器。

(3)开发世界一流的绿色建筑和节能规范。

提高建筑标准和节能规范。纽约市将与行业领导人和市议会合作,继续提高新建筑能效标准和可持续性标准。标准的贯彻将提高门槛,带来更好的建筑实践、能效更高的设施、更好的建筑运营和维护,促进建筑质量的提高和居民能源成本的降低。

加强节能规范的执行力。强有力的执行和教育是确保满足现有和新能效标准的必要条件。必须给城市有关部门配备额外的资源,确保在建筑设计和施工阶段满足相关标准和规范。

(4)成为清洁能源科技与创新的世界中心。

探索纽约市建筑的创新科技。实现碳排放的减少,部分取决于新的清洁能源技术和节能策略的识别和推广。纽约市将研究有前景的新型解决方案,探索这些方案对纽约市场的适应性,并制定最佳实践指导方针。

支持清洁能源和能效领域的新兴企业家。纽约市在全市范围内推广清洁技术孵化项目,以支持企业家,促进当地公司发展。这其中包括规划创业空间,允许新兴企业留在纽约市发展。

五 纽约城市建筑减排转型的意义与启示

上海市"十三五"规划及"2035"城市总体规划工作中,提出"坚决守住资源环境底线,坚持常住人口规模、建设用地总量、生态环境以及安全四条底线不动摇"的根本原则,以人口、产业、交通、用地、生态、安全等为核心原则,这与上海仍然处于工业化和城市化发展的阶段有密切关系。与中国特大城市发展阶段不同,纽约很早就进入服务经济为主的阶段,工业发展和传统能源使用等造成的环境危机已经不是核心问题,服务经济、商业发展、生活居住等所依托的办公楼宇却成为城市碳排放的主要来源,建筑物碳排放占全市排放量的比重近3/4。随着上海及我国其他特大城市逐步进入后工业化发展的阶段,服务经济及其所依托的办公楼宇、商业中心、大型居住区建筑等亦将成为城市碳排放主要源泉,在城市化快速发展和城市更新推进的进程中,必须要坚持以发达国家城市最新理念和工作方向为借鉴,以先进的智慧、绿色、生态思路推动城市建筑转型,包括建筑标准、清洁能源、能效提升、节能减排、创新科技等诸多领域的提升,不断丰富城市规划和发展的内涵。

参考文献

Mayor's Office of Long-Term Planning and Sustainability Anthony Shorris, First Deputy Mayor. *One City: Built to Last*, www. nyc. gov.

City of New York (2014), "Housing New York: A Five Borough, Ten-Year Plan", retrieved from http://www. nyc. gov/html/housing/assets/downloads/pdf/housing_plan. pdf, 2014.

New York City Panel on Climate Change (2013), "Climate Risk Information 2013", retrieved from: http://www. nyc. gov/html/planyc/downloads/pdf/publications/npcc_ climate _ risk_ information_ 2013_ report. pdf, 2013.

City of New York (2013), "A Stronger, More Resilient New York", retrieved from: http://s-media. nyc. gov/agencies/sirr/SIRR_ singles_ Lo_ res. pdf, 2013.

Centers for Disease Control and Prevention Morbidity and Mortality Weekly Report (2013), "Heat Illness and Deaths-New York City, 2000 – 2011," retrieved from: http://www. cdc. gov/mmwr/preview/mmwrhtml/mm6231a1. htm, 2013.

B.18
波兰克拉科夫市治理雾霾的综合管理体系

闫彦明[*]

摘　要： 克拉科夫市是波兰重要的工业基地城市，因受工业排放、汽车尾气、冬季取暖等多方面因素的影响，近年来出现了较为严重的空气污染状况。为了有效改善空气质量，克拉科夫市市政府推出了一系列治理计划与措施，社会机构也通过征集技术方案来获得治理方法。这些相关措施和方法，对我国城市具有借鉴意义。

关键词： 克拉科夫　雾霾　空气治理

根据欧盟发布的《欧盟国家各城市空气质量监测报告》，在欧盟的10个污染最严重的城市中，波兰占了6个，其中空气污染最严重的是克拉科夫市。克拉科夫市作为波兰南部最大的工业城市，长期以来仍保持了一定比重的工业生产，由此也造成空气质量方面的巨大挑战。面对挑战，该市探索推出一些新的"治霾"举措，有望在改善空气质量方面取得效果。

一　克拉科夫市"治霾"形势严峻

克拉科夫市是波兰南部克拉科夫省的首府，同时也是直辖市。作为中东

---

[*] 闫彦明，经济学博士，金融学博士后，主要研究方向：区域金融、金融产业组织。

欧地区最古老的城市之一，克拉科夫在产业方面保持了一定的发展优势和产业基础，在制造业领域，主要有钢铁工业、炼焦化学、建筑材料、机械（机车车辆、农业机械）、食品加工等主导产业，其中波兰最大的炼钢厂就在克拉科夫附近；在服务业领域，主要有教育、文化旅游、会展等优势产业。目前，该市居民人口超过76万，由于长期作为工业中心及冬季燃煤取暖等因素，该市成为波兰污染最严重的城市。

1. 空气质量受到国际组织警告

根据世界卫生组织（WHO）于2016年5月发表的相关报告，全球80%以上城市空气污染超标，这加深了城市居民染上肺癌和其他致命性疾病的风险。在排名前50的污染最严重的欧洲城市中，包括来自于保加利亚、捷克、意大利的城市，而值得关注的是，这些城市中竟然有33个来自于波兰的城市。数据显示，大部分上榜的波兰城市主要集中在波兰南部地区，其中包括克拉科夫、卡托维茨等大城市。

同时，根据WHO 2016年5月15日更新的城市空气质量数据库，在全球受空气质量监测的103个国家和地区中，涉及3000多个城市，其中80%以上城市空气中颗粒物（PM_{10}）和细颗粒物（$PM_{2.5}$）污染水平超过世界卫生组织建议标准。该报告数据还显示，随着PM_{10}和空气中苯并芘含量的升高，克拉科夫全年中有近150天空气质量不达标。据环境保护组织的预测分析，在像克拉科夫等这样的一些工业城市里，长期生活在这样环境中的居民患肺部疾病的概率可能要比别的城市高出几倍甚至十几倍之多，居民平均寿命可能会比正常的缩短两年，如果得不到合理的治理，居民寿命还将继续减少。

鉴于波兰大面积的空气污染，欧盟已经多次向波兰政府发出警告，要求综合治理空气污染，否则将对波兰政府进行经济处罚。

2. 冬季取暖加剧了环境污染

克拉科夫属于纬度较高的地区，随着冬季的到来，寒冷的天气和常见的雨雪天使得取暖需求剧增。克拉科夫周边是波兰重要的产煤区，这为烧煤取暖提供了条件。虽然克拉科夫市政供热系统每年冬季可以为3万多户市民家庭供热，但仍不能满足居民供热需求，因此居民家中仍然沿用壁炉或煤炉取

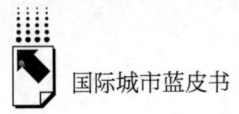

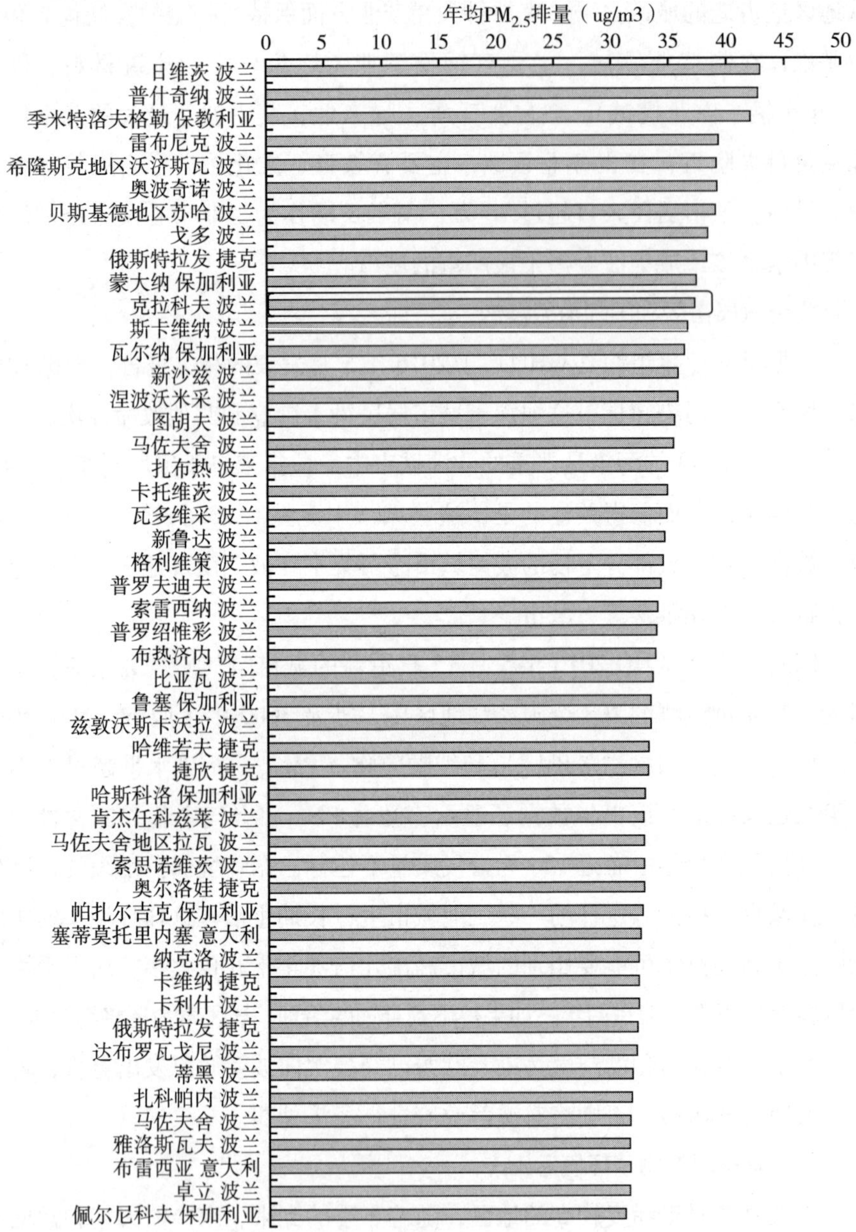

图 1 克拉科夫是欧盟地区空气污染最严重的城市之一

资料来源：《在前 50 个污染最严重的欧洲城市排名中，有一个国家占了 33 个》，IT168 网，2016 年 5 月 16 日。

暖。同时，在冬季出行过程中，汽车使用热空调取暖也造成尾气排放的增加。因此，冬季燃煤取暖和汽车尾气等是空气污染的主要原因，而该市不少家庭用燃煤炉灶也进一步加剧了空气污染问题。根据官方统计，在冬季供暖时期，克拉科夫市内空气PM_{10}浓度有时甚至超过欧盟标准近400倍，因此常常出现严重的雾霾天气。

在欧盟的外部压力和政府内在改善居住环境的双重驱动下，2015年，克拉科夫市政府加紧推出了一套新的治霾方案，以求取得改良效果。

二 综合治理"多管齐下"加强"治霾"

克拉科夫多年来不断加大空气治理的力度，并采取了减少煤的生产、减排补贴、污染处罚、空气监测等多项举措，但效果仍不理想。针对日趋严峻的空气污染形势，克拉科夫市市政府于2015年底，正式启动了新的抗雾霾方案。

1. 强化空气治理的主要努力方向

在减少煤的生产进而减少煤的使用方面，通过降低煤炭生产、使用天然气替代等方式可以产生一定作用。在外部压力和环境改善的多方面影响下，波兰决定关闭、减产部分煤矿。如2016年11月，欧盟委员会宣布同意波兰制定的关闭煤矿支持计划，该计划将为关闭那些不具竞争力的煤矿提供79.5亿兹罗提资金，以降低其社会及环境影响。[①] 根据波兰中央统计局公布的数据，全国发电、生产和家庭煤炭消费占比分别为51%、31%和15%，其中克拉科夫等中心城市消耗数量较多。2008年以来，波兰煤炭产量逐年降低（除2012年外）。如2015年波兰煤炭产量7300万吨，比2008年降低1100万吨，降幅达到15%以上；当年波兰褐煤产量6310万吨，也同比降低

[①] 据波通社报道，这笔资金将主要用于为一些因煤矿关闭而失业的工作人员提供遣散费、养老和社保支出等费用，弥补煤矿关闭前的生产损失，并确保关闭前矿井基础设施安全、环境修复，以及关闭后土地复耕等。

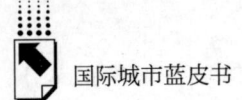

1.2%。波兰还通过加大天然气开采等方式来替代煤炭的使用。①

在空气的综合治理方面，一是近年来克拉科夫市市政府不断投入资金，对购买更环保取暖设备的居民给予补贴。二是城管部门对居民或企业私自焚烧废弃物的行为进行最高5000兹罗提（约合8500元人民币）的处罚。三是加强空气质量检测，市政府在市区内设三个空气监测站，对市区空气质量进行严格监控。② 然而，这些举措仍不能有效达到改善空气质量的目标，为此该市政府启动了新方案。

2. 克拉科夫"治霾"新方案

随着冬季来临，克拉科夫空气污染程度迅速上升。2015年11月，克拉科夫市政府决定尽快启动一套新的"治霾"方案，来达到短期治理的效果。正如克拉科夫市市长雅采克·玛依赫罗夫斯基所言，"市政府希望这些严厉的防治空气污染措施，能够扭转克拉科夫的空气质量状况"。

具体来看，主要包括以下三方面措施。

一是设定空气治理预警标准。当该市空气中的污染指数超标，即空气中可吸入颗粒物（PM_{10}）含量达到150微克/立方米时，城市立刻启动应急状态。

二是实行晚高峰时段公共交通免费。为鼓励居民减少私家车等使用频次，并更多使用公共交通方式出行，市政府规定机动车驾驶员在出示本人驾驶证后，可免费乘坐市内公交，而其他没有驾驶证的居民将正常购票。据克拉科夫市政府粗略估算，每年约有12~15天，空气污染会严重到向市民提供免费交通的程度。

三是对高排放车辆实行区域禁止。政府规定，载重量超过3.5吨的车辆禁止进入市中心和内环路等中心区域。

从波通社2016年1月的报道可以看出，自2015年底抗雾霾新举措推出后，克拉科夫市空气质量有所改善。如2016年1月2日，PM_{10}浓度下降至

---

① 根据中国驻波兰大使馆经济商务参赞处的信息，目前，波兰石油天然气公司（PGNiG）已开始在巴基斯坦Rizq盆地开采天然气，日产量30万立方米。同时，也在Rehman盆地进行开采试验。PGNiG公司预计在巴基斯坦天然气日产量将提高到50万立方米。

② 李增伟：《波兰第二大城市治霾出新招》，《人民日报》2015年11月30日。

标准线以下。按照程序化设定，当天傍晚公共交通系统重新恢复收费。

3. 通过发起国际设计竞赛征集"金点子"

（1）"克拉科夫氧气之家"建筑设计竞赛

2015 年 11 月，由克拉科夫有关组织发起了一次关于肺癌患者康复中心的建筑设计竞赛，名为"克拉科夫氧气之家"，竞赛规则是要求参赛者为玛丽·居里夫人肿瘤研究中心康复治疗中心提供服务。竞赛目标是在建筑设计层面探讨形成一个最佳方案，参赛者可通过空间、材料等方面的设计来防范空气污染、为患者康复带来希望。竞赛活动结束后，主办方即在 12 月公布了获奖结果，其中来自伊朗的设计团队拔得头筹，英国的 Paul Jones 团队、美国的 Cameron Collath 团队分获第二、三名。根据主办方披露的信息，前三名方案的要点分别如下。

第一名方案：评委会对 Nima Nian 和 Behdad Heydari 设计方案的评价是，他们"扩展了跨尺度庭院类型的性能"。该方案围绕着一个位于中央的户外庭院而布置。这个私人空间从内部看可举办各种各样的活动，让患者及其家属都能有社交的场所；从外部看，环状的建筑物对内部的庭院和对外界的空间都覆盖着半透明玻璃，使患者站在中心草地即可直面蓝天白云；从室内外连接看，内墙正对庭院且保持透明，从而在室内外之间建立了连续的视觉联系。

第二名方案：来自英国的 Paul Jones 与 Chris Brown 团队设计方案的优点体现了在选址上的合理性，新建的建筑在与原有旧建筑之间形成了一个公园，作为过度与缓冲。新建筑的顶部由格构梁和植被组成的屋顶，让室内空间犹如置身于树林之中一般。

第三名方案：美国的 Cameron Collath 的设计成功之处在于，看似简单的设计却体现了作者丰富的想象力和艺术性。建筑拱顶布满了各种传统符号，并用厚实的混凝土和轻便的钢构架以不同的面貌进行展现，设计者还刻意用不同的材料来区分私密和公共空间。[①]

[①] 参阅两个网站信息：https://krakowoxygenhome.beebreeders.com，http://sanwen.net/a/tzjxobo.html。

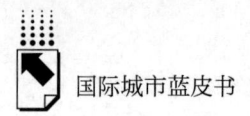

通过建筑设计方案的筛选，能够更为科学地设计康复中心建筑功能，并尽可能吸收多家方案的优点，有关优化空气质量的理念也可以推广到其他建筑之中。

（2）"'Smogathon'防雾霾治理大赛"

由多家波兰合资科技企业创始人、波兰政府顾问 Maciej Rys 等人发起的 Smogathon 赛事活动于 2015 年开始启动。该活动的背景在于政府和市民关于空气质量的担忧意识日益增强，而社会各界又有不少资源和好的创意，因此通过策划一个竞赛的方式不仅可以调动各界的积极性，而且能够发掘好的创意。主办方的主要目的在于，一是旨在寻找、发掘一些可以显著改善空气污染的有效解决方案；二是针对空气质量问题形成一种共同的社会责任，通过共同参与来加强各方对空气问题的认识；三是积极促进合作和集体创造力，并促进创意方案的有效实施。

经过筹备组积极筹划，参加此次治理大赛的参赛队达到 30 个左右，这些参赛者主要来自于波兰、德国、加拿大与中国等七个国家，在比赛过程中全部的参与者被分成 29 个小组。主办方还邀请了来自全球的专家来进行项目评估，在各参赛队提交防雾霾解决方案方案后，评估小组最后选出了一些优秀的治理方案。经过评审，最后有十个小组的方案胜出，其中最优方案的团队将获得十万兹罗提（约合 23960 美元）的奖金。

从获奖方案总体情况看，都具有很强的创新性和空气治理的针对性。如获得第一名的德国 citytree 团队设计的方案是生物治理技术，他们设计了一组由长满了一种特殊的藓类植物的面板来净化空气，这组材料可以吸收的污染空气量可以达到 275 颗树木的吸收量，因此具有极高的净化效果。同时，以这种材料组建起来的建筑物，在空间上具有极高的经济性，能够比同类建筑节约 99% 的空间，在外观上还能够体现美学特点。由于"Smogathon"系列活动创意优、策划到位，其在此次活动中成功吸引了超过 1000 家在传统和在线媒体、14 个赞助商和 18 个合作伙伴，这也反映出加强空气治理已经成为波兰各界的广泛共识和共同目标。

从前文内容可以看出，克拉科夫作为波兰空气质量受影响最大的地区之一,近年来通过政府、社会机构等多方共同努力,在不断加大资金和智力投入,特别是在市政府出台空气治理新措施之后,克拉科夫的空气质量也出现明显的好转迹象,但由于空气质量的改善并不是"一簇而就"的,因此要想根治克拉科夫的空气污染问题仍需更多时间。

三 对中国城市"治霾"的借鉴

近年来,我国各省市空气质量堪忧,特别是包括首都北京在内的不少北方地区,更是深受雾霾问题的困扰。例如2016年12月16日至21日,据中国环境监测总站监测,京津冀地区以及山东、河南等出现大范围区域性重污染,其中北京达到重度及以上污染。16日,北京启动空气重污染红色预警,并规定"国Ⅰ"和"国Ⅱ"排放标准车禁止上路,而国Ⅲ及以上排放标准车则按单双号行驶。随着雾霾天气出现频率越来越高、持续时间越来越长、污染程度日趋提高,迫切需要采取综合治理措施来加以缓解,这方面可以借鉴与中国北方城市略有相似的克拉科夫的一些措施。

首先,加大宣传力度,发动全社会参与空气治理。中国城市的空气污染主要来源于企业排放、冬季燃煤、汽车尾气等方面,这些污染源都与人们的日常行为息息相关,如果不能有效发动社会力量自发地来维护空气质量、减少污染物排放,则很难从根本上消除污染源。因此,克拉科夫征集"金点子"活动,一方面是通过集思广益来发掘一些来自国际、来自民间的优秀方案,并通过在实践中的广泛应用来有效改善空气质量;另一方面,其更为重要的作用也在于营造人人维护、从我做起的良好氛围。我国城市也可以探索举办一些由社会各界广泛参与的治霾方案征集活动,来提高各方面人员的积极性。

其次,政府加大投入,推行空气综合治理。政府作为"看得见的手",在管制、治理方面往往有突出作用,但要确保政府投入的连续性和相关措施的针对性,通过多元化措施来达到综合防治的效果。例如,针对冬季燃煤污染的现象,要"疏堵并举",一方面要鼓励并扩大天然气、电力等能源方式在冬季保暖中的应用范围，并逐步降低燃煤的使用率；另一方面要加大对燃煤混乱现象的治理力度，对此，2017年《北京市政府工作报告》的环保部分明确提出，"为治理空气污染，今年全年将压减燃煤30%，清理整治2570家'散乱污'企业，加强区域大气污染联防联控。"又如，可以借鉴克拉科夫针对空气质量的弹性举措，即当城市空气中的污染指数超标后，城市立刻启动应急状态，并可以鼓励机动车驾驶员尽可能采用公共交通方式出行，以降低汽车尾气排放所造成的污染，对此，政府需要提供相应的公共财政支持。

最后，加大研发力度，不断推出有实效的治理方案。解决空气污染问题，离不开科技支持，当然也需要资金支持。从社会投入看，我国各地近年来均加大治理力度。如根据北京市财政局网站公布的2010~2016年北京市官方预算及决算数据：2014~2016年，北京市大气污染治理总投入达到360亿元，其中2015年达到了134亿元（是2010年的7.88倍）。如此巨大的财力投入，但显然还未能取得预期效果。针对此现象，也可以借鉴国外经验和技术，如"'Smogathon'防雾霾治理大赛"中获得大奖的德国citytree团队设计的"藓类植物面板"生物技术，不仅能够避免二次污染问题，也能够大幅度降低投入成本、减少建筑空间。类似的技术，可以通过加强本土研发、国际广泛征集等途径来获得，对于一些操作性强、有推广意义的，可以在政府引导下向全社会来补贴推广。

参考文献

《在前50个污染最严重的欧洲城市排名中，有一个国家占了33个》，IT168网，2016年5月16日。

李增伟：《波兰第二大城市治霾出新招》，《人民日报》2015年11月30日。

Smogathon Initiative Examines Counter-smog Solutions in Poland，http：//news.xinhuanet.com/english/2016-11/30/c_135868093.htm，2016.

新华社：《北京三年"治霾"投入360亿，大数据告诉你效果怎么样？》，新华网，2016年12月24日。

城市治理篇

Urban Governance

B.19
"韧性城市"运行机制与政策应对

林 兰*

摘 要： 作为复杂地域系统，城市（特别是大城市）容易受到各种能够预见和不可预见事件的威胁，任何一种对城市复杂系统的冲击都将可能产生重要的经济、社会、环境和制度上的影响。本文旨在探讨城市抵御各种冲击和压力的机制，以及建立韧性政策的方法。

关键词： 韧性城市 机制 政策

城市作为复杂地域系统，以4%的土地承载了近一半的全球人口和大约

---

* 林兰，博士，上海社会科学院城市与人口发展研究所研究员，主要研究方向：技术创新、高技术产业、城市文化。

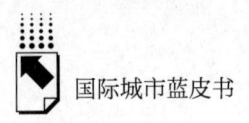

55%的GDP总量（经合组织，2015）。受城市增长的推动，世界人口将从1950年的不到10亿增长到2050年的约60亿（联合国经社部，2014年）；仅从2000年到2014年，全球大城市人口就增长了12.5%，所受各类事件冲击的规模和影响也随之增加。数据显示，灾害是没有行政边界的，但作为人类居住和经济活动的集中区域，城市更容易发生集中式的风险和危害。仅2016年上半年，自然灾害就在全球造成了6000人死亡和680亿美元的损失，其中很多损失都是由于城市缺乏韧性而导致。因此，迫切需要增强城市的韧性来应对各种危机。

一 韧性城市及其韧性表现

韧性城市是能够吸收、修复和应对未来在经济、环境、社会、制度方面受到冲击的城市，其目的是促进城市可持续发展、实现城市的福祉和包容性增长。城市的韧性表现在四个重要方面。

（1）在经济方面，表现为就业门类的多样化。即，城市的经济充满活力；增长高速；创新在城市空间广泛发生；通过教育服务和技能培训促进就业。

（2）在治理方面，表现为清晰的城市领导和管理。即，领导层具有战略性眼光，制定综合性的治理框架；公共部门有良好的服务技能；政府公开透明。

（3）在社会方面，表现为具有包容性和凝聚力。即，社区公民联络活跃；街区安全；公民享受健康生活。

（4）在环境方面，表现为生态系统健全多样。即，具有满足基本需求的环境基础设施；拥有充足的自然资源；采取合理的土地利用政策。

二 城市韧性的驱动因素

韧性城市是能够吸收、适应、改造和应对未来冲击的城市，尤其强调确保可持续发展，强调市民幸福和包容性增长。城市韧性由以下五个因素驱动。

（1）适应性：需要建立一个适应性城市系统，这个系统通过不断变化的治理标准来管理城市发展的不确定性。例如，要能"规范过去的行为"，即通过历史数据积累和分析来识别现今问题的解决方案，要能够从过去的经验中获得关于未来的决策。

（2）稳健性：需要建立一个强大的城市系统，以便吸收各种非常大的危害的冲击，而不至于使得灾害会对城市造成重大损失。城市的稳健性依赖于城市的密切相关者（包括政府、学者甚至是市民）对城市的精心设计，用各种细致的考虑缓解灾害冲击并维持城市功能继续运作。

（3）冗余性：建设一个冗余的城市系统，使之能够随时满足城市"空闲容量"的需要。即这个系统能够抵抗破坏性事件或极端事件对城市造成的压力，随时为城市提供应急服务。

（4）灵活性：灵活的城市系统允许个人、家庭、企业、社区、政府调整行为和行动计划，以对紧急事件迅速做出反应。充满活力的城市系统需要具备丰富的可调配资源，可以在危机中或受到高度限制的条件下有效、快速地恢复城市的基本服务。

（5）包容性：需要具备一个包容的城市体系，以确保不同的行动者都能充分发挥作用，参与政策设计并授权政策执行。从这一点来说，韧性城市一定是一个综合的城市系统，合作、协同、参与式规划使得城市的治理能够超越部门和行政边界，确保决策连贯和投资有效。

三 增加城市韧性的重要途径

1. 通过产业多样化促进增长

多元化的产业基础能够筑造有韧性的城市经济，从而使得城市的投资渠道多元化，创造更大的经济规模和更多的就业机会，并且能够应对剧烈的产业结构变动以及失业和罢工。值得注意的是，多元化的经济可能在一定程度

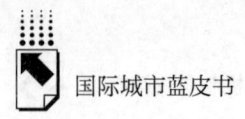

上降低行业专业化程度，而专业化程度降低则有可能影响城市解决问题的能力。

2. 通过创新引领经济发展

促进创新也是城市经济驱动的主要因素之一，良好的城市创新能力有助于更好地实现经济多样化，并有助于提升服务品质、规范流程，提高城市在社会、文化、治理等各个方面的增长潜力。

3. 提升劳动力的就业技能

具有多样化和适应性技能的劳动力有助于使城市经济变得更加灵活，也能在更大程度上促进社会变革。劳动力素质与高等教育比例一样，都是衡量一个地区创造创新能力的重要指标（经合组织，2013年）。值得注意的是，二者的增长并不呈现同步性，这在发展中国家的城市中尤为明显。

4. 社会更具包容性和凝聚力

通常社会资本水平较高的城市也具有更稳定、繁荣的社区结构，更强大的社会基础设施建设、改造能力，更能克服城市面临的冲击和压力。对于大城市来说，社会包容性和凝聚力非常重要，尽管大城市有更多的工作机会、能提供更优质的服务、有更多的资本建设和完善的基础设施，但其不平等性与中小城市相比尤为突出，收入差距较大，由此而产生社会隔离和文化隔离的机会更大。因此，为了建设更有韧性的城市社会，政策制定者应时常考虑城市的社会不平等如何发生、又应当如何消除。从经验性的研究来看，社区是一个重点关注的载体，其往往是城市抵御突然冲击或长期危机的基本单元。

四 城市建立韧性的政策方法

现今，世界上的许多城市都采取各种政策方法来增强城市的韧性，以及加强与其他参与者（如国家政府、周边市镇、非政府组织、当地公民和私人部门）合作的韧性。具体做法包含以下七个方面（见表1）。

表1 建设韧性城市的政策方法

自适应： 能够汲取过去的经验教训，作为当下行动的指南	制定企业和人才战略，鼓励创新； 制定紧凑的城市政策，应对城市人口增长，减少因人口集聚形成的压力
健全治理系统： 具备设计精良的城市治理系统，能够化解各种冲击	培育新兴竞争性行业，鼓励产业多元化； 制定可靠的基础设施投资策略
能力"冗余"： 具备一些"冗余"的能力，以应对一些意想不到的需要	始终保持一定的城市基础设施投资强度，在任何关键时刻保持服务城市的设施保障能力； 制定战略性土地利用规划政策，确保土地增值
灵活治理： 在规划中设计对可能变化的环境的应对措施	对城市可能面临的挑战做出长期愿景规划，并提供灵活的政策指导； 通过鼓励创业与创新，为城市创造新的选择机会
丰富资源： 能很快地寻找到所需关键资源，以及应对危机的方法	建立一些特别行政部门，以强化公共部门的资源利用能力； 探索城市财政改革
增加包容： 允许各种不同的声音在城市共存	保障所有利益相关者参与治理，以提高政策质量；赋权当地社区； 确保所有公民机会均等
协同整合： 无边界地合作	多层次治理，以更好地促进政策协调； 鉴于创新的重要性，使大学成为重要的合作中心； 与其他城市形成联盟合作，以确保大都市区的规模，增强区域吸引力

资料来源：作者整理。

在自适应方面：坦佩雷、神户和里斯本等城市都重新定义了城市的创新经营策略，充分利用当地知识资源改变了城市创新模式；富山和卡迪夫则通过制定紧凑的城市政策调整城市空间范围和形态。

在健全治理系统方面：安塔利亚和渥太华设计精良的治理系统来吸收城市面对的冲击；轻量化产业结构，发展多元化产业结构，同时注重保持现有行业和新产业之间的平衡。

在建设"冗余"能力方面：神户重点建设应对意外需求的剩余能力，开发在紧急情况下启用的"额外的"基础设施服务能力，并对城市土地采

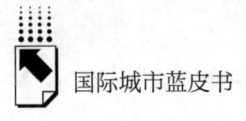

取战略性利用策略。

在灵活治理方面：卡迪夫、渥太华和京都都设计了应对未来不断变化情况的长期愿景，目的是确保城市治理灵活又可控。这些城市开发了新的治理系统，确保个人、家庭、企业、社区和政府能在城市遇到危机的时候快速调整行为。奥斯陆则鼓励创业和创新，以使城市的经济基础更加多样化和具有灵活性。

在丰富资源方面：纽约充分利用现有资源来满足紧急情况下的关键需求。横滨采取财政分权化措施，赋予城市自主权，引进新的地方税方案，目的是为城市创造更多的资源，维持高效的城市管理服务。神户在1995年大地震后，主动缩减了城市劳动岗位数量，整合经济资源，快速重建城市的基本服务和系统功能。奥斯陆和伦敦则通过调整城市中心的税费比例，为城市建设提供更多的收入来源。

在增加包容方面：贝洛奥里藏特通过建设城市市民网络将不同的观点融合在一起，确保城市政策在制定和执行的各个阶段都得到充分的咨询和反馈；里斯本鼓励利益相关方参与社会政策制定；安塔利亚改善少数群体就业，加强社会凝聚力。

在协同整合方面：布尔萨鼓励国家政府和区域发展机构紧密合作。渥太华与周边市镇建立联盟，共同解决经济、社会问题，以应对该地区共同面临的环境挑战。京都则致力于城市各项政策的连贯一致，并确保已制定政策的有效性。

五 韧性城市建设的国际案例

1. 巴黎气候适应战略

巴黎在2003年遭受了极端热浪的威胁，造成1000多人伤亡。此后，巴黎市制定了全面的气候适应战略，采取一些"务实"的韧性方法在炎热的夏天"冷却"城市。主要目标是保持巴黎人的生存空间安全，更好地适应当下城市天气变化以及未来可能发生的全球气候变化。

例如，在热浪发生的时候，居民被允许在公共喷泉区域戏水，而这在平时通常是被禁止的；公园则全天候营业，为城市居民提供更开阔的凉爽空间。巴黎政府计划到2020年种植2万多棵树，建造一些公园和一个城市"凉爽廊道"，以此培育市民新的生活方式，使得城市居民能够快速应对极端天气事件。在遇到极端天气事件的时候，调整开放公共服务的时间，防止交通和公众活动高峰期形成过度拥挤，预防居民因为脱水而造成的身体伤害事故。

巴黎气候适应战略的核心是以解决自然问题为基础任务，并在此基础上制定适应气候改变的城市规划，从而确保有相应的资金投入配比。仅在2015年，巴黎就发行了6000万欧元的气候债券，而这些资金都来自于私人基金。这些基金主要被用于建设具有多重效益的绿色基础设施，如改造公园、在人口稠密的城市地区种植树木等。此外，巴黎的气候适应战略还包括通过促进市民团结、鼓励彼此照应来建立城市韧性。

2. 贝鲁特防治海水入侵

黎巴嫩首都贝鲁特正面临严重的海水侵入地下水并污染地下水含水层的状况。常年的高温加上匮乏的降雨量，使得贝鲁特的地表水接近枯竭，由于含水层不能得到及时的淡水补充，海水倒灌使城市饮用水遭到污染，并在一定程度了影响了个人家庭生活，例如，造成家用电器或房屋腐蚀与锈蚀；影响农业作物的种植种类、产量，增加种植成本。贝鲁特政府整合相关研究团队，对城市入侵海水的主要成分进行了分析，并对比了湿季与旱季不同降水条件下海水入侵的成分差别，在此基础上制定海水入侵的应对措施和综合治理框架。框架涉及三个主要领域：供水管理、终端用户（水的最终使用者）的意识觉醒、加强相关机构合作。对于第一个领域，侧重于增加含水层的淡水（包括雨水）补给和淡水再利用；对于第二个领域，采用智能计量系统节约淡水使用、识别泄漏，采用多重用水费率，定期向社区使用者和水行业利益相关方提供信息，透明化成本效益分析；对于第三个领域，建立基于联合合作的决策支持系统，并在此基础上形成高度整合的治理策略。

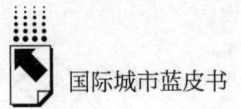

参考文献

OECD（经济合作与发展组织）网站，http：//www. oecd. org/gov/regional-policy/resilient-cities. html.

United Nations Human Settlements Programme （UN-Habitat），"World Cities Report 2016 Urbanization and Development：Emerging Futures". Available online at：http：//wcr. unhabitat. org/，2016.

Cabinet Secretariat of Japan （2014） "Fundamental Plan for National Resilience-Creating a Strong and Resilient Country. ", Available online at：http：//www. cas. go. jp/jp/seisaku/kokudo_ kyoujinka/en/fundamental_ plan. html，2014.

B.20
里约热内卢创新城市治理机制*

陶希东**

摘　要： 在现代信息网络时代背景下，随着城市的复杂性、不确定性不断上升，如何采取新的城市治理方案和措施，逐渐成为学术界和政界不断探索的新议题。本文借助伦敦政治经济学院（The London School of Economics and Political Science）"新城市治理研究组"2017年6月发布的关于巴西里约热内卢城市治理创新的调研报告，在分析巴西城市治理创新方案的具体做法和经验的基础上，对我国的城市治理创新提出了相关建议。

关键词： 新城市治理　里约热内卢　创新方案

城市治理是一项复杂的政治行动和综合行为，一般而言，政府的行政效率和技术效率往往成为评价城市治理创新的重要依据和维度，现实中恰恰相反，一个城市的新型战略和领导方式，在城市治理创新中并没有给予足够的重视。数据显示，截至2016年，我国的城市化率已达56.1%，快速城市化已成为我国现阶段城市发展的重要特征之一。伴随着城市化进程的不断推进，城市结构的日益复杂化给城市治理带来了机遇与挑战。如何应对日益突

---

* 本文主要基于伦敦政治经济学院（The London School of Economics and Political Science）的 *Urban Governance Innovations in Rio De Janeiro*，2017.5，特此致谢。
** 陶希东，理学博士，上海社会科学院社会学研究所研究员，主要研究方向：社会治理、城市管理、行政区划等。

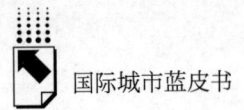

出的"城市病"问题,如何将城市管理措施更贴合公民的期望,这都是现阶段我国城市管理面临的关键问题和主要挑战。

巴西的里约热内卢被称为"上帝之城",其独特的地理位置和发展历史,造就了其不仅有最美的海滩风光,还有世界上最大的贫民窟以及随之而来的严重社会犯罪问题,但随着里约热内卢2014年世界杯和2016年奥运会的成功举办,城市治理创新成为城市政府和市长讨论的重要议题,并取得了显著的成就,尤其是智慧城市建设获得了世界的称赞。本文将对这一案例进行分析和解读。

一 里约热内卢城市治理创新的三大战略举措

巴西里约热内卢的智慧城市运营成果已被世界公认为最具有借鉴性的经典案例,而这座城市也早已把城市治理创新列入了日程。在相关创新工具的决策和实施中,公众参与度明显提高,但与此同时,城市管理者对各类机构的管理控制仍在不断加强。在2007~2016年间,各类大型活动在里约开展,盛会刺激了城市基础设施建设和商业投资的发展,很大程度上挽回了资金外移造成的里约经济发展的颓势。在世界的目光聚焦于此之时,创新产品不断应运而生。

2008年,前市长Eduardo Paes再次当选,并在2012年连任。基于数字信息和通信技术的发展,他开发出三个管理创新工具,取得的效果显著。三个工具分别是:里约运营中心、统一服务热线和社会公共参与实验室。

在私人投资和免税政策的扶持下,里约市长决定开展对中心城区的重大改造计划,并积极投资贫困地区的基础卫生建设。这些政策顺应了一个重要的政治管理理念,即以"What works"(什么措施最有效)为宗旨和目标。在淡化政治思想的同时,强调政府工作管理的高效率和条理性。而其他城市,例如纽约也有相似的执政风格,纽约市长将思辨精神与管理技巧相结合,创造出了一个不一样的城市治理景象,一切以结果为导向,追求"最有效",在行事风格上去政治化。

在里约，将非政府机构的管理方法引进公共行政管理的做法，是里约市长一直以来的管理风格。在总体战略部署的指导下，借鉴私企的治理方法，创造了"城市总书记"一职，极大改变了公共管理的手段，并更好地避免了官僚主义的产生。总书记的出现，让各部门的工作效率更高，减轻了各城市的秘书和地方委员会、州和联邦各级的信息交流压力，行政关系变得更加明晰。

而新成立的公共行政部就更具创新性，目前这是巴西特有的一个行政部门。此部门直接向总理汇报，负责协调总理与立法部门及与其他部门之间的关系。公共行政部听从总书记的指导，并从大型咨询公司、跨国企业及市行政部门招揽贤才，在日常管理中注重引入市长提出的几项新型管理措施。实际管理中，多以公私合作形式进行，一些大型的基础设施建设以及港区改造都是以此种方式实现的。在2016年奥运会期间，这种运行方式成功有效地解决了运动员们的住宿安置问题，其所涉及的项目价值达10亿美元。可以看到，这种行政模式带来了极大的便利和高效率。

1. 里约市政运营中心

2010年的夏季，里约饱受暴雨灾害，湍急的雨水引发了贫民区山体滑坡和洪水，导致了公共与私人财产的巨大损失。而更加让人痛心的是，由于基础设施的不完善，以及救援的滞后（无法及时从其他城市调配出救援队伍），超过60人在这场灾难中丧生。鉴于如此惨痛的教训，由政府承诺的里约市政运营中心应运而生，其成立于2010年，是在和IBM公司合作开发中产生的。这是一种新的协调通信运营中心，可同时调配30个城市的机构、部门和公共事业单位。运营中心里的工作人员每天在一个大型的控制室里工作，这里有80多台46英寸的显示器，可以传输城市里超过500个地点的图像。在这些显示器上，可以清晰地看到里约的地图全貌，同时一些潜在的问题区域也被标注出来，例如道路封锁维修的路段。在控制室里，有400多名员工连续进行监测。

虽然建立市政运营中心的初衷是为了更快速便捷地进行内部信息协调与沟通，但它同时具备了政治功能。在运营中心里，配备了一个紧急处理室，

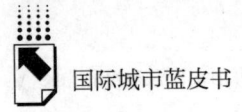

可以直接连线市长的办公室和民防总部，同时还配备了一间新闻室。以此种方式，运营中心开发了一个重要的公共关系维度，提供了"嵌入式报道"的可能。

多项证据表明，运营中心的产生增加了里约城市管理的弹性。它结合高科技创新产品，将员工与公共机构进行了水平和垂直整合。运营中心主任表示，中心主要是以"伞状投射"或者"枢纽服务"的形式来运作的，在这里，每一位员工在完成自己分内工作的同时，还担任着联络员的角色。长此以往可以消除地域壁垒，并且在员工之间建立信任感和连接感。

运营中心的现任主任由市长任命，他之前在商场从事管理工作，后经由部门推荐，从私企调到了公共部门。他将自己在私企多年的工作经验运用到公共服务事业，成功组织了多项大型人员运输工作，给市长留下了深刻的印象。里约市长在一次会议中鼓励员工，"我并不关心你能说几国语言，或者毕业于哪所学校。我只知道你如今在这里工作，并且付出自己的劳动，我相信你能胜任这个职位。"这样信任员工，并且偏好任用可靠的外来员工，是市长一贯的领导风格，这种人员管理方法保证了运营中心的政治忠诚度。

2. 里约1746热线

2011年，里约市市长接纳了纽约市市长的建议，效仿纽约城热线，开通了里约城市服务热线，即里约1746热线。热线的开通是为了尽可能快速有效地回应市民反映的一切问题。通过拨打此热线，民众可以针对市区服务状况进行投诉，获取职位需求，了解债务、罚款和许可证的相关问题，甚至可以得到旅游信息。热线同时提供英语和西班牙语双语服务，让沟通更加便捷。热线的出现，大大简化了26个市政机构的电话接线服务，从设立以来，每天平均能收到1万通电话，每年可以收到350万通电话。在2012~2016年，热线服务的成本约为8000万美元。电话内容多为一些常见的服务诉求，例如树木修剪、杂物清除、车辆不当停放、对蚊害的处理，以及对街道照明设施缺乏和街道坑洞的投诉。

与里约市政运营中心一样，里约1746热线被誉为城市治理创新的一项重要举措。它们在提高城市治理效率的同时，也加强了中央控制，实现了市长直接管理模式。而这些工作之所以能够顺利开展，是因为公共事业行政能力的不断加强。里约市长在第一年任期间，就成立了此运营中心，在麦肯锡的支持下，私企管理实践的发展同样依托于公共服务热线管理。1746 热线让民众与市长直接且频繁的交流变成可能，也没有了以往与官方沟通的压力感和行政感。而热线中心人才招聘依然重视员工的忠诚度，且对曾供职于私企的高级顾问或者管理人员青睐有加。

3. 里约实验室

与运营中心和里约 1746 热线一样，里约实验室也是利用科学技术实现行政管理的一个重要举措。比起纯粹发挥响应与急救作用的信息调度平台，里约实验室还致力于培养普通民众在城市发展中的参与感与责任感。实验室创立于 2014 年 12 月，目前有 9 位成员，分别来自社会科学、通信、设计、网络编程等不同的专业，且年龄都在 30 岁以下。实验室创立的初衷是为了应对 2013 年发生的几场严重的大规模抗议活动，它借鉴了世界范围内相似机构的经验，常被称为"公共政策实验室"。

在建立的第一年，实验室便开发出了七种不同的项目，例如常见的城市问题的改善和建议集锦，能够提供公共政策建议且能随时互动的社交网络平台等。里约实验室最重要的功能是收集城市居民的意见和好点子，并把它们打包发给相应的秘书办公室，例如自行车道的建立，城市青年理事会的创立，等等。同时，实验室还接收来自市政府各个秘书办公室的任务请求。

与运营中心和里约热线不同的是，由于不断的接收大量民众信息，里约实验室追求"和而不同"，它对民众对政府的评论一直持公开的态度，即使无法达成一致，也可以接受不同意见，采纳建设性的意见。但和前两个机构一样，它更倾向于探求一种直接而非正式的协调方式来处理问题，并且跨越不同部门，同时精简领导队伍，避免团队冗余。除此以外，因为实验室的运作一直处在市长办公室的总监管下，它的所有信息和数据都会被市政厅快速捕捉到，确保给予及时的支持和干预。

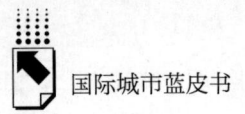

二 对中国城市治理创新的重大启示

1. 在城市领导者的带领下，全面推行"无死角、标准化、责任到人"的创新治理理念

从巴西里约热内卢的城市治理案例中我们可以看到，在城市治理过程中，只要坚持以改善城市治理的合理性、系统性和创新性为目的，以高效率的手段运行，那么市长的全程把控与参与不但能够正面影响公众在城市治理与决策的参与度，而且能够更好地调动全局，更有效地把控城市治理的大方向。当然，这要求城市一把手或市长需要具有全局意识，并能很好地预测与判断未来，有效地制定创新方案并确保政策贯彻于实施。一个能够高瞻远瞩的城市领导者将带领整个城市在城市治理方面取得非凡的成绩和卓越的社会效应。

在城市领导者的带领下，着眼于全市的城市治理系统，全面推行"无死角、标准化、责任到人"的创新治理理念。所谓的"无死角"，就是要确保城市治理能够覆盖全时间段、全地段，24小时无间隙地进行监管与把控；"标准化"，就是在制订城市治理计划时，确保所有地段、所有时段都服从同一套统一的、标准化的管理方案，不应出现部分街道与居民区或与重点区域有不同口径的实施管理办法，这样既没有效率也会失信于民，打击公众的信任度；"责任到人"是指当涉及城市的某一地段、某一时段的事件时，都能找到明确的治理部门负责督促与整改，这样一旦出现问题，就能很快找到相关部门进行核查。这三个概念打破了以往的城市治理思维模式，为城市治理带来新角度，新思路。

2. 由单一城市管理拓展到公共管理，培养城市居民主人翁意识

仔细研究里约市的三项治理创新经验，发现其运行的过程中一直强调去官僚化及追求高效率，淡化了其潜在的政治色彩，所以即使整体的实施过程并不总是授权于民众，但还是有效鼓励了市民的城市管理参与感，让政治更民主。与此同时，也更方便政府部门协调和监管，及时做出干预与指导措

施，避免因为延伸公民的政治参与感而可能造成的不必要的隐患。

3. 充分利用网络技术，推进数字化城市治理创新模式

除了城市化进程加快和城市结构的日益复杂化，我国的城市治理创新还面临着一个重要的挑战，那就是世界现代信息技术和互联网思维的快速发展督促着我国城市信息化整体水平的提高。现阶段我国各城市信息化水平发展存在不小的差异，只有在全面提高网络化的同时，因地制宜地构建数字化城市治理模式，才能更有效地鼓励公众的广泛参与，促进数字化城市治理进程。

数字化管理顺应时代潮流，它是城市管理的一大创新，科学的网络化管理会极大地提升城市的现代化管理进程，是对传统城市治理模式的补充及完善。政府部门需要做好门户网站的自我核查、自我纠错，有效利用网络技术，更全面地保障市政公共基础设施的安全运行和必要检修，保障城市整体环境的有序整洁。与此同时，做好监管与核查，保障城市各个部件的良好运作，有效有序地进行城市动态监控，创建公众参与平台，实时检测与互动，鼓励民众一起参与城市建设，强化城市治理的创新模式。目前，我国现有的数据分享平台与网络技术很难满足未来不断增长的城市信息共享需求，而不断发展的城市越来越成为一个整体，只有各个监管部门在标准化的管理政策和网络模式下，才能更好地协同合作。

4. 重视城市治理创新人才建设，打造"正能量"城市治理队伍

从里约热内卢的例子中可以看出，合理的任用人才能够让一个岗位发挥出更大的作用，有效提升城市治理创新的整理效果，以"英雄不问出处"的原则，打破国企与私企的对立思想，广纳人才，积极鼓励忠诚的、能给公司带来正面作用的人才，打造一支忠诚且敢于创新实践的正能量城市治理队伍。

首先，要逐渐摒弃以往"人盯人"的老方法，提高管理标准，提供集中培训，全面提升治理队伍的思想素质、心理素质、业务素质和身体素质，充分与管理实践相结合；然后要不断向团队树立"管理即服务"的先进理念，拉近与被管理者的距离，秉承正能量，在管理过程中公正、廉洁、坚

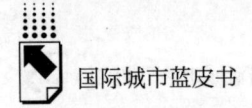

定；而且提供专项培训，全面提升治理团队的业务能力，提供演练，让治理人员能够在复杂的问题中迅速抓住重点，进而快速有效地解决问题；全面提升队伍的忠诚度，能够树立"奉献精神"，沉着冷静地投身于第一线工作，做好全局的把控工作。并在这些措施的基础上，积极改善员工的工作环境，提高福利待遇，在软件与硬件的多维度建设下，使城市治理队伍顺应新时代、新标准、新形势的感召，为城市治理创新事业奉献力量，为中国社会又好又快的发展提供稳定的支撑。

参考文献

RobPitingolo et al., "Forward Cities——Four Cities' Efforts toward More Inclusive Entrepreneurship", 2017 – 2.

The report of the small business development, "China's State Administration for Industry and Commerce", 2014 – 3.

The London School of Economics and Political Science., "Urban Governance Innovations in Rio de Janeironug", 2017 – 5.

B.21
纽约住房规划推动城市宜居与社会公正

李 健*

摘 要： 随着房地产价格快速上涨，纽约居民包括中产阶级的生活都受到极大干扰和威胁。2014年纽约市发布《纽约住房规划》，2016年纽约对《纽约住房规划》近三年来的工作进行总结，分别从多元化宜居社区、住房存量维护、新建住房、无家可归以及老年人口的安置等视角，对纽约平价保障房的建设和发展提出工作思路，并形成一定工作经验。本文主要基于《纽约住房规划》报告及三年工作进展进行综述，最后形成中国城市发展的经验启示。

关键词： 纽约 住房规划 平价保障房

早在2014年，纽约市政府相关部门就发布了《纽约住房规划》，规划提出在十年中建设20万套高质量、平价住房，以供50万纽约居民居住。《纽约住房规划》聚焦于推进包容和多元化发展，保障纽约社会经济发展活力，但当前快速增长的房价已严重威胁到纽约市贫穷人民乃至中产阶层的生活，这不仅会导致社会阶层的割裂，更会改变城市的实质。2016年末，纽约再次对《纽约住房规划》近三年的主要工作进行总结，认为当前纽约人口规模达到历史最高阶段，这大大增加了城市活力，但房屋生产并没有跟上

---

* 李健，博士，上海社会科学院城市与人口发展研究所副研究员，主要研究方向：城市经济与空间规划，近年聚焦于全球生产网络视角下的地方产业升级与高科技城市转型研究。

人口增长的步伐，住房缺口越来越大、住房租金越来越高，租金/房价与收入差距越拉越大，对于平价住房的需求压力开始爆发。对于家庭而言，高房价同时意味着必须在购买食物、药物及其他必需品方面减少支出，从而对社会需求造成影响。这些问题和压力都促使纽约市政府重新思考政府机构和社区工作的方法和路径，以更加平等、包容和负责的态度与居民进行交流，包括低收入工人阶层、教师、护士等对城市社区发展有重要作用的群体。此外，纽约政府不断创新平价保障房的建设路径，其工作思路和经验都值得中国特大城市实践习总书记"房子是用来住的，不是用来炒的"的核心指导而认真总结和学习。

一 培育多元化、宜居社区

在《纽约住房规划》中提出"在未来十年中，城市五个行政区将会通过协调社区规划、调整土地利用和分区规划、提升基础设施和服务，来为城市提供更多新住房和社区品质。"配合这样的目标，纽约市政府积极推进居民融入社区规划中，并引导公共投资满足社区主要需求。此外，推进MIH（Mandatory Inclusionary Housing）项目以保障商品房建设中有平价房，支持为女性和少数民族提供新建、修复的平价住房，最终营造多元化、宜居的城市社区。

1. 为城市建设平价保障房创造更多机会

《纽约住房规划》制定过程让人意识到城市规划都需要不断的修正，原先教条、自上而下的规划方式已经结束，新的规划方式需要居民的积极参与，包括地方长官、社区组织、居民以及经济发展、医疗、住房、社区规划等机构，学校、商业服务以及交通部门都综合在一起，共同商讨社区的成长和更新。《纽约住房规划》之后陆续出台了10多个社区规划，调整土地利用和提升基础设施、服务，提供更多新住房和社区品质。

在每一个社区规划中，HPD（Department of Housing Preservation and Development）作为主管部门，都积极与居民和社区群体沟通，确认社区当前和未来的住房需求，明确合适的开发战略和投资，并制订社区住房发展规划的初步蓝图,为后续的政府住房规划奠定良好基础,包括新建住房、修葺旧房、激活社区发展、创造新工作机会和支持中小企业等。纽约城市规划局与纽约城市管理和预算办公室引领整个城市财政预算,负责整合所有社区规划。此外,市长有一个十亿美元的社区开发基金,用以保障社区公共资金投入并包含新住房建设。

社区需要透明且可预见的规划以更好地配合相关部门和代表开展工作,例如与福特基金、德意志银行等机构的合作,不同的政府机构必须通力合作来设计一个清晰、可援建和透明的社区规划。典型如城市规划局(DCP)主要集聚于空间规划,但社区规划是一个以人为核心的规划,这就需要规划局与其他机构一起与社区相关利益者密切进行合作,成功案例如纽约王后区的"弹性埃奇米尔社区规划倡议"(Resilient Edgemere Community Planning Initiative)。

2. 实施强制性的包容住房计划(MIH)

MIH 是一个基础性支柱计划,不仅是单纯住房计划,还是整个城市发展计划。随着《纽约住房规划》的颁布,DCP 和 HPD 都开始设计强制性的包容性住房计划,并要求开发商在进行商品房开发时必须同时供应平价保障房,这样保障房才可以融入城市多元化社区的社会组织之中。就纽约社会收入阶层的分布波段看,需要较高比例的平价保障房,而且需要范围宽广的波段,这样才能适应更加多元化的城市社区。

随着 MIH 项目的实施,在过去 9 个月中已经有 1500 个家庭获得永久的平价住房,这些房子分布在弗拉斯、王后区及布鲁克林中心城区等。为了保障项目的严格和公平,城市主要依靠独立客观的建设经济分析,并且在社区范围建设各种建筑,MIH 被设计在不同的市场、不同时间节点和不同的成本约束下都可以进行运作,项目被不断进行校准以保障增加的补贴可以保证不同购房家庭都能支撑,并在未来进行良好维护,这样整个社区才能实现平衡增长和发展多元化。典型案例如"东部纽约社区规划"(East New York Community Plan),通过多种策略保持平价住房的建设和维护,刺激经济增长,创造行人友好型的街道,并且在社区最需求的领域保持投资增长,包括

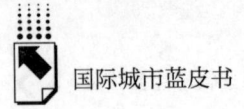

公共学校、社区中心、劳动力交流中心、工业区、公园和开放空间及街道改造等，推动社区发展的活力。

3.引导平价保障房投资来创造好的工作岗位

平价住房的建设、保护和运作、商业零售以及社区设施维护等都为城市居民创造了大量就业机会。这些岗位的创造一方面可以解决就业问题，另一方面则对社区的良好运作有重大益处。到2016年，《纽约住房规划》已创造1024个永久岗位和53102个临时岗位。吸引更多开发商和合同商进驻一是可以保障市场的平衡，二是增加了竞争和鼓励创新，实现社区更好的发展，推进地方工作岗位的增长。为了实现以上目标，政府在平价房项目中大量鼓励吸引少数民族、妇女以及低收入群体参与。

实际上早在2014年，HPD就发布了"建筑机遇"（Building Opportunity）计划，用于保障少数民族和女性经营企业可以参与到政府建筑项目中，来获得更多的机会和实现发展。到目前，已有52个W/WBEs企业和非营利开发机构参与到HPD、少数民族商务开发研究院等项目中。

二 保持现有住房存量的低价和高质量

《纽约住房规划》中提出，城市在建设新房的同时必须努力保护和提升现有住房的质量和低价特征，这样才能保证所有的纽约市民居住在一个安全健康的城市环境之中。政府管理部门一直努力保持城市平价房存量的财务和物理状况良好。HPD通过严格的住房维护编码来保持住房质量，包括现代化的信息手段监测住房的情况。在《纽约住房规划》出台后，政府努力保护租客们的利益免受违规和骚扰，在保护住房质量的同时保持住房的低价格。HPD和HDC也同样出台很多措施来保持住房的低价，包括补贴等，强化住房存量的低价格和高质量同步推进。

1.保护租客的权益并实施更具战略性的保护措施

许多中低收入的租客特别是老年人，依赖于租房条例的规范性，那些更穷的黑人裔或者西班牙裔人更需要规范的规则。过去几十年中租房法律的不断变化,已经导致 15 万的租房单元消失,这意味着业主可以随意提高租金。在新的规划中,城市政府与租客、业主、社区管理者等一起商讨法律层面的改革,以更好地完善出租房条例和法规,租房引导委员会在 2015 和 2016 年分别举行两次讨论会,认为每年上涨 2% 的租金最为科学。

2015 年,纽约市加入了美国住房和社区更新租客保护单位并参加了"防止租客受骚扰计划",该计划调查了所有可能出现的业主推诿手段并制订防治措施,例如不予维护、收回必要服务、反复提出买断租客租约等。该计划还与 HPD、住建部门、医疗部门、防灾部门等合作,来提升建筑和环境的质量。

此外,政府还为低收入纽约居民提供许多直接财政支持以获取法律援助,这也保证更多的租客拥有更多法律支撑。政府还成立了一个"租客支持计划"(Tenant Support Unit),可以提供门对门的法律服务(有些情况下是免费的服务),保证租户的权利,在这些条件下,纽约业主驱逐租客的案件下降了 24%。此外,政府还保障业主的补贴及时到位,以避免因为期限到期利益受到伤害,如 HPD 会通过数据信息跟踪,及时通知业主相关的政府补贴信息。政府开发住房局(Department of Housing and Urban Development)确定住房的所有权并评估他们的物理和财政品质,联合制订措施保证业主的低价出租和利益。典型案例如 PACC 维护计划,包括 56 个小型的、分散在布鲁克林邻里社区的老式建筑的低价出租。

2. 让不断变化的社区保持长期低价的动力

在早期,HPD 参与保持低租金楼宇的持续低价计划,特别通过对没有补贴的低租金楼宇的资助,保持持续的低价特性。政府的目标也是通过降低产权的本身特性和大量补贴来保证住房和办公楼宇的低价。HPD 通过检测和其他数据并与邻里租户组织、住房中介、法律援助服务小组等配合,确定产权、评估状况、融入政府部门项目,制定合适战略来保持社区住房的质量和低价。

此外,纽约政府还推行新的项目来鼓励业主提升能源效率、减少支出成本并同政府签订低价出租的协议。例如市长可持续发展办公室推进两个项目

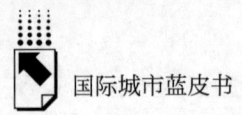

来帮助业主提升能源和水的利用效率，包括纽约翻新加速器项目（NYC Retrofit Accelerator）和纽约社区翻新计划（Community Retrofit NYC）都协助布鲁克林和南部王后区小户型业主进行了房屋翻新，包括对卫生间、照明系统、太阳能利用以及热水器等设施进行更新，不断提升能源和水利用的效率。

三 保障纽约居民获得"买得起"住房

《纽约住房规划》提出要保护邻里社区，为城市下一代建设买得起的新房，规划要严格实施以保证满足每一个纽约市民的实际需求，使得每一个人都居有其所，拥有一个安全得体的家。为了实现以上目标，政府不断同非营利组织和开发商、社区开发公司合作，不断建造新住房，规划实施以来至目前建设了20854间新的公寓和房子。

1. 为不同收入波段的家庭提供不同价格的住房

《纽约住房规划》提出供应各种不同水平的住房，让不同收入波段的家庭都能够买得起住房。为了实现这个承诺，HPD和HDC推出很多住房项目以服务于低收入家庭，包括低收入家庭可支付计划（Low-Income Affordability），一系列金融工具都被设计来为低收入家庭提供购房支持。此外，更有老年人租房公寓支持计划，特别针对的是低收入的老年群体包括无家可归的老年人，这些项目的实施甚至都超越了《纽约住房规划》的目标。

此外，《纽约住房规划》还提出要为中等收入的家庭提供合适的住房，这种类型的家庭可以帮助低收入家庭支付社区环境费用，也是多元化社区的主力。住房价格的上升迫使中等家庭迁出城市，而这些家庭包括教师、医护人员、消防队员、警察以及其他对城市日常生活至关紧要的工作岗位。HPD和HDC推出更多项目来增加经济的多元性，混合中等收入项目（Mixed-Middle-Income）提供了多种价格的住房，使得政府的财政工具发挥出最大的效用，并且在HPD和HDC的补贴帮助下，整个多元化的社区保持了健康和生机勃勃的景象。最典型的案例属于2016年10月出台的新住房市场引导计划（New Marketing Guidelines），引导市场提供多元化的住房来源。

2. 在未充分开发的公共和私人场所发展平价房

随着土地价格的上升和适宜开发地点的减少，纽约市开始计划在未充分利用的地点发展平价房。这需要对土地的开发进行评估，一旦确定开发不充分，就可以推进纽约下一代计划（Next Generation NYC），NYCHA负责该项工作的推进，并积极与社区组织配合来推进工作。城市致力于寻求更大的空间来支持平价房的建设，并推进基础设施的完善。其中在基础设施完善方面，政府提供了超过五亿美元的资金，来最大限度地挖掘地方发展的潜力，不断完善环保、设施连接、交通路网及排水系统等。NYCHA通过公共住房计划，为超过40万纽约人提升居住条件。但这样的资金支持近些年日益减少，住房存量也急剧减少。

在过去按照相关法规规定，城市必须建设足够的停车场，政府不仅花费众多而且对减少平价房项目的建设来说，一方面造成停车场空置，另一方面平价房建设的土地不足。开发商可通过减少不必要建设项目如停车场建设实现节余，将节省的钱用来推进更好的公寓和社区设施建设。

3. 改革分区代码，精简运营程序和提升工作效率

对于地区住房质量和承受能力一般采用分区代码的形式标注，这样就消除了因为行政区分割造成的针对穷人和老人住房项目的实施。此外，HPD、HDC都通过更好的技术精简项目审查和监察，提升工作效率。

在2016年春天，纽约市议会对1961年以来的分区代码进行重新审查，根据《纽约住房规划》和目标并结合DCP、HPD、社区、非营利住房组织、建筑师、开发商、土地利用律师及其他领域的专家一起考察了限制住房开发并拉高价格的各类分区障碍，提出相应解决措施。重新进行划分的分区代码在整个城市范围内提升平价房的建设潜力，保障住房供应更加多元化，如针对低收入老年群体的住房，高收入群体的高品质住房及一楼商用楼宇和社区便利空间。

此外，为了适应分区代码改革，城市政府也不断精简其运营工作、提升

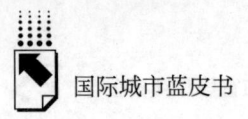

工作弹性。通过新的追踪和分析系统来进行项目审查和监理,例如 BLDS 发明了一个新的设计提交系统,可以在 HPD 和其他机构之间进行设计审查的不断往复,以实现更好的沟通和大大提高工作效率。HPD 也修改他们的设计导则来实现更好的实践活动,为平价房设计提供更大弹性发展。此外,HPD 也通过更有效率的商务进程来服务于资产管理和税收激励计划。

4. 保证可持续的平价房建设

早在 2015 年 6 月,HDC 就发布了可持续的社区债券(Sustainable Neighborhood Bonds,SNB)项目。SNB 把握住"绿色债券"趋势并扩展了 HDC 的资本来源,到目前,大概有超过 20 亿美金的资本被 HDC 通过债券计划吸收而来,用于投资平价经济房建设。SNB 支持的项目提供平价房的同时也享受其他益处,例如提升能源效率、商业设施和社区服务设施建设等,这些项目都有助于建设多元化、宜居社区。

HPD 也试图将被动式住房标准纳入经济适用房建设中。HPD 发布了一个 SustaiNYC 计划,在曼哈顿区东哈勒姆社区的平价房开发计划中推进高质量、可持续、多元收入和多元利用的新模式,大大降低能耗,此外还包括更好的空气、适宜的温度、安静的环境等益处,SustaiNYC 计划与白思豪的"永久的城市"(One City Built to Last)计划相适应。纽约还实施新的基准要求,在经济适用房建设中强化建筑的标准,包括取热、电力和供水系统的良好运转。整个平价房建筑的标准数据会不断被收集,让业主更好地知道设施的利用情况,与其他同类建筑在能源、用水等方面的比较,以及如何更好地实现节能节水。

四 为弱势群体提供保障性便捷住房

《纽约住房规划》提出,要竭尽所能为所有的纽约市民包括无家可归者、老人以及残疾人提供住房机会,努力试验各种从租房到购房相关的策略。从《纽约住房规划》发布到目前,HPD 和 HDC 已经为无家可归者提供 5160 套住房,市长在 2015 年更是承诺未来 15 年为无家可归者建设 15000 套住房。此外，包括日益增加的老龄化人口也对住房提出新要求，以及如何为残疾人提供便捷住房。

1. 协助无家可归的个人和家庭

避免出现无家可归者是《纽约住房规划》的重要目标。在市长白思豪的提议和推动下，包括 Homebase 计划及其他一系列的避免无家可归者计划都为低收入群体提供了租房资助及其他的生活服务。Homebase 是一个由 CBOs（Community-Based Organizations）管理的避免无家可归者计划，主要是在一些较为衰退的社区推进，Homebase 可以协调个人和家庭获得公共支持以及急救租房资助，同时还积极利用社区已有的基础资源如工作培训、幼儿护理、金融咨询以及反拆迁法律服务。实际上自 2014 年以来，纽约已经设置九个新的 Homebase 点并将资助资金翻番，每年资助超过 2 万个家庭。

城市还增加了对低收入家庭的租金支持，通过人类资源部门的社会服务紧急资助项目（Emergency Grants Program），大概有 168000 户家庭收到了紧急资助，每户家庭资助金额平均为 3400 美元。此外，政府还努力减少居住在临时救助所的居民的数量，每年包括社会救助部、HPD、HDC 等机构都会对临时救助所视察两次，检查救助所的实际问题和需求，这都大大改善了临时救助所的条件。但临时救助所并非《纽约住房规划》的目标，让每个人居有其所仍是最终的目标。

为了增加资助金的资助范围，城市不断与业主、管理公司等签订一些协议，通过奖金、提前支付租金等降低租房费用。此外，政府更是严厉打击那些因用政府资助金租房而受歧视的行为。

2. 不断增加保障性住房

保障性住房是一种满足家庭特定需求的平价住房，是一种被证明了切实可行的高效工作模式，更好地解决了纽约低收入群体的居住需求，因此，增加保障性住房建设就成为《纽约住房规划》的重要内容，至目前 HPD 已经资助了 2431 家保障性住房单元。通过协调与评估系统（Coordinated Assessment and Placement System），城市不断缩减无家可归者数量，特别是通过评估在临时救助所的个人和家庭的情况，来决定他们可以在何种保障性住房生活。CAPS 将会通过评估和信息系统自动匹配空置的保障性房子，并尽快安置。此外，还有持续推进项目（Moving on Program）来保证保障性住房的持续轮转，特别是与保障性住房企业、社区组织合作，不断推进条件良好住户向更好的商品性住房转移。

3. 改善老年人的住房选择

《纽约住房规划》承诺，在未来十年将会为城市老年人提供超过 1 万套平价住房。至目前 HPD 和 HDC 已经为老年人资助了 4043 套居住单元，其中 1496 为新建住宅。为了增加老年人的保障性住房，老年人租金免税项目可以鼓励开发商增加更多老年人保障住房。早在 2014 年，HPD 就出台了老年人平价公寓租房计划（Senior Affordable Rental Apartments），主要针对低收入的老年群体建设新的经济适用房。考虑到纽约日益增多的老年人口，SARA 的实施就更加迫切。

此外，政府不断出台更加完善的措施来增加老年人保障房的建设，包括推进住房供应的弹性发展以满足市场的多元化需求。在有些项目建设的老年人保障房中，政府要求永远不能转换为一般商品房。此外，通过减少停车场等不必要的设施，政府可以为老年人的社区提供更加完善的设施和户外活动空间，增加医疗服务设施、老年娱乐活动等实际需求。

4. 为残疾人士提供便捷的住房服务

城市政府为残疾人增加便捷的经济适用房数量，提升残疾人租金豁免额度让更多残疾人能享受到政府的资助，推动更多居民最大限度地参与住房彩券活动。市长残疾人办公室和 HPD 联合工作，为残疾人服务并指导他们申请经济适用房，引领残疾人积极参与彩券活动。此外，HPD 积极与建筑师、承包商沟通，在技术层面最大限度地能够服务残疾人。

纽约住房彩券系统非常有效率，为政府建设保障性住房提供了很大财政支持。目前，拥有听力、视力及行动问题的残疾人的家庭比例越来越高，HPD 努力设计更多的项目来满足这些家庭的生活需求，同时也按照美国残疾人法案（Americans with Disabilities Act）等的严格要求，这些都需要更多的资金支持，纽约住房彩券系统将发挥更加重要的作用。

五 《纽约住房规划》对中国城市住房体系深化改革的启示

随着城市特别是特大城市房地产价格的暴涨，中国城市居民的生活压力也日益增大。高房价所产生的消费不足、人才留不住、社会伦理等问题对于当前中国城市的转型发展造成巨大桎梏，如何破解高房价造成的诸多问题，习总书记"房子是用来住的，不是用来炒的"指示明确了未来发展的方向，《纽约住房规划》的实施行动和措施，也给予我们很多启示。

（1）注重多元化社区的开发建设，营造公共服务良好的宜居环境，解决社会割裂、提供更多就业机会等。社会公平与融合应该是城市政府追求的最高目标，当前为了追求更多边际利润，许多开发商多以建设品质各异的封闭社区为主，即使较大社区也存在"区中区"情况，这往往造成居民之间矛盾冲突、社会阶层割裂、社会公共设施配置不均衡等问题。反观纽约在平价保障房建设中，注重多重价格和品质的多元化社区的营造，通过政府补贴等在一定程度上弥补开发商的经济损失，进而解决社会割裂问题和提升居住环境，社会效益得以保障。

（2）深度开发老住区，根据实际需求精简相关配套设施，最大限度地充分利用土地空间。纽约平价保障房的开发以新建住房和原有住房修建维护为主，但随着新建用地的减少，纽约开始重视在老住区的空间再挖掘。首先是根据评估机构的研究确定社区的开发程度，再根据实际确定再开发策略，重点在基础设施的完善和其他公共设施的增减，其中停车场的减少是工作亮点。在我国城市中，更可通过减少社区主干道、增加密织人行道等增加用地供应。

（3）将住宅投资与就业发展挂钩，并致力于帮助就业领域中的弱势人群争取工作机会。在解决低收入家庭的平价房供应过程中，纽约住宅保护与开发部设立专项计划扶持女性以及少数族裔企业经营者参与。因此，在基本居住需求得到满足的基础上，纽约平价住房开发的内涵与外延也愈发多元化，从单一的住房补贴转向居民综合福祉的提升，一些平价住宅项目建设也将住房供应作为提供社区就业、实现经济复苏的途径之一。低收入者是社会的有机构成，低收入家庭的就业与子女教育是社区稳定的基石，也是实现城市可持续发展的前提。

（4）创新金融项目，广泛吸收社会资本以保持平价住房的可持续发展。在纽约平价房的建设进程中，资金筹集是最重要的工作之一，在2015年6月HDC就发布可持续的社区债券（Sustainable Neighborhood Bonds，SNB）项目，这是平价经济房市场的第一笔社会投资。SNB利用"绿色债券"扩展政府投资保障房的资本来源，在不到两年的时间筹集资金超过20亿美元。我国城市保障房的建设也可以通过发布相应的住房债券来筹集社会资金参与保障房项目的建设，这可以大大减轻政府财政的压力，同时为社会资本创造更好的投资渠道。

参考文献

Alicia Glen，"Housing New York：Three Years of Progress"，New York City government.

李甜：《纽约可负担住宅建设发展及2014~2024住房新政解读》，《住宅科技》，2015年第3期。

"Housing New York, A Five-borough, Ten-year Plan"，http：//www.nyc.gov/html/housing/assets/downloads/pdf/housing_plan.pdf.

"Neighborhood Construction Program（NCP）Term Sheet"，http：//www.nyc.gov/html/hpd/downloads/pdf/NCPTermsheet.pdf，2014-12-05.

Mayor DeBlasio，Comptroller Stringer，"Community Preservation Corporation，and Citi Announce New Partnership to Invest $350 Million in Affordable Housing"，https：//comptroller.nyc.gov/newsroom/mayor-de-blasio-comptrollerstringer-community-preservation-corp-oration-and-citi-announce-newpartnership-to-invest-350-million-inaffordable-housing/，2014-07-30.

城市空间篇
Urban Space

B.22
香港城市地下空间开发策略新动向

盛垒*

摘　要： 随着城市发展的不断推进，城市土地资源日益捉襟见肘，地下空间的重要性逐渐凸显。香港是土地资源稀缺的典型城市和紧凑型城市建设的全球先驱，在城市地下空间开发利用方面积累了丰富经验。目前，香港启动了新一轮的地下空间开发规划和研究，在发展策略上出现了一些新的动向，为内地城市地下空间的规划与发展提供了新的视角和启示。

关键词： 香港　地下空间　空间开发

---

* 盛垒，博士，上海社会科学院世界经济研究所副研究员，主要研究方向：城市创新、城市产业发展。

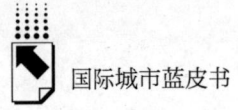
国际城市蓝皮书

　　随着我国城市发展的不断推进,土地资源短缺的问题日益凸显,开发利用城市地下空间从而扩展城市发展空间显得尤为迫切。香港是土地资源稀缺的典型城市和紧凑型城市建设的全球先驱。香港的地质空间构造独特,同时拥有比较发达的地下轨道交通系统,香港以此为依托开发了大量地下空间。目前,在香港的城市公共空间体系中,地下空间已经成为一个很重要的组成部分,引起世界许多城市和地区的关注与借鉴。2017年,香港特区政府土木工程拓展署发布了其最新规划研究报告《城市地下空间发展:策略性地区先导研究》,阐述了未来香港城市地下空间开发利用的主要策略和发展趋势。本文重点对该报告主体内容进行详细解读,并总结提出对我国城市地下空间开发的策略启示。

一　地下空间:从附属使用到城市"第二空间"

　　当前我国及全球许多国家和地区的城市化发展普遍面临着如下严峻挑战:城市人口剧增、交通堵塞严重、房价持续上涨、环境污染日盛、土地资源紧张、绿地面积减少等。因此,对于深患"城市病"的地区而言,大力开发城市地下空间资源、不断开拓城市发展新空间显得愈益迫切。

　　早在 150 多年前,国外一些城市就开始开发和利用地下空间资源,发展至今已经相对比较成熟。比如欧美的部分城市,伴随着城市地铁的建设,地下空间的大规模开发也随之兴起。1863 年,伦敦建成世界上第一条地铁,而纽约、巴黎、柏林、马德里、东京等城市也相继开展地铁建设。目前,全球已修建地铁并投入运营的城市共计 100 多个。到了二战时期,由于轰炸造成了巨大的平民伤亡和财产损失,许多国家不断加强民防工程和地下防护设施建设,由此牵引并推进了城市地下空间开发进程。

　　总的来看,自 20 世纪 80、90 年代以来,世界各地城市空间开发的一个重要趋势在于,更加注重立体式开发,尤其重视向地下要空间、要土地、要资源。一方面,地下空间从最初配合地铁开发建设的附属使用空间,升级演进成了目前城市发展不可或缺的重要功能空间,被誉为城市的"第二空间"。在日本，地下空间开发主要是基于地铁系统，同时也逐渐向地下高速道路、停车场、热电站、蓄水池以及防灾设施等各类功能空间拓展和延伸。巴黎的不少城郊铁路、公交换乘站、车库、商店、步道、游泳池等已逐步向地下转移，其在地下空间开发建设方面，特别注重于缓解地下空间对使用者造成的压抑感。

另一方面，发达国家和地区城市的地下空间开发在城市空间形态上反映出一个共同的新趋势，即着眼于城市空间的视角，以地铁枢纽站点为核心，向空中、地下和周围地区扩展和辐射，有机整合城市地上和地下空间。地下空间作为地面和空中等传统城市空间的延伸和补充，逐渐成为城市公共空间体系的一个重要组成部分。

二 香港地下空间开发的功能类型

经过近两百年的持续发展与进步，香港已从昔日名不见经传的小渔村蜕变成为举世闻名的国际大都会。由于香港陡峭的山岭地形较多，造成可直接利用的土地资源极为匮乏。香港总面积1104平方千米，而城市建成区只占总面积的24%而已，香港人口超过700万，是世界上人口密度最高的城市或地区之一。如何在弹丸之地进一步推动国际大都市的可持续发展，是呈现在香港面前的一个重大挑战。为此，香港主要采取两种城市空间拓展解决方案，其一是填海造陆工程，其二就是地下空间开发。近100多年以来，香港围绕维多利亚海港，共填海造地近70平方千米。但随着维多利亚海港面积的不断压缩，香港填海造陆的空间也日益狭小，地下空间就成为香港城市开发建设土地的主要来源之一。统计表明，在过去的50多年里，香港已建成5平方千米的地下建筑面积，相当于香港建筑总面积的2%，同时还开发建设了诸多地下交通、市政、商业、储藏等设施。从功能来看，香港的地下空间开发与利用主要可以分为以下几类。

1. 地下交通

地下交通设施建设是香港地下空间开发的主要功能类型和途径。香港的地下交通极其发达，主要由地铁、公路隧道、地下步行道和地下停车场组成。香港的第一条地铁开通于1979年，发展至今已有9条市区线共80多个车站，其中大多数为地下站，目前总里程约168千米，同时还有4条地铁线路在建和研究中。香港地铁的独特之处在于采用"地铁+物业"的发展模式，综合考虑了社会效益、商业利益、融资回报和市民出行的便利与舒适。

除地铁外，香港还利用地下空间建设了大量隧道、公共步道及停车场。香港是一座典型的紧凑城市，楼宇密集，道路交通流量大，城市交通建设和组织管理较为困难。特别是山地较多的香港地势不平，交通常常需要穿山越岭。为此，香港修建了10多条车行隧道，1000多条人行天桥及行人隧道（即地下公共步道）。其中，规模最大的地下公共步道分别建于中环和尖沙咀中心区，主要为地铁车站换乘提供条件。另外，香港还结合地面开发建设了大量地下停车场，大大改善了交通环境，提升了城市的综合竞争力。

2. 地下市政

地下市政是一个城市的关键基础设施，代表着城市的良心。香港特区政府多年来致力于发展先进的地下市政设施，建造完成了地下污水处理厂、废物转运站、危险品储存库、水库、蓄洪池以及雨水排放隧道等大批项目，这些地下市政基础设施有的建在山体之中和岩洞之内，有的布局在市区的球场、绿地、跑道等地面公共空间之下，既满足了香港城市发展的功能性需求，又节约了大量地面土地，堪称学习的典范。最为典型是位于香港港岛跑马场地下的巨大蓄水池，容量达6万立方米，相当于24个标准游泳池。其不仅可以收集和存储雨水以及地下水供作城市用水，同时还是现代化、智能化的地下防洪系统，可抵御50年一遇的特大暴雨，使香港城市免受洪涝灾害，被誉为香港的"沉默卫士"。这些地下"隐形工程"上方便是足球场、跑道、绿地等运动场所，工程完工后并不影响场地原本的用途，通过将市政空间与公共空间有效结合，实现"一地多用"。

3. 地下商业

地下商业是地上商业的补充，是城市商业发达的标志。众所周知，香港商业非常发达，城市中的各类商业设施鳞次栉比。但除了地面商业设施外，香港地下商业空间的内涵同样丰富。自1980年以来，香港高层建筑一般都建设了地下一层甚至多层空间，除作为停车场外，还大量用来发展商铺、餐饮和娱乐等功能，而且许多都与邻近地铁站设有直接的连接通道。此外，香港的地铁站厅内也分布着大量的商铺，如饮食、美容、饰物、书店、银行等。

由此可见，香港的城市地下空间的核心特征在于，以地铁站为枢纽，通过地铁站将地下空间与公共设施、地面大型商业中心形成贯通与连接，并由此向四面八方扩散延展开来，创造出不少新的城市功能空间。这些彼此之间形成有机联系的"地下城市综合体"，既具公共服务属性，也有商业发展功能，构成了香港的地下城市空间网络。

三 香港新一轮地下空间开发策略动态

近年来，随着城市用地日渐捉襟见肘，香港启动了新一轮的地下空间开发利用计划。为了推广可持续的岩洞发展，香港特区政府土木工程拓展署于2012年9月开展《岩洞发展长远策略》的研究，旨在制定政策指引、编制岩洞总纲及为有关市政设施订立系统迁移至岩洞的计划。随后，2013年底土木工程拓展署进一步展开全港性研究，探讨在市中心和新市镇发展地下空间的潜力，以增加市区空间，优化区内连接性和改善稠密的都市环境。该研究在2013~2016年连续成为香港特区政府施政报告的重点内容之一，显示出香港政府对开发地下空间的迫切性和重视程度。2017年初，土木工程拓展署正式完成《城市地下空间发展：策略性地区先导研究》研究报告。该研究报告对香港地下空间的未来发展具有重要的引领和指导作用。

1. 香港新一轮地下空间开发的主要宗旨

《城市地下空间发展：策略性地区先导研究》旨在进一步探索制定香港地下空间资源开发利用的中长期发展规划和有效的公共政策指引，研究重点包括评估在四个策略性地区（包括尖沙咀西、铜锣湾、跑马地以及金钟/湾仔）发展地下空间的机遇和挑战，通过以"地区为本"的策略，探讨区内的发展限制和机遇，并寻找合适的地下发展空间，以进行初步规划及技术评估，最后制定地下空间发展总纲。该项研究提出了香港新一轮地下空间开发的愿景目标，即"创造连贯、互通、高质素和富有活力的地下空间网络"。由此可见，网络化将成为香港地下空间开发的一个明确指向，未来香港在地下空间开发方面将更加注重彼此之间的连接性以及地下与地上空间的一体化。同时，报告也进一步明确了今后香港地下空间开发的主要目的以及根本要求，具体包括三个方面。

（1）改善生活环境。通过发展更多地下空间，重置目前地面上的设施体系，以腾出宝贵的地面空间作为其他更具效益及协调的土地用途。

（2）优化行人连接性。通过发展地下空间，加强建筑物和发展项目之间的连接性与通达性，以此增加和提供额外的行人通道，纾缓地面拥挤的人流和交通负荷，以及提供全天候和无障碍的行人连接通道。

（3）创建新型空间。通过发展地下空间，为香港民生发展提供空间载体，如商业、文娱康乐、艺术及社区设施等。

2. 香港新一轮地下空间开发面临的主要问题

香港新一轮的地下空间开发利用主要面临以下两个方面的问题，需要特区政府妥善加以研究解决。一是法律和行政管理问题。在香港，要想灵活确定地下发展项目的位置和规划，还受到若干规划和法律方面的制约。首先，香港地面土地的所有权将延伸至地下。对目前许多香港的发展项目而言，主要为混合使用的发展项目，土地所有权较为分散。从行政管理的角度考虑，组织所有业主共同同意地下土地的开发难度较大。其次，根据香港目前的土地管理实践原则，只在有公共需求时，才可以在无所有权土地下进行地下开发，例如发展港铁系统。因此，要进行地下发展，开发商必须拥有地面土地。最后，目前的法定规划表明，地面的土地使用也包含了对地下土地的使用权，有可能限制不同用途的发展。不过，当前的法定规划体制具有一定灵活性，能适应地下发展的需求。为促进最理想的地下发展，有必要改进现有的规划管理框架。包括：（1）创造地面和地下发展的共同所有权。该措施可能要求更详细的可行性研究，且仅适用于新处置的土地。（2）共同所有权的确立需由立法修订。(3) 在法规和法律框架的修订方面，需要引入具有约束力的岩洞发展条例，如利用统一条例整合各个方面的发展持股者，确认各方在地下发展项目中的权利和义务，使私营企业更容易参与地下发展项目等。

二是私营企业的参与问题。香港政府对商业的参与度较低，在这种放手式管理体制下，私营企业带动了香港多数的工商业活动。因此，私营企业的参与对地下空间的发展大有裨益。为提高私营行业的兴趣和参与度，一方面政府应提供激励计划，使发展项目更具吸引力，激励计划可包括优惠的土地溢价、增值的发展潜力或税务奖励措施。另一方面鼓励措施是公私合营制。大量本地和海外实践表明，公私合营制是成功的经营模式，能提供现代化及高质素的服务，港铁和香港政府采用的铁路和物业发展模式就是一个例子。例如，为鼓励迁移厌恶性或不相容的设施至地下，政府可向私人投资者赋予地面土地的物业发展权，以此作为财务支援的手段。

3. 香港新一轮地下空间开发的策略重点

根据土木工程拓展署的最新研究报告，香港下一轮的地下空间发展将重点聚焦以下八个方面。

(1) 土地、结构和基础设施的限制。在评估地下空间发展的可行性时，需要充分考虑当前的地面状况、建筑物地基、雨水和污水管道、食水管道、箱形暗渠等设施。

(2) 与现有地下设施的连接（包括地库、港铁站及隧道等）。将地下空间发展连接至港铁站及现有建筑物地库，可提供地面行人网络以外的选择。然而，在不影响铁路运作的前提下，有些铁路设施（包括港铁站及隧道）会在一定程度上限制地下空间的设计。同时，需要考虑相关港铁站的容量及因地下空间发展而带来的额外人流，以免港铁站不胜负荷。

(3) 消防安全。消防安全极为重要，必须确保地下空间有足够的通风设备及火灾逃生通道，以符合技术及相关法定要求。然而，有关设施也可能占用地面空间，对现有地面设施有一定程度影响。

(4) 财务可行性：建设、营运和保养成本及投资回报期。虽然地下空间发

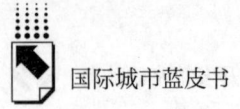

展可创造额外空间,但由于需要克服不少工程上的挑战,一般而言,开发地下空间的成本较为昂贵,因此,财务可行性是一个重要的考虑因素。其中,建设成本、营运及维修费用以及地下空间发展所产生的直接收益或间接经济利益均是重要的考虑因素,而巨额的前期投资及较长的回本期也是必须关注的要点。

(5)业权及城市规划事宜。要推行全面综合的地下网络可能涉及不同的土地用途和土地分层,以及与公私营项目的衔接问题。在开发地下空间时,须充分考虑所有潜在的影响,包括土地规划、土地业权、物业管理、规划及楼宇管制等。

(6)执行安排。在考虑地下空间的用途、财务可行性和土地业权的同时,必须谨慎决定执行安排公营、私营或是公私营合作模式的有关事宜。在平衡公众利益的大前提下,需要引入强制性要求或提供诱因,鼓励私营机构参与地下空间发展以构建全面综合的地下空间。

(7)地下空间发展对地面设施与活动的影响。地下空间发展可能会影响地面的设施及活动(例如树木及公园内举行的大型活动),地下空间发展所带来的额外车辆流量亦可能加剧当地的道路负荷。至于地下停车场(特别是用作停泊旅游车)的出入斜路也可能无可避免地会对一些地面设施带来影响,这些都在具体开发建设过程中需要充分予以关注。

(8)在施工期间带来的交通及社会影响。通过分期进行工程及创新的施工技术虽然可减低工程对社区的影响,但施工期间对使用地面设施的影响及可能导致的长时间封路则无法避免,地下空间一般以明挖方法建造,来应对市区地面的复杂环境,有些地方可采用地底挖掘方法,以减少对地面设施的影响。然而,这种方法仍需在地面开挖工作坑,亦需要较长的施工时间。

4. 香港新一轮地下空间开发的实施准则

(1)制定明确的政策。香港缺乏激励措施,不利于将积极发展地下岩洞作为发展方案。为解决该问题,相关政府部门应编写技术报告,要求所有适用政府项目的初期规划阶段考虑地下岩洞方案。(2)对于新批土地,应明确是否有可能利用地下岩洞,确保在公共领域不会错失地下岩洞的发展机会。(3)确定现有地段是否适合地下空间发展,应制定保留合适土地利用的制度，同时又不会受到未来发展项目的影响。（4）部分政府设施目前位于高价值地段，对于有可能迁移至地下的此类设施，应列出清单，制定计划，将适合的政府设施迁移至地下。（5）探讨地下空间利用的创新设计方案，例如在地下空间建设档案馆、数据中心等。（6）在适当情况下，将地下空间发展的规划策略与未来相关的地区发展策略相结合。（7）根据研究确认的策略性岩洞区域和地点，建立地下土地储备。（8）研究如何进一步增强香港现有地下空间同地铁站以及其他交通枢纽之间的衔接度。

四　对我国城市地下空间发展的启示

1. 将地下空间纳入城市空间规划体系

当前，我国城市土地资源约束日益趋紧，应学习香港经验，积极向地下要土地、要空间，不断拓展城市发展空间。需要指出的是，虽然地下空间是城市地面空间的重要补充，但只有地下空间与地面空间之间形成统一有机联系，地下空间才能真正发挥出应有的功能和价值。对此，我国城市在规划和建设过程中，应注重将地下空间纳入到城市空间规划体系，使地下空间的长远规划策略真正成为城市规划建设的重要组成部分。这是香港新一轮地下空间规划研究给我们带来的一项重要启示。

2. 加强城市地下空间规划前期研究

香港拥有一套非常严谨的城市规划工作体系。在制定空间建设规划前，香港城市规划署通常都要经过多轮详尽的研究论证，对研究过程的控制管理也十分严格。例如，为制定地下空间长期发展战略，香港在近20年相关研究积累基础上，在2013年启动了为期三年的新一轮规划研究项目，并同步开展了一系列配套研究课题。从研究内容来看，香港的规划研究极具超前性，对未来可能面临的问题和后果作了全方位的考量，并提出了相应的研究预案。这无疑非常值得内地城市学习借鉴。

3. 对不同类型地下空间进行差异性规划引导

香港奉行自由市场经济体制，土地使用者在获得土地后，其开发和建设由市场主导，政府主要通过制定具有一定弹性的制度规范引导和配合私人机构和市场的发展。因此，香港特区政府在地下空间发展方面的重点是，优先考虑将地面上具有严重弊端的公共设施迁移至岩洞的可能性。目前，市场机制逐渐成为内地城市建设用地资源配置的主导性机制，经营性用地一般都需以"招拍挂"的方式方可出让。因此，未来内地城市地下空间规划的重点应转向公共用地上的市政公共设施建设方面。对于非公共用地的地下商业、地下综合体、地下配建停车、地下仓储等设施，城市应加强规划引导，加强地下与地面空间以及地下空间之间的连续性，不断向网络化方向发展。

参考文献

伏海艳、朱良成：《善用地下空间资源——香港地下空间发展的经验和启示》，《地下空间与工程学报》2016 年第 12 期。

蒋巧璐、刘堃：《香港地铁站点地下公共空间组织模式》，《规划师》2016 年第 7 期。

香港特区政府土木工程拓展署：《城市地下空间发展：策略性地区先导研究》，http://www.urbanunderground.gov.hk/the_study.php#。

戴丽昕：《上海开启向"深地"进发模式》，《上海科技报》2015 年 7 月 30 日。

刘俊、罗捷：《城市地下空间开发利用存在的问题与对策研究》，《四川建筑》2015 年第 5 期。

范文莉：《当代城市地下空间发展趋势——从附属使用到城市地下、地上空间》，《国际城市规划》2007 年第 6 期。

栾吟之：《上海或可借鉴香港建造"地下城市综合体"》，《解放日报》2013 年 2 月 2 日。

B.23
美国坎布里奇市以公共空间激发街区创新活力

邓智团[*]

摘　要： 当前国际上创新型企业区位选择与大都市内城复兴已经联系在了一起，"创新街区"广泛兴起。通过对坎布里奇肯戴尔广场（Kendall Square）创新街区的深入研究发现，以第三空间建设为主的场所营造，推动创新街区成为年轻人员的重要空间，进而加强了创新街区经济的多元化。这将有助于理解在新时代继续实施"创新驱动发展战略"中，如何发挥街区作用来激活内城的创新活力，进而提升城市的整体创新能力。

关键词： 中心城区　创新街区　第三空间　创新活力

当前国际上创新型企业区位选择与大都市内城复兴已经联系在了一起，出现"创新街区"现象。所谓创新街区，是指在城市化生活环境中的街区中集聚创新创业企业。美国马萨诸塞州坎布里奇市肯戴尔广场正在成为创新创业活动的中心和创新街区的标志。尽管肯戴尔广场的租金上涨，但创新创业公司还是迫切希望能在肯戴尔广场。因为集聚在这里，能更容易接触其他同行企业家、来自麻省理工学院的毕业生、高科技公

---

[*] 邓智团，博士，上海社会科学院城市与人口发展研究所研究员，主要研究方向：城市经济、城市更新。

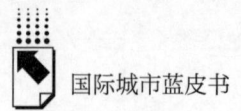

司的工程师以及那些能资助年轻科技公司的风险资本家和天使投资者，从而可以获得更多发展的机会。而且谷歌、亚马逊和微软等顶尖信息技术公司以及生物技术和制药巨头都扩大了在肯戴尔广场的业务，以利用该地区发生的创新活动，如 Novartis、Genzyme、Biogen、Sanofi、Millennium Pharmaceuticals 和辉瑞等。甚至原先搬离的 Biogen Idec 也重新迁回到了其初创地肯戴尔广场。为什么肯戴尔广场成为高科技公司和创业公司的理想目的地？通过对坎布里奇肯戴尔广场创新街区的深入研究发现，以第三空间建设为主的场所营造，推动创新街区成为年轻人员的重要空间，进而推动了创新街区经济的多元。

一 过程：坎布里奇肯戴尔广场创新街区的形成

肯戴尔广场位于马萨诸塞州坎布里奇麻省理工学院附近，是一个著名的创新街区模式。一般认为肯戴尔广场的边界为西至波特兰街（Portland ST）、北至本特街（Bent ST）、东至第一街（First ST）和南至主大街（Main St），麻省理工学院校园的西侧也包括在内（见图1）。直到19世纪中叶，这里还是一个沼泽地，然后到20世纪60年代成为以制造业为主导的工业中心。到20世纪50年代和60年代初期，城市更新改变了波士顿的大部分地区，并以办公园区形式进行开发，例如技术广场。

在1989年之前，当一个肯戴尔广场将一群工业建筑物（包括波士顿编织软管厂）改造成一个充满活力的综合用途校园时，在麻省理工学院校园周围的商业活动或设施建设仍然很少。这个项目成为肯戴尔广场重建的模式，创造了创建混合使用实验室和办公空间的先例，并通过地下零售和公共空间与周边社区连接起来。在城市更新期间出现的另一个项目是坎布里奇中心。1965年的肯戴尔广场市区重建计划旨在促进坎布里奇开发17公顷的土地，同时也使得坎布里奇重建局（CRA）具有了卓越的优势，并在项目中发挥着发展伙伴的作用。

在21世纪初期，肯戴尔广场的创新活动和网络，特别是坎布里奇创新

美国坎布里奇市以公共空间激发街区创新活力

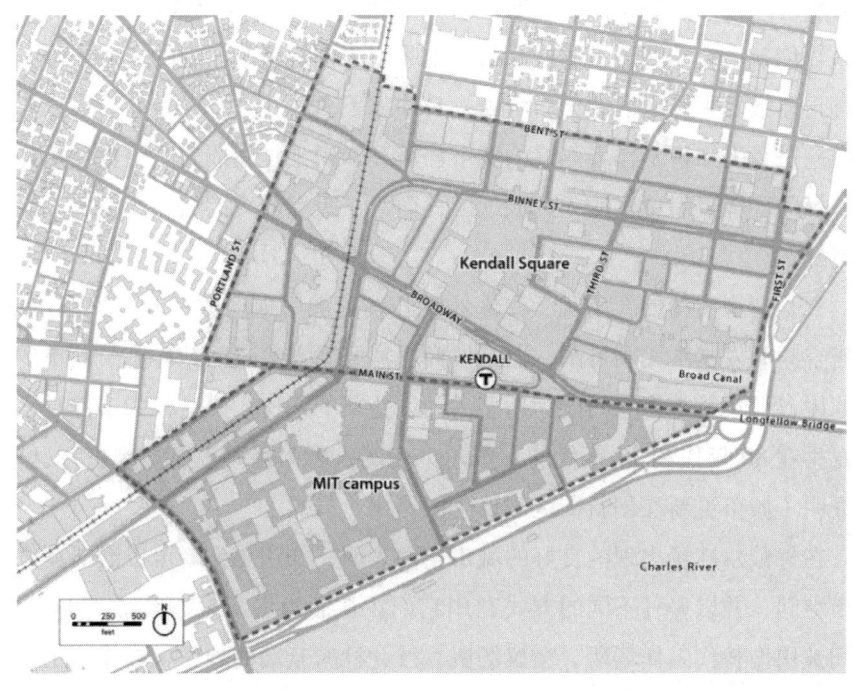

图 1　肯戴尔广场的区位与范围

资料来源：Kim（2015）。

中心（CIC），从外部吸引了很多关注。肯戴尔广场作为生命科学和技术公司的中心，在 2011 年规划公司 Goody Clancy 关于该地区未来增长的报告中首次被确定为创新街区。作为创新街区的肯戴尔广场，拥有一个成功区域所有推荐元素：学术锚（MIT）、人才（麻省理工学院、哈佛和其他 50 所波士顿地区大学的学生）、黄金地段和公共交通（红线 MBTA 站和公共汽车路线）、现成建筑物、大片未开发的土地、私人投资（波士顿地产）以及市政府对分区、规划和基础设施的支持。

二　原因：有活力城市空间能有效促进创新街区建设

从 1980 年开始直到 21 世纪初，肯戴尔广场成为生物医药公司和高科技

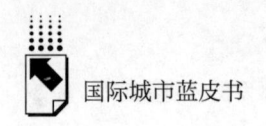

公司集聚的地方：创新街区。通过第三空间塑造来改善城区环境，为沟通、面谈等创新型活动塑造新场所，很好地吸引了创业者和年轻的专业人士，最终真正地激发了该地区的创新活力，具体如下。

一是吸引知识工作者。好的城市环境和知识工作间成为一个良性循环过程，好的环境吸引更多的人到该地区，而为了吸引更多的人，环境又不断变得更好。

二是新型活动的新场所。在该地区开发关键房地产的私人开发商承认，零售空间开发基本无利可图，但开发商愿意开发零售空间纯粹基于简单的经济原因，那就是零售空间能为新型活动创造新的场所。而这样的事件是不可能发生在80年代和90年代的肯戴尔广场的，因为当时没有地点进行这些，这证明了城市更新在创新街区建设中的作用。

在肯戴尔广场出现的良好的城市空间表明，知识工作者可以激活良好的城市空间，并以多种不同的方式利用它们，从而为创新生态系统做出贡献。空间被用作替代工作场所、会议场所、彼此社交互动的地方，或作为工作之余休闲的地方。所有这些活动都增强了人与企业之间的互动和协作的频率。良好的城市空间，模糊了工作场所和社会空间之间的界限。除了它们提供服务的基本功能之外，还促进知识工作者间的互动和创新。

三 路径：积极开发建设第三空间
（零售空间与开放空间）

21世纪的高技能工人寻求能激励他们创造性的组织和环境。非常规的工作场所命名为"第三空间"：家庭是第一空间、办公室是第二空间，第三空间则是非正式的公共聚会空间，如咖啡馆、餐馆和广场等。过去人们通过第三空间与他人互动来寻求安慰，现在除了作为社会互动中心的角色之外，还被以许多不同的方式使用，以增强后工业社会的经济活动。因此，第三空间通过成为社交互动、企业间合作、观点交流和扩展办公空间的物理场所，成为创新街区成功的重要催化剂。作为活跃的房地产开发市场，在过去二十年肯戴尔广场拥有各种零售场所和公共场所：第一是零售空间，即需要购买咖啡或餐饮后使用的空间；第二是公共空间，只要你喜欢，你就可以来来去去免费使用（见表1）。

表1 肯戴尔广场的第三空间

零售空间	公共空间	零售空间	公共空间
咖啡	大楼大厅	食品卡车	农贸市场
自助餐厅	广场、街道和人行道	美食广场	肯戴尔广场社区
餐厅、酒吧和酒吧	开放空间	电影、健身房	溜冰场、查尔斯河独木舟和皮划艇区

资料来源：Kim（2015）。

显然，并不是所有市场上的零售空间都可以是第三空间。工作、会议、社会互动和网络活动通过增加意见共享的机会，提高工作效率，为肯戴尔广场的创新生态系统做出贡献。通过对第三空间的比较，空间配置、价格范围、营业时间、设计和使用等方面的差异化，成为推动第三空间塑造区域创新创业生态系统的关键。通过收集零售评估服务（Yelp）所有零售空间的信息，这些地方最令人垂涎的共同特征是：（1）有免费WIFI；（2）室外座位与人行道相接；（3）价位"中等"；（4）全天开放；（5）有"时髦"氛围。

虽然肯戴尔广场没有丰富良好的公共空间，但该地区也有几种不同类型的公共空间。需要明确的是，并不是所有的广场或开放空间都有利于创新创业，在肯戴尔广场中，比较多使用的是科技广场草坪（图2中的1号）、Genzyme广场（13号）、广阔运河步行（12号）和万豪酒店广场和大堂（10号）。一些最少利用的空间是坎布里奇中心开发区内的广场和开放空间（图2中的3、5、6、7、8）。肯戴尔广场中广场得到积极的使用，其原因有三：一是主要广场毗邻一些具有良好声誉并分散到公共领域的零售机构。二是广场间彼此连接，形成一个连续的双向行人流，往返于位于场地北部的车库和南侧的主入口。三是建筑物的入口都面向连接的公共领域。所有这些空间特性增加了人们意外碰撞彼此的机会。

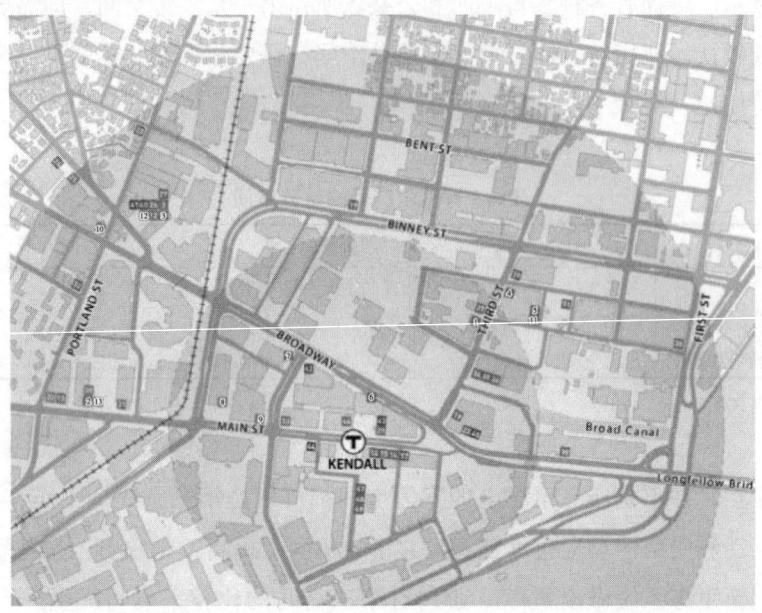

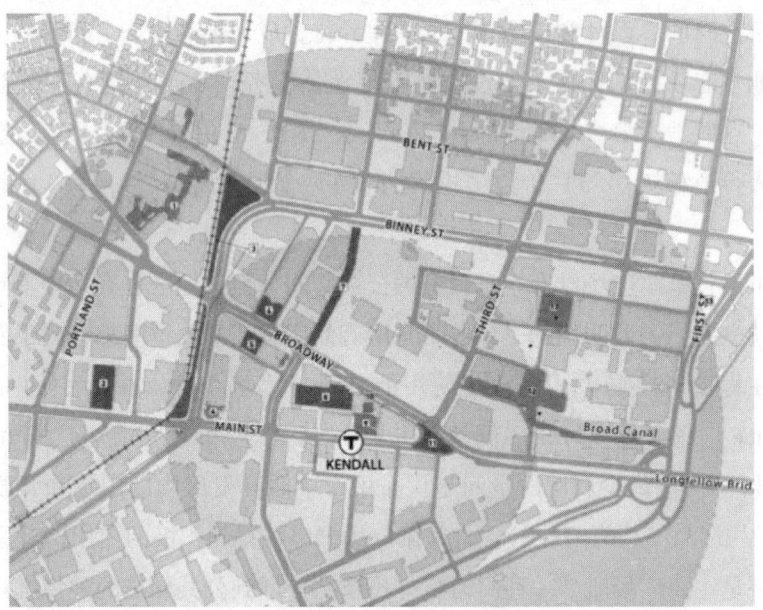

图 2　Kendall 广场零售空间与开放空间分布

资料来源：Kim（2015）。

四 效果：第三空间改变创新生态系统

关于第三空间塑造的效果有两个研究可以佐证：一个是 Sasaki Associates 所做的关于知识型工作者在肯戴尔广场常用的工作场所调研；另一个是 Kendall 创新小组所做的，由小组自己感兴趣的建筑师和城市规划师组成，创建一个互动的地图，要求知识工作者确定他们在哪里举行会议。

根据 Sasaki Associates 调查结果，肯戴尔广场的知识工作者非常频繁地使用零售型第三空间。85%的受访者在午餐时间每周至少访问一次，56%的受访者在工作时间每周至少访问一次，48%的受访者每周下班后至少去一次。一天中不同时间的细分，揭示了一些有趣的现象：毫不奇怪，这些地方在午餐时间使用最多，但在工作时间和下班后访问第三空间的人的比例也很高，这可能是知识工作者不会只为了食物和饮料去第三空间。许多人在一天中的任何时间都会来到这些地方，以进行休闲交谈和工作相关的对话。大多数工作时间访问是为了商务会议和工作相关的交流，工作访问后主要是参加社交活动和休闲交谈。对于使用空间作为替代工作场所的人，受访者大多是创业和小企业雇员/雇主。

除了严肃的商务会议，在这些地方还有很多与职业或工作相关的对话。尽管一些会议比其他会议更加正式，但有一些会议几乎像是两个朋友之间的休闲交谈。因为这种类型的活动总是涉及某种物理材料，例如笔记本、笔记本电脑、iPad。而休闲交谈是空间中的另一种主要类型的活动，所有三个零售空间都有户外座位，可以坐着休闲的对话，而不是严肃的会议讨论，门外座位的存在似乎也吸引了路人的注意。

通过调查可以发现，第三空间能激发创新活力有五个直接原因：作为各种规模公司的会议场所；分享想法的地方；作为社交和文化刺激，提供地方以满足朋友和熟人会面；成为那些在创业和小企业工作的人的替代工作场所，对于那些想要逃离办公室或那些没有适当办公空间的知识型员工来说，

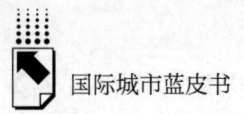

在宽敞的座位上使用免费无线网络服务与笔记本电脑进行合作,咖啡馆和餐馆正在成为流行的选择;作为网络活动的场所,增加了弱关系的数量,这些弱关系在实现社会凝聚力方面发挥作用,特别是在专业和技术专业上作用明显,有助于增强肯戴尔广场的创新意识。

除了第三空间对创新街区的直接影响外,它们还通过以下方式间接发挥了关键作用:增加工人之间偶然交谈的机会,并吸引更多知识工人进入该地区。可能会在该地区的公共领域偶遇到机会,这就是精心设计的公共第三空间(如广场、开放空间和人行道)对整个地区的一个巨大好处。此外,第三空间也极大地提升了城市空间的品质。因此,创造良好的城市环境将能够吸引希望雇用技术工人的公司,公司的集聚反过来又会吸引知识工作者。

参考文献

邓智团:《创新街区研究:概念内涵、内生动力与建设路径》,《城市发展研究》2017 年第 8 期。

Alice Brooks Davis, "Innovation Districts: Economic Development, Community Benefits, and the Public Realm," *Massachusetts Institute of Technology*, 2015.

Bruce Katz, Julie Wagner, *The Rise of Innovation Districts: A New Geography of Innovation in America*, Brookings Institution, 2014 - 5 - 14.

Bruce Katz and Jennifer Bradley, *The Metropolitan Revolution: How Cities and Metros Are Fixing Our Broken Politics and Fragile Economy*. Washington, D. C: Brookings Institution Press, 2014.

Florida, Richard L, "What Critics Get Wrong About Creative Cities." CityLab, http: // www. citylab. com/work/2012/05/what-critics-get-wrong-about-creative-cities/2119/, 2012 - 5 - 30.

Florida, Richard L, "The Joys of Urban Tech." *The Wall Street Journal*, 2012 - 8 - 31.

Florida, Richard L, "The Rise of the Creative Class and how it's transforming work, leisure, community and everyday life." *Princeton, N. J.: Basic Books*, 2002.

Juliana Martins, "The Extended Workplace in a Creative Cluster: Exploring Space (s) of Digital Work in Silicon Roundabout", *Journal of Urban Design*, 2014 - 12 - 17.

Kirsner, Scott. "Can Cambridge's Proposed 5 Percent Rule Keep Kendall Square Safe for

Entrepreneurs?" Innovation Economy-Boston. com, http：//www. boston. com/business/technology/innoeco/2013/02/can_ cambridges_ proposed_ 5_ perc. html, 2013 - 2 - 25.

Minjee Kim, "Spatial Qualities of Innovation Districts：How Third Places are Changing the Innovation Ecosystem of Kendall Square." Massachusetts Institute Of Technology, 2015.

Venture Cafe, "Building Innovation Communities-a Brief History of the Venture Café" - YouTube. https：//www. youtube. com/watch？ v = pNyIAdhVPyw, 2015.

B.24
悉尼"未来骑行计划"建构慢行交通网络

苏 宁[*]

摘 要： 本文主要探讨悉尼大都市区自行车交通的发展方向及主要特点和趋势。文中以对新南威尔士州《悉尼未来骑行计划》的分析作为基础，对悉尼的自行车交通基本状况、特点，以及悉尼自行车骑行的主要原则与支撑体系进行了梳理。文中分析了悉尼骑行网络的建设方向、骑行方式的推广策略以及多主体伙伴关系的建构特点。在对悉尼规划进行探讨的基础上，提出对中国城市发展自行车交通的主要借鉴。

关键词： 悉尼 自行车交通 交通体系

自行车交通作为环保、便捷的交通方式，日益得到国际大都市的重视。澳大利亚新南威尔士州政府对这一趋势高度关注，着力推动自行车成为惠及城市民众且方便、受欢迎的交通选择。进而推进骑行道路网络更有效地连接城镇与城市中心，减少交通拥堵，提升公共交通体系的承载能力。2013年起，新南威尔士州政府在悉尼开始推进《悉尼未来骑行计划》（*Sydney's Cycling Future*），以提升自行车骑行网络的水平，使自行车骑行者的需求能够在新的交通与基础设施计划中得到满足。该计划也是澳大利亚国家历史上首个"主动交通"（Active Transport）的综合性规划。

---

[*] 苏宁，博士，上海社会科学院世界经济研究所副研究员，研究室副主任，主要研究方向：城市经济、国际城市比较。

一 悉尼的自行车交通发展状况

在悉尼，选择自行车作为便利交通出行方式的人与日俱增。2010～2016年，悉尼市骑车通勤的人数增长了一倍。[①] 这些增加的骑行者们，大部分位于城镇中心区。他们可以选择居住在靠近就业、购物与社交的区域。悉尼市也积极建设骑行路网，到2016年，该市已建设了由10条自行车优先的道路组成的骑行道路网络。

对悉尼的研究表明，骑行是5公里或20分钟短距离交通的理想选择。在5公里范围内，自行车骑行比驾驶汽车的效率更高，在8公里范围内，自行车比公共交通的速度更快。

悉尼市民的骑行目的地有多种类型，包括本地商铺、学校、大学以及工作场所等。悉尼大都市区每天有1600万人次的出行距离在10公里以内，其中有39.2万人以自行车方式出行，这一数量超过了轮渡出行的数量。2010～2013年，大悉尼地区10公里以内出行总量中，自行车出行的比例从1.9%增加到2.5%。

二 悉尼未来骑行计划的主要原则与支撑

为了推进自行车骑行体系融入悉尼交通体系，促进骑行成为市民出行的重要选择，新南威尔士州政府2013年制订了《悉尼未来骑行计划》。该计划的推进主要基于四大原则。其一，确保骑行项目的制定基于可靠的依据；其二，解决方案成本效率优先；其三，提高与相关方的合作；其四，帮助形成自行车交通文化。总体上看，《悉尼未来骑行计划》的推进是由网络、基础设施、政策三大支撑部分组成。

[①] *Sydney is Riding*，http：//www.cityofsydney.nsw.gov.au/vision/towards－2030/transport-and-access/cycle-network。

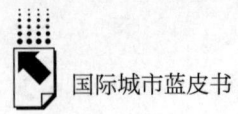

（1）建设安全、联通的网络体系。重点投资主要中心区 5 公里范围内体系，中远期延伸至 10 公里；建设主要交通节点以外的骑行体系，补全地方骑行网络的缺失部分；形成主要中心区的自行车安全道路体系；建构满足客户需求的基础设施；提升公共交通枢纽的自行车停车设施水平；通过综合性交通与发展计划提供自行车基础设施。

（2）优化现有基础设施应用。推动骑行成为便捷、有趣的交通选择；提升在线自行车骑行计划信息网络；为现有自行车交通网络区域骑行者的技能提升提供培训；支持重要社区的自行车活动。

（3）提供政策与多方合作支撑。以政府为主体，推动自行车基础设施与末端交通设施建设纳入城市总体发展与交通计划中；与相关委员会形成伙伴关系，共同解决地方自行车骑行网络的薄弱环节与问题节点；与自行车相关团体构建合作关系，利用专业群体的专业能力共同提供解决方案。

三　悉尼自行车骑行网络的连接建构

《悉尼未来骑行计划》提出，将重点构建城市活动中心区以及公共交通换乘 5 公里范围之内的自行车骑行路网。通过这种努力，促进市民更多选择自行车作为中短程交通工具，进而降低交通体系的压力。

1.自行车基础设施优先策略

新南威尔士州政府着力优先保证对自行车骑行相关基础设施的投入，以促进更多民众选择自行车骑行作为出行交通方式。关于骑行基础设施的推进举措包括四个主要方面。

（1）测度城市各中心区的自行车流量情况。以 5 公里骑行距离为标准，确定每个主要城市中心区的骑行汇流区（catchments）流量情况。以之为基础，进而明确短距离出行量较大的主要中心区。

（2）定位社区主要交通端点。优先连接城区每个自行车汇流区周边的交通端点。这些端点包括就业中心、学校、商场以及娱乐设施等。

（3）规划战略性骑行道路体系。在主要交通端点之间布局主干骑行道路，确保相关道路经过高密度居住及就业区域。

（4）选择适宜的路线与基础设施解决方案。尽量充分利用既有的基础设施，防止对其他类型交通设施产生不必要的排斥作用。尽量防止自行车道与步行道路分离。

2. 设定多层级骑行道路体系

《悉尼未来骑行计划》提出，应建立与主要中心区相连的、多层次的安全骑行道路体系。这一道路体系主要包括以下三类。

其一，区域自行车走廊。此类走廊为高使用率的骑行道路，主要连接重要的交通端点区，其骑行道路与机动车及人行道相分离。

其二，地区自行车网络。此类交通网络为低使用率的交通走廊，主要连接重要交通走廊与汇流区所在社区节点。

其三，地方街道。此类街道主要用于在低交通环境下连接居住区节点与当地服务设施。街道的设计理念主要基于骑自行车的民众而展开。

3. "城市中心点连接"项目

"城市中心点连接"项目的主要目标在于完整建构悉尼大都市区城市主要中心点之间的自行车骑行网络。新南威尔士州的地方政府承担了地方自行车基础设施的建设和维护职能。同时，许多此类骑行道路也得到州政府层面50%的资金支持。

为进一步提升骑行交通网络的效率，新南威尔士州政府与悉尼大都市区地方政府加强合作，着力建设完成城市主要中心点5公里范围内自行车骑行汇流区之间的骑行路网连接，在中长期将范围进一步扩大到10公里半径。如新南威尔士州政府出资200万澳元，与萨瑟兰区（Sutherland）政务委员会合作，设计建设了萨瑟兰中心区到萨瑟兰医院之间的骑行道路。

4. 骑行网络建设与城市发展的融合

新南威尔士州交通运输部与规划及基础设施部共同合作，确保新增城市更新与新开发项目中具备10公里范围自行车汇流区的土地供应和规划保证。州政府将与开发商进行合作，为新建社区建设骑行道路网络。如该州政府与开发商合作，在霍姆布什湾区（Homebush Bay）新建设的骑行网络就包括

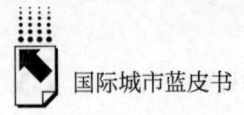

一座新建的桥梁，连接温特沃斯（Wentworth）站与罗德（Rhodes）轨道站，使湾区两岸的居民得以借助自行车，抵达商店、就业区、公共交通站点。

5. 公共交通枢纽的自行车停车与信息设施

新南威尔士州制订了"自行车与骑行"（Bike and Ride）项目，使悉尼自行车的使用者更为便利地骑车抵达交通枢纽，安全地存放、锁定车辆，并转乘公共交通出行。其重点在于通过新型自行车停车与寻路信息设施，提高交通换乘点的自行车设施保障水平。主要措施包括如下几个方面。

（1）在交通站点入口处显眼位置建设自行车停车架。

（2）增设区域行车道路网络地图。

（3）在最为繁忙的交通站点建设可靠的自行车停车通道。自行车用户可以通过申请通行卡或交通卡验证等方式，使用这些新设施。在新建交通站点及通勤车辆停放点的设计中，必须包含自行车停车设施的规划。

四　悉尼自行车骑行方式的推广策略

悉尼大都市区已经建成诸多自行车骑行网络。为了使这些既有骑行体系及即将新建的骑行道路得到充分利用，新南威尔士州推出一系列举措，以在民众中提升自行车骑行作为有趣、健康、便捷交通选择的吸引力。政府为自行车用户提供信息，使其了解如何规划安全的骑行路线。同时，着力改善自行车骑行道路的行驶规则，使骑行者与驾驶者互相协调。

1. 吸引更多民众使用自行车

悉尼大都市区范围内，约有一百万家庭拥有自行车，能够骑车的人数众多。因此，《悉尼未来骑行计划》推进的关键环节在于改变民众出行方式，促进更多居民以骑行作为实际交通选择。

计划推进方将通过用户研究及反馈数据，制定针对性的策略以提醒民众，自行车骑行不仅是娱乐与健康行为，在交通高峰时段更是有效、便捷。政府将通过推介会、社交媒体以及社区活动，以建立民众对骑行的信心，从而激励并普及这一出行方式。

2. 优化骑行规划

提供容易获取、可靠且具有相关性的信息，是提升骑行活跃度的关键问题。其中，帮助民众了解安全、便利的自行车通行路线，有利于民众更多选择自行车出行。为此，政府及相关推进主体将进一步研究及提升骑行交通出行的规划支持。

其一，通过交通信息网站，使自行车用户快速获取出行路线所需要的信息。

其二，通过智能手机程序，提供自行车道的地图信息及出行路线选择。

其三，编制地方自行车道路的地图，并逐步增加交通站点与换乘点信息。

3. 骑行信心课程

为打消民众对骑行安全性的担忧，新南威尔士州政府与地区委员会合作，提供定期的自行车课程，其内容主要聚焦于建立民众对骑行的信心，并增强安全骑行技能。这些课程中重点讲授道路交通规则，并为自行车骑行者提供面对道路及行人的实用处理方法。此类课程与基础设施改善等措施一道，将有效地提升自行车安全骑行的水平。

此外新南威尔士州政府还制订了中长期的"道路安全教育"项目，旨在提升学生与未成年人的道路安全知识。其中就包含自行车安全骑行的教育内容。该州交通部与教育及社区部、独立学校联盟，以及天主教教育委员会等机构进行合作，共同提供安全骑行的教育资源及服务。

4. 社区骑行鼓励活动

通过新南威尔士州的"自行车周"活动，该州政府积极鼓励地方自行车相关活动提升自行车骑行的认知度。2013年，"自行车周"活动组织了63场活动，吸引12500余名参与者。在许多此类活动中，通过安全环境中的家庭趣味骑行等项目形式，提升了参与者的骑行技巧和信心。同时，社区活动中还有自行车保养维护培训和道路规则信息的推广活动，以增强骑行者对自身权利义务的认识。

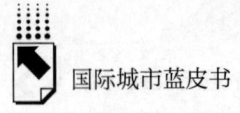

5. 制定安全骑行战略

为了使不断增加的骑行者们和汽车驾驶者在共同使用道路时确保安全，新南威尔士州交通部制订了为期十年的"安全骑行战略（2012～2021）"（Cycling Safety Strategy 2012－2021），着力减少骑行带来的交通事故和伤亡。该战略通过一整套安全体系提升道路的安全性。其中，对于自行车骑行者和机动车驾驶员在道路规则、行驶互动机制、自行车骑行安全技能以及政府与自行车团体之间的互动等问题进行了规划。同时，该战略还着重提升道路骑行安全基础设施，以及自行车、机动车共用道路的安全性水平。

五 悉尼自行车交通的伙伴关系营造

自行车骑行的管理和协调不仅涉及交通部门，也涉及健康、规划、旅游、娱乐等领域的相关部门。同时，这一事项不仅与州政府相关，更与地方政府、社区机构，甚至土地开发商相关。因此，营造有利于自行车骑行发展的多主体伙伴合作关系具有重要的意义和作用。在政策层面，《悉尼未来骑行计划》已被新南威尔士州的《新南威尔士2021》中长期战略、规划与基础设施部的《悉尼大都市区规划》、交通部的"悉尼城市中心通行战略"、卫生部的"新南威尔士健康饮食与活力生活战略"等一系列规划纳入协调范畴。同时，各不同层级主体之间的合作也得到推进。

1. 与地方委员会的合作

2013～2014年，新南威尔士州政府与23个地方委员会合作，在悉尼大都市区的核心活动区新建超过20公里的自行车道路网络。州交通部负责与各委员会共同协调、规划与优先建设上述自行车道路体系。这些道路都在悉尼城市各中心区5公里范围内。

2. 面向开发商的设计导则

新南威尔士州政府制订了"中心区设计导则"，以帮助交通设施、居住区以及商业区的开发商在其项目的设计和推进中保持步行友好特性及骑行友好特性。该导则提出了在新建郊区市区提供连通性路网以支持步行及骑行的主要方案，以及新建零售开发项目中的自行车停车体系建设原则。

3. 与现有健康项目及推进主体的合作

新南威尔士州交通部与卫生部、卫生预防办公室共同合作，使《悉尼未来骑行计划》与前述部门的"健康儿童"项目、"活力上学之路"项目、"健康工作者"项目形成有机互动。同时，该部门还积极支持鼓励民众选择自行车出行的非政府组织的项目推进，以形成多方共同促进骑行发展的态势。

六 悉尼经验对中国城市自行车交通的主要启示

1. 制定自行车交通专项规划意义重大

自行车作为低碳环保交通方式，在大都市区交通中的作用正不断提升。而这种作用的发挥，需要进行综合规划，方能事半功倍。新南威尔士州为悉尼大都市区制定的《未来骑行计划》，无疑是此类综合性骑行规划的典型代表。计划中对自行车骑行交通方式的重要性和主要发展原则进行了分析和高度概括，并提出主要推进方向和具体策略，可视为悉尼大都市区自行车交通的导则。中国城市的自行车交通，仍置于城市总体交通规划之下对其进行分项规划，且在规划中的地位有边缘化的危险。在当前城市交通更趋向低碳化、可持续发展的背景下，相关中国大城市对自行车交通亟须进行综合规划，提升骑行方式在交通中的整体地位。在这一方面，澳大利亚的经验可供借鉴。

2. 城市新建区域需考虑自行车交通体系的融合发展

新南威尔士州《悉尼未来骑行计划》十分关注新建区域中自行车基础设施和路网的建设与融合。它要求在新建项目和城市更新项目中，需要为自行车道路预留土地资源与交通配套。反观中国城市，在新建区域的规划中，往往更多考虑机动车通行的便利，更关注道路宽度及机动车流量，而忽视自行车交通的作用。事实上，自行车作为5公里范围的优质交通选择，对新建区域的交通顺畅度具有更重要的作用。在这一方面，借鉴悉尼经验，在新建

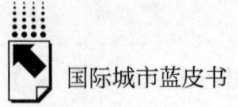

项目和更新项目的规划要求中，加入自行车优先的原则具有重要的意义。

3. 自行车骑行规划与相关规划的有机互动需要高度关注

新南威尔士州在制定《悉尼未来骑行计划》过程中，高度关注该计划与相关规划的关联与相互配合，这一点尤其值得重视。该州政府认为，骑行不仅与交通相关，也与基础设施、健康、安全、旅游、娱乐等多领域内容紧密联系。因此，该计划与卫生、规划、基础设施、卫生等部门的战略及规划进行横向关联和对接。中国的城市应吸取这一做法的有益启示，充分考虑与自行车骑行相关的各领域问题，将骑行与市民健康、城市基础设施建设、安全、教育等问题联系起来，促进自行车交通规划与实际推进方面的多部门联动。

参考文献

State of New South Wales through Transport for NSW, *Sydney Cycling Future*, 2013 – 12.
City of Sydney Council, "The Sydney City CentreCycleways: Castlereagh", 2014.

Department of Environment, "Climate Change and Water 2010, State of the Catchment, Groundwater the Sydney Metropolitan Region 2010", DECCW, Sydney, 2010.

Department of Planning and Environment 2004, "Guidelines for Walking and Cycling, Roads and Maritime Core Business Policy: PN027", Department of Planning and Environment Planning, Sydney, 2010.

"丝路节点城市"专题篇

Special Reports: Silk Roads Node Cities

B.25
功能疏解视角下的"新莫斯科"建设

汤 伟*

摘 要： 莫斯科单中心的发展模式和人口的大量流入导致了交通拥堵、房价上升等城市病出现，需要新的城市发展空间，莫斯科由此准备在西南方向发展新莫斯科。新莫斯科集聚卫星城发展方案的诸多要素，推崇多中心主义和多功能。为推进新莫斯科的建设，莫斯科市政府成立了开发署、构建发展框架，制定了非常详细的具体指标，目前战略规划已经结束，具体项目进展顺利。新莫斯科建设给莫斯科建设空间格局带来巨大转变，出现从中心向多中心的转变，这要求城市板块内部功能完善，而板块之间通过公共交通有效连接。

---

* 汤伟，博士，上海社会科学院国际问题研究所副研究员，主要研究方向：国际体系、城市网络、环境变化。

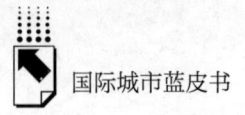
国际城市蓝皮书

关键词： 莫斯科 新莫斯科 多中心主义 功能疏解

根据上海社会科学院"丝路节点城市指数"评价，莫斯科为"一带一路"沿线"重要节点城市"。该市是俄罗斯的政治、经济、文化、金融和交通中心，最大的高度专业化和科技密集型的工业综合体、国家科技和文化教育的综合体、俄罗斯熟练劳动力最集中的地方，其景观宏伟大气，其独特的历史文化和丰富的艺术积淀赋予自身与东方和西方文化都截然不同的气质。其历经850多年形成被环形绿带所限定的城市历史中心向外分散跳放射性道路，这些道路、最重要的交通枢纽和城市主干道、贯穿其中的铁路线以及莫斯科河这条轴线使整座城市呈现出扇形与环形相间的城市空间结构，而低层建筑所形成的低平地形区又形成了多层次的开放空间。功能上看，莫斯科城市功能高度集聚，科研教育、医疗体育、文化娱乐，政府部门和公共事业等高度聚集于城市中心地区。这种功能高度集聚必然带来就业岗位高度集聚，随着房价持续攀升，中产阶级放弃过于拥堵的核心，出现向边缘外蔓延的情况。为了疏解莫斯科城区功能的过度集中进而引发的城市病，并推动莫斯科将功能更多地聚焦于国际金融中心创造有利条件。俄前总统、现任总理梅德韦杰夫在2011年6月提议建立"首都联邦区"，并在莫斯科扩大版图后将主要的国家行政机关包括议会上下两院、总检察院、审计署与其他执政机关办公地点迁至外环公路以外的"新莫斯科"。取名"新莫斯科"，主要参照了印度首都新德里，且都在原有城市西南方向，"新莫斯科"已成为新世纪以来俄罗斯最富雄心的项目。

一 建设"新莫斯科"的缘由

将莫斯科西南部划入莫斯科市并逐步发展成为"新莫斯科"并不是莫斯科一开始就具有的战略规划。俄罗斯各界充分认识到了随着管理、教育、科学研究、规划设计，金融贸易和国际关系等首都功能不断强化，需要更多的城市发展空间。由此开发莫斯科州，让莫斯科州承担莫斯科市部分功能成为首要选择。然而20个世纪80年代以来的莫斯科总体规划方案就莫斯科州如何承担上述功能有三个可供选择的原则方案。

（1）密集发展方案：油滴状地向外密集渗透，依靠市区向周边扩张来保持莫斯科地域发展的原有历史趋势，项目主要在市区到公路环线之间的地域空间及森林公园保护带内。优点是只需延长原有交通干线而不需要巨资建设高速干线，缺点是使城市空间更为密集，恶化居住环境。

（2）定向轴线发展方案：东线（高尔基干线交通走廊）、西北线（列宁格勒干线交通走廊）、南线（库尔茨克干线交通走廊），沿着这几条走廊布局新的建设项目。优点：可与大都市原来的放射状聚落系统有机地协调，缺点是需要投巨资建设高速公路。

（3）卫星城发展方案：围绕莫斯科市建设和发展一系列人口在15万~30万的城市中心以安排新的建设项目并吸收部属于莫斯科的部分功能。优点是卫星城可使市区具有良好的生态环境条件，缺点是要求建设交通干线以保持其与莫斯科市和卫星城各自间便捷的联系。卫星城规模不足对提供社会多样性的劳动岗位十分困难，由此发展地域相邻、相互补充的专业化卫星城较有理想的效果。

莫斯科经过国际规划竞赛，最终采取当前西南部建设新莫斯科的方案，该方案吸取了卫星城的诸多合理要素，其理由主要如下：

（1）人口迅速增长，城区密度迅速增加。根据2010年的统计数据，莫斯科有1150万永久居民，此外还有180万短期居住的居民，来自中亚的非法移民大概有100万，2016年官方估计人口1300万以下，然而俄罗斯统计数据并不精确，总人口应在1300万~1700万。人口密度2010年达到了10588人/平方米，公共服务和就业岗位高度集中于中心城区而人口则居住于远离中心城区的郊区。

莫斯科人口密度持续攀升以及功能高度集中给城市带来严重城市病。随着汽车机动化，人口在莫斯科城内大规模流动，交通基础设施过载日益严重。根据2017年能比奥（Mumbeo）的房地产价格指数，莫斯科排在第15

位，和新加坡、中国的广州不相上下；交通指数，则按照最糟糕类别划分，处于第19位，和泰国的曼谷、墨西哥的墨西哥城不相上下；从生活质量指数看，按从好到差的排列，处于第170位，和泰国的曼谷、哥伦比亚的波哥大、墨西哥的墨西哥城等不相上下，这意味着莫斯科的发展模式正严重限制城市品质的提升。

（2）全面系统地为经济发展、公共福利和宜居生活进行规划。莫斯科区域经济潜能是整个俄罗斯的30%，然而人口密度过高导致人们生活水平的下降，由此需要适当疏解。历史上，莫斯科就是在人口密度上升时通过与周边区域的合并实现自身成长的。第一次扩张是1960年的莫斯科环路，即一系列的村庄、村社被整合到城区，库兹涅佐夫（Kuntsevo）、图什诺（Tushino）、佩罗沃（Perovo）成为大都市的一部分；1984年莫斯科边界再次发生类似变化；2011年的扩张超越了历史上任何一次。新获取的土地将通过各种公共交通予以连接，除了高速公路还包括地铁、通勤火车、公交巴士、高速电车。

然而目前莫斯科市民还主要依靠私家汽车前往莫斯科中心，根据俄罗斯公共舆论研究中心的数据，67.7%的人是依靠汽车、14.7%的人依靠巴士或者穿梭巴士、8.9%的人是通勤火车、6.6%的人是地铁。

（3）与卡卢加（Kaluga）相邻的区域被选定为新莫斯科。选定这个城市区域，主要基于该区域城市化水平较低、环境优美。一方面土地供应较为充足、价格比较低廉，地铁、高速有轨电车等公共交通网络可迅速实现新区到城市中心的可达性。置于该区域的住宅、工业、公共和商业也可创造出足够就业岗位，据推测，新莫斯科将产生100万个高技能就业岗位。这种城市空间转型一方面使部分功能疏解到新建区域，降低人口密度，同时也可以阻止无序蔓延的住房建造。新莫斯科市民和首都居民都能够享受到这种舒适、宜人的生活环境。

由此新莫斯科的目标是多重的：发展现代交通基础设施；为该区域提供可信赖的基础设施工程；为居民提供娱乐和文化事业；保护环境，确保最佳数量的工作岗位；提供高质量的社会保障。实现这些目标需要全面发展，以及环境可持续性，进而为居民创造舒适宜人的环境。

功能疏解视角下的"新莫斯科"建设

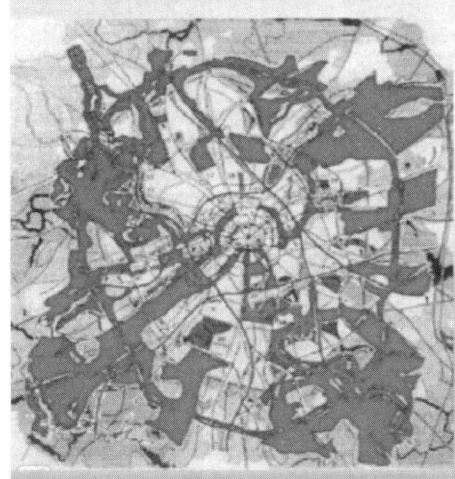

图 1 莫斯科嵌入状的绿地系统

二 新莫斯科的城市建设

新莫斯科被冠之"森林中的城市",规划目标通过先进基础设施将部分行政权威和资本功能转移到此,完成莫斯科部分功能从老城向新城的疏解。

为了实现该目标,莫斯科市长谢尔盖·索比亚宁(Sergei Sobyanin)在2012年5月22日签署239 – PP决议成立了新区开发署,并充分授权开发署以确保全面和平衡的开发,包括决策授权、控规文件、程序透明性、项目精确性以及公共事业接入许可等等。这样新区开发署就能成功整合城市、开发商和新莫斯科居民的利益诉求。

新区开发署的主要职责包括:

(1) 协调莫斯科政府的不同机构;

(2) 批准和提交与新莫斯科区有关修正文件、技术说明、法律文件和工业计划等;

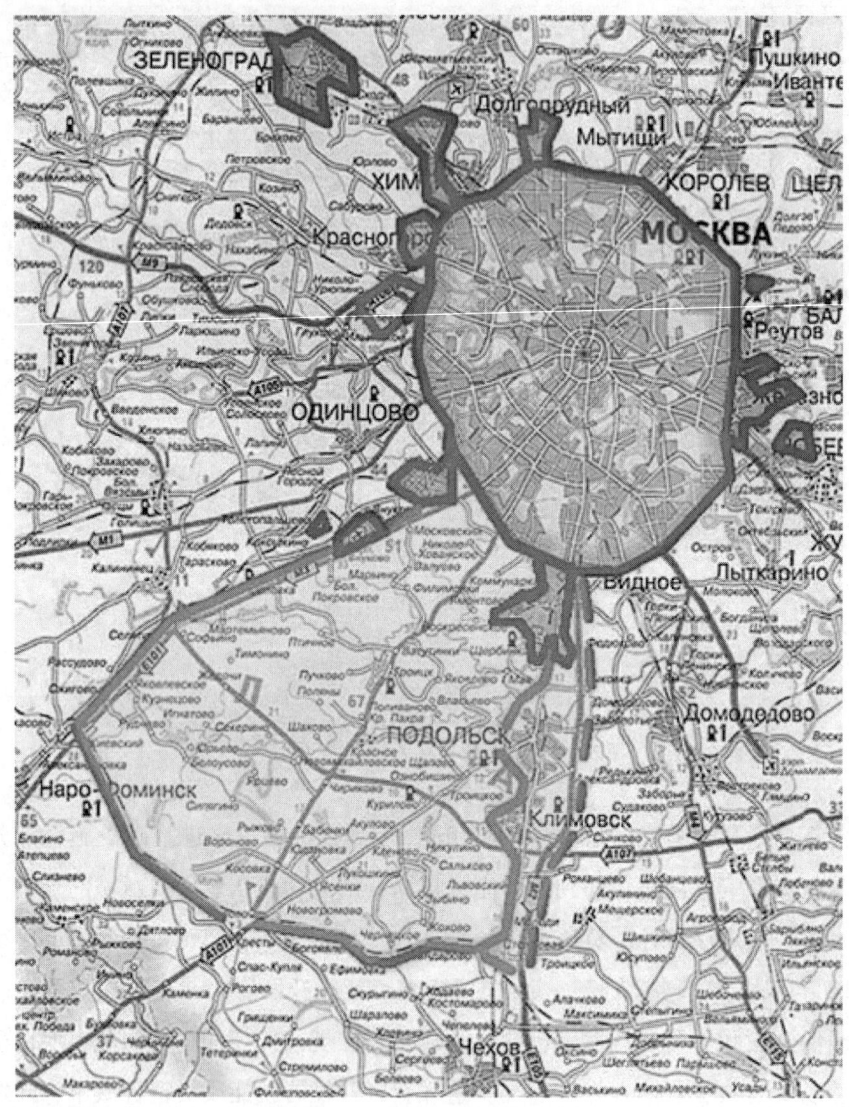

图 2　新莫斯科主要空间形态

（3）编制新莫斯科市的预算、筹集资金；

（4）完成区域内项目验收和实际运营许可。

成立新莫斯科开发署就需搭建推进框架。其流程分为三类：战略规划、实际政策、具体项目。目前战略规划已接近尾声，实际政策和具体项目正逐步付诸实践。

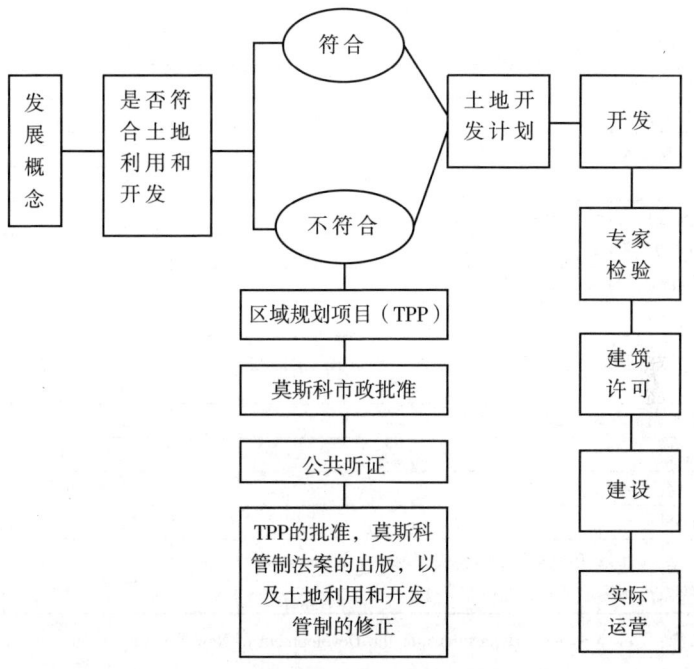

图3 新莫斯科的发展框架和具体流程

（来源：New Moscow, Department for the Development of New Territory of Moscow in 2016）

具体项目包括高速公路、轨道交通在内的道路建设；水、水处理、电力、天然气、供热等在内的公用事业；房地产和其他非住宅；等等。据估计，2035年，新莫斯科城市规划和基础设施的资源将超过1万亿卢布，投资于健康医疗、教育、文化、体育以及道路交通等领域市场资金将达到5.8万亿。因此，城市必须以最透明的方式与市场进行合作，使用源自不同学科的技能，包括城市规划、交通规划、项目管理、环境心理学、信息设计以实现最佳规划效果。新莫斯科的主要规划目标是到2035年新莫斯科实现居住人口170万，政府、教育和商业构建起来的就业岗位80万个。2035年新莫斯科的主要发展愿景和指标具体如下。

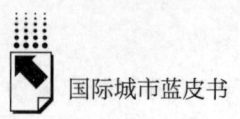

表1 新莫斯科的发展愿景主要指标

人口(万人)	232	150
就业机会(万)	84.8	100
人均就业机会	0.4	0.7
人均住房面积(平方米)	18	30
就业人群人均就业机会	0.33	1.3
每千人幼儿园育婴房	10	81
每千人学校	26	186
非住宅面积(每百万平方米)	14	52.2
房地产(每百万平方米)	24	126.8
消费者市场面积(每百万平方米)	1.2	11.9
高速公路网络的长度(千米)	611	1314.6
道路网络密度(千米/每平方千米)	0.41	0.87
地铁站数	0	25
地铁里程(千米)	0	65
道路承载系数	0.8	0.5
公园土地块数	3	86
公园面积(公顷)	32	12000
从(托洛茨基)troitsky和(诺夫摩斯科夫斯基)Novomoskovsky行政区域的城市预算收入(十亿卢布)	12.5	220

资料来源：New Moscow, Department for the Development of New Territory of Moscow in 2016。

目前新莫斯科发展已经取得积极进展，人口已经达到40万，就业岗位将近20万，然而与现实需要的迫切性相比，还有较大距离。

表2 新莫斯建设进展

年份	人口	就业	年份	人口	就业
2012	23.2万	8.48万	2014	29.17万	12.35万
2013	26.93万	10.7万	2015	35万	16.35万

资料来源：New Moscow, Department for the Development of New Territory of Moscow in 2016。

三 从单中心到多中心：莫斯科空间结构的转型

莫斯科历史上历次扩张和大发展都以单核心模式进行，工作机会高度集聚于以红场为核心的单核心区域，而城市居民随着各类产业项目则逐步向城市边缘扩张，在取得巨大城市运行的同时，给居民生活造成了很大的负面影响。由此莫斯科政府积极吸取世界城市发展的经验，以多中心主义作为自身发展的主要原则，要求在莫斯科历史文化中心之外创造出一系列的新发展中心。对普通城市居民而言，单中心和多中心最大区别就在于交通，总的来说，单中心的平均通勤时间要比多中心大 1 个小时，这意味 1 年 365 天将节省 365 小时或者 15 天。

对新莫斯科而言多中心主义还有三个尺度的含义。

（1）微观尺度：步行 1.5 公里之内都有基本的基础设施。任何舒适物——交通站、商品、医院、娱乐设施，都要求在步行可达距离内，不管交通状况如何，到居住地只需要 10 分钟。

（2）中观尺度：自给自足既适合工作又宜居的城市区域，包括住宅、办公室、健康医疗、教育机构、文化和娱乐设施等，通过汽车和公共交通，实现工作地点和居住之间只需 30 分钟，城区内部即使没有汽车也有可达性。

（3）宏观尺度：大都市多中心主义要求城市各区域基本自给自足，没有明显的中心，而不同区域之间却可以通过高速公共交通实现。Kommunarka 城是新莫斯科典型的发展区域，预期人口 19.9 万，就业岗位 18.5 万，建筑面积 1710 万平方米，963 万为居民住宅用地，747 万为非居住用地，其行政和商业区域中心建筑面积 482 万平方米。该区域通过 Kaluga 高速公路与莫斯科主城连接起来。显然该区域基本上是自给自足，教育、医疗和行政等功能也很齐全。

新莫斯科或者说莫斯科推行的这种多中心主义可使居住于莫斯科南部或者西南部的人们就近工作，可以大幅减少旧城内部交通流量。然而单中心向多中心结构的转变需要对中心—周围的关系进行持续深入考察。这需要在周边创造就业岗位，并在这些区域的核心位置建设宾馆和酒店，并对工业区有效革新，布局科技园区和各类组合业态。根据市长 Sergei Sobyanin 叙述，将会对 Troitskiy 和 Novomoskovsky 两个行政和工业区域予以重点推进。由此莫斯科正以惊人的速度转换为宜居城市，最终莫斯科的空间结构将呈现如下局面。

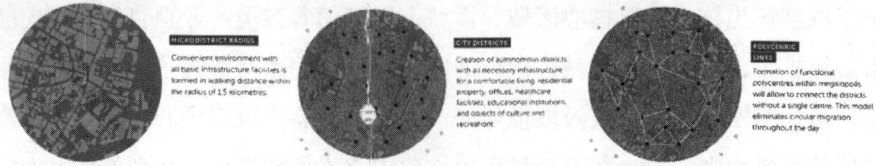

图 4　新莫斯科的多中心主义

资料来源：New Moscow，Department for the Development of New Territory of Moscow in 2016。

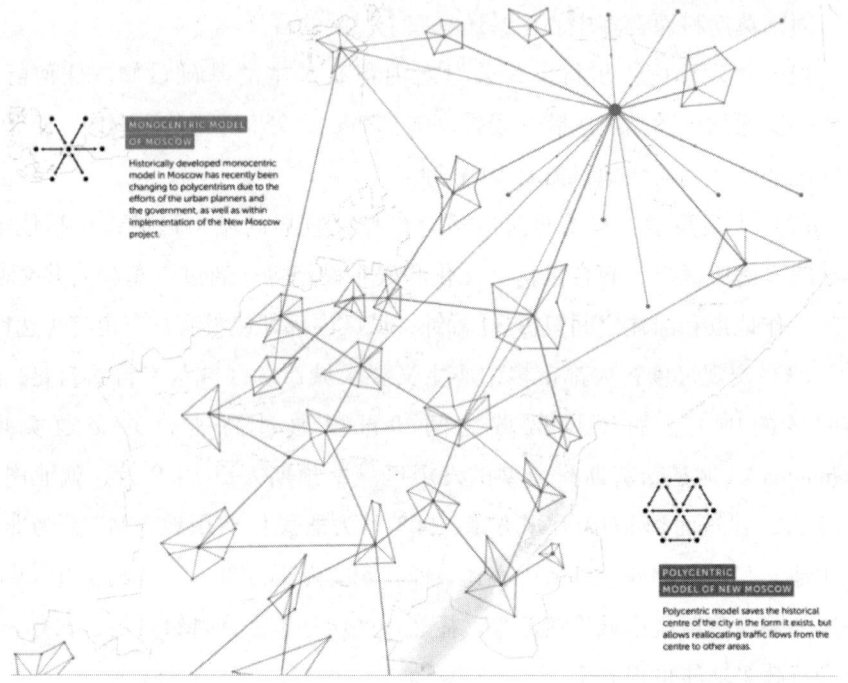

图 5　莫斯科空间结构示意

资料来源：New Moscow，Department for the Development of New Territory of Moscow in 2016。

四　主要启示

莫斯科的城市建设发展主要目的是保持城市的可持续发展，建立良好的生活环境，为了实现该目的，需要重组莫斯科市域用地和完善各类公用设施，改造旧建筑，提高环境质量，然而大量人口快速增加、职业居住的不匹配、城市机动化的进展使得各类城市病日益突出，这就需要新的城市空间予以释放。然而新的城市空间如何选取，是周边均衡扩散还是集中某条轴线或者选定某块区域，很值得讨论。需要考量自然地形、生态环境以及土地价格等各方面的因素。总体上，莫斯科有着天赋土地、生态、环境等资源，并不一定符合大多数城市空间扩张的需要，但仍然值得启示与借鉴。

（1）大城市具有一系列经济社会优势，随着人口、企业和资金持续流入，城市密度会持续提升，过度密集必然带来不可避免的功能地域扩张，这个时候对大城市进行严格限制会给合理有效利用大城市资源带来损害，也会限制国民经济的有效发展。明智的选择是引导大都市地域发展，适当进行功能的疏解。

（2）城市功能需要地域扩张，而地域扩张不能无序蔓延，需要采用符合自身资源禀赋的地域规划思想，譬如与扇形结合的定向轴线，发展专业化卫星城市，或者二级聚集区等。这需要集思广益，充分听取各方意见，进而构建理性框架，进行流程化的管理。

（3）多中心主义已经成为规划的大趋势，要想落实多中心主义，一方面最好实现产业—就业—居住—教育医疗等复合式发展；另一方面不同板块之间要通过公共交通实现连接，进行产业链的整合。

参考文献

New Moscow,"Material by the Department for the Development of New Territory of Moscow",2016.

Grigory Ioffe and Zhanna Zayonchkovskaya, "Spatial Shifts in the Population of Moscow Region", *Eurasian Geography and Economics*, 2011, Vol. 52 (4), p. 543 – 566.

李同升：《莫斯科大都市地区的空间结构与发展特点》，《人文地理》1995年第1期。

能比奥（Numbeo），https：//www.numbeo.com/。

B.26
胡志明市的产业升级与经济转型特点[*]

杨传开[**]

摘　要： 越南实行革新政策以来，经济发展迅速。而胡志明市作为越南的经济中心，伴随着越南的经济转型，在国家政策和地方政策的共同作用下，其产业升级和生产转型也尤为明显。为此，本文对越南和胡志明市的产业升级和经济转型过程进行了梳理，并对中央和地方政府发挥的作用进行了分析，最后对全文进行总结提出了对中国城市发展的启示。

关键词： 生产转型　产业升级　越南　胡志明市

自1986年12月实行革新政策以来，越南保持了高速的经济增长。1990~2012年越南GDP年均增长率保持在7%左右。2013年，越南有8900万人，劳动年龄人口约占60%，劳动力资源丰富，正处于人口结构的黄金时期。

胡志明市位于越南的东南部，是越南面积最大的城市，也是越南的经济中心。根据上海社会科学院"丝路节点城市指数"评价，胡志明市为"一带一路"沿线"一般节点城市"。该城市由24个区构成，其中13个老城区、6个扩展城区以及5个郊区。2012年胡志明市人口约有760万人，占全国人口的8.6%。城镇化水平达到82%，比2001年增加了37%，年均增加

---

[*] 本文主要基于联合国人居署出版的《生产转型中的城市作用：来自非洲、亚洲、拉丁美洲城市的案例》，特此致谢。

[**] 杨传开，博士，上海社会科学院城市与人口发展研究所助理研究员，主要研究方向：城镇化、区域规划。

3.4个百分点。胡志明市的GDP增速一直高于全国水平，2000年以来年均增速更是超过10%。2012年，胡志明市占全国GDP的20.2%、全国工业产值的28%、全国外资项目的35%、全国出口的26.6%、三次产业结构为1.2∶47.7∶51.1。

越南在快速的经济发展过程中，产业和经济结构也在逐步转型，其中胡志明市作为越南的经济中心，在国家政策和地方政策的共同作用下，其产业升级和生产结构转型尤为明显。通过梳理胡志明市的产业升级与生产转型过程以及政府政策在其中的作用，有助于欠发达城市明确发展路径，为中国城市发展提供借鉴。

一 越南经济结构的转型

经过20多年的改革，越南的经济结构从农业逐渐向工业和服务业转变（见图1）。1988年农业占比最高达到46.8%，工业和服务业分别占23.9%和29.7%。从此之后，农业占GDP比重不断下降，2012年仅占19.6%。服务业从90年代开始快速增长，1995年达到44%，之后一直基本保持这个水平。工业在1990~1993年期间增长最快，从22.6%增至28.9%，然后一直到1996年保持稳定，之后十年基本保持稳定增长，2006年达到28.6%，2012年接近30%。

越南的出口结构从初级产品向工业产品转变。1990年，工业产品只占出口的29%，2010年上升到了65%。但制造业仍主要给全球市场提供低科技含量的制成品，例如机械电子组装、鞋类、服装纺织等低附加值产品。ITC产业也主要是为高科技部门提供组装，通常是最后的低附加值的组装、包装等过程。尽管1990年以来越南出口占世界贸易份额的比重保持了最快增长，是1990年的10倍，但仍然远远落后于亚洲的主要出口大国。出口对越南GDP的贡献从1990年的36%增长到2012年的80%（见图2）。总体来看，通过吸引外资和减少国际贸易壁垒以及革新政策等刺激了越南的出口。

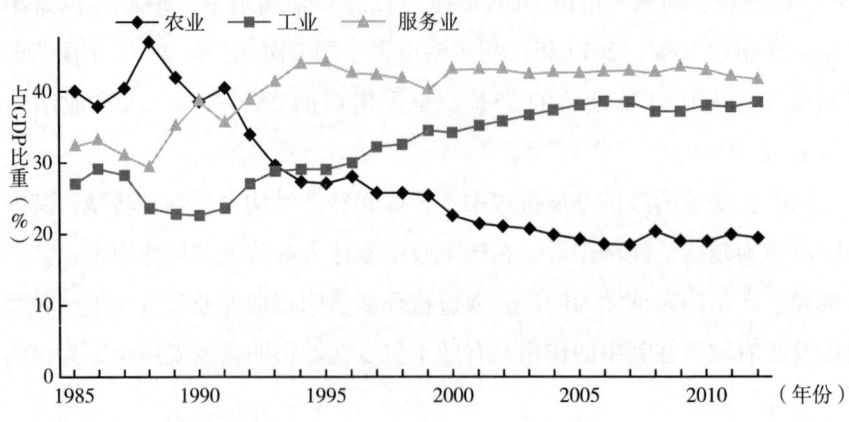

图 1　1985~2012 年越南产业结构变化

资料来源：Mael B & Clovis F, "Ho Chi Minh City in Viet Nam. In The Role of Cities in Productive Transformation: Six City Case Studies from Africa, Asia and Latin America". Nairobi, 2015。

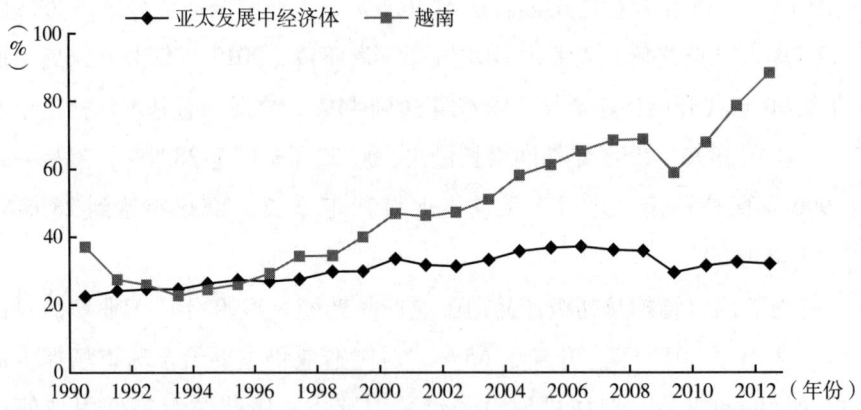

图 2　1990~2012 年越南和亚太发展中经济体出口商品占 GDP 比重

资料来源：Mael B & Clovis F, "Ho Chi Minh City in Viet Nam. In The Role of Cities in Productive Transformation: Six City Case Studies from Africa, Asia and Latin America". Nairobi, 2015。

过去近三十年，越南的生产日趋多样化。革新政策刚开始时，进出口产品仅有 207 种，目前已经超过 4000 多种。特别是在 1986~2000 年，出口产品种类年均增长20.5%；而2000~2012年年均增长仅3.16%。由于越南出口的多样化产品多是其他国家较少出口的产品，所以其面临较少的竞争。越南企业出口面临的竞争指数从1984年的107降至2012年的77。随着越南出口产品的多样性，其出口产品的价格也越来越高。当与其他同类产品比较时，1990年仅有8%的产品可以归为中高等价格区域，到2012年则有24%的产品可以归为中高等价格区。

二 胡志明市的经济结构转型

1985年时的胡志明市到处都是失业，如今胡志明市已经成为越南重要的经济中心（见图3）。20世纪90年代，制造业成为胡志明市经济增长的主要行业。由于胡志明市在工业基础设施（道路、港口、机场以及电力供应）、早期建立的工业园区、友善的市场、完善的城市服务等方面为外国投资者提供了有利的条件，所以吸引了较多的外商投资。目前，越南超过2/3的FDI都集中于胡志明市及周边的省。其中，2000~2011年，胡志明市外商投资出口比重从2000年的6%增长到2011年的24.2%。

20世纪90年代以来，大量外资引导的工业化以及2000年之后伴随着私营部门出现而发生的工业现代化，引导了胡志明市的经济转型。1991年，胡志明市政府开始鼓励建设出口加工区和工业区，自1993年新顺（Tan Thuan）出口加工区成立，3个出口加工区以及12个工业区相继被开发建设，占地3677公顷。在此期间，胡志明市成为国内外投资者最喜爱的投资地。这些企业不仅投资劳动密集型产业（鞋类、服装、木制品），也投资资本密集型产业（化工、电子、机械）。目前，胡志明市已经拥有20个工业区和出口加工区、1个高科技产业园以及光忠（QuangTrung）软件园。最近，惠普宣布计划在胡志明市投资1800万美元的软件公司、英特尔投资10亿美元的芯片装配和测试设备生产线。

21世纪初，贸易和服务业以及制造业是胡志明市经济增长的重要驱动力，2005年贸易和服务业的增长速度超过制造业。随着制造业的新投资向

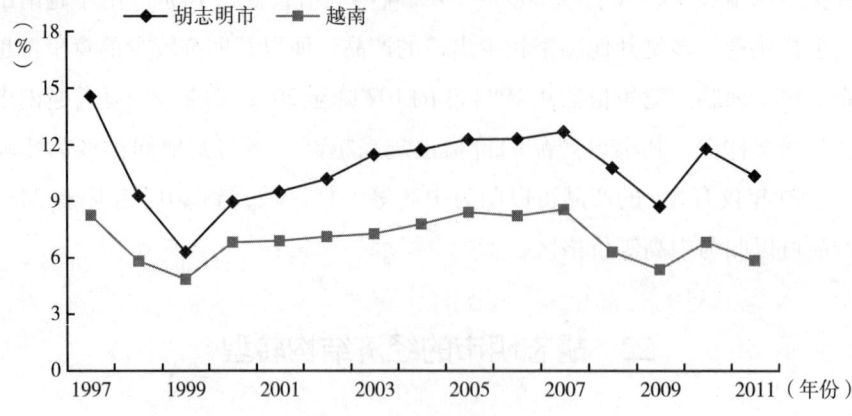

图3 1997~2011年GDP的增长速度（按1994的不变价）

资料来源：Mael B & Clovis F, "Ho Chi Minh City in Viet Nam. In The Role of Cities in Productive Transformation: Six City Case Studies from Africa, Asia and Latin America". Nairobi, 2015。

周边省转移，胡志明市渐渐成为商业和消费中心。胡志明市的服务业占GDP比重从2002年的52.6%增长到2012年的54.3%，农业占GDP比重从2%降至1.2%，工业占GDP比重从45.4%降至44.5%。

从科技人才集聚上看，2011年胡志明市从事专业技术的科技人员占到了全国的33.5%。与此同时，胡志明市也成为全国的金融中心，金融业占到了胡志明市GDP的9.6%，银行业从业人员比2005年增加了1.5倍。

在出口方面，胡志明市的出口额占全国的比重从2000年的56.5%降至2012年的26.6%。这主要是由于其他省的发展竞争所造成的，例如平阳省、同奈省等。但是，胡志明市GDP占全国的比重，则从1985年的13%上升到2012年的21.1%。

三 转型过程中国家和地方政府的作用

1. 越南中央政府的作用

中央政府的政策在胡志明市转型过程中发挥了重要作用，特别是20世纪90年代的主要改革。1993年土地法明确了土地利用市场和土地使用者权利；1994年和1998年的国内投资法明确了减少所得税、土地税以及支持信贷等；1987年和1996年的外商投资法提出减免所得税一定年限以及建设出口加工区；1994年和1999年的私营企业法简化了开办企业手续；1997年和2005年的贸易法通过降低关税和平等对待贸易商来促进国家开放。

纺织品出口的增长反映了越南政府在吸引外资和促进劳动密集型产品出口上的努力（见图4）。由于外资在电子部门的投资，电子产品出口也开始增加（见图5），成为越南经济发展的新比较优势。由于电子产品更加专业化且是相对资本密集型产业，而且能够带来新的收益，较纺织业的出口潜力和产值增加都相对较高，同时对高科技产品的学习效应也非常突出。为此，越南政府也在有意识的引导产业从劳动密集型向资本、科技密集型转型。

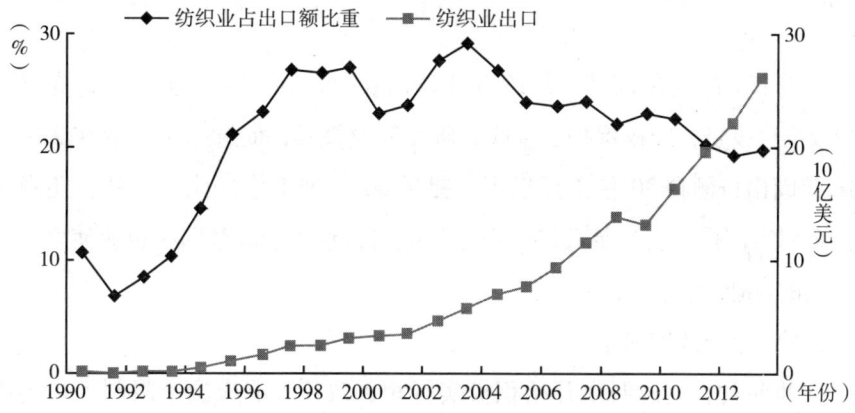

图4　1990～2013年越南纺织品的出口变化

资料来源：Mael B & Clovis F, "Ho Chi Minh City in Viet Nam. In The Role of Cities in Productive Transformation: Six City Case Studies from Africa, Asia and Latin America". Nairobi, 2015。

1991年，政府开始强调战略增长中心。1991年的五年计划强调集中投资和改变经济结构，明确发展河内和胡志明市两大中心。希望这两大城市能够吸引国内外投资，成为全国的经济、文化和科技中心。近年来，越南仍在坚持该项战略。在产业发展上，计划通过促进电子商务和互联网基础设施的

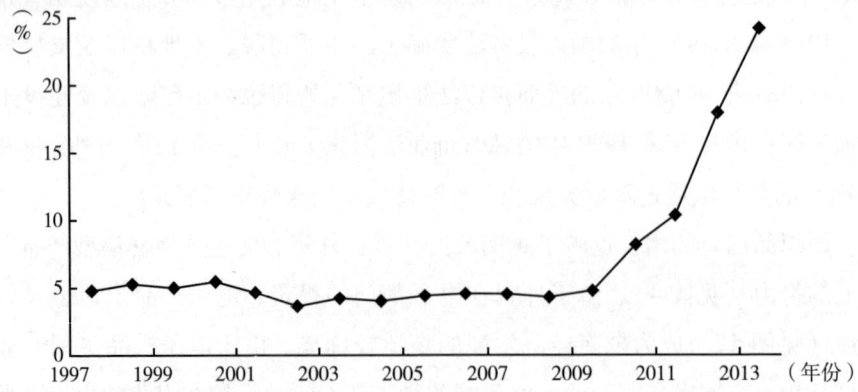

图 5 1997~2013 年越南电子、计算机、手机等占全国出口值总的比重

资料来源：Mael B & Clovis F, "Ho Chi Minh City in Viet Nam. In The Role of Cities in Productive Transformation: Six City Case Studies from Africa, Asia and Latin America". Nairobi, 2015。

发展，使 ICT 产业在 2005~2010 年年均增长保持在 20% 以上。通过完善法律以及出台投资、产权保护、税收、研发等政策等，促进电子产业在 2007~2010 年间出口额在 30 亿美元以上，提供 30 万个工作岗位。另外，还强调支持金属零部件、铸造等关键产业增强能力，致力于改革国有企业使之为高专业化的产业提供产品。

2. 胡志明市政府的作用

21 世纪初，胡志明市开始积极实行相关政策，响应国家限制人口的政策，通过去中心化来促进周边省的发展。1998 年开始，通过新的区域规划来管理城市内部人口分布。地方政府设立了五个新区，同时建立新的港口网络，主要目的是增加胡志明市的开放度和发展私营经济。

2001~2005 年，胡志明市的资本结构发生根本变化，私营经济开始超越国有经济。20 世纪初，私营经济也真正成为胡志明市经济增长的主要驱动力。2005 年，私营部门的经济增长达到 15.6%，国有经济增长 8.8%，外资经济增长 12.3%。私营经济占 GDP 比重达 50.8%，国有经济占 33.9%，外资经济占 21%。私营经济的增长主要是由于 1999 年颁布的新企业法，它促使成立新的公司更加容易。在2000～2008年间，贸易和服务业中新成立的私营企业数增加了7.3倍，制造业新成立的私营企业数增加了6.6倍。随着私营经济的发展，金融系统成为融资的主要渠道，存款年均增加37%，贷款年均增加41%。为了满足私营部门的需求，基金流通、外汇交易等金融业务也迅速多样化。与此同时，现代化的支付方式例如银行卡等开始发展，非现金支付业务也开始增长。

2006年开始，胡志明市在一些领域促进科技革新，给予电子信息科技、机械工程、制药化学等优先发展产业50%～100%的贷款利率补贴。与此同时，胡志明市选择了提高工业效率的方向，并启动了《科技发展计划（2006～2010）》。[①] 该计划的目的是增加知识密集型产业，减少劳动密集型产业的比重，给知识密集型产业的投资提供优惠条件，促进科技密集型企业的成立。2008年成立专门基金用来支撑科技发展和鼓励创新。为电力、电子、化工产、生物科技等主要产业提供低于正常利率的50%利率优惠，并降低担保要求。进口替代计划也支持城市的四个战略部门，包括机械、电子、医药以及塑料制品。

2008年，政府发布了一个新的计划用于促进胡志明市服务业的科技创新、部门间的技术转让和产业转型。这包括为企业提供培训、资格认定以及1000多名科技专家构成的数据库，以为科技型企业提供相关信息。与此同时，随着周边省区对劳动密集型产业的发展，胡志明市的资源型产业和劳动密集型产业的比重逐渐下降。

胡志明市计划在未来十年的社会经济发展中投资5000亿美元。该计划明确了城市15公里的中央区以及四个发展方向。主要的两个发展方向是东部和南部，其次是西北和西南。该项预算计划在2016～2020年投资25%～35%，在2021～2025年进行投资剩下的65%～75%。该规划致力于改善胡志明市的道路基础设施，主要项目包括四条高速公路以及四条地铁线路。

---

① "Efficient city: Increasing knowledge and reducing labour intensity", Ho Chi Minh City Institute for Development Studies. Available at: http://www.hids.hochiminhcity.gov.vn

胡志明市将来会形成由当前13个区构成的中心区以及围绕其周围的四个卫星城。东城重点发展金融服务业和高科技产业，西城集中发展服务业和新居住区，南城主要是工业和港口，北城主要是服务业、新居住区以及高科技农业。根据该项规划，到2020年胡志明市还将新增加22个出口加工区和工业区。同时，计划2013~2023年全市生产总值增长率保持比国家GDP高出1.5倍。①

胡志明市为了强化其国家科技中心的定位，致力于提高其科研水平和创新能力。胡志明市计划通过学习先进科技和知识、提高国际竞争力以及融入世界经济等途径来促进其工业化和现代化。胡志明市制定了2020年的总体发展目标，力图培养高素质科技人才，通过科技创新提高企业竞争力，增加高科技、高附加值产业的数量。为了成功构建知识经济，将通过利用先进的管理技术来促进服务业的快速发展。计划科技投资年均增加20%，带动相关科技部门的收入，2015年达到5000亿越南盾，2020年达到10000亿越南盾。另外，还将通过聚焦高科技项目以及鼓励引进先进技术等促进技术创新。鼓励大学、科研机构、科技企业之间的合作以及为大学和科研机构在基础设施、科研器材等领域提供支持。

四 结论及启示

在过去的三十年，胡志明市经历了显著的转型。伴随着越南的经济转型，胡志明市已经成为全国的生产中心以及制造业产品的重要出口地。胡志明市不断改革生产结构，由外资驱动的劳动密集型产业，例如鞋类、服装等，逐渐向复杂的电子、电信以及办公设备等产业转型，同时也更加注重科技创新和高科技产业的发展。

通过对胡志明市转型的分析，展示了国家在促进经济发展中的积极作

---

① *Master plan on economic development-Ho Chi Minh City development until 2020 with a vision toward 2025*，Available at：www.chinhphu.vn

用。这不仅体现在国家通过创造有利的环境来吸引外资以及制定产业发展目标,而且还体现在产业升级过程中,也需要政府发挥促进作用来帮助企业进行转型升级。另外,胡志明市的发展转型,特别是私营企业的不断强大,也显示出了市场在资源分配中的作用。

胡志明市的转型发展过程对于中国城市而言具有一定的参考价值。胡志明市的产业升级过程体现了产业发展的一般规律,即对于人口较多、发展较为落后的地区而言,在经济基础薄弱、产业体系还不够完善的工业化初期,发展一些劳动密集型产业是有必要的,在发展战略规划的制定过程中不应盲目地求高、求新,而应结合地方实际,制定具有地方特色的发展战略。另外,还应加大改革开放力度,通过建立开发区、工业区、加工区等形式以及政策优惠等,积极推进招商引资。而对于发展水平较高的城市或地区而言,则应通过制定相关鼓励性政策,主动推进产业升级转型,推进自主创新,提高产品附加值。

参考文献

Mael Balac, Clovis Freire, "Ho Chi Minh City in Viet Nam. In The Role of Cities in Productive Transformation: Six City Case Studies from Africa, Asia and Latin America". *Nairobi*, 2015.

Master plan on "Economic Development-Ho Chi Minh City Development until 2020 with a Vision toward 2025" Available at: www. chinhphu. vn "Efficient city: Lncreasing Knowledge and Reducing Labour intensity", Ho Chi Minh City Institute for Development Studies. Available at: http://www. hids. hochiminhcity. gov. vn

B.27
帕勒莫规划建设"欧洲－地中海走廊"门户城市[*]

李 健[**]

摘　要： 意大利港口对于"欧洲－地中海海上运输网络"建设具有决定性作用。意大利半岛的地缘战略位置可以被视为地中海地区的海上贸易中心的物流平台，港口城市成为区域经济流的门户，能够吸引投资和推动经济增长，并可通过新的城市运作模式和管理推进城市成长。其中必须要考虑环境特征和独特特点，尊重历史和多元文化的身份而推动门户城市的国际化发展。"帕勒莫：欧洲－地中海地区的首都"规划的是整个城市的门户地位而非仅港湾，是地中海地区正在高度发展的一座国际化城市。

关键词： 欧洲－地中海走廊　门户城市　帕勒莫

意大利半岛的地缘战略位置可以被视为在地中海地区的海上贸易中心的一个自然的物流平台，港口城市成为区域（欧洲－地中海）经济流动的门户。目前主要活动包括"欧洲基础设施连接"政策，通过交通网络建设推进统一市场建设。其中，作为门户的意大利帕勒莫市可以在历史文化方面实现欧洲和地中海国家的城市间的桥梁联系。

---

[*] 本文主要基于 Strategic Vision of a Euro-Mediterranean Port City: A Case Study of Palermo 一文进行翻译和解读。

[**] 李健，博士，上海社会科学院城市与人口发展研究所副研究员，主要研究方向：城市经济与空间规划，近年聚焦于全球生产网络视角下的地方产业升级与高科技城市转型研究。

一 帕勒莫港口枢纽发展的背景与需求

在发展欧洲－地中海海上运输网络的时候，意大利港口可以发挥决定性作用。意大利半岛的地缘战略位置可以被视为地中海地区的海上贸易中心的物流平台，港口城市成为区域经济流的门户。作为枢纽，港口城市能够吸引投资和推动经济增长，并可以通过新的城市运作模式和管理推进城市成长。

一个国际化的、有吸引力和多元文化的城市愿景符合欧洲2000年议程关于区域经济的最新升级战略。整体主义计划将催生基于知识和创新的智慧开发系统，推动可再生资源和竞争力效率的可持续性，从而有利于社会和领土凝聚力。全球发展的这一背景在国际网络上就突出反映在多式联运规划上，欧洲为邻近的国外地区提供了便利，刺激了市场成长和当地企业家精神。

而意大利帕勒莫港区已成为二战以来帕勒莫市高速增长和城市空间结构演化的动态展示中心。特别是因为港区远离城市、功能结构不全，因此需要提供干预措施，产生与城市沟通的需求。当前研究的重点是滨水地区的开发作为港口城市的重心，同时展示城市经济资源的丰富度和社会凝聚力。城市与港口之间的关系是高效的土地利用过程，该进程按照国际法律框架进行，同时也在未来的理念和城市认同之间实现协同。在城市转型的过程中，分析识别城市的身份以及历史内在价值，挖掘城市经济复兴和土地管理的方法，同时在资本运行的过程中保持历史文化的丰富度。在保护城市特别是历史和建筑公共项目的时候，需要评估土地利用运作模式，以便在共同选择的基础上吸引长期投资。因此，问题是如何创新方法提升历史文化遗产，并推进城市国际化发展。

二 帕勒莫区域规划主要依托：欧洲－地中海走廊

作为在区域基础设施领域的行动，1994年雅典通过的TEN－T（即跨欧洲交通网络）计划，出台了一项综合和多式联运的政策，促进欧洲范围对

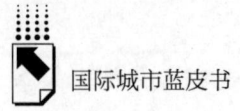
国际城市蓝皮书

内部市场开发的操作性和成员国通过海上联系的经济和社会凝聚力。与欧盟的政策路线相适应,基础设施和交通航海部制定了交通和物流总体规划,提出建立一种集国际航运和短途海运为一体的交通体系,与欧盟设定的经济和环境目标一致。

这种战略描绘了跨欧洲地区网络中"海洋高速公路"的概念,根据贸易流来组织短程路线或"走廊"物流,这种概念基于海上接近、减少交通阻塞和提升到岛上和偏远地区的访问。通过对欧洲走廊的分析,确定一些战略性跨国贸易平台,塑造了意大利港口在欧洲-地中海海上交通网络中的决定性作用。

"帕勒莫:欧洲-地中海地区的首都"规划以及"港口和站点创意计划"提出,帕勒莫是西西里岛平台的战略节点城市、地中海地区连接大陆生产系统的终端(柏林-帕勒莫走廊),且服务于地中海东西向市场(塞浦路斯-塞维利亚)。国家战略初步文件(2007~2013)中也关注到意大利半岛优越的地缘战略地位,特别是在地中海地区海上贸易交通网络中发展多式联运的巨大优势。

当前,新的"地中海走廊"已经提出,港口城市借助良好的地理位置和文化地位能够在地中海地区国际贸易网络中发挥强力作用。作为枢纽的港口极有能力吸引国家和国际投资,通过城市开发和管理的新运作模式,引领经济增长和推动城市的扩张。城市开发政策必须照顾地方环境特点,尊重地方身份,滨水区是重要面向。

三 帕勒莫区域规划的主要方向:
欧洲-地中海港口城市

(一)帕勒莫战略规划远景

帕勒莫大都市区政策制定的"帕勒莫:欧洲-地中海地区的首都"规划是面向整个城市而不仅仅是港口,将帕勒莫视为区域门户、文化交流节点,深深植根于当地历史文化的生态可持续和国际化城市背景。规划旨在通过地方当局、专业协会和民间代表的参与,为城市未来发展的远景提供科学的指导工具。城市未来发展的远景包括:相互连接的城市、大都会城市、国际城市、生产性城市、创意城市、旅游城市、文化城市、休闲城市和一体化城市。

规划将帕勒莫理想化为双中心城市,引导郊区成为未来城市经济和社会发展活力中心。战略规划中的"业态水岸地区"计划试图将帕勒莫水岸地区打造成为一个创新创意转型发展的空间,通过旅游业和多式交通联运不断提升城市竞争力。滨水区再开发战略与城市战略规划相协同,在大都市区范围弥补了滨水区的服务功能。城市滨水区规划包括了提升区域门户的职能,优化了交易网络、贸易网络、旅游、人流和商品流的相互关系。港区的城市空间项目为旅客接待、中转和休息以及商品的中转等提供了便利,而在城市-港口地区,也应该建立一些港口空间,以便为潜在的城市用户提供新的功能。

如果战略计划与地方政府加强伙伴关系和合作网络的意愿匹配,并具有共同的战略目标,就有可能创造条件吸引投资,促进城市的可持续发展。该战略计划仅限于帕勒莫市,最近西西里区域政府正在对其进行最后审查和批准,但区域政府尚未为其作为主要的海洋节点安排战略规划,而实际上,这可能对于西西里打造区域网络的核心地位具有重要战略意义。因此,希望这些城市的战略计划在促进跨国协同效应的同时,更能够推进区域政府的协同,这可以提升不同层次管理机构在地中海地区的合作机制。

(二)自上而下的规划路径

分析战略规划的不同发展阶段目标,就能了解帕勒莫市政府在决策过程中的评估方法。政府根据发展趋势、相关主题和行动方针,组织代表听取战略规划,集中讨论问题和战略优先事项,确定实现情景的行动,这是一种包容性决策过程。这些会议考虑利益相关者的关系,规划战略目标以及相应的合作伙伴,主要包括政府部门和地方机构、周边城市市长、帕勒莫区和西西

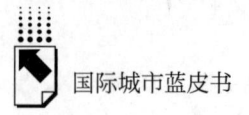

里地区政府、贸易和专业协会等相关利益者。

帕勒莫市政府的规划活动是根据监测和评估当前的经济、社会和城市影响，并对当前环境的全球发展及其预期效果进行判断进而组织的。从欧洲的视角出发，市政府对城市可持续性指标进行了具体深入的分析，有利于当前的评价框架，并对工作计划做出决定，这些指标与奥尔堡宪章提出的地方全球可持续发展新任务相适应。事实上，欧洲委员会为了帮助地方当局签署奥尔堡承诺文件，以防止城市蔓延、给予建筑遗产足够的保护和实施可持续城市规划价值观，已经推进了很多指标设计工作。

城市规划的评价过程通过分析城市的具体特征和特点，包括分析未来变化的主要因素，使决策过程更完善和透明。如果设计过程提出景观凝聚力，在异质关系和维度中重新定义空间，那么这种特殊的本土潜力的增强会促进内生遗产的提升，进而培育城市的全球竞争力。

四　身份认同：国际化与本土化的完美结合

当代城市往往基于功能方面的基础而发展，难以挖掘其地方价值，这种困境一方面造成社会身份的缺失，而身份往往不是全球化给予的而是基于特定城市历史和文化而存在的；另一方面，这种发展模式会产生社会隔离和社会的不安全感。在这样一个没有协同关系的系统中，城市景观往往都缺乏统一性。

帕勒莫港口地区的现代城市化根植于特定的模式，生产体系的迅速变化，全球化快速交融导致语言体系的变化，并导致当地原材料和技术的废弃。事实上，城市有形和无形的关系逐渐显出一个支离破碎的画面，没有完整的地方，但存在一个核心结构。帕勒莫的选择是基于对区域身份的稳定与保护，个人不仅是城市文脉的一部分，而当他把自己当成城市不可分割部分后，能更好地促进当地经济和社会发展。

科学的规划应确定城市居民的实际需要，不对同所有利益相关者都密切联系的当地情况进行评估就进行规划是不实际的。在此指导思想下，首先对整个城市的自下而上情况进行分析，勾勒出区域最活跃的社会群体战略地图，并进行五种分类：大学和研究者、地区居民和用户、相关机构、经济推动者和文化推动者。目前评估工作正在进行，这有助于"帕勒莫：欧洲－地中海首都"战略规划的实施和调整。

评估发现的答案应该是所有社会群体响应的综合结果，通过增加与不同指标满意度相对应的值来描述干预假说的策略。评估过程产生了一个社会判断，港口－城市对接区域的综合保护可能对区域发展产生影响，改善整个城市的局部经济和产生新的发展机会。滨水区位于帕勒莫市西南区"Molo trapezoidale"，邮轮可以从港口区经过本区域直达老城，所以它是历史和现代联系的过滤空间。区域选择的标准包括：

——邮轮登录服务的物流位置；

——古城中心与滨水区的结合面角色；

——具有城市身份（城市形态，滨水区）的视觉特征；

——部分古迹的显著存在；

——影响人口规模大于区域的横向特征。

"Molo Trapezoidale"是一个连接港口和城市的区域，并将城市空间结构分为两个主要空间并延伸到水岸地区。在整个东部的部分（31590平方米），Castello a Mare地区保留并从2009年进行恢复，天然洞穴形态的吸引力使人们经常在这里举行文化活动。西部地区在整个南部城市化发展程度最高，1922年以来建成的一些仓库和物业单位非常突出，其中一些是独立社会住房研究所在1925年左右建成的部分社会住房综合体。

整个码头依托海滩的延伸。港口设施的改造工程及卡拉海滨的渐进交错，利用了与海洋直接联系的海岸地区，更加形塑城市和人类活动的特征。至现今，区域形态是历史和建筑演变的结果，可以清晰辨别几个建设阶段的继承，大部分的城市结构处于隐形状态，包括材料和结构的衰变状态，这源于时间的破坏。整个区域也是"棕色地块"之一，这些地区被遗弃或未被充分利用，或多或少的污染问题，一般都需要干预才能恢复。

在城市范围的工业区域，一般都会出现交通基础设施等物理环境和社会环境的退化，并对区域生产系统产生限制性影响，减弱区域生产系统的竞争

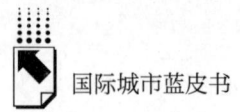

力。然后，城市政府会试图通过项目的转型来重新开发空间功能，但成功的转型项目会保持原始身份和新的功能之间的联系。而就帕勒莫港口区而言，功能丰富性允许不同的利益相关者和用户进行多种规划设想，但提高竞争力的第一步需要参与、迭代和互动，建立共享的战略眼光和统一而多元的重建路径。

因此，规划提出的建设目标都是基于技术分析与调研多元主体之间的意愿而形成的协同，最终将目标置于参与性干预策略中，并且配置在以下区。

——"滨水区"，战略计划中提出的主要用于商业或休闲区的住宅区域；

——"城市身份区"，文化想象力和城市传统的表达（文化艺术，艺术工作室和地方产品贸易）；

——"生产区"，涉及港口活动或原材料加工（实验室和批发商、工艺品服务、货物库存或重型车辆运输）；

——"办公区"，商业或专业服务机构、公司的办公室（专业办公室、特定设施、学校和培训中心）；

——"娱乐区"，娱乐用途旅游景点（电影院、会议厅、商场、健身房、迪斯科舞厅等）。

评价给出一个分析环境图，其可靠性取决于数据量的收集，分析用户行动的充分性。通过分析展示不同社会部门的偏好，并将其与规划实施目标联系起来，确定社会共同的城市发展目标。这种分析为城市提供了一个面向社会复杂需求的总体愿景分析路径。这样，城市规划在所有行政部门、公民和利益相关者都希望的城市文化体系发展中发挥作用，推进环境、社会和经济目标的协调。

分析的第一阶段是对过去十年的转型发展产生一个认知框架，并探讨了城市规划扮演的角色和实施方法，如何提升管理以推进国际化发展。与南方许多主要城市一样，地方经济多建立在多元化的文化和体制基础之上，但每种文化和体制都难以单独塑造特定的发展模式和路径。

因此，基于文化网络所构建的多中心和特定增长模式，可以推进更高水平的社会凝聚。在城市经济中，旅游产业发挥重要作用，近十年呈指数增长,其中邮轮产业增长率预计为400%,客流量翻番。酒店住宿供应不足导致旅游客流量偏少,降低了帕勒莫古城文化价值观的吸引力,这就需要通过改善城市形象和增加当地服务来提升吸引力,其中将港口区域视为旅客和货物过境的动态场所,也是当地经济发展的新契机,共同目标是为市民和游客创造一个有强大吸引力的地区。

港口区重新再开发的区域要强调城市与外部间的多元文化面貌,以及与邮轮功能的匹配。此外,滨水区为外来游客提供了身份确认区,以推动外来文化与地方文化的融合。在城市重新定位"身份区",激发社区参与、根源和社会凝聚力,产生"公民表达空间",公民能够表现自己的创造力,激发居民挖掘城市古文化。这些发展原则可归结为:区域感官认知的文化遗产在城市主要资源中得到承认,其价值取向可以有效地促进经济增长。

五 帕勒莫战略规划的主要意义

帕勒莫市政府提出"滨水区"的未来发展愿景,吸引了更多的利益相关者参与帕勒莫城市更新战略决策,也进一步塑造了帕勒莫在"欧洲-地中海地区"门户城市的地位。而滨水地区改造的成功又说明城市转型的路径应该是促进不同阶层身份的确定和认可,基于传统活动的旅游及其他产业来发展。滨水区建筑复原适应城市与海洋文化相遇的空间需求,也是邮轮活动和游客们与城市历史和传统文化之间的互动联系平台。同时,也为城市发展创意活动提供空间,进一步强化城市历史和文化的挖掘,通过本地化的文化活动吸引全球化的力量(贸易、游客),反过来又进一步强化了帕勒莫作为"欧洲-地中海"的门户地位。

从区域发展看,"INTERREG MED 2007-2013"计划资助了地中海地区跨国合作项目,考虑到该地区的特殊文化遗产及其与毗邻地中海的非欧洲国家的联系角色,项目的总体目标是使地中海地区成为有国际竞争力的区域,实现经济的蓬勃发展,创造就业机会,使该地区具有吸引力。2007~2013年欧盟推进的主要变化之一是"Jessica倡议",鼓励欧洲城市推动和管理城

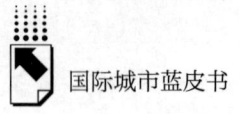

市转型,包括加强经济增长,恢复城市环境,改造工业废地,保护自然和文化遗产,促进创业、就业和发展社区。帕勒莫战略规划对此进行了响应。

参考文献

Elvira Nicolini and Maria Rita Pinto, "Strategic Vision of a Euro-Mediterranean Port City: A Case Study of Palermo." *Sustainability* 2013 (5), p. 3941 – 3959

European Commission, "Europe 2020". Available online: http://register.consilium.europa.eu/pdf/en/10/st00/st00007.en10.pdf, 2013 – 1 – 2.

European Commission, Regulation of the European Parliament and of the Council, "Establishing the Connecting Europe Facility; European Commission: Brussels, Belgium", 2011.

European Coordinator PP21. Trans-European Transport Networks. Available online: http://ec.europa.eu/transport/themes/infrastructure/ten-t-implementation/priority-projects/doc/pp21_en.pdf, 2013 – 1 – 2.

"Committee of Central Government for the Cohesion Policy". *Documento Strategico Preliminare Nazionale 2007 – 2013* (in Italian). Available online: http://www.dps.mef.gov.it/documentazione/QSN/docs/DSPN.pdf, 2013 – 1 – 2.

Abstract

The Year of 2018 is the 40th anniversary of China's Reform and Opening-up. During the 19th National Congress of the Communist Party of China, General Secretary Xi Jinping delivered the report titled "Secure a decisive victory in building a moderately prosperous society in all respects and strive for the great success of socialism with Chinese characteristics for a new era." The report provided a series of new observations and ideas, including that the principal contradiction facing the Chinese society in the new era is between unbalanced and inadequate development, and the people's ever-growing needs for a better life, all of which have received a high level of attention from the international community. It is an important political event at both the national and international levels, and will have an impact on global development for an extended period of time.

According to many authoritative international institutions, China is predicted to become the world's largest economy by mid-century. With the balanced development and progress of social prosperity, China will have a tremendous and high-level demand in world economy for an extended period of time, rebalancing the current global imbalance between supply and effective demand, so that it will provide large markets and room for cooperation in various cities worldwide. Meanwhile, with regionally-balanced and sustainable urban development, China's cities will set up new development models for inclusive urban development internationally and become vibrant partners.

Another focus of China's global contribution in 2017 is the success of the Belt and Road Forum. The partnerships under the "Belt and Road Initiative" have expanded rapidly. More than 100 countries and international organizations now take part in the initiative, and more than 40 countries and international organizations have signed cooperation agreements with China, reaching a consensus on extensive international cooperation.

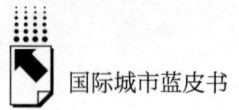

The "Belt and Road Initiative" needs to build on strategic coordination and macro-cooperation, so as to achieve meso-linkage and micro-development. This annual report selects 252 cities, including capitals and metropolitans, from 93 "Belt and Road Initiative" countries, and created a Silk Roads Node Cities index. The SRNC index will conduct a comprehensive evaluation of the strategic partnerships between these cities and China, their regional influence, and their leading role in development, as well as the five categories of policy communication, facility connectivity, trade facilitation, financial accommodation and general public's understanding.

There are 14 major node cities, several sub-major node cities, general node cities and potential node cities. We propose to prioritize "Silk Roads Node Cities" as fulcrums of the overall development, with step-by-step deployment. In the chapter of "Silk Roads Node Cities", we introduce the latest development in Moscow, which scores the highest in the SRNC index; Ho Chi Minh City, a typical Silk Roads Node city; and how Palermo, Italy, plans to develop regional portal functions in the city.

With a selection of nearly 30 cases from around the world, this year's sub-report section introduces major strategies, ideas, projects and reports that are typical in recent urban development, as well as best practice cases worldwide, approaching the topics from eight perspectives: urban strategy, innovation, economy, society, culture, ecology, governance and space development. The report hopes to provide international references for China's urban development in the new era.

Keywords: World Cities; Silk Roads Node Cities; Best Practices

Contents

I General Report

B. 1 Silk Road Node Cities: Pivot of the "the Belt and Road"
　　　　　　　　Deng Zhituan, Liu Yubo, Tu Qiyu and Yang Chuankai / 001

Screening and evaluation of Silk Road Node Cities are important measures and preconditions for the orderly promotion of the "Belt and Road" national initiative. The report selects 252 sample cities from 93 countries along the "Belt and Road", and the "Silk Road Node City Index" has been formed through a comprehensive evaluation of their strategic partnerships, regional influence, and growth leadership. According to the score range, "Silk Road Node City" is divided into several types, including 14 major node cities, 11 minor node cities, 21 general node cities and 130 potential node cities. The report introduced the comprehensive performance of various types of "Silk Road Node Cities" and analyzed the shortcomings of policy coordination, facilities connectivity, unimpeded trade, financial integration and people-to-people bond, further observing the spatial distribution characteristics of "Silk Road Node City" in the region. The implementation of the "Belt and Road" initiative in China in the future needs step-by-step and phased strategic promotion. Taking the "Silk Road Node City" as the starting point and the fulcrum point, the overall situation will be leveraged.

Keywords: Silk Road Node Cities Index; the Belt and Road; Pivot City

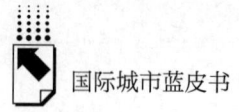
国际城市蓝皮书

Ⅱ Urban Strategy

B.2 New Perspective and Redefinition on Global Cities

Su Ning / 051

Abstract: This paper, based on the Brookings Report: Redefining Global Cities, tries to make a new research perspective on global cities. It introduces a new typology that builds from a first-of-its-kind database of dozens of indicators, standardized across the world's 123 largest metro economies, to examine economic characteristics, industrial structure, and key competitiveness factors of global cities: tradable clusters, innovation, talent, and infrastructure connectivity. The typology reveals that, indeed, there is no one way to be a global city. Grouped into seven metropolitan clusters, the distinct competitive positions of the world's largest metro economies become sharper, as do the peers metropolitan areas can look to for common solutions and investments to enhance economic grow.

Key Words: Global City; Metropolitan Area; Economic Structure

B.3 The Pattern of World Cities and the Development Trends of China's Cities Since 2000: Based on the 2000 -2016 World Cities Lists of GaWC

Yang Chuankai, Tu Qiyu and Zhang Fangwen / 062

Abstract: With the roaring development of globalization, there are more and more world cities springing up throughout the world. Based on six-world-city lists published by Globalization and World Cities Study Group and Network (GaWC) from 2000, the paper summarized the characteristics of world cities' development from 2000 to 2016. In the world, the number of the world cities rises rapidly from 227 in 2000 to 361 in 2016. In China, the number rises from 6 in 2000 to 33 in 2016, which is only less than America. Hong Kong, Beijing and Shanghai all have the capacities to become new global cities.

Key words: Global City; World City; the Belt and Rood; GaWC

Ⅲ Urban Innovation

B. 4   The Problem and Development Path of Innovation

District in Philadelphia   *Yang Chuankai* / 074

Abstract: The innovation district has become a new model of American innovation. As an important innovation city in the United States, Philadelphia has accumulated rich experience in the development of innovation district. Based on the report of the Brookings Institution, the paper analyzed the main problems of the University City-Center City innovation district in Philadelphia. According to the recommendations of Brookings Institution, we summarized the enlightenments to China's innovation districts construction and some policy suggestions were proposed.

Keywords: Innovation District; University City; Center City; Philadelphia

B. 5   The Development of Silicon Roundabout Innovation

District in in London   *Deng Zhituan* / 085

Abstract: The Silicon Roundabout emerged in the eastern part of London in 2008 and has a geographical advantage close to London city center and the London financial district. The development of Silicon Roundabout is divided into two phases: the initial stage of marketization and the maturity of the government to promote. The rise of the Silicon Roundabout has two reasons: London's growing into the world's top technology cities and the expansion of the field of technology industry in London. There are two main aspects of the economic activities of the

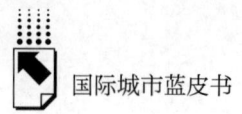

Silicon Roundabout: one is the growing share of the technology industry (digital economy), and the other is economic activities with digital economy, information and communication technology and digital content.

Keywords: Innovation District; Economic Activity; Silicon Round about London

B.6　The Creation of Tokyo Sciences, Industry, and
　　　Technology Cooperation Innovation System　　*Lin Lan* / 098

Abstract: In recent years, countries and regions have continuously deepened the cooperation between production and research, and actively promote the construction of scientific and technological innovation system to deal with the risks brought about by globalization. On the basis of distinguishing cooperation between industry with academia and industry with research community, this paper summarizes the ways and mechanisms of the production and research cooperation of different types of Tokyo and the key measures taken by Tokyo. On this basis, the author draws lessons from Tokyo's production and research system, which will be a good reference to China's urban innovation.

Key Words: Cooperation in Production and Research; Innovation; Tokyo

Ⅳ　Urban Economy

B.7　The Internationalization of the Gauteng City-Region in
　　　South Africa　　*Tang Wei* / 108

Abstract: Compared with other developing countries, the Sub-Saharan Africa Cities have been locked into a low development trap which characterize Crowded, Disconnected, Costly. Crowded means African cities are crowded in that they are packed with people who live in unplanned, informal downtown dwellings to be near jobs. Disconnected means the lack of connections of land, people and jobs, lower exposure and higher fragmentation in connections among people living near the city center. Costly means higher costs for households and firm relative to their per capita GDP than other regions, lifting the labor cost then reducing investment returns. The development trap exhibiting the features "Crowded, Disconnected & Costly" are all from established development path and complex institutional environment. Obviously, the major cause of Africa's urban economy lies not in the lack of investment in physical infrastructure and lack of public services, but in investment incentives, the expected return. This further requires urban leadership to formalize land market, clear the property rights, and also requires the effective implementation of developmental planning, integrated infrastructure investment, land use objectives and community development, maximizing scale and agglomeration benefits. All these bring inspiration to the Belt and Road initiative which China is promoting. The Urban development should focus on industrialization, reducing all kinds of cost for household as well as firm, and compact spatial planning.

Key words: African Cities; sub-Saharan Africa; Urban Economy; Poverty Trap

B. 8 The Experience Enlightenment of Supporting Small Businesses from "Forward Cities" in American

Tao Xidong, Yu Qimin / 117

Abstract: The modern economics theory suggests the enterprise is essentially "a mechanism for the allocation of resources", and it can achieve the optimal allocation of the whole social economic resources, reducing the "transaction costs" of the whole society. As the crucial part of economic system, the importance of small business is often neglected. In America, Forward Cities accumulated the successful experience in two years. In February 2017, the Urban Institute released a study on supporting small business, analyzing some important elements about economic exclusion all over the world. This article reviews and summarizes the study to put forward proposals for enlightenment.

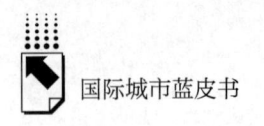

Key words: Small Business ; Forward Cities ; Mass entrepreneurship and Innovation

B. 9　Clustering Strategy for Commerce in Kyoto City Center

Chun Yan / 124

Abstract: It is an universal challenge for traditional commercial district to regenerate vitality with the shocks of new economy. Kyoto city has launched a 10 – 20 years clustering strategy for commerce since 2013 and revitalized its commerce in city center. The paper studies the key contents and implementations of this strategy. Regrouping and clustering have been identified as the most effective practices.

Keyword: City Center; Commercial District; Kyoto, Clustering

V　Urban Management

B. 10　Meeting the Demographic Challenge in Cities of Urban World

Tao Xidong / 132

Abstract: Demographic change is one of the powerful forces transforming the world economy. As global population growth slows urbanization plateaus in many regions, the outlook for cities and their growth changes profoundly. Cities, which have powered the world economy for decades, are now facing a signifcant demographic challenge to their growth. McKinsey Global Institute (MGI)' report that 'urban world: meeting the demographic challenge' has drawn a conclusion that (1) Population growth has been the crucial driver of cities' growth, (2) Now cities are exposed to a double demographic shift—markedly in developed regions, and increasingly in developing regions. (3) The impact of the double demographic shift on cities promises to be uneven. (4) To sustain economic prosperity in the face of changing demographics, most cities need to sharpen their focus on citizens and raise productivity. Based on this , the paper puts forward some early warning advices for Super Metropolis' demographics control in China.

Keywords: Mega Cities; Population Low Growth; China

B. 11　Silver Economy: New Development Path in Cities

Hu Suyun / 142

Abstract: The "Silver Economy" can be defined as the economic opportunities arising from the public and consumer expenditure related to population aging and the specific needs of the population over 50. Growing the Silver Economy in Europe is an overview is provided of relevant Silver Economy related initiatives of the European Commission; a tentative narrative on the Silver Economy and an equally tentative analysis of possible EU Silver Economy actions based on existing initiatives and their potential for the generation of new jobs and growth. It estimated scale of silver economy in the world and EU, especially public expenditure effect. It stated commission action, potential benefit of EU level action as well as a common narrative on the EU silver economy. It raises France as case study of silver economy. China should make full use of the great potential of the silver economy, studying silver economy system prospectively, in order to form a good market environment and industry ecology. We also should integrate silver economy with technological innovation and Intelligent health, Intelligent elderly service.

Keyword: Silver Economy; EC; Development Path

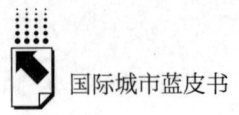
国际城市蓝皮书

B.12 Smart Ageing Activity Opportunity in Ireland   *Hu Suyun* / 154

Abstract: The Technopolis Group of UK was commissioned by the Strategic Policy Division of the Department of Jobs, Enterprise and Innovation of Ireland to assist in the mapping and assessment process. The report is A Mapping of Smart Ageing Activity in Ireland and An Assessment of the Potential Smart Ageing Opportunity Areas which analyzes the present areas of smart aging, its potential and future development. The primary objective was to identify major economic opportunities relating to Smart Ageing, where government support was likely to be decisive in helping Irish businesses capture income and market share internationally.

Keywords: Ireland; Smart Ageing; Connected Health; Smart Homes

Ⅵ Urban Culture

B.13 Study on Opportunity and Characters of Foreign
    Characteristic Town   *Li Jian* / 165

Abstract: The characteristic town has become important path and development content for new-type urbanization in China at present. But the development of characteristic town in China is still lack of theoretical guidance and international standard support, and brings practical controversy. This paper attempts to analyze the characteristics and laws, also includes background and development conditions of small town construction in foreign countries, and finally provides theoretical support and practical guidance for construction of characteristic towns in China.

Keywords: Characteristic Town; Opportunity; Character and Pattern

318

B. 14　The Experience of Tourism Planning in Melbourne

and Its Enlightenment to China's Cities

Yang Chuankai, Wang Xiaowei / 176

Abstract: Melbourne is a world famous tourism city, its urban tourism has made great achievements. Based on the City of Melbourne Tourism Action Plan: 2016 -2019, this paper introduced the main elements of the Melbourne Tourism Action Plan. The plan put forward a comprehensive system of tourism information supply from five stages: Planning and booking, travel to destination, on arrival, in destination, departure/return home. In the end, we summarized the enlightenments to China's urban tourism development and some policy suggestions were proposed.

Key words: World Tourist City; Urban Tourism; Tourism Planning

B. 15　Community-Based Lifelong Learning and Adult

Education: Situations of Community Learning

Centres in 7 Asian Countries　　*Xiao Lichun* / 185

Abstract: The paper, based on UNESCO's study on Community-Based Lifelong Learning and Adult Education of 7 Asian countries, has formulated: (1) conceptual definition of lifelong learning (2) the goals of Education for All (EFA) (3) status of Lifelong Learning development (4) challenges (5) examples of national best practices (6) recommendation for China future

Keywords: Lifelong Learning; Adult Education; Community Learning Centres

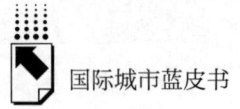 国际城市蓝皮书

Ⅶ Urban Ecology

B. 16 Water Resources and Countermeasures in Megacities in Europe and America under the Background of Global Climate Change　　　　　　　　　　　　　*Xiao Lichun* / 195

Abstract: In response to the challenges of the water related issues due to the climate change, megacities formulate corresponding policy and implementation measures with respect to strategic planning, infrastructure construction, technology innovation and system update, reform of government departments and so on.

　　This paper takes the cases of Chicago, London and Los Angeles, elaborating the relationship among the water, the megacities and the global climate change in detail, and mainly focuses on the outstanding measures for the water issues in these megacities.

　　Key words: Megacities in Europe and America; Water; Climate Change

B. 17 Built to Last: New York Promoting Building Transformation to Fight Climate Change　　　　　　　　*Li Jian* / 203

Abstracts: Global warming has become one of the most significant challenges for mankind. New York City released the "One City-Built to last", proposed by 2050 greenhouse gas emissions in New York will decrease by 80% from level in 2005. With different paths from industry, energy, transportation and so on, the new report proposed to improve the city's energy efficiency of 1 million buildings as a major measure. This paper mainly focuses on the strategic measures of the report, and the references and inspiration to cities in China.

　　Key Words: New York; Building Transformation; Climate Change

B. 18 Measures for Comprehensive Control of Air

Pollution in Krakow, Poland *Yan Yanming* / 214

Abstract: Krakow is an important industrial base in Poland. Due to the influence of many factors, such as industrial emissions, vehicle exhaust, winter heating, and so on, Krakow has fallen in a serious air pollution situation in recent years. In order to improve the air quality effectively, the Krakow municipal government has introduced a series of management plans and measures, and some social institutions have also adopted the solicitation of technical solutions to obtain governance methods. These measures can be used for reference for Chinese cities.

Keywords: Krakow; Haze; Air Governance

Ⅷ Urban Governance

B. 19 The Operation Mechanism and Policy Response of

Resilience Cities *Lin Lan* / 223

Abstract: As a complex geographical system, cities (especially large cities) are vulnerable to support various foreseeable and unforeseeable events, and any attacks of the natural calamities impact on the complex urban systems, including economy, social, environment and institution. The purpose of this paper is to explore the mechanisms of resisting various shocks and pressures of cities, as well as ways to build toughness of policies.

Keywords: Resilience City; Mechanism; Policy

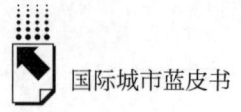
国际城市蓝皮书

B.20　Experience of Urban Governance Innovation in Brazil Rio De Janeiro　　　　　　　　　*Tao Xidong* / 231

Abstract: In the context of modern and information-based network, with the urban complexity and uncertainty rising, how to adopt new urban governance methods and measures has gradually become a new topic in the academic and political area. With the help of the research report on urban governance innovation in Brazil Rio De Janeiro released by the "New urban governance research group" in the London School of Economics and Political Science on June 2017, this article gives suggestions on China's urban governance innovation based on the analysis of practice and experience of that in Brazil.

Key words: New Urban Governance; Rio De Janeiro; Experience

B.21　The Main Strategy of Housing New York and Its Function to Promote Urban Livability and Social Justice　　　　　　　　　*Li Jian* / 239

Abstracts: With the price rising of real estate, people in New York including middle-income households has got a big threat to their daily life. New York released *Housing New York* in 2014 and had a summary report for three years' work in 2016. From the perspective of Fostering Diverse and livable Neighborhoods, Preserving the Affordability and Quality of the Existing Housing Stock, Building New Affordable Housing for All New Yorkers, Promoting Homeless/Senior Supportive and Accessible Housing, the report proposed new thinking and made a good summary work. This paper has made an overview on the report and concluded the inspirations to China's big cities.

Key words: New York; Housing Plan; Affordable House

IX Urban Space

B.22 Progress of Hong Kong Underground Space Development Strategy and Its Enlightenment on Chinese Cities

Sheng Lei / 251

Abstract: Along with the urban development, the land resources become increasingly stretched, and the urban underground space become more and more important. Hong Kong is a typical city with scarce land resources and a global pioneer in the construction of a compact city, and has rich experience in the development and utilization of underground space. At present, Hong Kong has launched a new round of underground space development planning and research, and there are some new strategy trends, which have important enlightenment for Chinese cities.

Keywords: Hong Kong; Underground Space; Space Development

B.23 To Create a Public Space, Activate the District Innovation Vitality: The Experience of Kendall Square Innovative District

Deng Zhituan / 261

Abstract: At present, the location selecting of innovative enterprises in the world is associated with the revival of the metropolitan inner city. The so-called "innovation square" is the phenomenon of gathering and innovating enterprises in the neighborhoods of urbanized living environment. Based on the in-depth study of the Cambridge Kendall Square innovation district, it is found that the creation of public space is the essence of promoting the revitalization of urban neighborhoods by promoting the young people and the diversification of the streets. This will help us to understand how to play the role of the main city in activating the innovation vitality of the neighborhood in the context of the "public entrepreneurship, popular innovation" and "new urbanization" strategy, and thus enhance the city's overall innovation capability.

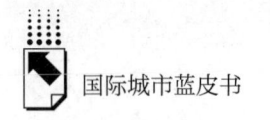

Key words: Central City; Innovation District; Public Space; Innovation Vitality

B.24   The Development Trends of Cycling Transport
        System in Sydney Metropolitan Area   *Su Ning* / 270

Abstract: This paper, based on the Sydney's Cycling Future plan, tries to outlines the endeavor for Sydney metropolitan government and actors for improving the bicycle network and makes sure that the needs of bike riders are built into the planning of new transport and infrastructure projects. It shows that the planning and investment in infrastructure and initiatives, will result in a safer and easier bicycle riding experience for the people of Sydney. The paper summarized the main enlightenment for Chinese city transit system planning.

Keywords: Sydney; Cycling System; Transportation

X   Special Reports: Silk Rodes Node Cities

B.25   New Moscow: From the Perspective of Urban
        Function Relief   *Tang Wei* / 279

Abstract: The continuous influx of population and the concentric circles with one center of Moscow has led to many urban diseases, which in turn requires more space to develop. Thus Moscow Government plans to develop a new Moscow in the southwest. New Moscow absorbs many elements of satellite towns cluster scheme, practices a Polycentrism and multiple function doctrine. To promote the construction of the New Moscow, the Moscow municipal government creates a special agency called Department for the Development of New Territories of Moscow, sets up a development framework or strategy, makes up very specific indicators. Now the strategic planning has been finalized, the specific projects are progressing smoothly. New Moscow has brought great spatial transformation to Moscow, a shift from the one center to multiples centers, which requires the completeness of functions of the urban patch, and the effective connection between these patches by the public transport.

Key words: Moscow; New Moscow; Polycentrism; Urban Function Relief

B. 26   The Industry and Economic Transformation of Ho ChiMinh City in Viet Nam   *Yang Chuankai* / 290

Abstract: Since the reform and renovation in 1986, Viet Nam has experienced the rapid and steady economic growth in the developing countries. As the economic center of Viet Nam, Ho Chi Minh City has also experienced the rapid economic growth and huge economic transformation with the productive transformation of Viet Nam. The central and local governments both play important roles during the process. Therefore, the paper analyzed and summarized the transformation process of Viet Nam and Ho Chi Minh City. Then we discussed the functions of central and local governments. In the end, some policy suggestions were proposed.

Keywords: Productive Transformation; Industry Upgrade; Viet Nam; Ho Chi Minh City

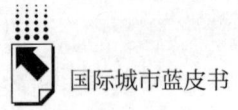

B. 27　Urban Planning for Gateway of Euro-Mediterranean Corridor: Taking Palermo as a Case Study　　*Li Jian* / 300

Abstract: Italian harbors assume a decisive role in order to develop a Euro-Mediterranean web for maritime transportation. The geostrategic position of the Italian peninsula can be seen as a logistic platform at the center of the maritime trades in the Mediterranean area, giving to its port cities the role of gateway of economic flows. The port poles, meant as hubs, are able to attract investments and create economic growth and territorial development through new operative models of urban usage and management. The management policies have to consider the environmental characteristics and distinctive features, respecting the identity of the places as concrete evidence of history. In this sense, the current strategic plan-Palermo capital of the Euro-Mediterranean area imagines the whole city, and not just its harbor, as a gate city, a sustainable and cosmopolitan city of the Mediterranean area.

Keywords: Euro-Mediterranean Corridor; Gateway City; Palermo

社会科学文献出版社　皮书系列

✤ 皮书起源 ✤

"皮书"起源于十七、十八世纪的英国,主要指官方或社会组织正式发表的重要文件或报告,多以"白皮书"命名。在中国,"皮书"这一概念被社会广泛接受,并被成功运作、发展成为一种全新的出版形态,则源于中国社会科学院社会科学文献出版社。

✤ 皮书定义 ✤

皮书是对中国与世界发展状况和热点问题进行年度监测,以专业的角度、专家的视野和实证研究方法,针对某一领域或区域现状与发展态势展开分析和预测,具备原创性、实证性、专业性、连续性、前沿性、时效性等特点的公开出版物,由一系列权威研究报告组成。

✤ 皮书作者 ✤

皮书系列的作者以中国社会科学院、著名高校、地方社会科学院的研究人员为主,多为国内一流研究机构的权威专家学者,他们的看法和观点代表了学界对中国与世界的现实和未来最高水平的解读与分析。

✤ 皮书荣誉 ✤

皮书系列已成为社会科学文献出版社的著名图书品牌和中国社会科学院的知名学术品牌。2016年,皮书系列正式列入"十三五"国家重点出版规划项目;2013~2018年,重点皮书列入中国社会科学院承担的国家哲学社会科学创新工程项目;2018年,59种院外皮书使用"中国社会科学院创新工程学术出版项目"标识。

权威报告·一手数据·特色资源

皮书数据库
ANNUAL REPORT(YEARBOOK) DATABASE

当代中国经济与社会发展高端智库平台

所获荣誉

- 2016年，入选"'十三五'国家重点电子出版物出版规划骨干工程"
- 2015年，荣获"搜索中国正能量 点赞2015""创新中国科技创新奖"
- 2013年，荣获"中国出版政府奖·网络出版物奖"提名奖
- 连续多年荣获中国数字出版博览会"数字出版·优秀品牌"奖

成为会员

通过网址www.pishu.com.cn或使用手机扫描二维码进入皮书数据库网站，进行手机号码验证或邮箱验证即可成为皮书数据库会员（建议通过手机号码快速验证注册）。

会员福利

- 使用手机号码首次注册的会员，账号自动充值100元体验金，可直接购买和查看数据库内容（仅限使用手机号码快速注册）。
- 已注册用户购书后可免费获赠100元皮书数据库充值卡。刮开充值卡涂层获取充值密码，登录并进入"会员中心"—"在线充值"—"充值卡充值"，充值成功后即可购买和查看数据库内容。

数据库服务热线：400-008-6695
数据库服务QQ：2475522410
数据库服务邮箱：database@ssap.cn
图书销售热线：010-59367070/7028
图书服务QQ：1265056568
图书服务邮箱：duzhe@ssap.cn

社会科学文献出版社 皮书系列
SOCIAL SCIENCES ACADEMIC PRESS (CHINA)
卡号：917548879994
密码：

中国社会发展数据库（下设12个子库）

全面整合国内外中国社会发展研究成果，汇聚独家统计数据、深度分析报告，涉及社会、人口、政治、教育、法律等12个领域，为了解中国社会发展动态、跟踪社会核心热点、分析社会发展趋势提供一站式资源搜索和数据分析与挖掘服务。

中国经济发展数据库（下设12个子库）

基于"皮书系列"中涉及中国经济发展的研究资料构建，内容涵盖宏观经济、农业经济、工业经济、产业经济等12个重点经济领域，为实时掌控经济运行态势、把握经济发展规律、洞察经济形势、进行经济决策提供参考和依据。

中国行业发展数据库（下设17个子库）

以中国国民经济行业分类为依据，覆盖金融业、旅游、医疗卫生、交通运输、能源矿产等100多个行业，跟踪分析国民经济相关行业市场运行状况和政策导向，汇集行业发展前沿资讯，为投资、从业及各种经济决策提供理论基础和实践指导。

中国区域发展数据库（下设6个子库）

对中国特定区域内的经济、社会、文化等领域现状与发展情况进行深度分析和预测，研究层级至县及县以下行政区，涉及地区、区域经济体、城市、农村等不同维度。为地方经济社会宏观态势研究、发展经验研究、案例分析提供数据服务。

中国文化传媒数据库（下设18个子库）

汇聚文化传媒领域专家观点、热点资讯，梳理国内外中国文化发展相关学术研究成果、一手统计数据，涵盖文化产业、新闻传播、电影娱乐、文学艺术、群众文化等18个重点研究领域。为文化传媒研究提供相关数据、研究报告和综合分析服务。

世界经济与国际关系数据库（下设6个子库）

立足"皮书系列"世界经济、国际关系相关学术资源，整合世界经济、国际政治、世界文化与科技、全球性问题、国际组织与国际法、区域研究6大领域研究成果，为世界经济与国际关系研究提供全方位数据分析，为决策和形势研判提供参考。

法律声明

"皮书系列"（含蓝皮书、绿皮书、黄皮书）之品牌由社会科学文献出版社最早使用并持续至今，现已被中国图书市场所熟知。"皮书系列"的相关商标已在中华人民共和国国家工商行政管理总局商标局注册，如LOGO（ ）、皮书、Pishu、经济蓝皮书、社会蓝皮书等。"皮书系列"图书的注册商标专用权及封面设计、版式设计的著作权均为社会科学文献出版社所有。未经社会科学文献出版社书面授权许可，任何使用与"皮书系列"图书注册商标、封面设计、版式设计相同或者近似的文字、图形或其组合的行为均系侵权行为。

经作者授权，本书的专有出版权及信息网络传播权等为社会科学文献出版社享有。未经社会科学文献出版社书面授权许可，任何就本书内容的复制、发行或以数字形式进行网络传播的行为均系侵权行为。

社会科学文献出版社将通过法律途径追究上述侵权行为的法律责任，维护自身合法权益。

欢迎社会各界人士对侵犯社会科学文献出版社上述权利的侵权行为进行举报。电话：010-59367121，电子邮箱：fawubu@ssap.cn。

社会科学文献出版社

皮书系列

2018年

智库成果出版与传播平台

社会科学文献出版社

社长致辞

蓦然回首，皮书的专业化历程已经走过了二十年。20年来从一个出版社的学术产品名称到媒体热词再到智库成果研创及传播平台，皮书以专业化为主线，进行了系列化、市场化、品牌化、数字化、国际化、平台化的运作，实现了跨越式的发展。特别是在党的十八大以后，以习近平总书记为核心的党中央高度重视新型智库建设，皮书也迎来了长足的发展，总品种达到600余种，经过专业评审机制、淘汰机制遴选，目前，每年稳定出版近400个品种。"皮书"已经成为中国新型智库建设的抓手，成为国际国内社会各界快速、便捷地了解真实中国的最佳窗口。

20年孜孜以求，"皮书"始终将自己的研究视野与经济社会发展中的前沿热点问题紧密相连。600个研究领域，3万多位分布于800余个研究机构的专家学者参与了研创写作。皮书数据库中共收录了15万篇专业报告，50余万张数据图表，合计30亿字，每年报告下载量近80万次。皮书为中国学术与社会发展实践的结合提供了一个激荡智力、传播思想的入口，皮书作者们用学术的话语、客观翔实的数据谱写出了中国故事壮丽的篇章。

20年跬步千里，"皮书"始终将自己的发展与时代赋予的使命与责任紧紧相连。每年百余场新闻发布会，10万余次中外媒体报道，中、英、俄、日、韩等12个语种共同出版。皮书所具有的凝聚力正在形成一种无形的力量，吸引着社会各界关注中国的发展，参与中国的发展，它是我们向世界传递中国声音、总结中国经验、争取中国国际话语权最主要的平台。

皮书这一系列成就的取得，得益于中国改革开放的伟大时代，离不开来自中国社会科学院、新闻出版广电总局、全国哲学社会科学规划办公室等主管部门的大力支持和帮助，也离不开皮书研创者和出版者的共同努力。他们与皮书的故事创造了皮书的历史，他们对皮书的拳拳之心将继续谱写皮书的未来！

现在，"皮书"品牌已经进入了快速成长的青壮年时期。全方位进行规范化管理，树立中国的学术出版标准；不断提升皮书的内容质量和影响力，搭建起中国智库产品和智库建设的交流服务平台和国际传播平台；发布各类皮书指数，并使之成为中国指数，让中国智库的声音响彻世界舞台，为人类的发展做出中国的贡献——这是皮书未来发展的图景。作为"皮书"这个概念的提出者，"皮书"从一般图书到系列图书和品牌图书，最终成为智库研究和社会科学应用对策研究的知识服务和成果推广平台这整个过程的操盘者，我相信，这也是每一位皮书人执著追求的目标。

"当代中国正经历着我国历史上最为广泛而深刻的社会变革，也正在进行着人类历史上最为宏大而独特的实践创新。这种前无古人的伟大实践，必将给理论创造、学术繁荣提供强大动力和广阔空间。"

在这个需要思想而且一定能够产生思想的时代，皮书的研创出版一定能创造出新的更大的辉煌！

社会科学文献出版社社长
中国社会学会秘书长
2017年11月

社会科学文献出版社简介

社会科学文献出版社（以下简称"社科文献出版社"）成立于1985年，是直属于中国社会科学院的人文社会科学学术出版机构。成立至今，社科文献出版社始终依托中国社会科学院和国内外人文社会科学界丰厚的学术出版和专家学者资源，坚持"创社科经典，出传世文献"的出版理念、"权威、前沿、原创"的产品定位以及学术成果和智库成果出版的专业化、数字化、国际化、市场化的经营道路。

社科文献出版社是中国新闻出版业转型与文化体制改革的先行者。积极探索文化体制改革的先进方向和现代企业经营决策机制，社科文献出版社先后荣获"全国文化体制改革工作先进单位"、中国出版政府奖·先进出版单位奖，中国社会科学院先进集体、全国科普工作先进集体等荣誉称号。多人次荣获"第十届韬奋出版奖""全国新闻出版行业领军人才""数字出版先进人物""北京市新闻出版广电行业领军人才"等称号。

社科文献出版社是中国人文社会科学学术出版的大社名社，也是以皮书为代表的智库成果出版的专业强社。年出版图书2000余种，其中皮书400余种，出版新书字数5.5亿字，承印与发行中国社科院院属期刊72种，先后创立了皮书系列、列国志、中国史话、社科文献学术译库、社科文献学术文库、甲骨文书系等一大批既有学术影响又有市场价值的品牌，确立了在社会学、近代史、苏东问题研究等专业学科及领域出版的领先地位。图书多次荣获中国出版政府奖、"三个一百"原创图书出版工程、"五个'一'工程奖"、"大众喜爱的50种图书"等奖项，在中央国家机关"强素质·做表率"读书活动中，入选图书品种数位居各大出版社之首。

社科文献出版社是中国学术出版规范与标准的倡议者与制定者，代表全国50多家出版社发起实施学术著作出版规范的倡议，承担学术著作规范国家标准的起草工作，率先编撰完成《皮书手册》对皮书品牌进行规范化管理，并在此基础上推出中国版芝加哥手册——《社科文献出版社学术出版手册》。

社科文献出版社是中国数字出版的引领者，拥有皮书数据库、列国志数据库、"一带一路"数据库、减贫数据库、集刊数据库等4大产品线11个数据库产品，机构用户达1300余家，海外用户百余家，荣获"数字出版转型示范单位""新闻出版标准化先进单位""专业数字内容资源知识服务模式试点企业标准化示范单位"等称号。

社科文献出版社是中国学术出版走出去的践行者。社科文献出版社海外图书出版与学术合作业务遍及全球40余个国家和地区，并于2016年成立俄罗斯分社，累计输出图书500余种，涉及近20个语种，累计获得国家社科基金中华学术外译项目资助76种、"丝路书香工程"项目资助60种、中国图书对外推广计划项目资助71种以及经典中国国际出版工程资助28种，被五部委联合认定为"2015-2016年度国家文化出口重点企业"。

如今，社科文献出版社完全靠自身积累拥有固定资产3.6亿元，年收入3亿元，设置了七大出版分社、六大专业部门，成立了皮书研究院和博士后科研工作站，培养了一支近400人的高素质与高效率的编辑、出版、营销和国际推广队伍，为未来成为学术出版的大社、名社、强社，成为文化体制改革与文化企业转型发展的排头兵奠定了坚实的基础。

宏观经济类

经济蓝皮书
2018年中国经济形势分析与预测

李平 / 主编　2017年12月出版　定价：89.00元

◆ 本书为总理基金项目，由著名经济学家李扬领衔，联合中国社会科学院等数十家科研机构、国家部委和高等院校的专家共同撰写，系统分析了2017年的中国经济形势并预测2018年中国经济运行情况。

城市蓝皮书
中国城市发展报告 No.11

潘家华 单菁菁 / 主编　2018年9月出版　估价：99.00元

◆ 本书是由中国社会科学院城市发展与环境研究中心编著的，多角度、全方位地立体展示了中国城市的发展状况，并对中国城市的未来发展提出了许多建议。该书有强烈的时代感，对中国城市发展实践有重要的参考价值。

人口与劳动绿皮书
中国人口与劳动问题报告 No.19

张车伟 / 主编　2018年10月出版　估价：99.00元

◆ 本书为中国社会科学院人口与劳动经济研究所主编的年度报告，对当前中国人口与劳动形势做了比较全面和系统的深入讨论，为研究中国人口与劳动问题提供了一个专业性的视角。

宏观经济类・区域经济类

中国省域竞争力蓝皮书
中国省域经济综合竞争力发展报告（2017~2018）

李建平　李闽榕　高燕京/主编　2018年5月出版　估价：198.00元

◆ 本书融多学科的理论为一体，深入追踪研究了省域经济发展与中国国家竞争力的内在关系，为提升中国省域经济综合竞争力提供有价值的决策依据。

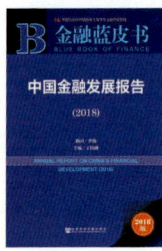

金融蓝皮书
中国金融发展报告（2018）

王国刚/主编　2018年2月出版　估价：99.00元

◆ 本书由中国社会科学院金融研究所组织编写，概括和分析了2017年中国金融发展和运行中的各方面情况，研讨和评论了2017年发生的主要金融事件，有利于读者了解掌握2017年中国的金融状况，把握2018年中国金融的走势。

区域经济类

京津冀蓝皮书
京津冀发展报告（2018）

祝合良　叶堂林　张贵祥/等著　2018年6月出版　估价：99.00元

◆ 本书遵循问题导向与目标导向相结合、统计数据分析与大数据分析相结合、纵向分析和长期监测与结构分析和综合监测相结合等原则，对京津冀协同发展新形势与新进展进行测度与评价。

 社会政法类

皮书系列
重点推荐

社会政法类

社会蓝皮书
2018年中国社会形势分析与预测

李培林　陈光金　张翼/主编　2017年12月出版　定价：89.00元

◆ 本书由中国社会科学院社会学研究所组织研究机构专家、高校学者和政府研究人员撰写，聚焦当下社会热点，对2017年中国社会发展的各个方面内容进行了权威解读，同时对2018年社会形势发展趋势进行了预测。

法治蓝皮书
中国法治发展报告No.16（2018）

李林　田禾/主编　2018年3月出版　估价：118.00元

◆ 本年度法治蓝皮书回顾总结了2017年度中国法治发展取得的成就和存在的不足，对中国政府、司法、检务透明度进行了跟踪调研，并对2018年中国法治发展形势进行了预测和展望。

教育蓝皮书
中国教育发展报告（2018）

杨东平/主编　2018年4月出版　估价：99.00元

◆ 本书重点关注了2017年教育领域的热点，资料翔实，分析有据，既有专题研究，又有实践案例，从多角度对2017年教育改革和实践进行了分析和研究。

皮书系列 重点推荐　社会政法类

社会体制蓝皮书
中国社会体制改革报告 No.6（2018）

龚维斌 / 主编　2018 年 3 月出版　估价：99.00 元

◆ 本书由国家行政学院社会治理研究中心和北京师范大学中国社会管理研究院共同组织编写，主要对 2017 年社会体制改革情况进行回顾和总结，对 2018 年的改革走向进行分析，提出相关政策建议。

社会心态蓝皮书
中国社会心态研究报告（2018）

王俊秀　杨宜音 / 主编　2018 年 12 月出版　估价：99.00 元

◆ 本书是中国社会科学院社会学研究所社会心理研究中心"社会心态蓝皮书课题组"的年度研究成果，运用社会心理学、社会学、经济学、传播学等多种学科的方法进行了调查和研究，对于目前中国社会心态状况有较广泛和深入的揭示。

华侨华人蓝皮书
华侨华人研究报告（2018）

贾益民 / 主编　2018 年 1 月出版　估价：139.00 元

◆ 本书关注华侨华人生产与生活的方方面面。华侨华人是中国建设 21 世纪海上丝绸之路的重要中介者、推动者和参与者。本书旨在全面调研华侨华人，提供最新涉侨动态、理论研究成果和政策建议。

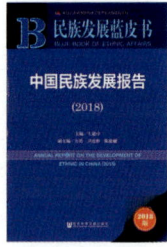

民族发展蓝皮书
中国民族发展报告（2018）

王延中 / 主编　2018 年 10 月出版　估价：188.00 元

◆ 本书从民族学人类学视角，研究近年来少数民族和民族地区的发展情况，展示民族地区经济、政治、文化、社会和生态文明"五位一体"建设取得的辉煌成就和面临的困难挑战，为深刻理解中央民族工作会议精神、加快民族地区全面建成小康社会进程提供了实证材料。

 产业经济类·行业及其他类　　皮书系列 重点推荐

产业经济类

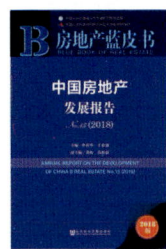

房地产蓝皮书
中国房地产发展报告No.15（2018）

李春华　王业强 / 主编　2018年5月出版　估价：99.00元

◆ 2018年《房地产蓝皮书》持续追踪中国房地产市场最新动态，深度剖析市场热点，展望2018年发展趋势，积极谋划应对策略。对2017年房地产市场的发展态势进行全面、综合的分析。

新能源汽车蓝皮书
中国新能源汽车产业发展报告（2018）

中国汽车技术研究中心　日产（中国）投资有限公司
东风汽车有限公司 / 编著　2018年8月出版　估价：99.00元

◆ 本书对中国2017年新能源汽车产业发展进行了全面系统的分析，并介绍了国外的发展经验。有助于相关机构、行业和社会公众等了解中国新能源汽车产业发展的最新动态，为政府部门出台新能源汽车产业相关政策法规、企业制定相关战略规划，提供必要的借鉴和参考。

行业及其他类

旅游绿皮书
2017~2018年中国旅游发展分析与预测

中国社会科学院旅游研究中心 / 编　2018年2月出版　估价：99.00元

◆ 本书从政策、产业、市场、社会等多个角度勾画出2017年中国旅游发展全貌，剖析了其中的热点和核心问题，并就未来发展作出预测。

皮书系列 重点推荐　行业及其他类

民营医院蓝皮书
中国民营医院发展报告（2018）

薛晓林/主编　2018年1月出版　估价：99.00元

◆ 本书在梳理国家对社会办医的各种利好政策的前提下，对我国民营医疗发展现状、我国民营医院竞争力进行了分析，并结合我国医疗体制改革对民营医院的发展趋势、发展策略、战略规划等方面进行了预估。

会展蓝皮书
中外会展业动态评估研究报告（2018）

张敏/主编　2018年12月出版　估价：99.00元

◆ 本书回顾了2017年的会展业发展动态，结合"供给侧改革"、"互联网+"、"绿色经济"的新形势分析了我国展会的行业现状，并介绍了国外的发展经验，有助于行业和社会了解最新的展会业动态。

中国上市公司蓝皮书
中国上市公司发展报告（2018）

张平　王宏淼/主编　2018年9月出版　估价：99.00元

◆ 本书由中国社会科学院上市公司研究中心组织编写的，着力于全面、真实、客观反映当前中国上市公司财务状况和价值评估的综合性年度报告。本书详尽分析了2017年中国上市公司情况，特别是现实中暴露出的制度性、基础性问题，并对资本市场改革进行了探讨。

工业和信息化蓝皮书
人工智能发展报告（2017~2018）

尹丽波/主编　2018年6月出版　估价：99.00元

◆ 本书国家工业信息安全发展研究中心在对2017年全球人工智能技术和产业进行全面跟踪研究基础上形成的研究报告。该报告内容翔实、视角独特，具有较强的产业发展前瞻性和预测性，可为相关主管部门、行业协会、企业等全面了解人工智能发展形势以及进行科学决策提供参考。

国际问题与全球治理类

皮书系列
重点推荐

国际问题与全球治理类

世界经济黄皮书

2018年世界经济形势分析与预测

张宇燕 / 主编　2018年1月出版　估价：99.00元

◆ 本书由中国社会科学院世界经济与政治研究所的研究团队撰写，分总论、国别与地区、专题、热点、世界经济统计与预测等五个部分，对2018年世界经济形势进行了分析。

国际城市蓝皮书

国际城市发展报告（2018）

屠启宇 / 主编　2018年2月出版　估价：99.00元

◆ 本书作者以上海社会科学院从事国际城市研究的学者团队为核心，汇集同济大学、华东师范大学、复旦大学、上海交通大学、南京大学、浙江大学相关城市研究专业学者。立足动态跟踪介绍国际城市发展时间中，最新出现的重大战略、重大理念、重大项目、重大报告和最佳案例。

非洲黄皮书

非洲发展报告 No.20（2017～2018）

张宏明 / 主编　2018年7月出版　估价：99.00元

◆ 本书是由中国社会科学院西亚非洲研究所组织编撰的非洲形势年度报告，比较全面、系统地分析了2017年非洲政治形势和热点问题，探讨了非洲经济形势和市场走向，剖析了大国对非洲关系的新动向；此外，还介绍了国内非洲研究的新成果。

皮书系列　重点推荐　国别类

国别类

美国蓝皮书
美国研究报告（2018）

郑秉文　黄平 / 主编　2018 年 5 月出版　估价：99.00 元

◆ 本书是由中国社会科学院美国研究所主持完成的研究成果，它回顾了美国 2017 年的经济、政治形势与外交战略，对美国内政外交发生的重大事件及重要政策进行了较为全面的回顾和梳理。

德国蓝皮书
德国发展报告（2018）

郑春荣 / 主编　2018 年 6 月出版　估价：99.00 元

◆ 本报告由同济大学德国研究所组织编撰，由该领域的专家学者对德国的政治、经济、社会文化、外交等方面的形势发展情况，进行全面的阐述与分析。

俄罗斯黄皮书
俄罗斯发展报告（2018）

李永全 / 编著　2018 年 6 月出版　估价：99.00 元

◆ 本书系统介绍了 2017 年俄罗斯经济政治情况，并对 2016 年该地区发生的焦点、热点问题进行了分析与回顾；在此基础上，对该地区 2018 年的发展前景进行了预测。

 文化传媒类 | 皮书系列 重点推荐

文化传媒类

新媒体蓝皮书
中国新媒体发展报告No.9（2018）
唐绪军 / 主编　2018年6月出版　估价：99.00元

◆ 本书是由中国社会科学院新闻与传播研究所组织编写的关于新媒体发展的最新年度报告，旨在全面分析中国新媒体的发展现状，解读新媒体的发展趋势，探析新媒体的深刻影响。

移动互联网蓝皮书
中国移动互联网发展报告（2018）
余清楚 / 主编　2018年6月出版　估价：99.00元

◆ 本书着眼于对2017年度中国移动互联网的发展情况做深入解析，对未来发展趋势进行预测，力求从不同视角、不同层面全面剖析中国移动互联网发展的现状、年度突破及热点趋势等。

文化蓝皮书
中国文化消费需求景气评价报告（2018）
王亚南 / 主编　2018年2月出版　估价：99.00元

◆ 本书首创全国文化发展量化检测评价体系，也是至今全国唯一的文化民生量化检测评价体系，对于检验全国及各地"以人民为中心"的文化发展具有首创意义。

地方发展类

北京蓝皮书

北京经济发展报告（2017~2018）

杨松 / 主编　2018年6月出版　估价：99.00元

◆ 本书对2017年北京市经济发展的整体形势进行了系统性的分析与回顾，并对2018年经济形势走势进行了预测与研判，聚焦北京市经济社会发展中的全局性、战略性和关键领域的重点问题，运用定量和定性分析相结合的方法，对北京市经济社会发展的现状、问题、成因进行了深入分析，提出了可操作性的对策建议。

温州蓝皮书

2018年温州经济社会形势分析与预测

蒋儒标　王春光　金浩 / 主编　2018年4月出版　估价：99.00元

◆ 本书是中共温州市委党校和中国社会科学院社会学研究所合作推出的第十一本温州蓝皮书，由来自党校、政府部门、科研机构、高校的专家、学者共同撰写的2017年温州区域发展形势的最新研究成果。

黑龙江蓝皮书

黑龙江社会发展报告（2018）

王爱丽 / 主编　2018年6月出版　估价：99.00元

◆ 本书以千份随机抽样问卷调查和专题研究为依据，运用社会学理论框架和分析方法，从专家和学者的独特视角，对2017年黑龙江省关系民生的问题进行广泛的调研与分析，并对2017年黑龙江省诸多社会热点和焦点问题进行了有益的探索。这些研究不仅可以为政府部门更加全面深入了解省情、科学制定决策提供智力支持，同时也可以为广大读者认识、了解、关注黑龙江社会发展提供理性思考。

宏观经济类

城市蓝皮书
中国城市发展报告（No.11）
著（编）者：潘家华 单菁菁
2018年9月出版 / 估价：99.00元
PSN B-2007-091-1/1

城乡一体化蓝皮书
中国城乡一体化发展报告（2018）
著（编）者：付崇兰
2018年9月出版 / 估价：99.00元
PSN B-2011-226-1/2

城镇化蓝皮书
中国新型城镇化健康发展报告（2018）
著（编）者：张占斌
2018年8月出版 / 估价：99.00元
PSN B-2014-396-1/1

创新蓝皮书
创新型国家建设报告（2018~2019）
著（编）者：詹正茂
2018年12月出版 / 估价：99.00元
PSN B-2009-140-1/1

低碳发展蓝皮书
中国低碳发展报告（2018）
著（编）者：张希良 齐晔
2018年6月出版 / 估价：99.00元
PSN B-2011-223-1/1

低碳经济蓝皮书
中国低碳经济发展报告（2018）
著（编）者：薛进军 赵忠秀
2018年11月出版 / 估价：99.00元
PSN B-2011-194-1/1

发展和改革蓝皮书
中国经济发展和体制改革报告No.9
著（编）者：邹东涛 王再文
2018年1月出版 / 估价：99.00元
PSN B-2008-122-1/1

国家创新蓝皮书
中国创新发展报告（2017）
著（编）者：陈劲
2018年3月出版 / 估价：99.00元
PSN B-2014-370-1/1

金融蓝皮书
中国金融发展报告（2018）
著（编）者：王国刚
2018年2月出版 / 估价：99.00元
PSN B-2004-031-1/7

经济蓝皮书
2018年中国经济形势分析与预测
著（编）者：李平 2017年12月出版 / 定价：89.00元
PSN B-1996-001-1/1

经济蓝皮书春季号
2018年中国经济前景分析
著（编）者：李扬 2018年5月出版 / 估价：99.00元
PSN B-1999-008-1/1

经济蓝皮书夏季号
中国经济增长报告（2017~2018）
著（编）者：李扬 2018年9月出版 / 估价：99.00元
PSN B-2010-176-1/1

经济信息绿皮书
中国与世界经济发展报告（2018）
著（编）者：杜平
2017年12月出版 / 估价：99.00元
PSN G-2003-023-1/1

农村绿皮书
中国农村经济形势分析与预测（2017~2018）
著（编）者：魏后凯 黄秉信
2018年4月出版 / 估价：99.00元
PSN G-1998-003-1/1

人口与劳动绿皮书
中国人口与劳动问题报告No.19
著（编）者：张车伟 2018年11月出版 / 估价：99.00元
PSN G-2000-012-1/1

新型城镇化蓝皮书
新型城镇化发展报告（2017）
著（编）者：李伟 宋敏 沈体雁
2018年3月出版 / 估价：99.00元
PSN B-2005-038-1/1

中国省域竞争力蓝皮书
中国省域经济综合竞争力发展报告（2016~2017）
著（编）者：李建平 李闽榕 高燕京
2018年2月出版 / 估价：198.00元
PSN B-2007-088-1/1

中小城市绿皮书
中国中小城市发展报告（2018）
著（编）者：中国城市经济学会中小城市经济发展委员会
中国城镇化促进会中小城市发展委员会
《中国中小城市发展报告》编纂委员会
中小城市发展战略研究院
2018年11月出版 / 估价：128.00元
PSN G-2010-161-1/1

区域经济类

东北蓝皮书
中国东北地区发展报告(2018)
著(编)者: 姜晓秋　2018年11月出版 / 估价: 99.00元
PSN B-2006-067-1/1

金融蓝皮书
中国金融中心发展报告(2017~2018)
著(编)者: 王力 黄育华　2018年11月出版 / 估价: 99.00元
PSN B-2011-186-6/7

京津冀蓝皮书
京津冀发展报告(2018)
著(编)者: 祝合良 叶堂林 张贵祥
2018年6月出版 / 估价: 99.00元
PSN B-2012-262-1/1

西北蓝皮书
中国西北发展报告(2018)
著(编)者: 任宗哲 白宽犁 王建康
2018年4月出版 / 估价: 99.00元
PSN B-2012-261-1/1

西部蓝皮书
中国西部发展报告(2018)
著(编)者: 璋勇 任保平　2018年8月出版 / 估价: 99.00元
PSN B-2005-039-1/1

长江经济带产业蓝皮书
长江经济带产业发展报告(2018)
著(编)者: 吴传清　2018年11月出版 / 估价: 128.00元
PSN B-2017-666-1/1

长江经济带蓝皮书
长江经济带发展报告(2017~2018)
著(编)者: 王振　2018年11月出版 / 估价: 99.00元
PSN B-2016-575-1/1

长江中游城市群蓝皮书
长江中游城市群新型城镇化与产业协同发展报告(2018)
著(编)者: 杨刚强　2018年11月出版 / 估价: 99.00元
PSN B-2016-578-1/1

长三角蓝皮书
2017年创新融合发展的长三角
著(编)者: 刘飞跃　2018年3月出版 / 估价: 99.00元
PSN B-2005-038-1/1

长株潭城市群蓝皮书
长株潭城市群发展报告(2017)
著(编)者: 张萍 朱有志　2018年1月出版 / 估价: 99.00元
PSN B-2008-109-1/1

中部竞争力蓝皮书
中国中部经济社会竞争力报告(2018)
著(编)者: 教育部人文社会科学重点研究基地南昌大学中国中部经济社会发展研究中心
2018年12月出版 / 估价: 99.00元
PSN B-2012-276-1/1

中部蓝皮书
中国中部地区发展报告(2018)
著(编)者: 宋亚平　2018年12月出版 / 估价: 99.00元
PSN B-2007-089-1/1

区域蓝皮书
中国区域经济发展报告(2017~2018)
著(编)者: 赵弘　2018年5月出版 / 估价: 99.00元
PSN B-2004-034-1/1

中三角蓝皮书
长江中游城市群发展报告(2018)
著(编)者: 秦尊文　2018年9月出版 / 估价: 99.00元
PSN B-2014-417-1/1

中原蓝皮书
中原经济区发展报告(2018)
著(编)者: 李英杰　2018年6月出版 / 估价: 99.00元
PSN B-2011-192-1/1

珠三角流通蓝皮书
珠三角商圈发展研究报告(2018)
著(编)者: 王先庆 林至颖　2018年7月出版 / 估价: 99.00元
PSN B-2012-292-1/1

社会政法类

北京蓝皮书
中国社区发展报告(2017~2018)
著(编)者: 于燕燕　2018年9月出版 / 估价: 99.00元
PSN B-2007-083-5/8

殡葬绿皮书
中国殡葬事业发展报告(2017~2018)
著(编)者: 李伯森　2018年4月出版 / 估价: 158.00元
PSN G-2010-180-1/1

城市管理蓝皮书
中国城市管理报告(2017-2018)
著(编)者: 刘林 刘承水　2018年5月出版 / 估价: 158.00元
PSN B-2013-336-1/1

城市生活质量蓝皮书
中国城市生活质量报告(2017)
著(编)者: 张连城 张平 杨春学 郎丽华
2018年2月出版 / 估价: 99.00元
PSN B-2013-326-1/1

社会政法类 — 皮书系列 2018全品种

城市政府能力蓝皮书
中国城市政府公共服务能力评估报告（2018）
著（编）者：何艳玲　2018年4月出版 / 估价：99.00元
PSN B-2013-338-1/1

创业蓝皮书
中国创业发展研究报告（2017~2018）
著（编）者：黄群慧　赵卫星　钟宏武
2018年11月出版 / 估价：99.00元
PSN B-2016-577-1/1

慈善蓝皮书
中国慈善发展报告（2018）
著（编）者：杨团　2018年6月出版 / 估价：99.00元
PSN B-2009-142-1/1

党建蓝皮书
党的建设研究报告No.2（2018）
著（编）者：崔建民　陈东平　2018年1月出版 / 估价：99.00元
PSN B-2016-523-1/1

地方法治蓝皮书
中国地方法治发展报告No.3（2018）
著（编）者：李林　田禾　2018年3月出版 / 估价：118.00元
PSN B-2015-442-1/1

电子政务蓝皮书
中国电子政务发展报告（2018）
著（编）者：李季　2018年8月出版 / 估价：99.00元
PSN B-2003-022-1/1

法治蓝皮书
中国法治发展报告No.16（2018）
著（编）者：吕艳滨　2018年3月出版 / 估价：118.00元
PSN B-2004-027-1/3

法治蓝皮书
中国法院信息化发展报告 No.2（2018）
著（编）者：李林　田禾　2018年2月出版 / 估价：108.00元
PSN B-2017-604-3/3

法治政府蓝皮书
中国法治政府发展报告（2018）
著（编）者：中国政法大学法治政府研究院
2018年4月出版 / 估价：99.00元
PSN B-2015-502-1/2

法治政府蓝皮书
中国法治政府评估报告（2018）
著（编）者：中国政法大学法治政府研究院
2018年9月出版 / 估价：168.00元
PSN B-2016-576-2/2

反腐倡廉蓝皮书
中国反腐倡廉建设报告 No.8
著（编）者：张英伟　2018年12月出版 / 估价：99.00元
PSN B-2012-259-1/1

扶贫蓝皮书
中国扶贫开发报告（2018）
著（编）者：李培林　魏后凯　2018年12月出版 / 估价：128.00元
PSN B-2016-599-1/1

妇女发展蓝皮书
中国妇女发展报告 No.6
著（编）者：王金玲　2018年9月出版 / 估价：158.00元
PSN B-2006-069-1/1

妇女教育蓝皮书
中国妇女教育发展报告 No.3
著（编）者：张李玺　2018年10月出版 / 估价：99.00元
PSN B-2008-121-1/1

妇女绿皮书
2018年：中国性别平等与妇女发展报告
著（编）者：谭琳　2018年12月出版 / 估价：99.00元
PSN G-2006-073-1/1

公共安全蓝皮书
中国城市公共安全发展报告（2017~2018）
著（编）者：黄育华　杨文明　赵建辉
2018年6月出版 / 估价：99.00元
PSN B-2017-628-1/1

公共服务蓝皮书
中国城市基本公共服务力评价（2018）
著（编）者：钟君　刘志昌　吴正杲
2018年12月出版 / 估价：99.00元
PSN B-2011-214-1/1

公民科学素质蓝皮书
中国公民科学素质报告（2017~2018）
著（编）者：李群　陈雄　马宗文
2018年1月出版 / 估价：99.00元
PSN B-2014-379-1/1

公益蓝皮书
中国公益慈善发展报告（2016）
著（编）者：朱健刚　胡小军　2018年2月出版 / 估价：99.00元
PSN B-2012-283-1/1

国际人才蓝皮书
中国国际移民报告（2018）
著（编）者：王辉耀　2018年2月出版 / 估价：99.00元
PSN B-2012-304-3/4

国际人才蓝皮书
中国留学发展报告（2018）No.7
著（编）者：王辉耀　苗绿　2018年12月出版 / 估价：99.00元
PSN B-2012-244-2/4

海洋社会蓝皮书
中国海洋社会发展报告（2017）
著（编）者：崔凤　宋宁而　2018年3月出版 / 估价：99.00元
PSN B-2015-478-1/1

行政改革蓝皮书
中国行政体制改革报告No.7（2018）
著（编）者：魏礼群　2018年6月出版 / 估价：99.00元
PSN B-2011-231-1/1

华侨华人蓝皮书
华侨华人研究报告（2017）
著（编）者：贾益民　2018年1月出版 / 估价：139.00元
PSN B-2011-204-1/1

皮书系列 2018全品种

社会政法类

环境竞争力绿皮书
中国省域环境竞争力发展报告（2018）
著(编)者：李建平 李闽榕 王金南
2018年11月出版 / 估价：198.00元
PSN G-2010-165-1/1

环境绿皮书
中国环境发展报告（2017~2018）
著(编)者：李波 2018年4月出版 / 估价：99.00元
PSN G-2006-048-1/1

家庭蓝皮书
中国"创建幸福家庭活动"评估报告（2018）
著(编)者：国务院发展研究中心"创建幸福家庭活动评估"课题组
2018年12月出版 / 估价：99.00元
PSN B-2015-508-1/1

健康城市蓝皮书
中国健康城市建设研究报告（2018）
著(编)者：王鸿春 盛继洪 2018年12月出版 / 估价：99.00元
PSN B-2016-564-2/2

健康中国蓝皮书
社区首诊与健康中国分析报告（2018）
著(编)者：高和荣 杨叔禹 姜杰
2018年4月出版 / 估价：99.00元
PSN B-2017-611-1/1

教师蓝皮书
中国中小学教师发展报告（2017）
著(编)者：曾晓东 鱼霞 2018年6月出版 / 估价：99.00元
PSN B-2012-289-1/1

教育扶贫蓝皮书
中国教育扶贫报告（2018）
著(编)者：司树杰 王文静 李兴洲
2018年12月出版 / 估价：99.00元
PSN B-2016-590-1/1

教育蓝皮书
中国教育发展报告（2018）
著(编)者：杨东平 2018年4月出版 / 估价：99.00元
PSN B-2006-047-1/1

金融法治建设蓝皮书
中国金融法治建设年度报告（2015~2016）
著(编)者：朱小黄 2018年6月出版 / 估价：99.00元
PSN B-2017-633-1/1

京津冀教育蓝皮书
京津冀教育发展研究报告（2017~2018）
著(编)者：方中雄 2018年4月出版 / 估价：99.00元
PSN B-2017-608-1/1

就业蓝皮书
2018年中国本科生就业报告
著(编)者：麦可思研究院 2018年6月出版 / 估价：99.00元
PSN B-2009-146-1/2

就业蓝皮书
2018年中国高职高专生就业报告
著(编)者：麦可思研究院 2018年6月出版 / 估价：99.00元
PSN B-2015-472-2/2

科学教育蓝皮书
中国科学教育发展报告（2018）
著(编)者：王康友 2018年10月出版 / 估价：99.00元
PSN B-2015-487-1/1

劳动保障蓝皮书
中国劳动保障发展报告（2018）
著(编)者：刘燕斌 2018年9月出版 / 估价：158.00元
PSN B-2014-415-1/1

老龄蓝皮书
中国老年宜居环境发展报告（2017）
著(编)者：党俊武 周燕珉 2018年1月出版 / 估价：99.00元
PSN B-2013-320-1/1

连片特困区蓝皮书
中国连片特困区发展报告（2017~2018）
著(编)者：游俊 冷志明 丁建军
2018年4月出版 / 估价：99.00元
PSN B-2013-321-1/1

流动儿童蓝皮书
中国流动儿童教育发展报告（2017）
著(编)者：杨东平 2018年1月出版 / 估价：99.00元
PSN B-2017-600-1/1

民调蓝皮书
中国民生调查报告（2018）
著(编)者：谢耘耕 2018年12月出版 / 估价：99.00元
PSN B-2014-398-1/1

民族发展蓝皮书
中国民族发展报告（2018）
著(编)者：王延中 2018年10月出版 / 估价：188.00元
PSN B-2006-070-1/1

女性生活蓝皮书
中国女性生活状况报告No.12（2018）
著(编)者：韩湘景 2018年7月出版 / 估价：99.00元
PSN B-2006-071-1/1

汽车社会蓝皮书
中国汽车社会发展报告（2017~2018）
著(编)者：王俊秀 2018年1月出版 / 估价：99.00元
PSN B-2011-224-1/1

青年蓝皮书
中国青年发展报告（2018）No.3
著(编)者：廉思 2018年4月出版 / 估价：99.00元
PSN B-2013-333-1/1

青少年蓝皮书
中国未成年人互联网运用报告（2017~2018）
著(编)者：李为民 李文革 沈杰
2018年11月出版 / 估价：99.00元
PSN B-2010-156-1/1

16 权威·前沿·原创

社会政法类 — 皮书系列 2018全品种

人权蓝皮书
中国人权事业发展报告No.8（2018）
著（编）者：李君如　2018年9月出版／估价：99.00元
PSN B-2011-215-1/1

社会保障绿皮书
中国社会保障发展报告No.9（2018）
著（编）者：王延中　2018年1月出版／估价：99.00元
PSN G-2001-014-1/1

社会风险评估蓝皮书
风险评估与危机预警报告（2017~2018）
著（编）者：唐钧　2018年8月出版／估价：99.00元
PSN B-2012-293-1/1

社会工作蓝皮书
中国社会工作发展报告（2016~2017）
著（编）者：民政部社会工作研究中心
2018年8月出版／估价：99.00元
PSN B-2009-141-1/1

社会管理蓝皮书
中国社会管理创新报告No.6
著（编）者：连玉明　2018年11月出版／估价：99.00元
PSN B-2012-300-1/1

社会蓝皮书
2018年中国社会形势分析与预测
著（编）者：李培林 陈光金 张翼
2017年12月出版／定价：89.00元
PSN B-1998-002-1/1

社会体制蓝皮书
中国社会体制改革报告No.6（2018）
著（编）者：龚维斌　2018年3月出版／估价：99.00元
PSN B-2013-330-1/1

社会心态蓝皮书
中国社会心态研究报告（2018）
著（编）者：王俊秀　2018年12月出版／估价：99.00元
PSN B-2011-199-1/1

社会组织蓝皮书
中国社会组织报告（2017-2018）
著（编）者：黄晓勇　2018年1月出版／估价：99.00元
PSN B-2008-118-1/2

社会组织蓝皮书
中国社会组织评估发展报告（2018）
著（编）者：徐家良　2018年12月出版／估价：99.00元
PSN B-2013-366-2/2

生态城市绿皮书
中国生态城市建设发展报告（2018）
著（编）者：刘举科 孙伟平 胡文臻
2018年9月出版／估价：158.00元
PSN G-2012-269-1/1

生态文明绿皮书
中国省域生态文明建设评价报告（ECI 2018）
著（编）者：严耕　2018年12月出版／估价：99.00元
PSN G-2010-170-1/1

退休生活蓝皮书
中国城市居民退休生活质量指数报告（2017）
著（编）者：杨一帆　2018年5月出版／估价：99.00元
PSN B-2017-618-1/1

危机管理蓝皮书
中国危机管理报告（2018）
著（编）者：文学国 范正青
2018年8月出版／估价：99.00元
PSN B-2010-171-1/1

学会蓝皮书
2018年中国学会发展报告
著（编）者：麦可思研究院
2018年12月出版／估价：99.00元
PSN B-2016-597-1/1

医改蓝皮书
中国医药卫生体制改革报告（2017~2018）
著（编）者：文学国 房志武
2018年11月出版／估价：99.00元
PSN B-2014-432-1/1

应急管理蓝皮书
中国应急管理报告（2018）
著（编）者：宋英华　2018年9月出版／估价：99.00元
PSN B-2016-562-1/1

政府绩效评估蓝皮书
中国地方政府绩效评估报告No.2
著（编）者：贠杰　2018年12月出版／估价：99.00元
PSN B-2017-672-1/1

政治参与蓝皮书
中国政治参与报告（2018）
著（编）者：房宁　2018年8月出版／估价：128.00元
PSN B-2011-200-1/1

政治文化蓝皮书
中国政治文化报告（2018）
著（编）者：邢元敏 魏大鹏 龚克
2018年8月出版／估价：128.00元
PSN B-2017-615-1/1

中国传统村落蓝皮书
中国传统村落保护现状报告（2018）
著（编）者：胡彬彬 李向军 王晓波
2018年12月出版／估价：99.00元
PSN B-2017-663-1/1

中国农村妇女发展蓝皮书
农村流动女性城市生活发展报告（2018）
著（编）者：谢丽华　2018年12月出版／估价：99.00元
PSN B-2014-434-1/1

宗教蓝皮书
中国宗教报告（2017）
著（编）者：邱永辉　2018年8月出版／估价：99.00元
PSN B-2008-117-1/1

产业经济类

保健蓝皮书
中国保健服务产业发展报告 No.2
著(编)者：中国保健协会　中共中央党校
2018年7月出版 / 估价：198.00元
PSN B-2012-272-3/3

保健蓝皮书
中国保健食品产业发展报告 No.2
著(编)者：中国保健协会
　　　　　中国社会科学院食品药品产业发展与监管研究中心
2018年8月出版 / 估价：198.00元
PSN B-2012-271-2/3

保健蓝皮书
中国保健用品产业发展报告 No.2
著(编)者：中国保健协会
　　　　　国务院国有资产监督管理委员会研究中心
2018年3月出版 / 估价：198.00元
PSN B-2012-270-1/3

保险蓝皮书
中国保险业竞争力报告（2018）
著(编)者：保监会　　2018年12月出版 / 估价：99.00元
PSN B-2013-311-1/1

冰雪蓝皮书
中国冰上运动产业发展报告（2018）
著(编)者：孙承华　杨占武　刘戈　张鸿俊
2018年9月出版 / 估价：99.00元
PSN B-2017-648-3/3

冰雪蓝皮书
中国滑雪产业发展报告（2018）
著(编)者：孙承华　伍斌　魏庆华　张鸿俊
2018年9月出版 / 估价：99.00元
PSN B-2016-559-1/3

餐饮产业蓝皮书
中国餐饮产业发展报告（2018）
著(编)者：邢颖
2018年6月出版 / 估价：99.00元
PSN B-2009-151-1/1

茶业蓝皮书
中国茶产业发展报告（2018）
著(编)者：杨江帆　李闽榕
2018年10月出版 / 估价：99.00元
PSN B-2010-164-1/1

产业安全蓝皮书
中国文化产业安全报告（2018）
著(编)者：北京印刷学院文化产业安全研究院
2018年12月出版 / 估价：99.00元
PSN B-2014-378-12/14

产业安全蓝皮书
中国新媒体产业安全报告（2016~2017）
著(编)者：肖丽　　2018年6月出版 / 估价：99.00元
PSN B-2015-500-14/14

产业安全蓝皮书
中国出版传媒产业安全报告（2017~2018）
著(编)者：北京印刷学院文化产业安全研究院
2018年3月出版 / 估价：99.00元
PSN B-2014-384-13/14

产业蓝皮书
中国产业竞争力报告（2018）No.8
著(编)者：张其仔　　2018年12月出版 / 估价：168.00元
PSN B-2010-175-1/1

动力电池蓝皮书
中国新能源汽车动力电池产业发展报告（2018）
著(编)者：中国汽车技术研究中心
2018年8月出版 / 估价：99.00元
PSN B-2017-639-1/1

杜仲产业绿皮书
中国杜仲橡胶资源与产业发展报告（2017~2018）
著(编)者：杜红岩　胡文臻　俞锐
2018年1月出版 / 估价：99.00元
PSN G-2013-350-1/1

房地产蓝皮书
中国房地产发展报告No.15（2018）
著(编)者：李春华　王业强
2018年5月出版 / 估价：99.00元
PSN B-2004-028-1/1

服务外包蓝皮书
中国服务外包产业发展报告（2017~2018）
著(编)者：王晓红　刘德军
2018年6月出版 / 估价：99.00元
PSN B-2013-331-2/2

服务外包蓝皮书
中国服务外包竞争力报告（2017~2018）
著(编)者：刘春生　王力　黄育华
2018年12月出版 / 估价：99.00元
PSN B-2011-216-1/2

工业和信息化蓝皮书
世界信息技术产业发展报告（2017~2018）
著(编)者：尹丽波　　2018年6月出版 / 估价：99.00元
PSN B-2015-449-2/6

工业和信息化蓝皮书
战略性新兴产业发展报告（2017~2018）
著(编)者：尹丽波　　2018年6月出版 / 估价：99.00元
PSN B-2015-450-3/6

产业经济类 — 皮书系列 2018全品种

客车蓝皮书
中国客车产业发展报告（2017~2018）
著(编)者：姚蔚　2018年10月出版 / 估价：99.00元
PSN B-2013-361-1/1

流通蓝皮书
中国商业发展报告（2018~2019）
著(编)者：王雪峰　林诗慧
2018年7月出版 / 估价：99.00元
PSN B-2009-152-1/2

能源蓝皮书
中国能源发展报告（2018）
著(编)者：崔民选　王军生　陈义和
2018年12月出版 / 估价：99.00元
PSN B-2006-049-1/1

农产品流通蓝皮书
中国农产品流通产业发展报告（2017）
著(编)者：贾敬敦　张东科　张玉玺　张鹏毅　周伟
2018年1月出版 / 估价：99.00元
PSN B-2012-288-1/1

汽车工业蓝皮书
中国汽车工业发展年度报告（2018）
著(编)者：中国汽车工业协会
　　　　中国汽车技术研究中心
　　　　丰田汽车公司
2018年5月出版 / 估价：168.00元
PSN B-2015-463-1/2

汽车工业蓝皮书
中国汽车零部件产业发展报告（2017~2018）
著(编)者：中国汽车工业协会
　　　　中国汽车工程研究院深圳市沃特玛电池有限公司
2018年9月出版 / 估价：99.00元
PSN B-2016-515-2/2

汽车蓝皮书
中国汽车产业发展报告（2018）
著(编)者：中国汽车工程学会
　　　　大众汽车集团（中国）
2018年11月出版 / 估价：99.00元
PSN B-2008-124-1/1

世界茶业蓝皮书
世界茶业发展报告（2018）
著(编)者：李闽榕　冯廷佺
2018年5月出版 / 估价：168.00元
PSN B-2017-619-1/1

世界能源蓝皮书
世界能源发展报告（2018）
著(编)者：黄晓勇　2018年6月出版 / 估价：168.00元
PSN B-2013-349-1/1

体育蓝皮书
国家体育产业基地发展报告（2016~2017）
著(编)者：李颖川　2018年4月出版 / 估价：168.00元
PSN B-2017-609-5/5

体育蓝皮书
中国体育产业发展报告（2018）
著(编)者：阮伟　钟秉枢
2018年12月出版 / 估价：99.00元
PSN B-2010-179-1/5

文化金融蓝皮书
中国文化金融发展报告（2018）
著(编)者：杨涛　金巍
2018年5月出版 / 估价：99.00元
PSN B-2017-610-1/1

新能源汽车蓝皮书
中国新能源汽车产业发展报告（2018）
著(编)者：中国汽车技术研究中心
　　　　日产（中国）投资有限公司
　　　　东风汽车有限公司
2018年8月出版 / 估价：99.00元
PSN B-2013-347-1/1

薏仁米产业蓝皮书
中国薏仁米产业发展报告No.2（2018）
著(编)者：李发耀　石明　秦礼康
2018年8月出版 / 估价：99.00元
PSN B-2017-645-1/1

邮轮绿皮书
中国邮轮产业发展报告（2018）
著(编)者：汪泓　2018年10月出版 / 估价：99.00元
PSN G-2014-419-1/1

智能养老蓝皮书
中国智能养老产业发展报告（2018）
著(编)者：朱勇　2018年10月出版 / 估价：99.00元
PSN B-2015-488-1/1

中国节能汽车蓝皮书
中国节能汽车发展报告（2017~2018）
著(编)者：中国汽车工程研究院股份有限公司
2018年9月出版 / 估价：99.00元
PSN B-2016-565-1/1

中国陶瓷产业蓝皮书
中国陶瓷产业发展报告（2018）
著(编)者：左和平　黄速建
2018年10月出版 / 估价：99.00元
PSN B-2016-573-1/1

装备制造业蓝皮书
中国装备制造业发展报告（2018）
著(编)者：徐东华　2018年12月出版 / 估价：118.00元
PSN B-2015-505-1/1

行业及其他类

"三农"互联网金融蓝皮书
中国"三农"互联网金融发展报告（2018）
著（编）者：李勇坚 王弢
2018年8月出版 / 估价：99.00元
PSN B-2016-560-1/1

SUV蓝皮书
中国SUV市场发展报告（2017~2018）
著（编）者：靳军 2018年9月出版 / 估价：99.00元
PSN B-2016-571-1/1

冰雪蓝皮书
中国冬季奥运会发展报告（2018）
著（编）者：孙承华 伍斌 魏庆华 张鸿俊
2018年9月出版 / 估价：99.00元
PSN B-2017-647-2/3

彩票蓝皮书
中国彩票发展报告（2018）
著（编）者：益彩基金 2018年4月出版 / 估价：99.00元
PSN B-2015-462-1/1

测绘地理信息蓝皮书
测绘地理信息供给侧结构性改革研究报告（2018）
著（编）者：库热西·买合苏提
2018年12月出版 / 估价：168.00元
PSN B-2009-145-1/1

产权市场蓝皮书
中国产权市场发展报告（2017）
著（编）者：曹和平 2018年5月出版 / 估价：99.00元
PSN B-2009-147-1/1

城投蓝皮书
中国城投行业发展报告（2018）
著（编）者：华景斌
2018年11月出版 / 估价：300.00元
PSN B-2016-514-1/1

大数据蓝皮书
中国大数据发展报告（No.2）
著（编）者：连玉明 2018年5月出版 / 估价：99.00元
PSN B-2017-620-1/1

大数据应用蓝皮书
中国大数据应用发展报告No.2（2018）
著（编）者：陈军君 2018年8月出版 / 估价：99.00元
PSN B-2017-644-1/1

对外投资与风险蓝皮书
中国对外直接投资与国家风险报告（2018）
著（编）者：中债资信评估有限责任公司
　　　　　　中国社会科学院世界经济与政治研究所
2018年4月出版 / 估价：189.00元
PSN B-2017-606-1/1

工业和信息化蓝皮书
人工智能发展报告（2017~2018）
著（编）者：尹丽波 2018年6月出版 / 估价：99.00元
PSN B-2015-448-1/6

工业和信息化蓝皮书
世界智慧城市发展报告（2017~2018）
著（编）者：尹丽波 2018年6月出版 / 估价：99.00元
PSN B-2017-624-6/6

工业和信息化蓝皮书
世界网络安全发展报告（2017~2018）
著（编）者：尹丽波 2018年6月出版 / 估价：99.00元
PSN B-2015-452-5/6

工业和信息化蓝皮书
世界信息化发展报告（2017~2018）
著（编）者：尹丽波 2018年6月出版 / 估价：99.00元
PSN B-2015-451-4/6

工业设计蓝皮书
中国工业设计发展报告（2018）
著（编）者：王晓红 于炜 张立群 2018年9月出版 / 估价：168.00元
PSN B-2014-420-1/1

公共关系蓝皮书
中国公共关系发展报告（2018）
著（编）者：柳斌杰 2018年11月出版 / 估价：99.00元
PSN B-2016-579-1/1

管理蓝皮书
中国管理发展报告（2018）
著（编）者：张晓东 2018年10月出版 / 估价：99.00元
PSN B-2014-416-1/1

海关发展蓝皮书
中国海关发展前沿报告（2018）
著（编）者：干春晖 2018年6月出版 / 估价：99.00元
PSN B-2017-616-1/1

互联网医疗蓝皮书
中国互联网健康医疗发展报告（2018）
著（编）者：芮晓武 2018年6月出版 / 估价：99.00元
PSN B-2016-567-1/1

黄金市场蓝皮书
中国商业银行黄金业务发展报告（2017~2018）
著（编）者：平安银行 2018年3月出版 / 估价：99.00元
PSN B-2016-524-1/1

会展蓝皮书
中外会展业动态评估研究报告（2018）
著（编）者：张敏 任中峰 聂鑫焱 牛盼强
2018年12月出版 / 估价：99.00元
PSN B-2013-327-1/1

基金会蓝皮书
中国基金会发展报告（2017~2018）
著（编）者：中国基金会发展报告课题组
2018年4月出版 / 估价：99.00元
PSN B-2013-368-1/1

基金会绿皮书
中国基金会发展独立研究报告（2018）
著（编）者：基金会中心网 中央民族大学基金会研究中心
2018年6月出版 / 估价：99.00元
PSN G-2011-213-1/1

行业及其他类

皮书系列
2018全品种

基金会透明度蓝皮书
中国基金会透明度发展研究报告(2018)
著(编)者:基金会中心网
　　　　　清华大学廉政与治理研究中心
2018年9月出版 / 估价:99.00元
PSN B-2013-339-1/1

建筑装饰蓝皮书
中国建筑装饰行业发展报告(2018)
著(编)者:葛道顺 刘晓一
2018年10月出版 / 估价:198.00元
PSN B-2016-553-1/1

金融监管蓝皮书
中国金融监管报告(2018)
著(编)者:胡滨 2018年5月出版 / 估价:99.00元
PSN B-2012-281-1/1

金融蓝皮书
中国互联网金融行业分析与评估(2018~2019)
著(编)者:黄国平 伍旭川 2018年12月出版 / 估价:99.00元
PSN B-2016-585-7/7

金融科技蓝皮书
中国金融科技发展报告(2018)
著(编)者:李扬 孙国峰 2018年10月出版 / 估价:99.00元
PSN B-2014-374-1/1

金融信息服务蓝皮书
中国金融信息服务发展报告(2018)
著(编)者:李平 2018年5月出版 / 估价:99.00元
PSN B-2017-621-1/1

京津冀金融蓝皮书
京津冀金融发展报告(2018)
著(编)者:王爱俭 王璟怡 2018年10月出版 / 估价:99.00元
PSN B-2016-527-1/1

科普蓝皮书
国家科普能力发展报告(2018)
著(编)者:王康友 2018年5月出版 / 估价:138.00元
PSN B-2017-632-4/4

科普蓝皮书
中国基层科普发展报告(2017~2018)
著(编)者:赵立新 陈玲 2018年9月出版 / 估价:99.00元
PSN B-2016-568-3/4

科普蓝皮书
中国科普基础设施发展报告(2017~2018)
著(编)者:任福君 2018年6月出版 / 估价:99.00元
PSN B-2010-174-1/2

科普蓝皮书
中国科普人才发展报告(2017~2018)
著(编)者:郑念 任嵘嵘 2018年7月出版 / 估价:99.00元
PSN B-2016-512-2/4

科普能力蓝皮书
中国科普能力评价报告(2018~2019)
著(编)者:李富强 李群 2018年8月出版 / 估价:99.00元
PSN B-2016-555-1/1

临空经济蓝皮书
中国临空经济发展报告(2018)
著(编)者:连玉明 2018年9月出版 / 估价:99.00元
PSN B-2014-421-1/1

旅游安全蓝皮书
中国旅游安全报告(2018)
著(编)者:郑向敏 谢朝武 2018年5月出版 / 估价:158.00元
PSN B-2012-280-1/1

旅游绿皮书
2017~2018年中国旅游发展分析与预测
著(编)者:宋瑞 2018年2月出版 / 估价:99.00元
PSN G-2002-018-1/1

煤炭蓝皮书
中国煤炭工业发展报告(2018)
著(编)者:岳福斌 2018年12月出版 / 估价:99.00元
PSN B-2008-123-1/1

民营企业社会责任蓝皮书
中国民营企业社会责任报告(2018)
著(编)者:中华全国工商业联合会
2018年12月出版 / 估价:99.00元
PSN B-2015-510-1/1

民营医院蓝皮书
中国民营医院发展报告(2017)
著(编)者:薛晓林 2018年1月出版 / 估价:99.00元
PSN B-2012-299-1/1

闽商蓝皮书
闽商发展报告(2018)
著(编)者:李闽榕 王日根 林琛
2018年12月出版 / 估价:99.00元
PSN B-2012-298-1/1

农业应对气候变化蓝皮书
中国农业气象灾害及其灾损评估报告(No.3)
著(编)者:矫梅燕 2018年1月出版 / 估价:118.00元
PSN B-2014-413-1/1

品牌蓝皮书
中国品牌战略发展报告(2018)
著(编)者:汪同三 2018年10月出版 / 估价:99.00元
PSN B-2016-580-1/1

企业扶贫蓝皮书
中国企业扶贫研究报告(2018)
著(编)者:钟宏武 2018年12月出版 / 估价:99.00元
PSN B-2016-593-1/1

企业公益蓝皮书
中国企业公益研究报告(2018)
著(编)者:钟宏武 汪杰 黄晓娟
2018年12月出版 / 估价:99.00元
PSN B-2015-501-1/1

企业国际化蓝皮书
中国企业全球化报告(2018)
著(编)者:王辉耀 苗绿 2018年11月出版 / 估价:99.00元
PSN B-2014-427-1/1

21

皮书系列 2018全品种 — 行业及其他类

企业蓝皮书
中国企业绿色发展报告No.2（2018）
著（编）者：李红玉 朱光辉
2018年8月出版　估价：99.00元
PSN B-2015-481-2/2

企业社会责任蓝皮书
中资企业海外社会责任研究报告（2017~2018）
著（编）者：钟宏武 叶柳红 张蒽
2018年1月出版　估价：99.00元
PSN B-2017-603-2/2

企业社会责任蓝皮书
中国企业社会责任研究报告（2018）
著（编）者：黄群慧 钟宏武 张蒽 汪杰
2018年11月出版　估价：99.00元
PSN B-2009-149-1/2

汽车安全蓝皮书
中国汽车安全发展报告（2018）
著（编）者：中国汽车技术研究中心
2018年8月出版　估价：99.00元
PSN B-2014-385-1/1

汽车电子商务蓝皮书
中国汽车电子商务发展报告（2018）
著（编）者：中华全国工商业联合会汽车经销商商会
　　　　　　北方工业大学
　　　　　　北京易观智库网络科技有限公司
2018年10月出版　估价：158.00元
PSN B-2015-485-1/1

汽车知识产权蓝皮书
中国汽车产业知识产权发展报告（2018）
著（编）者：中国汽车工程研究院股份有限公司
　　　　　　中国汽车工程学会
　　　　　　重庆长安汽车股份有限公司
2018年12月出版　估价：99.00元
PSN B-2016-594-1/1

青少年体育蓝皮书
中国青少年体育发展报告（2017）
著（编）者：刘扶民 杨桦
2018年1月出版　估价：99.00元
PSN B-2015-482-1/1

区块链蓝皮书
中国区块链发展报告（2018）
著（编）者：李伟
2018年9月出版　估价：99.00元
PSN B-2017-649-1/1

群众体育蓝皮书
中国群众体育发展报告（2017）
著（编）者：刘国永 戴健
2018年5月出版　估价：99.00元
PSN B-2014-411-1/3

群众体育蓝皮书
中国社会体育指导员发展报告（2018）
著（编）者：刘国永 王欢
2018年4月出版　估价：99.00元
PSN B-2016-520-3/3

人力资源蓝皮书
中国人力资源发展报告（2018）
著（编）者：余兴安
2018年11月出版　估价：99.00元
PSN B-2012-287-1/1

融资租赁蓝皮书
中国融资租赁业发展报告（2017~2018）
著（编）者：李光荣 王力
2018年8月出版　估价：99.00元
PSN B-2015-443-1/1

商会蓝皮书
中国商会发展报告No.5（2017）
著（编）者：王钦敏
2018年7月出版　估价：99.00元
PSN B-2008-125-1/1

商务中心区蓝皮书
中国商务中心区发展报告No.4（2017~2018）
著（编）者：李国红 单菁菁
2018年9月出版　估价：99.00元
PSN B-2015-444-1/1

设计产业蓝皮书
中国创新设计发展报告（2018）
著（编）者：王晓红 张立群 于炜
2018年11月出版　估价：99.00元
PSN B-2016-581-2/2

社会责任管理蓝皮书
中国上市公司社会责任能力成熟度报告No.4（2018）
著（编）者：肖红军 王晓光 李伟阳
2018年12月出版　估价：99.00元
PSN B-2015-507-2/2

社会责任管理蓝皮书
中国企业公众透明度报告No.4（2017~2018）
著（编）者：黄速建 熊梦 王晓光 肖红军
2018年4月出版　估价：99.00元
PSN B-2015-440-1/2

食品药品蓝皮书
食品药品安全与监管政策研究报告（2016~2017）
著（编）者：唐民皓
2018年6月出版　估价：99.00元
PSN B-2009-129-1/1

输血服务蓝皮书
中国输血行业发展报告（2018）
著（编）者：孙俊
2018年12月出版　估价：99.00元
PSN B-2016-582-1/1

水利风景区蓝皮书
中国水利风景区发展报告（2018）
著（编）者：董建文 兰思仁
2018年10月出版　估价：99.00元
PSN B-2015-480-1/1

私募市场蓝皮书
中国私募股权市场发展报告（2017~2018）
著（编）者：曹和平
2018年12月出版　估价：99.00元
PSN B-2010-162-1/1

碳排放权交易蓝皮书
中国碳排放权交易报告（2018）
著（编）者：孙永平
2018年11月出版　估价：99.00元
PSN B-2017-652-1/1

碳市场蓝皮书
中国碳市场报告（2018）
著（编）者：定金彪
2018年11月出版　估价：99.00元
PSN B-2014-430-1/1

皮书系列 2018全品种 — 行业及其他类

体育蓝皮书
中国公共体育服务发展报告（2018）
著(编)者：戴健　　2018年12月出版／估价：99.00元
PSN B-2013-367-2/5

土地市场蓝皮书
中国农村土地市场发展报告（2017～2018）
著(编)者：李光荣　　2018年3月出版／估价：99.00元
PSN B-2016-526-1/1

土地整治蓝皮书
中国土地整治发展研究报告（No.5）
著(编)者：国土资源部土地整治中心
2018年7月出版／估价：99.00元
PSN B-2014-401-1/1

土地政策蓝皮书
中国土地政策研究报告（2018）
著(编)者：高延利　李宪文　　2017年12月出版／估价：99.00元
PSN B-2015-506-1/1

网络空间安全蓝皮书
中国网络空间安全发展报告（2018）
著(编)者：惠志斌　覃庆玲
2018年11月出版／估价：99.00元
PSN B-2015-466-1/1

文化志愿服务蓝皮书
中国文化志愿服务发展报告（2018）
著(编)者：张永新　良警宇　　2018年11月出版／估价：128.00元
PSN B-2016-596-1/1

西部金融蓝皮书
中国西部金融发展报告（2017～2018）
著(编)者：李忠民　　2018年8月出版／估价：99.00元
PSN B-2010-160-1/1

协会商会蓝皮书
中国行业协会商会发展报告（2017）
著(编)者：景朝阳　李勇　　2018年4月出版／估价：99.00元
PSN B-2015-461-1/1

新三板蓝皮书
中国新三板市场发展报告（2018）
著(编)者：王力　　2018年8月出版／估价：99.00元
PSN B-2016-533-1/1

信托市场蓝皮书
中国信托业市场报告（2017～2018）
著(编)者：用益金融信托研究院
2018年1月出版／估价：198.00元
PSN B-2014-371-1/1

信息化蓝皮书
中国信息化形势分析与预测（2017～2018）
著(编)者：周宏仁　　2018年8月出版／估价：99.00元
PSN B-2010-168-1/1

信用蓝皮书
中国信用发展报告（2017～2018）
著(编)者：章政　田侃　　2018年4月出版／估价：99.00元
PSN B-2013-328-1/1

休闲绿皮书
2017～2018年中国休闲发展报告
著(编)者：宋瑞　　2018年7月出版／估价：99.00元
PSN G-2010-158-1/1

休闲体育蓝皮书
中国休闲体育发展报告（2017～2018）
著(编)者：李相如　钟秉枢
2018年10月出版／估价：99.00元
PSN B-2016-516-1/1

养老金融蓝皮书
中国养老金融发展报告（2018）
著(编)者：董克用　姚余栋
2018年9月出版／估价：99.00元
PSN B-2016-583-1/1

遥感监测绿皮书
中国可持续发展遥感监测报告（2017）
著(编)者：顾行发　汪克强　潘教峰　李闽榕　徐东华　王琦安
2018年6月出版／估价：298.00元
PSN B-2017-629-1/1

药品流通蓝皮书
中国药品流通行业发展报告（2018）
著(编)者：佘鲁林　温再兴
2018年7月出版／估价：198.00元
PSN B-2014-429-1/1

医疗器械蓝皮书
中国医疗器械行业发展报告（2018）
著(编)者：王宝亭　耿鸿武
2018年10月出版／估价：99.00元
PSN B-2017-661-1/1

医院蓝皮书
中国医院竞争力报告（2018）
著(编)者：庄一强　曾益新　　2018年3月出版／估价：118.00元
PSN B-2016-528-1/1

瑜伽蓝皮书
中国瑜伽业发展报告（2017~2018）
著(编)者：张永建　徐华锋　朱泰余
2018年6月出版／估价：198.00元
PSN B-2017-625-1/1

债券市场蓝皮书
中国债券市场发展报告（2017～2018）
著(编)者：杨农　　2018年10月出版／估价：99.00元
PSN B-2016-572-1/1

志愿服务蓝皮书
中国志愿服务发展报告（2018）
著(编)者：中国志愿服务联合会
2018年11月出版／估价：99.00元
PSN B-2017-664-1/1

中国上市公司蓝皮书
中国上市公司发展报告（2018）
著(编)者：张鹏　张平　黄胤英
2018年9月出版／估价：99.00元
PSN B-2014-414-1/1

皮书系列 2018全品种
行业及其他类 · 国际问题与全球治理类

中国新三板蓝皮书
中国新三板创新与发展报告（2018）
著(编)者：刘平安 闻召林
2018年8月出版 / 估价：158.00元
PSN B-2017-638-1/1

中医文化蓝皮书
北京中医药文化传播发展报告（2018）
著(编)者：毛嘉陵　2018年5月出版 / 估价：99.00元
PSN B-2015-468-1/2

中医文化蓝皮书
中国中医药文化传播发展报告（2018）
著(编)者：毛嘉陵　2018年7月出版 / 估价：99.00元
PSN B-2016-584-2/2

中医药蓝皮书
北京中医药知识产权发展报告No.3
著(编)者：汪洪 屠志涛　2018年4月出版 / 估价：168.00元
PSN B-2017-602-1/1

资本市场蓝皮书
中国场外交易市场发展报告（2016～2017）
著(编)者：高峦　2018年3月出版 / 估价：99.00元
PSN B-2009-153-1/1

资产管理蓝皮书
中国资产管理行业发展报告（2018）
著(编)者：郑智　2018年7月出版 / 估价：99.00元
PSN B-2014-407-2/2

资产证券化蓝皮书
中国资产证券化发展报告（2018）
著(编)者：纪志宏　2018年11月出版 / 估价：99.00元
PSN B-2017-660-1/1

自贸区蓝皮书
中国自贸区发展报告（2018）
著(编)者：王力 黄育华　2018年6月出版 / 估价：99.00元
PSN B-2016-558-1/1

国际问题与全球治理类

"一带一路"跨境通道蓝皮书
"一带一路"跨境通道建设研究报告（2018）
著(编)者：郭业洲　2018年8月出版 / 估价：99.00元
PSN B-2016-557-1/1

"一带一路"蓝皮书
"一带一路"建设发展报告（2018）
著(编)者：王晓泉　2018年6月出版 / 估价：99.00元
PSN B-2016-552-1/1

"一带一路"投资安全蓝皮书
中国"一带一路"投资与安全研究报告（2017～2018）
著(编)者：邹统钎 梁昊光　2018年4月出版 / 估价：99.00元
PSN B-2017-612-1/1

"一带一路"文化交流蓝皮书
中阿文化交流发展报告（2017）
著(编)者：王辉　2018年9月出版 / 估价：99.00元
PSN B-2017-655-1/1

G20国家创新竞争力黄皮书
二十国集团（G20）国家创新竞争力发展报告（2017～2018）
著(编)者：李建平 李闽榕 赵新力 周天勇
2018年7月出版 / 估价：168.00元
PSN Y-2011-229-1/1

阿拉伯黄皮书
阿拉伯发展报告（2016～2017）
著(编)者：罗林　2018年3月出版 / 估价：99.00元
PSN Y-2014-381-1/1

北部湾蓝皮书
泛北部湾合作发展报告（2017～2018）
著(编)者：吕余生　2018年12月出版 / 估价：99.00元
PSN B-2008-114-1/1

北极蓝皮书
北极地区发展报告（2017）
著(编)者：刘惠荣　2018年7月出版 / 估价：99.00元
PSN B-2017-634-1/1

大洋洲蓝皮书
大洋洲发展报告（2017～2018）
著(编)者：喻常森　2018年10月出版 / 估价：99.00元
PSN B-2013-341-1/1

东北亚区域合作蓝皮书
2017年"一带一路"倡议与东北亚区域合作
著(编)者：刘亚政 金美花
2018年5月出版 / 估价：99.00元
PSN B-2017-631-1/1

东盟黄皮书
东盟发展报告（2017）
著(编)者：杨晓强 庄国土
2018年3月出版 / 估价：99.00元
PSN Y-2012-303-1/1

东南亚蓝皮书
东南亚地区发展报告（2017～2018）
著(编)者：王勤　2018年12月出版 / 估价：99.00元
PSN B-2012-240-1/1

非洲黄皮书
非洲发展报告No.20（2017～2018）
著(编)者：张宏明　2018年7月出版 / 估价：99.00元
PSN Y-2012-239-1/1

非传统安全蓝皮书
中国非传统安全研究报告（2017～2018）
著(编)者：潇枫 罗中枢　2018年8月出版 / 估价：99.00元
PSN B-2012-273-1/1

24　权威·前沿·原创

国际问题与全球治理类

皮书系列 2018全品种

国际安全蓝皮书
中国国际安全研究报告（2018）
著(编)者：刘慧　2018年7月出版／估价：99.00元
PSN B-2016-521-1/1

国际城市蓝皮书
国际城市发展报告（2018）
著(编)者：屠启宇　2018年2月出版／估价：99.00元
PSN B-2012-260-1/1

国际形势黄皮书
全球政治与安全报告（2018）
著(编)者：张宇燕　2018年1月出版／估价：99.00元
PSN Y-2001-016-1/1

公共外交蓝皮书
中国公共外交发展报告（2018）
著(编)者：赵启正　雷蔚真　2018年4月出版／估价：99.00元
PSN B-2015-457-1/1

金砖国家黄皮书
金砖国家综合创新竞争力发展报告（2018）
著(编)者：赵新力　李闽榕　黄茂兴
2018年8月出版／估价：128.00元
PSN Y-2017-643-1/1

拉美黄皮书
拉丁美洲和加勒比发展报告（2017~2018）
著(编)者：袁东振　2018年6月出版／估价：99.00元
PSN Y-1999-007-1/1

澜湄合作蓝皮书
澜沧江-湄公河合作发展报告（2018）
著(编)者：刘稚　2018年9月出版／估价：99.00元
PSN B-2011-196-1/1

欧洲蓝皮书
欧洲发展报告（2017~2018）
著(编)者：黄平　周弘　程卫东
2018年6月出版／估价：99.00元
PSN B-1999-009-1/1

葡语国家蓝皮书
葡语国家发展报告（2016~2017）
著(编)者：王成安　张敏　刘金兰
2018年4月出版／估价：99.00元
PSN B-2015-503-1/2

葡语国家蓝皮书
中国与葡语国家关系发展报告·巴西（2016）
著(编)者：张曙光　2018年8月出版／估价：99.00元
PSN B-2016-563-2/2

气候变化绿皮书
应对气候变化报告（2018）
著(编)者：王伟光　郑国光　2018年11月出版／估价：99.00元
PSN G-2009-144-1/1

全球环境竞争力绿皮书
全球环境竞争力报告（2018）
著(编)者：李建平　李闽榕　王金南
2018年12月出版／估价：198.00元
PSN G-2013-363-1/1

全球信息社会蓝皮书
全球信息社会发展报告（2018）
著(编)者：丁波涛　唐涛　2018年10月出版／估价：99.00元
PSN B-2017-665-1/1

日本经济蓝皮书
日本经济与中日经贸关系研究报告（2018）
著(编)者：张季风　2018年6月出版／估价：99.00元
PSN B-2008-102-1/1

上海合作组织黄皮书
上海合作组织发展报告（2018）
著(编)者：李进峰　2018年6月出版／估价：99.00元
PSN Y-2009-130-1/1

世界创新竞争力黄皮书
世界创新竞争力发展报告（2017）
著(编)者：李建平　李闽榕　赵新力
2018年1月出版／估价：168.00元
PSN Y-2013-318-1/1

世界经济黄皮书
2018年世界经济形势分析与预测
著(编)者：张宇燕　2018年1月出版／估价：99.00元
PSN Y-1999-006-1/1

丝绸之路蓝皮书
丝绸之路经济带发展报告（2018）
著(编)者：任宗哲　白宽犁　谷孟宾
2018年1月出版／估价：99.00元
PSN B-2014-410-1/1

新兴经济体蓝皮书
金砖国家发展报告（2018）
著(编)者：林跃勤　周文　2018年8月出版／估价：99.00元
PSN B-2011-195-1/1

亚太蓝皮书
亚太地区发展报告（2018）
著(编)者：李向阳　2018年5月出版／估价：99.00元
PSN B-2001-015-1/1

印度洋地区蓝皮书
印度洋地区发展报告（2018）
著(编)者：汪戎　2018年6月出版／估价：99.00元
PSN B-2013-334-1/1

渝新欧蓝皮书
渝新欧沿线国家发展报告（2018）
著(编)者：杨柏　黄森　2018年6月出版／估价：99.00元
PSN B-2017-626-1/1

中阿蓝皮书
中国-阿拉伯国家经贸发展报告（2018）
著(编)者：张廉　段庆林　王林聪　杨巧红
2018年12月出版／估价：99.00元
PSN B-2016-598-1/1

中东黄皮书
中东发展报告No.20（2017~2018）
著(编)者：杨光　2018年10月出版／估价：99.00元
PSN Y-1998-004-1/1

中亚黄皮书
中亚国家发展报告（2018）
著(编)者：孙力　2018年6月出版／估价：99.00元
PSN Y-2012-238-1/1

国别类

澳大利亚蓝皮书
澳大利亚发展报告（2017-2018）
著（编）者：孙有中 韩锋　2018年12月出版／估价：99.00元
PSN B-2016-587-1/1

巴西黄皮书
巴西发展报告（2017）
著（编）者：刘国枝　2018年5月出版／估价：99.00元
PSN Y-2017-614-1/1

德国蓝皮书
德国发展报告（2018）
著（编）者：郑春荣　2018年6月出版／估价：99.00元
PSN B-2012-278-1/1

俄罗斯黄皮书
俄罗斯发展报告（2018）
著（编）者：李永全　2018年6月出版／估价：99.00元
PSN Y-2006-061-1/1

韩国蓝皮书
韩国发展报告（2017）
著（编）者：牛林杰 刘宝全　2018年5月出版／估价：99.00元
PSN B-2010-155-1/1

加拿大蓝皮书
加拿大发展报告（2018）
著（编）者：唐小松　2018年9月出版／估价：99.00元
PSN B-2014-389-1/1

美国蓝皮书
美国研究报告（2018）
著（编）者：郑秉文 黄平　2018年5月出版／估价：99.00元
PSN B-2011-210-1/1

缅甸蓝皮书
缅甸国情报告（2017）
著（编）者：孔鹏 杨祥章　2018年1月出版／估价：99.00元
PSN B-2013-343-1/1

日本蓝皮书
日本研究报告（2018）
著（编）者：杨伯江　2018年6月出版／估价：99.00元
PSN B-2002-020-1/1

土耳其蓝皮书
土耳其发展报告（2018）
著（编）者：郭长刚 刘义　2018年9月出版／估价：99.00元
PSN B-2014-412-1/1

伊朗蓝皮书
伊朗发展报告（2017～2018）
著（编）者：冀开运　2018年10月／估价：99.00元
PSN B-2016-574-1/1

以色列蓝皮书
以色列发展报告（2018）
著（编）者：张倩红　2018年8月出版／估价：99.00元
PSN B-2015-483-1/1

印度蓝皮书
印度国情报告（2017）
著（编）者：吕昭义　2018年4月出版／估价：99.00元
PSN B-2012-241-1/1

英国蓝皮书
英国发展报告（2017～2018）
著（编）者：王展鹏　2018年12月出版／估价：99.00元
PSN B-2015-486-1/1

越南蓝皮书
越南国情报告（2018）
著（编）者：谢林城　2018年1月出版／估价：99.00元
PSN B-2006-056-1/1

泰国蓝皮书
泰国研究报告（2018）
著（编）者：庄国土 张禹东 刘文正
2018年10月／估价：99.00元
PSN B-2016-556-1/1

文化传媒类

"三农"舆情蓝皮书
中国"三农"网络舆情报告（2017～2018）
著（编）者：农业部信息中心
2018年6月出版／估价：99.00元
PSN B-2017-640-1/1

传媒竞争力蓝皮书
中国传媒国际竞争力研究报告（2018）
著（编）者：李本乾 刘强 王大可
2018年8月出版／估价：99.00元
PSN B-2013-356-1/1

传媒蓝皮书
中国传媒产业发展报告（2018）
著（编）者：崔保国　2018年5月出版／估价：99.00元
PSN B-2005-035-1/1

传媒投资蓝皮书
中国传媒投资发展报告（2018）
著（编）者：张向东 谭云明
2018年6月出版／估价：148.00元
PSN B-2015-474-1/1

文化传媒类

皮书系列 2018全品种

非物质文化遗产蓝皮书
中国非物质文化遗产发展报告（2018）
著（编）者：陈平　2018年5月出版 / 估价：128.00元
PSN B-2015-469-1/2

非物质文化遗产蓝皮书
中国非物质文化遗产保护发展报告（2018）
著（编）者：宋俊华　2018年10月出版 / 估价：128.00元
PSN B-2016-586-2/2

广电蓝皮书
中国广播电影电视发展报告（2018）
著（编）者：国家新闻出版广电总局发展研究中心
2018年7月出版 / 估价：99.00元
PSN B-2006-072-1/1

广告主蓝皮书
中国广告主营销传播趋势报告No.9
著（编）者：黄升民　杜国清　邵华冬 等
2018年10月出版 / 估价：158.00元
PSN B-2005-041-1/1

国际传播蓝皮书
中国国际传播发展报告（2018）
著（编）者：胡正荣　李继东　姬德强
2018年12月出版 / 估价：99.00元
PSN B-2014-408-1/1

国家形象蓝皮书
中国国家形象传播报告（2017）
著（编）者：张昆　2018年3月出版 / 估价：128.00元
PSN B-2017-605-1/1

互联网治理蓝皮书
中国网络社会治理研究报告（2018）
著（编）者：罗昕　支庭荣
2018年9月出版 / 估价：118.00元
PSN B-2017-653-1/1

纪录片蓝皮书
中国纪录片发展报告（2018）
著（编）者：何苏六　2018年10月出版 / 估价：99.00元
PSN B-2011-222-1/1

科学传播蓝皮书
中国科学传播报告（2016~2017）
著（编）者：詹正茂　2018年6月出版 / 估价：99.00元
PSN B-2008-120-1/1

两岸创意经济蓝皮书
两岸创意经济研究报告（2018）
著（编）者：罗昌智　董泽平
2018年10月出版 / 估价：99.00元
PSN B-2014-437-1/1

媒介与女性蓝皮书
中国媒介与女性发展报告（2017~2018）
著（编）者：刘利群　2018年5月出版 / 估价：99.00元
PSN B-2013-345-1/1

媒体融合蓝皮书
中国媒体融合发展报告（2017）
著（编）者：梅宁华　支庭荣　2018年1月出版 / 估价：99.00元
PSN B-2015-479-1/1

全球传媒蓝皮书
全球传媒发展报告（2017~2018）
著（编）者：胡正荣　李继东　2018年6月出版 / 估价：99.00元
PSN B-2012-237-1/1

少数民族非遗蓝皮书
中国少数民族非物质文化遗产发展报告（2018）
著（编）者：肖远平（彝）　柴立（满）
2018年10月出版 / 估价：118.00元
PSN B-2015-467-1/1

视听新媒体蓝皮书
中国视听新媒体发展报告（2018）
著（编）者：国家新闻出版广电总局发展研究中心
2018年7月出版 / 估价：118.00元
PSN B-2011-184-1/1

数字娱乐产业蓝皮书
中国动画产业发展报告（2018）
著（编）者：孙立军　孙平　牛兴侦
2018年10月出版 / 估价：99.00元
PSN B-2011-198-1/2

数字娱乐产业蓝皮书
中国游戏产业发展报告（2018）
著（编）者：孙立军　刘跃军
2018年10月出版 / 估价：99.00元
PSN B-2017-662-2/2

文化创新蓝皮书
中国文化创新报告（2017·No.8）
著（编）者：傅才武　2018年4月出版 / 估价：99.00元
PSN B-2009-143-1/1

文化建设蓝皮书
中国文化发展报告（2018）
著（编）者：江畅　孙伟平　戴茂堂
2018年5月出版 / 估价：99.00元
PSN B-2014-392-1/1

文化科技蓝皮书
文化科技创新发展报告（2018）
著（编）者：于平　李凤亮　2018年10月出版 / 估价：99.00元
PSN B-2013-342-1/1

文化蓝皮书
中国公共文化服务发展报告（2017~2018）
著（编）者：刘新成　张永新　张旭
2018年12月出版 / 估价：99.00元
PSN B-2007-093-2/10

文化蓝皮书
中国少数民族文化发展报告（2017~2018）
著（编）者：武翠英　张晓明　任乌晶
2018年9月出版 / 估价：99.00元
PSN B-2013-369-9/10

文化蓝皮书
中国文化产业供需协调检测报告（2018）
著（编）者：王亚南　2018年2月出版 / 估价：99.00元
PSN B-2013-323-8/10

皮书系列 2018全品种
文化传媒类·地方发展类-经济

文化蓝皮书
中国文化消费需求景气评价报告（2018）
著(编)者：王亚南　2018年2月出版　估价：99.00元
PSN B-2011-236-4/10

文化蓝皮书
中国公共文化投入增长测评报告（2018）
著(编)者：王亚南　2018年5月出版　估价：99.00元
PSN B-2014-435-10/10

文化品牌蓝皮书
中国文化品牌发展报告（2018）
著(编)者：欧阳友权　2018年5月出版　估价：99.00元
PSN B-2012-277-1/1

文化遗产蓝皮书
中国文化遗产事业发展报告（2017~2018）
著(编)者：苏杨　张颖岚　卓杰　白海峰　陈晨　陈叙图
2018年8月出版　估价：99.00元
PSN B-2008-119-1/1

文学蓝皮书
中国文情报告（2017~2018）
著(编)者：白烨　2018年5月出版　估价：99.00元
PSN B-2011-221-1/1

新媒体蓝皮书
中国新媒体发展报告No.9（2018）
著(编)者：唐绪军　2018年7月出版　估价：99.00元
PSN B-2010-169-1/1

新媒体社会责任蓝皮书
中国新媒体社会责任研究报告（2018）
著(编)者：钟瑛　2018年12月出版　估价：99.00元
PSN B-2014-423-1/1

移动互联网蓝皮书
中国移动互联网发展报告（2018）
著(编)者：余清楚　2018年6月出版　估价：99.00元
PSN B-2012-282-1/1

影视蓝皮书
中国影视产业发展报告（2018）
著(编)者：司若　陈鹏　陈锐　2018年4月出版　估价：99.00元
PSN B-2016-529-1/1

舆情蓝皮书
中国社会舆情与危机管理报告（2018）
著(编)者：谢耘耕　2018年9月出版　估价：138.00元
PSN B-2011-235-1/1

地方发展类-经济

澳门蓝皮书
澳门经济社会发展报告（2017~2018）
著(编)者：吴志良　郝雨凡　2018年7月出版　估价：99.00元
PSN B-2009-138-1/1

澳门绿皮书
澳门旅游休闲发展报告（2018）
著(编)者：郝雨凡　林广志　2018年5月出版　估价：99.00元
PSN G-2017-617-1/1

北京蓝皮书
北京经济发展报告（2017~2018）
著(编)者：杨松　2018年6月出版　估价：99.00元
PSN B-2006-054-2/8

北京旅游绿皮书
北京旅游发展报告（2018）
著(编)者：北京旅游学会
2018年7月出版　估价：99.00元
PSN G-2012-301-1/1

北京体育蓝皮书
北京体育产业发展报告（2017~2018）
著(编)者：钟秉枢　陈杰　杨铁黎
2018年9月出版　估价：99.00元
PSN B-2015-475-1/1

滨海金融蓝皮书
滨海新区金融发展报告（2017）
著(编)者：王爱俭　李向前　2018年4月出版　估价：99.00元
PSN B-2014-424-1/1

城乡一体化蓝皮书
北京城乡一体化发展报告（2017~2018）
著(编)者：吴宝新　张宝秀　黄序
2018年5月出版　估价：99.00元
PSN B-2012-258-2/2

非公有制企业社会责任蓝皮书
北京非公有制企业社会责任报告（2018）
著(编)者：宋贵伦　冯培　2018年6月出版　估价：99.00元
PSN B-2017-613-1/1

福建旅游蓝皮书
福建省旅游产业发展现状研究（2017~2018）
著(编)者：陈敏华　黄远水
2018年12月出版　估价：128.00元
PSN B-2016-591-1/1

福建自贸区蓝皮书
中国(福建)自由贸易试验区发展报告(2017~2018)
著(编)者：黄茂兴　2018年4月出版　估价：118.00元
PSN B-2016-531-1/1

甘肃蓝皮书
甘肃经济发展分析与预测（2018）
著(编)者：安文华　罗哲　2018年1月出版　估价：99.00元
PSN B-2013-312-1/6

甘肃蓝皮书
甘肃商贸流通发展报告（2018）
著(编)者：张应华　王福生　王晓芳
2018年1月出版　估价：99.00元
PSN B-2016-522-6/6

地方发展类-经济

皮书系列 2018全品种

甘肃蓝皮书
甘肃县域和农村发展报告（2018）
著(编)者：朱智文 包东红 王建兵
2018年1月出版 / 估价：99.00元
PSN B-2013-316-5/6

甘肃农业科技绿皮书
甘肃农业科技发展研究报告（2018）
著(编)者：魏胜文 乔德华 张东伟
2018年12月出版 / 估价：198.00元
PSN B-2016-592-1/1

巩义蓝皮书
巩义经济社会发展报告（2018）
著(编)者：丁同民 朱军 2018年4月出版 / 估价：99.00元
PSN B-2016-532-1/1

广东外经贸蓝皮书
广东对外经济贸易发展研究报告（2017~2018）
著(编)者：陈方灵 2018年6月出版 / 估价：99.00元
PSN B-2012-286-1/1

广西北部湾经济区蓝皮书
广西北部湾经济区开放开发报告（2017~2018）
著(编)者：广西壮族自治区北部湾经济区和东盟开放合作办公室
　　　　广西社会科学院
　　　　广西北部湾发展研究院
2018年2月出版 / 估价：99.00元
PSN B-2010-181-1/1

广州蓝皮书
广州城市国际化发展报告（2018）
著(编)者：张跃国 2018年8月出版 / 估价：99.00元
PSN B-2012-246-11/14

广州蓝皮书
中国广州城市建设与管理发展报告（2018）
著(编)者：张其学 陈小钢 王宏伟 2018年8月出版 / 估价：99.00元
PSN B-2007-087-4/14

广州蓝皮书
广州创新型城市发展报告（2018）
著(编)者：尹涛 2018年6月出版 / 估价：99.00元
PSN B-2012-247-12/14

广州蓝皮书
广州经济发展报告（2018）
著(编)者：张跃国 尹涛 2018年7月出版 / 估价：99.00元
PSN B-2005-040-1/14

广州蓝皮书
2018年中国广州经济形势分析与预测
著(编)者：魏明海 谢博能 李华
2018年6月出版 / 估价：99.00元
PSN B-2011-185-9/14

广州蓝皮书
中国广州科技创新发展报告（2018）
著(编)者：于欣伟 陈爽 邓佑满 2018年8月出版 / 估价：99.00元
PSN B-2006-065-2/14

广州蓝皮书
广州农村发展报告（2018）
著(编)者：朱名宏 2018年7月出版 / 估价：99.00元
PSN B-2010-167-8/14

广州蓝皮书
广州汽车产业发展报告（2018）
著(编)者：杨再高 冯兴亚 2018年7月出版 / 估价：99.00元
PSN B-2006-066-3/14

广州蓝皮书
广州商贸业发展报告（2018）
著(编)者：张跃国 陈杰 荀振英
2018年7月出版 / 估价：99.00元
PSN B-2012-245-10/14

贵阳蓝皮书
贵阳城市创新发展报告No.3（白云篇）
著(编)者：连玉明 2018年5月出版 / 估价：99.00元
PSN B-2015-491-3/10

贵阳蓝皮书
贵阳城市创新发展报告No.3（观山湖篇）
著(编)者：连玉明 2018年5月出版 / 估价：99.00元
PSN B-2015-497-9/10

贵阳蓝皮书
贵阳城市创新发展报告No.3（花溪篇）
著(编)者：连玉明 2018年5月出版 / 估价：99.00元
PSN B-2015-490-2/10

贵阳蓝皮书
贵阳城市创新发展报告No.3（开阳篇）
著(编)者：连玉明 2018年5月出版 / 估价：99.00元
PSN B-2015-492-4/10

贵阳蓝皮书
贵阳城市创新发展报告No.3（南明篇）
著(编)者：连玉明 2018年5月出版 / 估价：99.00元
PSN B-2015-496-8/10

贵阳蓝皮书
贵阳城市创新发展报告No.3（清镇篇）
著(编)者：连玉明 2018年5月出版 / 估价：99.00元
PSN B-2015-489-1/10

贵阳蓝皮书
贵阳城市创新发展报告No.3（乌当篇）
著(编)者：连玉明 2018年5月出版 / 估价：99.00元
PSN B-2015-495-7/10

贵阳蓝皮书
贵阳城市创新发展报告No.3（息烽篇）
著(编)者：连玉明 2018年5月出版 / 估价：99.00元
PSN B-2015-493-5/10

贵阳蓝皮书
贵阳城市创新发展报告No.3（修文篇）
著(编)者：连玉明 2018年5月出版 / 估价：99.00元
PSN B-2015-494-6/10

贵阳蓝皮书
贵阳城市创新发展报告No.3（云岩篇）
著(编)者：连玉明 2018年5月出版 / 估价：99.00元
PSN B-2015-498-10/10

贵州房地产蓝皮书
贵州房地产发展报告No.5（2018）
著(编)者：武廷方 2018年7月出版 / 估价：99.00元
PSN B-2014-426-1/1

皮书系列 2018全品种 　地方发展类-经济

贵州蓝皮书
贵州册亨经济社会发展报告（2018）
著（编）者：黄德林　　2018年3月出版／估价：99.00元
PSN B-2016-525-8/9

贵州蓝皮书
贵州地理标志产业发展报告（2018）
著（编）者：李发耀　黄其松　2018年8月出版／估价：99.00元
PSN B-2017-646-10/10

贵州蓝皮书
贵安新区发展报告（2017~2018）
著（编）者：马长青　吴大华　2018年6月出版／估价：99.00元
PSN B-2015-459-4/10

贵州蓝皮书
贵州国家级开放创新平台发展报告（2017~2018）
著（编）者：申晓庆　吴大华　季泓
2018年11月出版／估价：99.00元
PSN B-2016-518-7/10

贵州蓝皮书
贵州国有企业社会责任发展报告（2017~2018）
著（编）者：郭丽　　2018年12月出版／估价：99.00元
PSN B-2015-511-6/10

贵州蓝皮书
贵州民航业发展报告（2017）
著（编）者：申振东　吴大华　2018年1月出版／估价：99.00元
PSN B-2015-471-5/10

贵州蓝皮书
贵州民营经济发展报告（2017）
著（编）者：杨静　吴大华　2018年3月出版／估价：99.00元
PSN B-2016-530-9/9

杭州都市圈蓝皮书
杭州都市圈发展报告（2018）
著（编）者：沈翔　戚建国　2018年5月出版／估价：128.00元
PSN B-2012-302-1/1

河北经济蓝皮书
河北省经济发展报告（2018）
著（编）者：马树强　金浩　张贵　2018年4月出版／估价：99.00元
PSN B-2014-380-1/1

河北蓝皮书
河北经济社会发展报告（2018）
著（编）者：康振海　2018年1月出版／估价：99.00元
PSN B-2014-372-1/3

河北蓝皮书
京津冀协同发展报告（2018）
著（编）者：陈璐　2018年1月出版／估价：99.00元
PSN B-2017-601-2/3

河南经济蓝皮书
2018年河南经济形势分析与预测
著（编）者：王世炎　2018年3月出版／估价：99.00元
PSN B-2007-086-1/1

河南蓝皮书
河南城市发展报告（2018）
著（编）者：张占仓　王建国　2018年5月出版／估价：99.00元
PSN B-2009-131-3/9

河南蓝皮书
河南工业发展报告（2018）
著（编）者：张占仓　2018年5月出版／估价：99.00元
PSN B-2013-317-5/9

河南蓝皮书
河南金融发展报告（2018）
著（编）者：喻新安　谷建全
2018年6月出版／估价：99.00元
PSN B-2014-390-7/9

河南蓝皮书
河南经济发展报告（2018）
著（编）者：张占仓　完世伟
2018年4月出版／估价：99.00元
PSN B-2010-157-4/9

河南蓝皮书
河南能源发展报告（2018）
著（编）者：国网河南省电力公司经济技术研究院
　　　　　河南省社会科学院
2018年3月出版／估价：99.00元
PSN B-2017-607-9/9

河南商务蓝皮书
河南商务发展报告（2018）
著（编）者：焦锦淼　穆荣国　2018年5月出版／估价：99.00元
PSN B-2014-399-1/1

河南双创蓝皮书
河南创新创业发展报告（2018）
著（编）者：喻新安　杨雪梅　2018年8月出版／估价：99.00元
PSN B-2017-641-1/1

黑龙江蓝皮书
黑龙江经济发展报告（2018）
著（编）者：朱宇　2018年1月出版／估价：99.00元
PSN B-2011-190-2/2

湖南城市蓝皮书
区域城市群整合
著（编）者：童中贤　韩未名　2018年12月出版／估价：99.00元
PSN B-2006-064-1/1

湖南蓝皮书
湖南城乡一体化发展报告（2018）
著（编）者：陈文胜　王文强　陆福兴
2018年8月出版／估价：99.00元
PSN B-2015-477-8/8

湖南蓝皮书
2018年湖南电子政务发展报告
著（编）者：梁志峰　2018年5月出版／估价：128.00元
PSN B-2014-394-6/8

湖南蓝皮书
2018年湖南经济发展报告
著（编）者：卞鹰　2018年5月出版／估价：128.00元
PSN B-2011-207-2/8

湖南蓝皮书
2016年湖南经济展望
著（编）者：梁志峰　2018年5月出版／估价：128.00元
PSN B-2011-206-1/8

地方发展类-经济

皮书系列 2018全品种

湖南蓝皮书
2018年湖南县域经济社会发展报告
著(编)者:梁志峰　2018年5月出版 / 估价:128.00元
PSN B-2014-395-7/8

湖南县域绿皮书
湖南县域发展报告(No.5)
著(编)者:袁准 周小毛 黎仁寅
2018年3月出版 / 估价:99.00元
PSN G-2012-274-1/1

沪港蓝皮书
沪港发展报告(2018)
著(编)者:尤安山　2018年9月出版 / 估价:99.00元
PSN B-2013-362-1/1

吉林蓝皮书
2018年吉林经济社会形势分析与预测
著(编)者:邵汉明　2017年12月出版 / 估价:99.00元
PSN B-2013-319-1/1

吉林省城市竞争力蓝皮书
吉林省城市竞争力报告(2018~2019)
著(编)者:崔岳春 张磊　2018年12月出版 / 估价:99.00元
PSN B-2016-513-1/1

济源蓝皮书
济源经济社会发展报告(2018)
著(编)者:喻新安　2018年4月出版 / 估价:99.00元
PSN B-2014-387-1/1

江苏蓝皮书
2018年江苏经济发展分析与展望
著(编)者:王庆五 吴先满　2018年7月出版 / 估价:128.00元
PSN B-2017-635-1/2

江西蓝皮书
江西经济社会发展报告(2018)
著(编)者:陈石俊 龚建文　2018年10月出版 / 估价:128.00元
PSN B-2015-484-1/2

江西蓝皮书
江西设区市发展报告(2018)
著(编)者:姜玮 梁勇　2018年10月出版 / 估价:99.00元
PSN B-2016-517-2/2

经济特区蓝皮书
中国经济特区发展报告(2017)
著(编)者:陶一桃　2018年1月出版 / 估价:99.00元
PSN B-2009-139-1/1

辽宁蓝皮书
2018年辽宁经济社会形势分析与预测
著(编)者:梁启东 魏红江　2018年6月出版 / 估价:99.00元
PSN B-2006-053-1/1

民族经济蓝皮书
中国民族地区经济发展报告(2018)
著(编)者:李曦辉　2018年7月出版 / 估价:99.00元
PSN B-2017-630-1/1

南宁蓝皮书
南宁经济发展报告(2018)
著(编)者:胡建华　2018年9月出版 / 估价:99.00元
PSN B-2016-569-2/2

浦东新区蓝皮书
上海浦东经济发展报告(2018)
著(编)者:沈开艳 周奇　2018年2月出版 / 估价:99.00元
PSN B-2011-225-1/1

青海蓝皮书
2018年青海经济社会形势分析与预测
著(编)者:陈玮　2017年12月出版 / 估价:99.00元
PSN B-2012-275-1/2

山东蓝皮书
山东经济形势分析与预测(2018)
著(编)者:李广杰　2018年7月出版 / 估价:99.00元
PSN B-2014-404-1/5

山东蓝皮书
山东省普惠金融发展报告(2018)
著(编)者:齐鲁财富网
2018年9月出版 / 估价:99.00元
PSN B2017-676-5/5

山西蓝皮书
山西资源型经济转型发展报告(2018)
著(编)者:李志强　2018年7月出版 / 估价:99.00元
PSN B-2011-197-1/1

陕西蓝皮书
陕西经济发展报告(2018)
著(编)者:任宗哲 白宽犁 裴成荣
2018年1月出版 / 估价:99.00元
PSN B-2009-135-1/6

陕西蓝皮书
陕西精准脱贫研究报告(2018)
著(编)者:任宗哲 白宽犁 王建康
2018年6月出版 / 估价:99.00元
PSN B-2017-623-6/6

上海蓝皮书
上海经济发展报告(2018)
著(编)者:沈开艳
2018年2月出版 / 估价:99.00元
PSN B-2006-057-1/7

上海蓝皮书
上海资源环境发展报告(2018)
著(编)者:周冯琦 汤庆合
2018年2月出版 / 估价:99.00元
PSN B-2006-060-4/7

上饶蓝皮书
上饶发展报告(2016~2017)
著(编)者:廖其志　2018年3月出版 / 估价:128.00元
PSN B-2014-377-1/1

深圳蓝皮书
深圳经济发展报告(2018)
著(编)者:张晓儒　2018年6月出版 / 估价:99.00元
PSN B-2008-112-3/7

四川蓝皮书
四川城镇化发展报告(2018)
著(编)者:侯水平 陈炜
2018年4月出版 / 估价:99.00元
PSN B-2015-456-7/7

31

四川蓝皮书
2018年四川经济形势分析与预测
著(编)者：杨钢　2018年1月出版 / 估价：99.00元
PSN B-2007-098-2/7

四川蓝皮书
四川企业社会责任研究报告（2017~2018）
著(编)者：侯水平　盛毅　2018年5月出版 / 估价：99.00元
PSN B-2014-386-4/7

四川蓝皮书
四川生态建设报告（2018）
著(编)者：李晟之　2018年5月出版 / 估价：99.00元
PSN B-2015-455-6/7

体育蓝皮书
上海体育产业发展报告（2017~2018）
著(编)者：张林　黄海燕　2018年10月出版 / 估价：99.00元
PSN B-2015-454-4/5

体育蓝皮书
长三角地区体育产业发展报告（2017~2018）
著(编)者：张林　2018年4月出版 / 估价：99.00元
PSN B-2015-453-3/5

天津金融蓝皮书
天津金融发展报告（2018）
著(编)者：王爱俭　孔德昌　2018年3月出版 / 估价：99.00元
PSN B-2014-418-1/1

图们江区域合作蓝皮书
图们江区域合作发展报告（2018）
著(编)者：李铁　2018年6月出版 / 估价：99.00元
PSN B-2015-464-1/1

温州蓝皮书
2018年温州经济社会形势分析与预测
著(编)者：蒋儒标　王春光　金浩
2018年4月出版 / 估价：99.00元
PSN B-2008-105-1/1

西咸新区蓝皮书
西咸新区发展报告（2018）
著(编)者：李扬　王军
2018年6月出版 / 估价：99.00元
PSN B-2016-534-1/1

修武蓝皮书
修武经济社会发展报告（2018）
著(编)者：张占仓　袁凯声
2018年10月出版 / 估价：99.00元
PSN B-2017-651-1/1

偃师蓝皮书
偃师经济社会发展报告（2018）
著(编)者：张占仓　袁凯声　何武周
2018年7月出版 / 估价：99.00元
PSN B-2017-627-1/1

扬州蓝皮书
扬州经济社会发展报告（2018）
著(编)者：陈扬
2018年12月出版 / 估价：108.00元
PSN B-2011-191-1/1

长垣蓝皮书
长垣经济社会发展报告（2018）
著(编)者：张占仓　袁凯声　秦保建
2018年10月出版 / 估价：99.00元
PSN B-2017-654-1/1

遵义蓝皮书
遵义发展报告（2018）
著(编)者：邓彦　曾征　龚永育
2018年9月出版 / 估价：99.00元
PSN B-2014-433-1/1

地方发展类-社会

安徽蓝皮书
安徽社会发展报告（2018）
著(编)者：程桦　2018年4月出版 / 估价：99.00元
PSN B-2013-325-1/1

安徽社会建设蓝皮书
安徽社会建设分析报告（2017~2018）
著(编)者：黄家海　蔡宪
2018年11月出版 / 估价：99.00元
PSN B-2013-322-1/1

北京蓝皮书
北京公共服务发展报告（2017~2018）
著(编)者：施昌奎　2018年3月出版 / 估价：99.00元
PSN B-2008-103-7/8

北京蓝皮书
北京社会发展报告（2017~2018）
著(编)者：李伟东
2018年7月出版 / 估价：99.00元
PSN B-2006-055-3/8

北京蓝皮书
北京社会治理发展报告（2017~2018）
著(编)者：殷星辰　2018年7月出版 / 估价：99.00元
PSN B-2014-391-8/8

北京律师蓝皮书
北京律师发展报告No.3（2018）
著(编)者：王隽　2018年12月出版 / 估价：99.00元
PSN B-2011-217-1/1

皮书系列 2018全品种

地方发展类-社会

北京人才蓝皮书
北京人才发展报告（2018）
著(编)者：敏华　2018年12月出版 / 估价：128.00元
PSN B-2011-201-1/1

北京社会心态蓝皮书
北京社会心态分析报告（2017~2018）
北京市社会心理服务促进中心
2018年10月出版 / 估价：99.00元
PSN B-2014-422-1/1

北京社会组织管理蓝皮书
北京社会组织发展与管理（2018）
著(编)者：黄江松
2018年4月出版 / 估价：99.00元
PSN B-2015-446-1/1

北京养老产业蓝皮书
北京居家养老发展报告（2018）
著(编)者：陆杰华　周明明
2018年8月出版 / 估价：99.00元
PSN B-2015-465-1/1

法治蓝皮书
四川依法治省年度报告No.4（2018）
著(编)者：李林　杨天宗　田禾
2018年3月出版 / 估价：118.00元
PSN B-2015-447-2/3

福建妇女发展蓝皮书
福建省妇女发展报告（2018）
著(编)者：刘群英　2018年11月出版 / 估价：99.00元
PSN B-2011-220-1/1

甘肃蓝皮书
甘肃社会发展分析与预测（2018）
著(编)者：安文华　包晓霞　谢增虎
2018年1月出版 / 估价：99.00元
PSN B-2013-313-2/6

广东蓝皮书
广东全面深化改革研究报告（2018）
著(编)者：周林生　涂成林
2018年12月出版 / 估价：99.00元
PSN B-2015-504-3/3

广东蓝皮书
广东社会工作发展报告（2018）
著(编)者：罗观翠　2018年6月出版 / 估价：99.00元
PSN B-2014-402-2/3

广州蓝皮书
广州青年发展报告（2018）
著(编)者：徐柳　张强
2018年8月出版 / 估价：99.00元
PSN B-2013-352-13/14

广州蓝皮书
广州社会保障发展报告（2018）
著(编)者：张跃国　2018年8月出版 / 估价：99.00元
PSN B-2014-425-14/14

广州蓝皮书
2018年中国广州社会形势分析与预测
著(编)者：张强　郭志勇　何镜清
2018年6月出版 / 估价：99.00元
PSN B-2008-110-5/14

贵州蓝皮书
贵州法治发展报告（2018）
著(编)者：吴大华　2018年5月出版 / 估价：99.00元
PSN B-2012-254-2/10

贵州蓝皮书
贵州人才发展报告（2017）
著(编)者：于杰　吴大华
2018年9月出版 / 估价：99.00元
PSN B-2014-382-3/10

贵州蓝皮书
贵州社会发展报告（2018）
著(编)者：王兴骥　2018年4月出版 / 估价：99.00元
PSN B-2010-166-1/10

杭州蓝皮书
杭州妇女发展报告（2018）
著(编)者：魏颖　2018年10月出版 / 估价：99.00元
PSN B-2014-403-1/1

河北蓝皮书
河北法治发展报告（2018）
著(编)者：康振海　2018年6月出版 / 估价：99.00元
PSN B-2017-622-3/3

河北食品药品安全蓝皮书
河北食品药品安全研究报告（2018）
著(编)者：丁锦霞　2018年10月出版 / 估价：99.00元
PSN B-2015-473-1/1

河南蓝皮书
河南法治发展报告（2018）
著(编)者：张林海　2018年7月出版 / 估价：99.00元
PSN B-2014-376-6/9

河南蓝皮书
2018年河南社会形势分析与预测
著(编)者：牛苏林　2018年5月出版 / 估价：99.00元
PSN B-2005-043-1/9

河南民办教育蓝皮书
河南民办教育发展报告（2018）
著(编)者：胡大白　2018年9月出版 / 估价：99.00元
PSN B-2017-642-1/1

黑龙江蓝皮书
黑龙江社会发展报告（2018）
著(编)者：谢宝禄　2018年1月出版 / 估价：99.00元
PSN B-2011-189-1/2

湖南蓝皮书
2018年湖南两型社会与生态文明建设报告
著(编)者：卞鹰　2018年5月出版 / 估价：128.00元
PSN B-2011-208-3/8

湖南蓝皮书
2018年湖南社会发展报告
著(编)者：卞鹰　2018年5月出版 / 估价：128.00元
PSN B-2014-393-5/8

健康城市蓝皮书
北京健康城市建设研究报告（2018）
著(编)者：王鸿春　盛继洪　2018年9月出版 / 估价：99.00元
PSN B-2015-460-1/2

皮书系列 2018全品种

地方发展类-社会 · 地方发展类-文化

江苏法治蓝皮书
江苏法治发展报告No.6（2017）
著（编）者：蔡道通 龚廷泰　　2018年8月出版 / 估价：99.00元
PSN B-2012-290-1/1

江苏蓝皮书
2018年江苏社会发展分析与展望
著（编）者：王庆五 刘旺洪　　2018年8月出版 / 估价：128.00元
PSN B-2017-636-2/3

南宁蓝皮书
南宁法治发展报告（2018）
著（编）者：杨维超　　2018年12月出版 / 估价：99.00元
PSN B-2015-509-1/3

南宁蓝皮书
南宁社会发展报告（2018）
著（编）者：胡建华　　2018年10月出版 / 估价：99.00元
PSN B-2016-570-3/3

内蒙古蓝皮书
内蒙古反腐倡廉建设报告 No.2
著（编）者：张志华　　2018年6月出版 / 估价：99.00元
PSN B-2013-365-1/1

青海蓝皮书
2018年青海人才发展报告
著（编）者：王宇燕　　2018年9月出版 / 估价：99.00元
PSN B-2017-650-2/2

青海生态文明建设蓝皮书
青海生态文明建设报告（2018）
著（编）者：张西明 高华　　2018年12月出版 / 估价：99.00元
PSN B-2016-595-1/1

人口与健康蓝皮书
深圳人口与健康发展报告（2018）
著（编）者：陆杰华 傅崇辉　　2018年11月出版 / 估价：99.00元
PSN B-2011-228-1/1

山东蓝皮书
山东社会形势分析与预测（2018）
著（编）者：李善峰　　2018年6月出版 / 估价：99.00元
PSN B-2014-405-2/5

陕西蓝皮书
陕西社会发展报告（2018）
著（编）者：任宗哲 白宽犁 牛昉　　2018年1月出版 / 估价：99.00元
PSN B-2009-136-2/6

上海蓝皮书
上海法治发展报告（2018）
著（编）者：叶必丰　　2018年9月出版 / 估价：99.00元
PSN B-2012-296-6/7

上海蓝皮书
上海社会发展报告（2018）
著（编）者：杨雄 周海旺　　2018年2月出版 / 估价：99.00元
PSN B-2006-058-2/7

社会建设蓝皮书
2018年北京社会建设分析报告
著（编）者：宋贵伦 冯虹　　2018年9月出版 / 估价：99.00元
PSN B-2010-173-1/1

深圳蓝皮书
深圳法治发展报告（2018）
著（编）者：张骁儒　　2018年6月出版 / 估价：99.00元
PSN B-2015-470-6/7

深圳蓝皮书
深圳劳动关系发展报告（2018）
著（编）者：汤庭芬　　2018年8月出版 / 估价：99.00元
PSN B-2007-097-2/7

深圳蓝皮书
深圳社会治理与发展报告（2018）
著（编）者：张骁儒　　2018年6月出版 / 估价：99.00元
PSN B-2008-113-4/7

生态安全绿皮书
甘肃国家生态安全屏障建设发展报告（2018）
著（编）者：刘举科 喜文华
2018年10月出版 / 估价：99.00元
PSN G-2017-659-1/1

顺义社会建设蓝皮书
北京市顺义区社会建设发展报告（2018）
著（编）者：王学武　　2018年9月出版 / 估价：99.00元
PSN B-2017-658-1/1

四川蓝皮书
四川法治发展报告（2018）
著（编）者：郑泰安　　2018年1月出版 / 估价：99.00元
PSN B-2015-441-5/7

四川蓝皮书
四川社会发展报告（2018）
著（编）者：李羚　　2018年6月出版 / 估价：99.00元
PSN B-2008-127-3/7

云南社会治理蓝皮书
云南社会治理年度报告（2017）
著（编）者：晏雄 韩全芳
2018年5月出版 / 估价：99.00元
PSN B-2017-667-1/1

地方发展类-文化

北京传媒蓝皮书
北京新闻出版广电发展报告（2017~2018）
著（编）者：王志　　2018年11月出版 / 估价：99.00元
PSN B-2016-588-1/1

北京蓝皮书
北京文化发展报告（2017~2018）
著（编）者：李建盛　　2018年5月出版 / 估价：99.00元
PSN B-2007-082-4/8

地方发展类-文化

创意城市蓝皮书
北京文化创意产业发展报告（2018）
著(编)者：郭万超 张京成　2018年12月出版 / 估价：99.00元
PSN B-2012-263-1/7

创意城市蓝皮书
天津文化创意产业发展报告（2017~2018）
著(编)者：谢思全　2018年6月出版 / 估价：99.00元
PSN B-2016-536-7/7

创意城市蓝皮书
武汉文化创意产业发展报告（2018）
著(编)者：黄永林 陈汉桥　2018年12月出版 / 估价：99.00元
PSN B-2013-354-4/7

创意上海蓝皮书
上海文化创意产业发展报告（2017~2018）
著(编)者：王慧敏 王兴全　2018年8月出版 / 估价：99.00元
PSN B-2016-561-1/1

非物质文化遗产蓝皮书
广州市非物质文化遗产保护发展报告（2018）
著(编)者：宋俊华　2018年12月出版 / 估价：99.00元
PSN B-2016-589-1/1

甘肃蓝皮书
甘肃文化发展分析与预测（2018）
著(编)者：王俊莲 周小华　2018年1月出版 / 估价：99.00元
PSN B-2013-314-3/6

甘肃蓝皮书
甘肃舆情分析与预测（2018）
著(编)者：陈双梅 张谦元　2018年1月出版 / 估价：99.00元
PSN B-2013-315-4/6

广州蓝皮书
中国广州文化发展报告（2018）
著(编)者：屈哨兵 陆志强　2018年6月出版 / 估价：99.00元
PSN B-2009-134-7/14

广州蓝皮书
广州文化创意产业发展报告（2018）
著(编)者：徐咏虹　2018年7月出版 / 估价：99.00元
PSN B-2008-111-6/14

海淀蓝皮书
海淀区文化和科技融合发展报告（2018）
著(编)者：陈名杰 孟景伟　2018年5月出版 / 估价：99.00元
PSN B-2013-329-1/1

河南蓝皮书
河南文化发展报告（2018）
著(编)者：卫绍生　2018年7月出版 / 估价：99.00元
PSN B-2008-106-2/9

湖北文化产业蓝皮书
湖北省文化产业发展报告（2018）
著(编)者：黄晓华　2018年9月出版 / 估价：99.00元
PSN B-2017-656-1/1

湖北文化蓝皮书
湖北文化发展报告（2017~2018）
著(编)者：湖北大学高等人文研究院
　　　　　中华文化发展湖北省协同创新中心
2018年10月出版 / 估价：99.00元
PSN B-2016-566-1/1

江苏蓝皮书
2018年江苏文化发展分析与展望
著(编)者：王庆五 樊和平　2018年9月出版 / 估价：128.00元
PSN B-2017-637-3/3

江西文化蓝皮书
江西非物质文化遗产发展报告（2018）
著(编)者：张圣才 傅安平　2018年12月出版 / 估价：128.00元
PSN B-2015-499-1/1

洛阳蓝皮书
洛阳文化发展报告（2018）
著(编)者：刘福兴 陈启明　2018年7月出版 / 估价：99.00元
PSN B-2015-476-1/1

南京蓝皮书
南京文化发展报告（2018）
著(编)者：中共南京市委宣传部
2018年12月出版 / 估价：99.00元
PSN B-2014-439-1/1

宁波文化蓝皮书
宁波"一人一艺"全民艺术普及发展报告（2017）
著(编)者：张爱琴　2018年11月出版 / 估价：128.00元
PSN B-2017-668-1/1

山东蓝皮书
山东文化发展报告（2018）
著(编)者：涂可国　2018年5月出版 / 估价：99.00元
PSN B-2014-406-3/5

陕西蓝皮书
陕西文化发展报告（2018）
著(编)者：任宗哲 白宽犁 王长寿
2018年1月出版 / 估价：99.00元
PSN B-2009-137-3/6

上海蓝皮书
上海传媒发展报告（2018）
著(编)者：强荧 焦雨虹　2018年2月出版 / 估价：99.00元
PSN B-2012-295-5/7

上海蓝皮书
上海文学发展报告（2018）
著(编)者：陈圣来　2018年6月出版 / 估价：99.00元
PSN B-2012-297-7/7

上海蓝皮书
上海文化发展报告（2018）
著(编)者：荣跃明　2018年2月出版 / 估价：99.00元
PSN B-2006-059-3/7

深圳蓝皮书
深圳文化发展报告（2018）
著(编)者：张骁儒　2018年7月出版 / 估价：99.00元
PSN B-2016-554-7/7

四川蓝皮书
四川文化产业发展报告（2018）
著(编)者：向宝云 张立伟　2018年4月出版 / 估价：99.00元
PSN B-2006-074-1/7

郑州蓝皮书
2018年郑州文化发展报告
著(编)者：王哲　2018年9月出版 / 估价：99.00元
PSN B-2008-107-1/1

社会科学文献出版社　皮书系列

❖ 皮书起源 ❖

"皮书"起源于十七、十八世纪的英国，主要指官方或社会组织正式发表的重要文件或报告，多以"白皮书"命名。在中国，"皮书"这一概念被社会广泛接受，并被成功运作、发展成为一种全新的出版形态，则源于中国社会科学院社会科学文献出版社。

❖ 皮书定义 ❖

皮书是对中国与世界发展状况和热点问题进行年度监测，以专业的角度、专家的视野和实证研究方法，针对某一领域或区域现状与发展态势展开分析和预测，具备原创性、实证性、专业性、连续性、前沿性、时效性等特点的公开出版物，由一系列权威研究报告组成。

❖ 皮书作者 ❖

皮书系列的作者以中国社会科学院、著名高校、地方社会科学院的研究人员为主，多为国内一流研究机构的权威专家学者，他们的看法和观点代表了学界对中国与世界的现实和未来最高水平的解读与分析。

❖ 皮书荣誉 ❖

皮书系列已成为社会科学文献出版社的著名图书品牌和中国社会科学院的知名学术品牌。2016年，皮书系列正式列入"十三五"国家重点出版规划项目；2013~2018年，重点皮书列入中国社会科学院承担的国家哲学社会科学创新工程项目；2018年，59种院外皮书使用"中国社会科学院创新工程学术出版项目"标识。

中国皮书网

（网址：www.pishu.cn）

发布皮书研创资讯，传播皮书精彩内容
引领皮书出版潮流，打造皮书服务平台

栏目设置

关于皮书：何谓皮书、皮书分类、皮书大事记、皮书荣誉、
皮书出版第一人、皮书编辑部
最新资讯：通知公告、新闻动态、媒体聚焦、网站专题、视频直播、下载专区
皮书研创：皮书规范、皮书选题、皮书出版、皮书研究、研创团队
皮书评奖评价：指标体系、皮书评价、皮书评奖
互动专区：皮书说、社科数托邦、皮书微博、留言板

所获荣誉

2008年、2011年，中国皮书网均在全国新闻出版业网站荣誉评选中获得"最具商业价值网站"称号；
2012年,获得"出版业网站百强"称号。

网库合一

2014年，中国皮书网与皮书数据库端口合一，实现资源共享。

权威报告・一手数据・特色资源

皮书数据库
ANNUAL REPORT(YEARBOOK) DATABASE

当代中国经济与社会发展高端智库平台

所获荣誉

- 2016年，入选"'十三五'国家重点电子出版物出版规划骨干工程"
- 2015年，荣获"搜索中国正能量 点赞2015""创新中国科技创新奖"
- 2013年，荣获"中国出版政府奖・网络出版物奖"提名奖
- 连续多年荣获中国数字出版博览会"数字出版・优秀品牌"奖

成为会员

通过网址www.pishu.com.cn或使用手机扫描二维码进入皮书数据库网站，进行手机号码验证或邮箱验证即可成为皮书数据库会员（建议通过手机号码快速验证注册）。

会员福利

- 使用手机号码首次注册的会员，账号自动充值100元体验金，可直接购买和查看数据库内容（仅限使用手机号码快速注册）。
- 已注册用户购书后可免费获赠100元皮书数据库充值卡。刮开充值卡涂层获取充值密码，登录并进入"会员中心"—"在线充值"—"充值卡充值"，充值成功后即可购买和查看数据库内容。

数据库服务热线：400-008-6695　　　　图书销售热线：010-59367070/7028
数据库服务QQ：2475522410　　　　　　图书服务QQ：1265056568
数据库服务邮箱：database@ssap.cn　　　图书服务邮箱：duzhe@ssap.cn

更多信息请登录

皮书数据库
http://www.pishu.com.cn

中国皮书网
http://www.pishu.cn

皮书微博
http://weibo.com/pishu

皮书微信"皮书说"

请到当当、亚马逊、京东或各地书店购买,也可办理邮购

咨询/邮购电话:010-59367028 59367070

邮　　箱:duzhe@ssap.cn

邮购地址:北京市西城区北三环中路甲29号院3号楼
　　　　　华龙大厦13层读者服务中心

邮　　编:100029

银行户名:社会科学文献出版社

开户银行:中国工商银行北京北太平庄支行

账　　号:0200010019200365434